魏斐德
上海三部曲

[美] 魏斐德（Frederic Evans Wakeman, Jr.）著
章红 陈雁 金燕 张晓阳 译　周育民 校

1927—1937
十年新实验

岳麓书社·长沙　博集天卷 CS-BOOKY

序

熊月之

魏斐德教授的"上海三部曲"由岳麓书社推出新版了，此时距离他去世已经15年。翻看故人的这些遗作，感佩和思念之情再次浮上我的心头。

魏斐德（Frederic Evans Wakeman, Jr., 1937—2006）是国际著名的历史学家、美国艺术与科学院院士。他先后就读于哈佛大学与加州大学，师从列文森教授，长期执教于加州大学伯克利分校，曾任该校东亚研究所所长、中国研究中心主任、美国历史学会会长、美国社会科学研究理事会主席、美国国际研究委员会会长、中国研究联合委员会会长、美国学术团体理事会主席、美国学术团体理事会中国研究文明委员会主席，在国际学术界享有崇高声望。他精通多门外语，兴趣广泛，精力过人，知识极其广博，研究领域相当广阔，成果相当丰硕。在中国历史方面，他研究过明亡清兴，研究过太平天国，也研究过毛泽东。他的后半生大部分精力放在上海史研究方面。这三部曲是他这方面研究的结晶。

三部著作，前后相续，起于1927年，迄于1952年。按通行的历史分期，三书研究的历史时段涵盖南京国民政府时期、抗日战争时期、解放战争时期与新中国建立初期。按照魏斐德自己的历史分期，他认为20世纪的中国至少经历了三次革命，建立过三个共和国：第一次是辛亥革命，推翻了清王朝，建立了以袁世凯为总统的军阀统治的共和国；第二次是北伐革命，国民党统一了南中国，建立了以蒋介石为领袖的共和国；第三次是1949年的革命，共产党打败了国民党，统一了大陆，建立了以毛泽东为领袖的人民共和国。这三部著作，研究的是后两次革命时期。

三部著作关注的地点，都是中国最大的城市之一上海。魏斐德先前关于中国的研究课题，或是以整个中国为对象，或是以某一地区为对象，或是以某一领袖为对象。那么，从20世纪70年代起他为什么会一改以前的研究取向，而将主要精力放在上海历史方面呢？

我以为这不外乎两个方面的考虑：第一，大量新史料的披露，引起了他强烈的研究兴趣。1974年以前，他那时还没有来过中国大陆，但已经细读了美国中央情报局首次解密的一批第二次世界大战时期的上海警察局档案。这批档案内容极其丰富，涉及多国势力在上海的政治、军事、情报、经济、文化等领域里盘根错节的史实，这引起了他强烈的好奇心。无论对于哪一种史学流派来说，大量的、未经解读的新鲜史料的发现，总是具有巨大的诱惑力。他20世纪80年代以后多次访问上海，上海市档案馆、上海图书馆等处所藏极其丰富的上海史资料更坚定了他的研究决心。

第二，上海城市历史蕴藏的难以比拟的复杂性，极大地吸引了他的研究兴趣。民国时期的上海是多重矛盾的聚焦点：从国际范围看，中英、中日、中法、中美、中苏、日英、日美、英法、美苏等国矛盾，中国共产党与第三国际、帝国主义与共产主义两大势力矛盾在这里都有充分表现；从国内看，中央与地方、地方不同派系、国民党与共产党、国民党右翼与左翼、抗日势力与日伪势力等矛盾在这里充分展开；从上海地方看，华界与租界、公共租界与法租界、中国人与外国人、资本家与工人、各地移民群体之间、城市常住人口与临时流动人口、烟赌娼等犯罪行为与社会治安管理的矛盾，在这里无日不有……诸如此类的矛盾纠结在一起，使得上海城市历史研究异常困难。魏斐德是那种不怕有困难、就怕没困难，越是困难越兴奋的学者，是勇于搏风击浪、迎接挑战的学者。上海这座奇特的城市给了他施展史学独到功夫的良机，所以他一想到上海城市的异常复杂，就会心潮澎湃，激动不已。

三部著作，叙述重点各有不同。

《魏斐德上海三部曲：1927—1937》讲述的是1927年至1937年国民党执政的十年。作者以极其丰富的史料向世人展示现代警察对于现代国家、现代城市十分重要。对于上海这样华洋混处、中西交汇的城市尤为重要，蒋介石及其领导的南京国民政府对此相当明白，他们懂得，治理好上海，不光能为全国城市治理树立榜样，而且能为收回租界提供坚强有力的理由，为国民政府在国际上树立起光辉的形象。因此他们在这方面付出了大量心血。但是，国民党的努力最终以失败告终，其原因主要在国民党自身。作者认为国民党以自由、民主、共和自我标榜，却以专制、独裁、暴力的手段对付异己力量共产党与其他政治力量。他们有管理城市的美好愿望却又与黑社会勾结，一方面反对毒品走私，一方面又依赖通过毒品走私而获得的不义之财。他们自定法规又自违其法，既是警察，又是罪犯。

《魏斐德上海三部曲：1937—1941》讲述的是 1937 年至 1941 年"上海孤岛"时期的历史。这一时期是上海近代史上血雨腥风、最为黑暗的时期。其时爱国者与汉奸之间，国民党特务与日伪之间，相互暗杀。被暗杀者有部长、市长、军长、青帮大亨、银行专员；暗杀手段有刀砍、枪击、机枪扫、炸弹炸，血肉横飞，恐怖异常。沪西一带尤为激烈，再加上泛滥横溢的烟赌娼和各种犯罪，故被称为"歹土"。要清晰地描述、分析这段历史殊非易事。魏斐德以其如椽大笔，举重若轻，对此进行了精彩的叙述与深入的分析。作者精当地指出，无休无止的恐怖，对于整个社会是极大的毒害，当犯罪性和政治性的谋杀变成了日常新闻，人们的神经就会麻木，心理上就会一蹶不振。所以 1941 年 12 月 8 日太平洋战争爆发，日本军队占领整个上海城市时，上海人根本就谈不上有什么抵抗了。书中相当细致地分析，在爱国旗号下从事暗杀活动的人，并不一定都具有崇高的爱国情怀，爱国、友谊、失业、贫穷都有可能是一个人成为杀手的原因。有些人去投掷炸弹，实施暗杀，其直接目的就是能得到那么一点点钱。

《魏斐德上海三部曲：1942—1952》讲述的是 1942 年以后，特别是 1945 年以后，共产党如何在旧政权警察内部活动，建立秘密支部。到解放以后，将国民党领导的上海警察机构变成共产党领导下的公安局。书中细致地描述了 1949 年至 1952 年上海社会管理的历史，包括对城市的接管、控制流氓与轻罪犯、镇压武装罪犯、救济难民与遣送回乡、镇压反革命、"三反""五反"、扫除黄赌毒。作者认为在解放后五年内，新政府控制了通货膨胀，在很大程度上解决了难民问题，扫除了上海的不法现象，加强了对城市的控制。这是一个震惊世界的壮举，是一次革命的胜利。

三部曲的最后，作者将共产党在1949年以后几年取得的成功与国民党在1927年以后招致的失败进行对比，提出了一个发人深省的问题：同样是新政权，为什么会一个成功，一个失败？作者认为，从大的背景看，1927年以后，国民政府警察实施管辖的许多困难，均来自列强根据一系列不平等条约所享有的治外法权，而共产党干部进入的则是一个完全由中国人统治的城市。先前是一市多治、互不统辖的支离破碎的城市，到1949年已是完全统一的中国城市了。除此之外，共产党的努力是至关重要的，这种努力至少包括以下六个方面：对于接管周密谨慎的准备，其中包括对上海社会每一个层面的渗透；行政管理上的速度与充分程度；吸收经过再教育并能积极听取公众批评的现存执法人员；维持公共秩序并迅速摧毁国民党残存武装力量，挖出他们的潜伏人员；以居民委员会为基础，自上而下地建立起一个新的安全系统；发动爱国群众运动，反对反革命分子和间谍。

如果将三部曲综合起来看，可以发现虽然所述时段不一样，重点不一样，但有一以贯之的特点，就是以变动时期上海社会管理为研究对象，分析细密化，定性辩证化，注意历史的相关性与连续性。国民党警务改革为什么会走向与罪犯同流合污？蒋介石将上海治理好的动机为什么会招致很坏的结果？"孤岛"时期上海盛行暗杀有何后果？一些与汪伪政权合作者有何动机？作者都十分注意历史的细节，注意用语的分寸，不轻易下好坏忠奸之类价值的断语，引而不发，将思考的空间留给读者。作者认为，共产党领导的公安局在管辖上海城市方面，之所以取得成功，就在于这个机构把国民党警察机构的一些特点，诸如保甲制、家长制式的社会管理、强调公共秩序等转化为公安局的作用。这是历史的连续性。共产党公安局之所以能够成功地扫除罪犯、腐败和社会的混乱现象，关键在于公安局的自我控制和向群众组织开放。城市管理机构起源于国民党时期和日本人占领上海时期，但他们没有成功，而共产党成功了，原因在于共产党能够动员人民大众，并取得他们的信任。这是历史的相关性。

至于宏阔的视野，翔实的资料，优美的文笔，那是魏斐德所有著作的共性，已有很多评论述及，这里就毋庸赘述了。

魏斐德钟情上海史，还有一个突出的贡献，就是在美国掀起上海史研究旋风，带出上海史研究的雄壮团队，闯出上海史研究的一片天地。在他的带领或影响下，美国自20世纪80年代起，从西部的伯克利、斯坦福、洛杉矶，到东部的哈佛、康奈尔、哥伦比亚，都有一批学者从事上海城市史研究。在此之前，仅墨菲、费维恺、刘广京等少数学者从事此项研究，到21世纪之初，已人才济济、硕果累累、蔚为壮观。上海史甚焉有显学之说，伯克利学者甚至有"上海帮"之谑称。

魏斐德长期从事上海史研究，与上海的学者结下了深厚的友谊。在他的倡导下，以他和他的美国同事为一方，以上海张仲礼先生等人为另一方，共同申请课题经费，共同举办学术讨论会，互派访问学者和学生，有力地促进了上海史和中国城市史的发展和繁荣。他很早就被聘为上海社会科学院名誉研究员，每次到上海来，他都尽可能到社会科学院发表演讲，交流心得。上海社会科学院需要请他帮忙时，他总是有求必应，尽自己最大的努力予以满足。

由于研究对象相同，自20世纪80年代起，我与魏斐德教授就有很多接触。他大我12岁，正好一轮，蒙他不弃，引为挚友。每次见面，从学问到社会、人生，无所不聊。我每每为他的博识、热情、谦逊与坦诚所感动。他曾介绍过许多学生来找我，我也介绍许多年轻人去找他，凡有所托，必有落实。2002年12月10日，他来历史研究所作题为"历史的作用——美国中国学研究的最新趋势"的演讲，那是他在历史研究所的最后一次演讲。那时他已因手术事故而坐在轮椅上，历史研究所大楼没有轮椅通道，上下需人抬上抬下，很不方便。我深感不安，但他泰然处之，一脸笑容，全不介意。2006年9月，历史研究所建所五十周年，他原答应前来参加庆典，不料可恶的病魔夺去了他的生命。他在病中表示，不能前来是他"永远的遗憾"，这令我们极为难过。

他去世以后，我本打算去参加他的葬礼，后因签证耽搁而未果，只好寄去唁文。我在唁文中写道：

> 古人云，"经师易得，人师难求"。意思是说，道德之师比学问之师更为难见。魏斐德以天纵之英，过人之才，加上广采博览，用功极勤，成就了他学术上很少有人能够企及的辉煌成就。他真诚善良，朴实淳厚，待人接物，全无城府，教人助人，一片至诚。他的微笑永远是那么灿烂，他的眼睛永远是那么清澄。这成就了他在学者、学生中的崇高地位。他学足为师，行足为范，用学术和德行树立了经师兼人师的光辉形象。

魏斐德著作的中译本出版，此前有三本我曾参与其事。这套"三部曲"的前两部，原名《上海歹土——战时恐怖活动与城市犯罪，1937—1941》和《上海警察，1927—1937》，曾作为我主持的《上海史研究译丛》中的两种，由上海古籍出版社在2003年、2004年先后出版。魏斐德曾为《上海歹土——战时恐怖活动与城市犯罪，1937—1941》的中文版专门写了序言。后来魏斐德的夫人梁禾又将《魏斐德上海三部曲：1942—1952》（原名《红星照耀上海城：1942—1952》）译为中文，与先前已出之二书，合为"上海三部曲"，以实现魏斐德的遗愿。

现在岳麓书社对魏斐德的这些著作再行修订编校后重新推出，订正了不少翻译中的失误，并疏通文句，使之更臻完善。这是对魏斐德最好的纪念。

学者的名字是与学术论著联系在一起的。论著不朽，则学者永存。

2021年9月于上海社会科学院

目 录

鸣　谢 / 003
序　言 / 005

第一篇　背　景

第一章　法律与秩序 / 008
第一节　罪恶与内乱的解释 / 009
第二节　犯罪与娱乐 / 014
第三节　犯罪与治外法权 / 018

第二章　从巡捕到警察 / 021
第一节　早期的改革 / 022
第二节　士绅控制问题 / 028

第三章　不良分子 / 032
第一节　有组织犯罪 / 032
第二节　黄金荣：罪犯头子和捕头 / 038
第三节　鸦片与犯罪 / 043
第四节　鸦片与统治 / 048

第二篇　新的警察理念

第四章　警察与维持新的城市秩序 / 052
第一节　建立新的城市秩序 / 053

第二节　重组警察系统 / 057

第三节　改革的公共基金 / 062

第四节　警察专业化 / 064

第五节　创建"现代"合理的框架 / 067

第六节　加紧现代化，争取控制权 / 072

第五章　以警权维护主权 / 074

第一节　公共租界巡捕房的警政 / 075

第二节　控制界外马路 / 080

第三节　重申路权与司法权 / 085

第四节　改革后的公安局试图管理每一个人 / 090

第六章　犯罪和社会控制 / 097

第一节　犯罪的概念 / 097

第二节　公安局与犯罪控制 / 103

第三节　新市民社会中的难民和流氓 / 109

第四节　警察的家长式作风和社会控制 / 114

第三篇　有组织犯罪

第七章　罪　恶 / 120

第一节　作为娱乐和犯罪的赌博 / 120

第二节　中国人控制赌博的努力 / 126

第三节　中国的娱乐和赌博机构 / 130

第四节　上海的娼妓 / 135

第五节　中国妓女 / 139

第八章　毒品业 / 145

第一节　花花公子、帮会和军阀 / 147

第二节　犯罪的重组 / 150

第三节　犯罪与政治 / 153

第四节　控制鸦片贸易 / 160

第九章　赤色分子 / 167

第一节　用于政治控制的警察 / 168

第二节　新的合作——公安局和公共租界警务处 / 171

第三节　帝国主义与警察的反共 / 178

第四节　作为上海生活一部分的情报收集 / 183

第五节　牛兰事件 / 186

第六节　顾顺章事件和白色恐怖 / 191

第七节　顾顺章事件之后 / 197

第八节　联合执法 / 200

第四篇　政治选择之于警政的意义

第十章　做出抉择 / 204

第一节　相互矛盾的压力 / 206

第二节　不同的政治威胁 / 209

第三节　用新的警务合作来控制异己 / 212

第四节　警务分歧的合法性问题 / 217

第五节　公安局工作重心的转移 / 221

第六节　日本人的到来 / 226

第七节　政府的混乱 / 231

第八节　对日立场的选择 / 236

第九节　抗日的情报工作 / 242

第十一章　日本入侵对上海警务的影响 / 245

第一节　日本人控制上海 / 247

第二节　将杜月笙赶出法租界 / 254

第三节　伪警察的终结 / 259
第四节　中国警权的恢复 / 261

第十二章　第二次机会：吴铁城市长当政 / 269
第一节　对上海未来的种种幻想 / 270
第二节　精英的联合统治 / 274
第三节　反共合作 / 279
第四节　压制反日抗议 / 284

第五篇　新市政秩序的局限

第十三章　新生活运动与民族救亡运动 / 288
第一节　警察改革的复兴 / 289
第二节　新生活运动 / 292
第三节　民族复兴与法西斯 / 296
第四节　安内攘外 / 303

第十四章　警察国家化和犯罪受尊敬 / 306
第一节　地方统治与国家警察体系 / 307
第二节　对上海的影响 / 309
第三节　建立秘密警察 / 313
第四节　上海区的扩张 / 315
第五节　对罪犯的尊敬 / 318
第六节　犯罪行为与爱国主义混淆 / 321

第十五章　政治罪犯化 / 325
第一节　蒋介石的毒品政策 / 326
第二节　蒋政府中的两面派 / 329
第三节　福建叛乱与吴市长的去留 / 333
第四节　利用毒品与新生活运动："六年计划" / 335

第五节　毒品贸易中的日本人 / 339

结束语　决　心 / 344
第一节　市民武装 / 350
第二节　一个时代的结束 / 358

表　格 / 362
附　录 / 369
附录一 / 369

附录二 / 370

附录三 / 371

参考文献 / 375
中文部分 / 375

外文部分 / 387

后　记 / 439

如果生意保护所代表的有组织犯罪达到了通行无阻的时刻，那便是发动战争或建立国家——最典型的合法利益的生意保护，这恰恰就是有组织犯罪的最大的范例。

——查理斯·梯利：《作为有组织犯罪的战争发动与国家创建》

警察制度长期以来展示着一种巨大的惯性力，它甚至能经受战争、暴力革命、经济和社会破坏性变化的震荡。问题在于人们似乎习惯于循规蹈矩，甚至在机会到来时也不知该如何突破。

——戴维斯·贝利：《欧洲警察制度和政治发展》

如果这种从实际控制中退却的心态经历持久，人们的确会习以为常。

——本杰明·史华兹：《东亚社会政治秩序的关键：初步的概括》

鸣　谢

本书的完成得到了加州大学伯克利分校中国研究中心、研究委员会、东亚研究所和华特-艾利斯·海斯基金，美中学术交流委员会、美国国家人文研究基金和美国情报中心的支持。

我衷心地感谢帮助我获得资料的档案学家、图书馆学家和学者，他们来自北京图书馆、北京大学图书馆、伯克利班克罗夫特图书馆、英国国立图书馆、台湾调查局档案室、剑桥大学图书馆、伯克利中国研究图书资料中心、哥伦比亚大学东亚图书馆、伯克利东亚图书馆、伯克利政府文件图书馆、哈佛—燕京学社、胡佛研究所和档案馆、国会图书馆、美国国家档案馆军事部、中国社会科学院近代史研究所图书馆、纽约公共图书馆、纽约公共档案馆、南京中国第二历史档案馆、上海社会科学院图书馆、上海市档案馆、上海图书馆、康奈尔大学华森资料中心和耶鲁大学图书馆。

特别要感谢蔡少卿、戈定瑜（Annie K. Chang）、陈沿平（C. P. Chen）、邱君华［音］、周汉庆［音］、冯寿才［音］、Suzanne Gold、韩伟之、胡绳、黄美真、柯义耕（Richard C. Kagan），还要感谢李宗一、林碧嘉、马长林、倪孟雄、史梅定、孙江、王德华、王庆成、韦慕庭（Martin Wilbur）、吴乾兑、徐幼芳［音］、张仲礼、郑祖安、朱弘、朱庆祚和朱维铮。

伯克利分校的中国史硕士研究生也对此项研究给予了帮助。他们是Douglas Fix、David Fraser、高士达（Blaine Gaustad）、尚荃［音］、华志坚（Jeffrey Wasser-strom）、魏定熙（Timothy Weston）、徐国民［音］和余茂春［音］。我尤其要感谢我的两个专门助手，Susan Stone帮助打印本书的初稿，Elinor Levine帮助绘制图表、打印附录、从事各种辅助研究、核查资料出处和书稿最后的编辑。

我的同事也为本书提供了学术上的看法和建议，他们有高家龙（Sherman Cochran）、Sue Farquhar、顾德曼（Bryna Goodman）、Thomas Grunfeld、Brian Martin、阮玛霞（Marcia Ristaino）、Carolyn Wakeman。鲁斯基金会支持的伯克利上海史研究班对本书的校订、尤其是"犯罪和社会控制"部分提供了帮助。我特别感激我的父亲 Frederic Wakeman 和安克强（Christian Henriot）、韩起澜（Emily Honig）、Nicholas Riasanovsky、Irwin Scheiner 教授，他们认真仔细地阅读了书稿。本书的责任编辑 Sandy Freitag 对本书做了出色的修改润色。最后，我要感谢叶文心教授就本书许多章节的论题提出了有益的见解和评论，也正是出于她的鼓励，我才着手研究中国警察问题的。

序　言

　　20世纪中国经历了至少三次革命。第一次的辛亥革命推翻了清王朝，建立了以袁世凯为总统的军阀统治的共和国。第二次是1927年的革命，国民党统一了中国南部，与共产党分裂，建立了以蒋介石为主席的一党统治的共和国。第三次革命发生在1949年，共产党打败了国民党，建立了以毛泽东为领袖的人民共和国。

　　本书述及中国的第二次革命，时段为国民党统治时期1927年到1937年与日本开战前的十年间。在这十年中，蒋介石主持着南京的中央政府，他试图将1925年孙中山逝世后未竟的建国计划付诸实施。这个计划的一个中心点是在上海——20世纪的第二个二十五年中中国唯一真正的大都市，建立上海特别市政府。当时上海的一部分还处于外国的统治下，蒋介石决心在这个城市建立一个有效率的国民党政府，其部分原因是为了向世界证明中国人有能力恢复对条约口岸的主权并加以管理。

　　上海特别市政府由此在某种程度上成为国民党统治的实验地。对于上海这样一个动荡不定、法治不全、犯罪率居高不下的城市，国民党是否真正有能力建立一套适应近代化城市的管理制度？在蒋介石和他所任命的上海市市长看来，解决这个问题的关键是中国警察队伍的建设。在致力于维持城市不同租界、地区和区域法制的几个执法机构中，这是唯一的中国执法机构。国民党能否建立起一支近代警察队伍，仿效世界上最好的执法机构，有效地解决上海的公共卫生、住房、交通、工商执照、娱乐业、工会以及绑架、新闻书刊检查、贫困、吸毒、卖淫和抢劫等问题，同时又推进收回租界的中国主权计划，控制上海华界普遍存在的无序和动荡呢？

　　南京政府认为，上海一方面长期是帝国主义和买办资本主义的重要阵地，另一方面是共产党工人运动的堡垒，公安局是国民党用以在这个中国最大都市确立新的革命政治秩序的基本工具。本书旨在研究国民党如何在十年中依靠中国警察力量，将上海转变成一个国民党表现自身的舞台，并希望澄清国民党政权其他方面的问题，包括中央的党国体制与民国地方势力间的关系，秘密组织和犯罪集团在腐蚀国家政治机构中的作用，警察力量和民间势力在都市中的平衡，在军事入侵和占领的巨大压力下上海政治组织的演变。

我们应该看到，任何对国民党统治十年中的革命目标的探究，都很快会偏离到日本人在这个关键性十年中所造成的结果上来。因为知道了九一八事变和卢沟桥事变行将发生，历史学家就很难在研究1927年时，对1937年国民党遭受的军事大溃败视而不见。当时在上海战场中国军队就伤亡了25万人。但如果我们能在回顾这十年时暂时不要考虑以后的事态，就能理解国民党如何对上海复杂的社会施加影响，而其政权本身，甚至中央政府，也反过来受到这个城市的影响而发生变化。事实上，我们将看到，民国政府体制化了都市社会的某些方面，而社会的深刻而重大的变化也相应地改变了统治其上的政府当局。我希望我们能因此了解中国第二次革命最终注定要失败的原因。

西方历史学家对20世纪中国的政治史有许多诠释方法，但有四个命题颇为流行：清帝国瓦解后出现的军事混乱和分裂；国民党建立新政治秩序的进程被1937年日本入侵所打断；中国共产党在农村领导的民众革命运动的加强；对新国家性质的探索因城市民主运动的失败而打断。由于近代中国出现的不稳定，这四种历史观都强调这段历史的不连续性和不完整性。

与之相反，本书要确立一种相关性和连续性：晚清改革、国民党的统一和社会主义国家建立之间的联系；抢劫者和革命者之间的联系；警察和罪犯之间的联系；不同背景的特务之间的联系；从1910年的天津警察、1931年的上海公安局到共产党中国之间的联系。概而言之，我所研究的是行政专制权力是如何可悲地在近代警察国家中制度化了的。

第一篇 背景

第一章
法律与秩序

> 犯罪自然是一种堕落。它之所以被吸引到某地，主要不是因为它在那里找到了各种作案的机会，而是因为那里邀请它来领导一种需要求助于它那扭曲心灵的生活方式——女人、赌博以及其他各种能令人堕落的娱乐。……只要下列这些最为严重的罪恶不被彻底清除，上海的犯罪率仍将居高不下：(1) 鸦片的非法买卖；(2) 赌博；(3) 生活方式的放纵。所有这些不仅在此地导致和保持犯罪，并且使大亨们聚敛了大量钱财，足以养活大批的游手无赖以供驱使，以致法纪荡然。
>
> 公共租界工部局警务处长　贾尔德
> 1930 年 10 月 30 日

1933 年，很多作家被邀请来描述他们心目中未来的上海。其中有三人提到了在未来的几十年中将会在上海优先采取的行动。铭三富有讽刺意味地引用了别人的说法，上海是一座建筑在"地狱"上面的"天堂"，在未来，他设想："上海的电影院，将会一律装冷气管、热水汀……每场除开映'香艳肉感'的电影外，并有国际歌舞团公开表演裸体舞蹈。各大公园一律增辟 Kiss 传习所，教授一般未成年男女各种交际术。……游艺方面，除电影院外，另有京戏场、马戏场、回力球场、高尔夫球场、跑马场、跑狗场、跑猫场、斗牛场、斗鸡场等。"

法庭每天都将受理 500 起离婚案。"总之，将来的上海便是天堂上面的天堂。"①

---

① 新中华杂志社编：《上海的将来》，第 3 页。

另一位作家刘梦飞在描绘上海的未来时，也许不像铭三那样富有挖苦意味的幽默。他严肃地写道："上海是一座剥削阶级的压榨机，是一个充满矛盾的火药库！"在刘看来，表面上，上海的"高等华人"与受压迫的"马路瘪三"形成尖锐的对比；而真正的矛盾在于资产阶级与无产阶级——那些在工厂机器旁的"黑虫"之间。帝国主义者们的残暴统治将会变本加厉，军阀们将会继续把这个国度置于拍卖台上，但是这样的时代很快就会走到尽头，旧上海将会为一座崛起的新上海所替代，当黎明来临的时候，这些"黑虫"们将会激动地大声呼喊："新上海万岁！"①

王修和对新中国的未来的设想并非启示录式的，而是更多关注于如何由中国人自己创建一个有序的市政环境。他看到了未来上海的两种可能性：全盘西化或民族自主。前一条道路，外国租界将会吞没整个上海，到那时界内的上海人都已变成了没灵魂的畸形者，而一味乞怜于外国人。第二条道路，中国政府的市政机构将会实现孙中山先生的计划，外国人自愿将租界交还中国，维持着正常的商业关系。

上海的将来究竟怎样？换言之，即走上哪一条路？则全视现在的上海主人翁——市民们如何地努力以为断。②

第一节　罪恶与内乱的解释

面对这第三种前景，中国居民们可谓障碍重重。比如，上海的犯罪率在20世纪20年代初猛增。1922年，据报道在公共租界内共发生47起武装抢劫。2年后，这一数字增加到4倍多，达到204起；到1926年这种重罪共发生了448起——在5年中这一数字增加了9倍半。③ 在这一时期，被捕的抢劫犯的

---

① 《上海的将来》，第4—5页。
② 《上海的将来》，第4页。
③ 《字林西报》，1927年5月11日，第226页。

数目却只增加到 3 倍，这与这一时期抢劫案的发生率大相径庭（见图 1）。到 1927 年，官方报告称，在上海附近的太湖流域"犯罪肆虐"，在那里"武装抢劫犯"抢劫、拐骗并杀害当地人。① 民族主义情绪高涨，更多地是由于抢劫和报复，租界内的暴力杀人案急剧上升。② 在上海的华界——闸北，抢劫犯如此猖獗，使某些警区感到他们的警力已无法对付这一犯罪狂潮。③（见图 2）

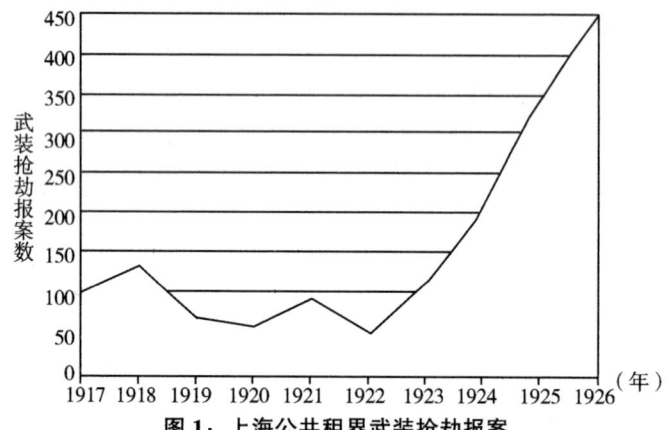

图 1：上海公共租界武装抢劫报案

资料来源：《密勒氏评论报》，1927 年 5 月 11 日，第 226 页。

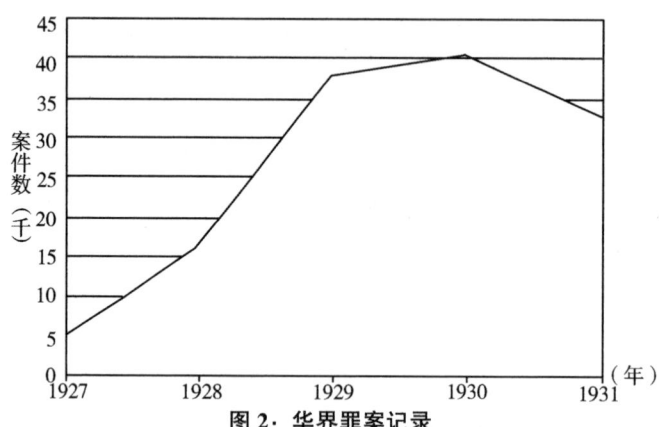

图 2：华界罪案记录

资料来源：《中国年鉴》，1934 年。

---

① 参见《工部局公报》，1927 年 10 月 28 日，第 335 页。
② 《工部局公报》，1927 年 9 月 16 日，第 318—319 页。
③ 《上海特别市公安局业务纪要》，民国十六年八月至十七年七月，纪事，第 31、36、48 页。

统计证实的内乱与犯罪（两者经常被混淆，尤其是为中国执法机关所混淆）的原因是多方面的①，西方记者对此有一种强硬的傲慢，认为"上海已经成了东方的犯罪中心"，并常常将此归咎于在中国盛行的军阀制度。②

　　军队是训练罪犯的最好的学校。在中国，好男不当兵，当兵的是无业游民，或没有正当职业的人。在军队中，他学会了使用武器，并将这些知识为自己所用。他不愿杀敌报国，而是开了小差，用他在军队中所受的训练打家劫舍，用枪从他的同胞手中掠夺财富。③

　　另一方面，在上海重要的外国"大班"却将这些犯罪过于简单地和1925年五卅运动前后爆发的激进罢工风潮相联系，当时中国民众试图收回列强在华特权，未能成功。④ 这些欧美的新侨民相信，正是"布尔什维克的宣传"鼓动起了"无产阶级的贪欲"，破坏了一切对"财产和其他权利"的尊重，公共租界警务处（俗称工部局巡捕房）⑤ 对此亦抱同感。这样，革命、政治运动都被

---

　　① 上海市公共租界警务处及后来的特别市公安局都有对犯罪率的详细统计。尤其后者为此投入了相当大的人力，哪怕是日报表和过于详尽的示意图，都作为降低犯罪、维护这个近乎失控的城市秩序的一种措施。

　　② 《字林西报》，1928年10月27日，第278页。

　　③ 冯齐：《军火走私：上海的一种有组织贸易》，第112页。犯罪潮似乎与当时的军队复员潮有关，复员士兵涌入上海，无业谋生，就吃老百姓的。"这几乎成了常规：当上海附近打仗时，抢劫很少，因为这批作案者都被招募到军队中去了。而一旦战争停止，宣布'和平'，犯罪就开始猖獗。此后，罪案频仍，并持续一段时间。"

　　④ 有关上海工部局警务处在1925年2月9日日商内外棉纺织厂罢工中所扮演的角色，详见上海公共租界警务处档案，D-6010，1925年2月10日和D-6023，1925年2月11日。有关工部局警务处情报室的作用，参见上海公共租界警务处档案，D-6065，1925年7月6日和D-6027，1925年2月18日；亦见华志坚：《第一次红色恐怖？北伐时期的"反赤"宣传和"亲共"反应》，第32—51页。

　　⑤ 《工部局公报》，1927年10月18日，第335页。1924年，工部局警务处犯罪技术科负责人受命提交一份计划，以实施对那些出版过激作品的出版商的惩罚，继续给予线人奖赏，取消公开鼓吹布尔什维克主义者的居留权，并要建立起一个旨在压制布尔什维克主义和排外主义在中国传播的组织。上海公共租界警务处档案，D-5942，1924年11月29日。

视为城市犯罪的一种形式。①

与上海的外国"大班"们相反,华界官员对这个城市无法无天的状态持有更为复杂的见解,他们认为,犯罪与城市商业、工业发展相关的社会秩序的普遍缺乏,或者与上海半殖民地条约口岸的地位有关。② 上海难于维持治安,有8个原因:(1)作为巨大的贸易中心的城市地位③;(2)交通的开放;(3)城市中复杂的人事;(4)工业的扩张;(5)工人的激增;(6)公共租界在城市中心的扩张状态;(7)共产分子的存在;(8)托庇在租界中的反动分子。④

准确地说,正因为上海作为全国最重要的条约口岸的地位,对新成立的国民政府来说,上海到1927年时已经成为那些占据中国沿海进行国际贸易的西方世界的一种象征。上海的犯罪问题根源在于帝国主义者的压迫。这个城市的法制不健全,归根到底与外国租界中的治外法权直接相关,在租界中,那些在市内华界作案的罪犯得以逃避中国当局缉捕而逍遥法外。⑤ 但这也与城市面积的相对有限和市区人口的膨胀有关,他们生活在4种不同的统治制度下,分布于5个不同的城区。至于犯罪与动乱显然并不是从1927年后新的中国革命政府的统治后才著称的,它们与上海转型为一个拥有现代设施和娱乐业(电影、

---

① 陈卫民:《中共成立初期上海工人运动述评》,第11页。犯罪潮被冠以"赤色"标志,并非上海所独有。"犯罪潮"这一术语,在英文出版物,尤其是美国人在上海所编的出版物中,出现于第一次世界大战后的新闻学辞典中。1919年春,许多地方的美国报纸都首次出现有关"犯罪潮"的报道。多斯特:《二十世纪二三十年代美国的职业警察和打击犯罪的战争》,第319—321页。

② 社会失序的加重与诉讼案件的增长形影相随。许:《二十世纪二十年代上海的法律与社会态度》,第313—314页。凯瑟琳·班哈特(Kathryn Bernhardt)和苏珊·格劳泽(Susan Glosser)所进行的研究证明,1931年的民法明显使妇女们易于提出离婚。

③ 截至20世纪20年代,上海已成为世界上第五大海港,仅次于纽约、伦敦、鹿特丹和汉堡,据派尔:《上海传奇》,第9页。

④ 《上海市公安局业务报告》,第三卷,第76页。

⑤ "中国警察在追缉抢劫犯时不得不在公共租界边止步。当他们从公共租界当局处得到逮捕的许可令时,罪犯早已逃往法租界。合作是不可能的。"孟:《双城记》,第420页。

酒店、妓院和娱乐中心）的城市形影相随，这些设施和娱乐业在外国租界的庇护下，使大众文化面目全非。

城市控制问题显然是由于都市化发展和外国租界两者的共生影响。上海的发展是有目共睹的。1910年到1930年间，上海的人口增加了3倍。截至1930年10月，上海在册人口已达2,980,650人。其中，公共租界华人有971,397人，外侨36,471人；法租界华人434,885人，外侨12,335人；华界华人1,516,092人，外侨9,470人。① 在人口迅速增长的这30年间，上海的设施也经历了深刻的变革。

> 也许可以这样说，混凝土与发电厂已经创造出了一个崭新的上海。与1893年时纳税人缴纳的地方税仅80,000两相比，发电厂已经成了个巨人，甚至超过了格拉斯哥与曼彻斯特的，它把光明与温暖带给1,500,000人口，驱动着有轨电车和上百家的工厂。② 而混凝土则给建筑商们提供了一种便捷的手段以解决住房的缺乏……但是也有人将盖成不到10年的房屋拆除，代之以一幢幢高大的多层公寓。在外滩附近3～4英里的地方，每亩土地价格达到8,000～10,000两，真可谓寸土寸金。③

公共租界是座不夜城，"像一个巨大的发出电光的坩埚"，它崭新的20层高的摩天大厦仿佛停泊在漂浮的混凝土上，下面是深埋在冲积土层中的长长的

---

① 这个数字不包括4,083名驻防上海的部队。徐公肃、丘瑾璋：《上海公共租界制度》，第12页。参见贺萧：《上海娼妓（1919—1949）》，第13页；贺萧：《1920—1949年间上海娼妓的等级结构》，第464—465页。

② 上海电力公司，1929年时由美国投资者以3,200万美元购得，是当时世界上最大的电厂之一，霍塞：《出卖上海滩》，第236页。

③ 格林编：《今日上海："模范租界"的38幅铁棕画纪念册》，第9页。1900年到1935年间，在公共租界仅8.94平方英里的地盘上，人口从345,000增至1,120,000。但在同一时期，中国人的住宅却仅从52,000间增至82,000间。在那里平均每英亩土地有200人，但由于这一总数中包括外国人口，所以在华人工业区内的人口密度还要大得多。《警卫报》，1937年8月4日，第34页。（译者注：1英里约合1.609千米。）

水泥柱。① 南京路上的红色霓虹灯装点着一座座豪华宾馆与大型商厦（外滩的汇丰银行是当时世界上第二大银行），展现出一派新的都市景象，改变了当地居民的文化生活。② 1926 年，一位久居上海的外国人这样写道：

> 甚至在 20 年前……生活还是从容而悠闲的，春赛时节，我们收拾毯子迎接夏天；秋赛时节，我们铺好毯子准备过冬。午宴总在上午 11 时开始，除了偶尔举行舞会之外，既无夜宵店，也无夜生活，三流剧团的巡回演出，几乎也都是些古装老戏。③

第二节　犯罪与娱乐

20 年代初的军阀内战时期，在警方的强制性的宵禁令之下，产生了一种新的夜生活方式："在歌舞厅、夜总会、中国的书场（那里有说书的女艺人）、日本的艺伎馆、赌场和妓院里充斥着操各种语言的寻欢作乐之徒，他们整夜作乐，直到凌晨宵禁令结束后才蹒跚回家。"④

其他的中国人在娱乐方式上也有所变化。1923 年，手摇留声机传入上海，上海的绅士们开始租借留声机，付一定的费用就会有人上门服务。⑤ 早在 1903 年，电影已经在上海人的生活中占据了重要的地位。⑥ 那一年有一个叫雷玛斯

---

① 《上海概貌》，第 76 页，参见冯齐：《上海与外界》，第 5 页。
② 潘翎：《寻找旧上海》，第 39 页。
③ 冯齐：《上海与外界》，第 13 页；参见霍塞：《出卖上海滩》，第 34 页。
④ 冯齐：《上海与外界》，第 34 页。1925 年夏天，从晚上 10 点到凌晨 4 点街上没有一个闲人，成群结队的军人通宵在灯火通明的街头巡逻。布克：《新闻就是我的工作：一个记者在战火纷飞的中国》，第 102 页。
⑤ 徐铸成：《杜月笙正传》，第 23 页。
⑥ 中国的首部电影于 1896 年 8 月上映，当时是作为上海茶馆中的各种表演的一种。第一部公开放映的电影出现于 1902 年的京城，此后丰泰照相馆于 1905 年开始将京剧的舞台表演拍成电影。后来丰泰照相馆的主人于 1909 年移居上海。克拉克：《中国电影：1949 年以来的文化和政治》，第 6—7 页。

（A. Ramos）的西班牙人开始放映无声电影，他雇了一个印度人站在福州路的升平茶楼前，敲锣吹号，向围观的人群大声宣布今天将要上映的电影片名。

5年后，雷玛斯建造了上海第一家电影院，250个座位的虹口大戏院，在海宁路乍浦路口。① 雷玛斯不断地扩张电影院的领地，在1927—1932年间，二流的剧院也有了极大的增加。1930年时已经有了33~36家电影院。同时，著名的《电影画报》声称已拥有超过100万的读者。② 到1933年，耗资100万元并拥有1,951个座位的大光明电影院和耗资80万元并拥有1,629个座位的大上海电影院，成了这个城市的娱乐中心。③ 而且，对各种年龄段的恋人们来说，电影院提供了谈情说爱的场所，他们不仅能在银幕上，也能在漆黑的坐席上找到罗曼史。据一位观察家称："对上海的恋人们（如果缺乏私人空间的话）来说，电影院简直就是天堂。"④ 它们同时也是上层文化的宫殿——至少对外国侨民社会来说是如此。"上海并不能提供太多高级的娱乐。那里没有歌剧，没有演讲会，没有西方的舞台。在这种情况下，一部好莱坞电影的首映，成为社交生活中的大事，所有的领事和大班，都身着全套晚礼服出席。"⑤

电影在上海大众文化中也有着不争的中心地位。男女电影明星们成了社会名流和公众偶像。阮玲玉（1910—1935），上海一位著名的无声片女明星，常被誉为"中国的嘉宝"。在她所演的21部电影中，她以自己的表演为社会公众塑造了一个又一个典型人物：作家、工人、大家闺秀、交际花、卖花女、娼妓、尼姑和乞丐。有关她离婚的流言蜚语最终逼她走上了绝路，当时整个上海

---

① 这里所放第一部电影为《龙巢》。《上海研究资料》续集，第541页。

② 到1935年上海拥有48家电影公司，共创作72部电影，其中有52部是由三大电影公司制作的，它们是：联华影业公司、明星公司和天一公司。上海市年鉴委员会编：《上海市年鉴》（1936），第55—57页。

③ 《上海研究资料》续集，第532—541页；屠诗聘编：《上海市大观》，第三部分，第40页。

④ 麦考米克：《另眼看中国》，第98页。

⑤ 霍塞：《出卖上海滩》，第262页。这多少有些夸张，尤其是当这些戏剧化的东西进入到受过教育的中国阶层时。参见列文森的《革命与大同：西方舞台和中国舞台》和叶文心的《被疏远的学术：中华民国的文化和政治（1919—1935）》。

都在为她哭泣。①

西式的戏院，好莱坞电影和"摩登"的中国电影，已经成为堕落的标志。刻意推销现代产品和宣传西方的恋爱观的如《上海花》（1926）之类的电影②，为守旧的人们所蔑视，斥之为诱使乡下女孩在大城市堕落，从事肮脏职业的祸根，就像丁玲写于1927年的第一部短篇小说《梦珂》中所描写的那样。③ 钱锺书在他的讽刺大作《围城》一书中用调侃的语言描述了电影的影响，就好像是外国的胭脂擦在坐在有轨电车里的十几岁女孩的脸上："女孩子的书都用电影明星照相的包书纸包着。那女孩子不过十六七岁，脸化妆得就像搓油摘粉调胭脂捏出来的假面具。"④

如果说上海已经因为彻底抛弃了旧的清规戒律而成为一个色情交易场所的话，那么为什么政治革命还会首先在这里发生？茅盾以矛盾的文笔描述了一位年轻的革命党人对这世风的日下感到失望和愤怒——这名政治犯因北伐胜利而获释，那时国民党正试图统一全国：

> 当真这世界有点换样了。女人们都剪了发，胸前高高地耸起一对乳房，脸上搽得红的红，白的白，臂膊和大腿都是光光的露在外面。影戏院异常之多，广告上竟夸着"神怪武侠新片"。在这一切表面之下，还有什么呢？他不很明白。虽然，有一点是确定了的：已经革过命。然而这"革命"却已经跑出他所能理解的范围。他呆呆地站在十字街头的电车站上，四周围是光臂裸腿满身香气的女人，是各种的车声和人声，是蓝的红的电光招牌。一种说不明白的憎恨，渐渐从心头涌上来了。⑤

欧风美雨就是以这样极端的方式，使上海有的居民丧失了廉耻，沾染了赌

---

① 鲁迅也为阮玲玉写了一篇著名的散文，题为《论"人言可畏"》，《中国日报》，1968年3月26日，第5页；克拉克：《中国电影：1949年以来的文化和政治》，第13页。
② 克拉克：《中国电影：1949年以来的文化和政治》，第9页。
③ 史景迁：《天安门：知识分子与中国革命（1895—1980)》，第184页。
④ 钱锺书：《围城》，第59页。
⑤ 茅盾：《喜剧》，第248—249页。

博、吸毒、卖淫①以及各种恶习②。

例如，在20世纪初，以卖淫谋生在上海已经十分普遍，低级的卖身娼妓人数远超过上层的交际花。到1915年时，在公共租界中几乎每16个妇女中就有1名是妓女。③ 艾德那·李·布克对20世纪20年代的北四川路有过生动的描写：

> 幽窄昏暗的街道旁边，妓院鳞次栉比，门前都悬挂着红灯笼，令人惊然。爵士乐从六七家灯火通明的酒店和酒吧中传出……打破夜晚的宁静……这里几乎集中了所有国度的妓女：中国姑娘涂着胭脂的脸颊，日本妇人用化妆粉抹得煞白的脸……从哈尔滨来的俄罗斯姑娘总是呢喃着："我的王子，请给我买一小瓶桑娅葡萄酒吧。"这里甚至可以找到从老巴巴里海岸区来的美国姑娘和从马赛下等酒吧来的老鸨。④

尽管在外国租界中的酒店通常在深夜两点打烊（除了周六的晚上会开业到清晨），但中国人的茶楼事实上却是从不关门的。在霞飞路（今淮海中路）和靶子路（今武进路）的按摩房里，中国按摩女已经被白俄女人——正是她们首先在此从事色情服务——取而代之，情况"要多糟有多糟"。⑤

上海的色情业也许能令像德国电影导演约瑟夫·冯·斯登伯格这样的短期来访者痴迷，他认为，坐落在西藏路和爱多亚路（今延安东路）之间的娱乐

---

① 有关这一点，见林语堂稍带矛盾情绪的《上海礼赞》，载林语堂：《爱与讽刺》，第63—66页。

② 徐蕙芳、刘清於：《上海女性犯的社会分析》，《大陆杂志》，第1卷，第4期，第87页；林语堂：《爱与讽刺》，第63—66页。

③ 孙国群：《论旧上海娼妓制度的发展和特点》，第3页。

④ 布克：《新闻就是我的工作：一个记者在战火纷飞的中国》，第25—26页。早些时候，大约在1906年，曾经试图从公共租界赶走美国妓女，"美国姑娘"已经成了从事色情业的西方妇女的代名词。西奥多·罗斯福总统在1906年时曾下令驱逐这些主要来自旧金山的妓女（她们以美貌、教养和迷人著称），第27—28页。

⑤ 《密勒氏评论报》，1930年6月14日，第57页。茶楼中有一个个小小的包厢，分别用帘子隔开。

场——大世界，像是一座富有异国情调的纪念碑，壮观但又充满险恶。"在这座六层高的楼房里，人们摩肩接踵，欢声笑语，进行各种各样包含着中国人智慧的娱乐活动。"①但是像美国记者约翰·B.鲍威尔这样的长期居民，却对那些充斥着不法之徒的娱乐场所深恶痛绝，如大世界，那里在星期天中午免费对所有游客者提供啤酒——包括10岁以下的儿童，"里面的表演内容难以启齿，但却对儿童开放"。如此"淫秽"的娱乐是对"公众意识的污染"②。

中国的犯罪学家抨击大世界和福仙世界之类的大型游艺场，认为它们向中低阶层提供不健康的娱乐，从而促发了犯罪行为。社会学家指出，由于在上海这个"特别复杂"的社会中，许多不同的阶层间缺乏正常的社会沟通，导致拉帮结派，沆瀣一气，鼓励犯罪行为，并导致社会是非感的丧失③。此外，根据对已经服刑的罪犯的交谈，人们发现重罪与上海提供的五花八门的娱乐之间的关系非常密切。无数事实表明，白领的犯罪，比如贪污，往往与臭名昭著的茶楼相关，在那里年轻的店员和学徒往往会爱上妓女，不得不告贷甚至偷钱，以和妓女们共度良辰，或者劝她们私奔④。

第三节 犯罪与治外法权

但是对大多数居住在上海的中国人来说，任何对城市中可怕的犯罪浪潮的社会学剖析——尤其是对抢劫和谋杀，都不如治外法权来得引人注目⑤。国民

---

① 冯·斯登伯格：《一个中国洗衣店的趣闻》，第82—83页。
② 《密勒氏评论报》，1930年6月14日，第57页。大世界在公共租界内。《密勒氏评论报》辛辣地批评道："观众当然是中国人，这些场所对外国人群体的影响无足轻重，我们的城市元老们自然不会在乎。"
③ 徐蕙芳、刘清於：《上海女性犯的社会分析》，第86—87页；钱生可：《青红帮之黑幕》，第18页。
④ 严景耀：《犯罪与中国社会变迁的关系》，第156—158页。
⑤ 甚至社会学家们也同意治外法权对违法行为的结构性作用。徐蕙芳、刘清於：《上海女性犯的社会分析》，第86页。

政府深信，这个城市中大量毒品、赌博和色情行业都仰仗着19世纪以来不平等条约中的以领事制度为基础的治外法权的庇护。① 然而，即使把这些弊病视为必要消遣的老于此道之人乃至放荡的男女，也被黑社会以绑架、抢劫和杀人为主要形式的暴行而弄得惊慌失措，而犯下这些罪行的不法之徒正是以法租界或公共租界为大本营的。②

在这方面，法租界格外触目惊心，某些弊病连"假正经"的公共租界当局也难以容忍。有位观察家写道："目前的趋势是任何社会丑恶只要发现于公共租界，就会迅速地蔓延到法租界，并在那儿轻易扎下根来，老实说，今天的上海法租界已经成为东方最龌龊的地方。"确实，在法租界中有最大的鸦片烟馆、最新奇的赌场、最大的酒店和最厚颜无耻的娼妓。③

> 下午7点时分，当你漫步于敏体尼荫路（今西藏南路）时，就会看到大世界到南洋桥一带站着成群结队的姑娘。法租界警察对这种下流交易视若无睹。……（相反）在公共租界，她们一见到警察就溜之大吉。

这样的纵容主要出自法国人对待他们的殖民地的态度："让那些'土著'们去堕落腐败吧，他们的命运与法兰西民族无关。"④ 但这也被认为是不平等条约体系下外国人特权的后果。如一位上海的中国警官指出，在上海实施法令的最大障碍就是特别区制度（如租界）。⑤"任何人犯了罪或是叛了国，都将特

---

① 许多外国人都同意，"只有当上海整个城市处于一个统一的警察局控制之下时，犯罪才会减少"。《密勒氏评论报》，1931年1月17日，第243页。

② 1929年1月有一个骇人听闻的揭露，上海公共租界警务处罪案侦查部（CID）的一个翻译是一伙绑架犯的头领。《警卫报》，1929年1月10日，第12页。《密勒氏评论报》，1929年1月12日，第273页；冯特诺：《秘密的上海》，第71页。

③ 韩：《法国在华殖民政策》，第240页。根据1936年11月到1937年1月间一个妇女组织所做的一项调查，仅一个红灯区就有51家妓院在警察局注册。《警卫报》，1937年4月4日，第8页；详见潘翎：《寻找旧上海》，第58—59页。

④ 韩：《法国在华殖民政策》，第239页。

⑤ 1928年1月19日，上海公安局宣布此后法租界称为"特别区"。《东方杂志》，1928年3月25日，第129页。

别区作为他们的藏身之窝。"罪犯的脚只要能在被捕前跨进租界,就可以逍遥法外。① 最终铲除这些"罪恶"的唯一途径只能是一致废除治外法权。②

在国民政府看来,废除治外法权的最根本途径就是在华人治理的城区内证明法治的效力。因此,1927年7月7日新成立的上海特别市市政府就将实施和保障公安作为头等大事。③ 在这个城市的华界不仅要实现安宁和秩序,保护居民的财产和人身安全,更要向世界证明中国人应该恢复自己对外国租界的治权。④

因此,成立于1927年7月22日的公安局,自然成为国民政府新秩序中的主要机构之一。作为一个革命的现代化机构,它将有助于建立一个强大忠诚的市政管理,创建一个健康有序的城市环境,教育20世纪的市民担当起相应的市民责任。⑤ 作为中国民众和新的国民政府的力量象征,它还致力于在这个城市中在他们所控制的区域,建立中国自己的行政机构,以恢复失落已久的统治权。在国民政府的上海建立法制与秩序的努力,被视为对新政权整体效率的一次重大考验。从国民政府方面看,他们自己的公安局——上海的华界警察是否成功,将是国民革命成败首要的、决定性的标志。⑥

---

① 小刀会起义后工部局巡捕房于1854年成立。《上海租地章程》第11条允许组织"警卫队或是警察"。"讲演者追溯警察史",1937年2月27日,美国国家档案馆缩微胶卷,上海公共租界警务处档案,D-2961, 28/2/37;《上海工部局巡捕房》,第一部分,1909年12月24日,第747页。参见有关袁良局长1930年1月13日的演说,参见《上海公安局业务报告》,第三卷,第151页。

② 韩:《法国在华殖民政策》,第239页。

③ 《上海特别市公安局业务纪要》,民国十六年八月至十七年七月,组织,第1页,参见奥察德:《上海》,第239页。

④ 《上海特别市公安局业务纪要》,民国十六年八月至十七年七月,纪事,第48页,沈怡:《上海市工务局之十年》。

⑤ 至少从20世纪40年代早期开始,改革者们从此都将有序的警察组织与"现代化"联系在一起。见,例如,何启登[音]:《当前之警政机构问题》,第18页。

⑥ "警察的主要职责是保持公共安宁",方国西[音],《警察行政与地方支持》,第10页。

第二章
从巡捕到警察

> 本总巡奉宪檄督办城厢内外巡防保甲事务。向闻有等著名痞棍,以及拆梢、蚁媒、拐骗、剪绺、窃贼并外来流氓,三五成群,聚于茶坊酒肆,其名曰"吃讲茶";纠党串诈,横行不法,贻害地方。……本总巡为民除害起见,本当按名立拿重办,姑念无知,不忍不教而诛。若能从此敛迹……则免其已往;如敢仍蹈前辙……立即指名拿究。
>
> 清末巡防保甲局总巡告示
> 《上海研究资料》

上海华捕的起源,可以追溯至19世纪60年代的绿营,当时太平军占领了苏南地区,大量移民涌入上海,城市人口膨胀。① 原有的一支200人的常驻军(称营巡或城巡),在一名千总的带领下把守7座城门,偶然也抓些有名的盗贼,现在却感到需要一支特别的执法队伍来维持秩序,对付近来充斥上海的大量移民。② 结果清朝的道台就在1860年时成立了巡防保甲局,由一位总巡统领,局署位于南市道台衙门旁边的常平仓。这个巡防局及其分局的员弁从抚标防营抽调兵丁拨充,统归总巡节制。③

巡防局的责权自始就非常清楚——与后来的公安局的一项中心任务并没有

---

① 城市是由县尉和巡检掌理巡捕盗贼奸宄事宜的。维克多 H. 李:《清末民初中国警察的发展》,第49页;《上海研究资料》,第89页。

② 就当时特殊的社会失序状态而言,这是一种完善的机制。"当社会中集团的强制力难以应付社会的不安定时,社会化的警察就会代替私人的警卫。"贝利:《警察模式》,第34页。

③ 《上海研究资料》,第89页。第一位总巡是穆杼斋(校注:即穆湘瑶)。参见朱怡声:《上海警察沿革史》,第4页;维克多 H. 李:《清末民初中国警察的发展》,第209页。

太大区别：在一个吸引着拉帮结伙的流氓的繁华闹市建立秩序。尽管在功能界定上新的巡防局和绿营有些模糊不清，但上海巡防局在19世纪80年代到90年代初这段时期，对付上海及其周围地区司空见惯的盗贼还是卓有成效的。①

第一节　早期的改革

从政府的捕快向现代城市警察的转变发生于1898年，是由两个方面促成的：自上而下的官僚机构主动以正规的巡捕（清政府原来称呼在驿道上维持秩序的兵丁）来代替旧的保甲制度②；同时随着城市的扩张和道路的修建，由士绅领导，自下而上地发展了一支明显受到租界警察制度影响的警察队伍。③ 在公共租界或在法租界，其警察机构都由负责修建和警戒公共租界、法租界和华界延伸道路系统的机构工部局管辖。④ 这样，直到第二次世界大战期间，公共租界的警务处，中国名称依然是工部局巡捕房。⑤

士绅领导的警察推动了官僚制度的改革。19世纪末，伴随着模仿公共租界工部局的华界警察的产生，还形成了与商业行会休戚相关的新市政机构，如

---

① 在总巡朱璜的率领下，19世纪末最终在浦东地区消灭了强盗。朱怡声：《上海警察沿革史》，第5—6页。"警察"一词是指："在某一群体中被授权能够使用强力来协调该群体内部人际关系的人。"贝利：《警察模式》，第209页。

② 清朝保甲制度中，每10户设一牌头，每10牌设一甲头，每10甲设一保长。每个月末保长都要向当局提交一份担保，以证明保内所有男丁都行为端正。萧公权：《中国农村：十九世纪的帝国控制》，第44—45页。

③ 按照《上海租地章程》，在1845年时就已开始向公共租界提供更夫队，但是真正意义上的警察队伍直到1854年才成立。约翰斯通：《上海问题》，第74页。葛元煦——第一位记述租界警察的中国人，1876年在《沪游杂记》中描绘了侦探与巡警的作用。王家俭：《清末民初我国警察制度现代化的历程》，第19—20页；维克多 H. 李：《清末民初中国警察的发展》，第63—65页。

④ 至1927年，中国城区内有道路172公里，公共租界有171公里，法租界内有92公里。安克强：《上海市政府》，第230页。

⑤ 《上海研究资料》，第92页；《上海租界问题》，第63页。

消防队等。① 同业公会的领导又通过当地各局得以畅行，尤其是在建立管理税收、军事设施和邮传设施各局以后。1894年，知县黄承暄下令在法租界南面沿黄浦江筑路时，在上海促成了第一个中国人的市政自治机构，被历史学家们称为新的"公共秩序"的地方精英领导机构。② 1895年12月，南市马路工程局在上海老城厢开张，负责新马路的修建。③

这个工程局也设立了巡捕房，从抚标营中遴选兵丁，第一次拥有了自己的警察。从1898年的招捕章程来看，应征人必须身体强壮，年龄在30岁左右，上海话熟练，有良好的道德品质和生活习惯（如不吸食洋烟、嗜酒或好赌），须由妥当铺户担保。60名忠厚老实的应征者最后入选，负责上海马路的巡逻、清扫和照明，并在南市征收车船捐和铺捐。④

同时，自上而下的努力也于1898年肇始，百日维新中，上海道台蔡钧要求日本领事馆推荐一名明治维新警察改革中的专家。一个名叫永谷隆忠的日本东京警署官员不久后即向蔡报到，并受命在杨树浦成立一个警署，他按照警察培训程序训练了来自道台衙门的150名兵丁。然而，1898年9月百日维新失败后，蔡钧被解职（校注：蔡钧于1898年4月离署上海道任），第二年，永谷也卷铺盖打道回府了。⑤ 官方的努力在1901年4月后清政府的第二次改革中重新

---

① 安克强：《1927—1937年间的上海：华界的地方精英与现代化》，第18页。在1898年的改良运动中，湖南政府在长沙建立了一个保卫局。保卫局以上海公共租界的巡捕房为蓝本，得到了该市的商人们的大力支持，尤其是看到犯罪率因其成立而大幅下降之后。余秀豪：《现代中国的警察》，第9页。

② 有关"公"，参见程一凡：《"公"作为晚清中国的精神因素：个案王先谦》。有关"行会、法团和士绅自治的关系"参见罗威廉：《汉口：1796—1889年一个中国城市的商业和社会》，罗威廉：《近代中国的公共领域》第309—329页；全大伟：《北京黄包车：二十世纪二十年代的市民和政治》，第98—99页。

③ 1898年该局更名为"南市马路工程善后局"，《上海研究资料》，第89页。另参见安克强：《1927—1937年间的上海：华界的地方精英与现代化》，第22—24页。

④ 《上海研究资料》，第89—90页；安克强：《上海市政府》，第11—12页。

⑤ 当英国、美国和法国政府从清政府处得到将外国租界的面积由1,500英亩扩大到5,584英亩的许可后，在杨树浦的警署亦被取消。王家俭：《清末民初我国警察制度现代化的历程》，第63页。

开始。1901 年 7 月，清廷命令各省督抚建立巡警营。① 这一命令除了两广、湖广和直隶总督奉行外，大多数省的官员们都束之高阁。②

直隶总督袁世凯敏锐地看到，西方或日本模式的现代警察队伍为制衡地方精英势力，尤其是滥用法律和赋役特权的士绅势力提供了一条新的、更为有效的途径。③ 在他看来，现代警察制度还能提供一条正规的集权与整合政治体系的途径，可以逾越盘根错节的当地官员，而直接与大量的、分散的农村人口沟通。④ 1902 年，袁世凯在位于北京西南面的城市——保定建立了一支 500 人的警察队伍。警局还建立了一所自己的巡警学堂。保定警务总局很快由于天津巡警总局的成立而相形见绌，天津巡警总局是袁世凯从镇压了义和团的八国联军手中收回天津的统治权之后，于 1902 年秋建立的。⑤ 后来，天津警察成了整个直隶省的范本，在 1905 年新成立的巡警部的领导下，直隶各地都建立了警察队伍。⑥

1871 年，城市警察队伍取代了东京的市镇捕快，北京的警察制度的改革也汲取了日本明治维新的经验。⑦ 的确，中国人是从日语"keisatsu［警察］"中创造出现代词汇"警察"的。不过，现代中国警察制度发展虽然受到了日本的影响，但并非纯粹日本式的，而是融入了明显的德国特征。普鲁士警官曾强烈地影响了东京警官学校的课程设置，1899 年日本与西方修约——使得外国人拥有居住于日本内陆的特权的前后 6 年间，这所学校为日本培养了 1,000

---

① 王家俭：《清末民初我国警察制度现代化的历程》，第 34 页。
② 《上海研究资料》，第 104 页；裴士丹：《进入二十世纪的中国》，第 77 页；高为生［音］：《广州警政》，第 337—339 页。
③ 麦金农：《晚清、民国和中华人民共和国的联系：作为近代中国国家一支武装的警察》，第 5 页。
④ 维克多 H. 李：《清末民初中国警察的发展》，第 75 页。
⑤ 老舍笔下的警官对 1911 年前的警务训练冷嘲热讽。教官们可以分为两种："一种是老人儿们，多数都有口鸦片烟瘾；……另一种是年轻的小伙子们，讲的都是洋事，什么东洋巡警怎么样，什么法国违警律如何，仿佛我们都是洋鬼子。"《我这一辈子》，第 114 页。
⑥ 麦金农：《清末直隶的警政改革》，第 82—99 页。
⑦ 有关北京警察制度革新的详细情况可参见《警察法令》，第 2 页。

多名警官和探员。① 日本的部分警官训练计划，包括对安排在地方警署的译员特别进行英语教学，都已经表现出当外国人与日本人开始混居后，日方为防止排外事件发生所进行的努力。②

清室顾问中最广为人知的日本专家是一名"大陆浪人"，名叫川岛浪速，曾担任兴亚会同文学校的中文译员。义和团起义后，他成为顺天府日本警务衙门事务长官，接着被任命为一所按照日本警制训练中国人的警校的监督，与肃亲王关系密切，肃亲王在 1910 年的清末宪政改革后成了民政部尚书。③ 建立中央集权的国家警务行政的动力来自改革者们建立强有力的中央政府的要求，他们相信，无论是为了保住王朝还是为了拯救这个国家，日本的明治维新都是值得仿效的最佳模式。

同时，1904 年以后，上海分别由官僚领导与士绅领导的警务改革开始殊途同归。④ 官僚控制的改革包括在 1904 年中央政府决定建立巡警部，这也是对上海的西方扩张论者的官方回应，后者为租界警方扩大其管辖权于外国租界之外而辩护，他们断言中国政府没有能力治理这些地区。⑤ 另一方面，士绅改革的冲击波又发生在第二年——1905 年，上海的一批知名人士向道台建议以

---

① 艾姆斯：《日本的警察与社区》，第 9—10 页。余秀豪：《现代中国的警察》，第 1 页。英文词 "police" 源自法语，在 1758 年时首次使用于某类人身上。帕尔马：《1780—1850 年英格兰与爱尔兰的警察和抗议》，第 69 页。

② 大浦兼武：《日本警察》，第 281—295 页。

③ 全大伟：《北京黄包车：二十世纪二十年代的市民和政治》，第 67 页；沈醉：《军统内幕》，第 3 页。川岛（Kawashima）认为："任何国家都需要警察系统作为军队的重要补充。军队是用来保卫国家主权和利益的，而警察则是一种内部控制机构，用以维护国家法律和秩序而规范和制约人们的行为。任何国家离开了这支重要力量可能一天也无法正常运作。" 维克多 H. 李：《清末民初中国警察的发展》，第 33 页。

④ 朱怡声：《上海警察沿革史》；陈尧甫：《清末上海设置巡警的经过》，第 104 页。

⑤ 根据与店铺和商人们的协定，水巡警察也于这一时期在南市成立。水警骑马巡逻于属于华界的外滩，保护商业。在上海其他的华界地区，地方政府也设专局，从事堤坝修筑和马路修建、养护，建立学校，提供医疗援助，为穷人接种疫苗和组织警察局在这些地区巡逻。上海市年鉴委员会编：《上海市年鉴》（1936），第 1—13 页；安克强：《上海市政府》，第 15 页。

公共租界为榜样，任命一个由当地绅商组成的部门去监督城厢内外总工程局。①

道台袁树勋接受了这一请求，他从上海市驻军中抽调560人在城隍庙的新警署中担任巡警。② 同时，他还将这一保卫巡逻体系延伸到城市的整个华界，以现代日本式的警察代替了旧的南市保甲局。③ 袁聘请刚从日本警官学校毕业的刘景沂掌管南市南门内的求志学堂，将其改为警察学堂。④ 从沪军营中精选出的216名强壮的官兵在此接受了3个月训练后，于当年冬天被安置到日本式的"交番"（日文，即警察岗亭）中。⑤

当时警察总巡仍由原保甲局总巡担任，而总办则是知县，总办掌管着每年25,000规元的经费，分别由沪军营军饷、城市保甲经费和道台补助中划拨。同时，还有5名绅董组成的会办。⑥ 警察局（更名为警察总巡局）是一个混合体，员警从军队中抽调或由职业警校训练，由城市的最高当局指挥，由一个地方绅士组成的委员会监督。⑦

世纪交替时期对警察现代化的首次尝试与25年后由国民政府推行的现代化在特性上迥然不同，这一点相当重要。⑧ 国民政府的努力不仅受到同时期英国、法国、德国和美国等国的警察职业化和技术化的影响，还由于他们自己要

---

① 《上海研究资料》，第90页；安克强：《上海市政府》，第12页。
② 王家俭：《清末民初我国警察制度现代化的历程》，第63—64页。
③ 陈尧甫：《清末上海设置巡警的经过》，第104—106页。
④ 《上海研究资料》，第91页。
⑤ "交番"形式在明治时代早期就已应用于东京的公寓式建筑中，在那里，警察居住并巡逻于此。警察岗亭制度实际上是由柏林市警察局的Heinrich Friedrich Wilhelm Hohn向日本内务省建议形成的。维克多H.李：《清末民初中国警察的发展》，第29—30页；余秀豪：《现代中国的警察》，第11—18页；艾姆斯：《日本的警察与社区》，第24页；贝利：《秩序的力量》，第13—32页。
⑥ 分局分别设于城东部的鄂王庙、城南的水仙宫、西门的关帝庙（后来迁至余公祠）和城北的沉香阁。
⑦ 朱怡声：《上海警察沿革史》，第3、6—7页；《上海研究资料》，第91页。
⑧ 常兆儒：《国民党统治时期的警察制度》，第337—338页。

建立一支高效的国家武装，尊重但无须听命于士绅。① 依照一本广为使用的民国警察手册，地方与市立警察局都必须认识到他们自己是整个国家警察体系的一部分，是执行"国家统治权"的机构，他们的职责是维持"秩序"和"依法限制私人之自由及强制执行"②，他们实际上与国家，至少与他们所治理的街道或社区息息相关。③ 正如蒋介石1937年在中央警察学校毕业班的校长训话中所指出的：

> 在我们的国家中有两种武装：军队与警察。前者是用来保卫国家的，而后者则是维护治安的。就像一架飞机，要有两翼才能飞行。但是由于现代警察职责的复杂性，他们是唯一时时与民众息息相关的公务人员，警察的职务在我们的社会中可能更为重要。（校注：照英文意译）④

相反，晚清的革新者们显然希望效仿明治政府的警察队伍，但他们更感兴趣的是推动中心区域的精英阶层改造地方政府。⑤ 20世纪初期中国市立警察的职责极为广泛，包括管理商务、审查报刊、检查住房、巡视店铺、颁发行医执照和开设难童收容所。警察还要负责食品检疫、卫生、消防、公共福利、大众教育和人口普查。⑥

---

① 国民政府的警察中央化后来强调不再依靠地方精英们对于警察资助的重要性，"必须不得带有任何一点封建主义的气息"，不得与地方士绅支持的民兵武装相混淆。一位专家呼吁由国家拨出警察的费用，指出，"如果想建立一支现代化的警察队伍，同时又想不靠公众开支，使用民兵以避免警员与装备上的开支，恐怕会一无作为。"何启登：《当前之警政机构问题》，第22页。

② 余秀豪：《警察手册》，第1页。手册发行时，余任哈尔滨警察局长。

③ 全大伟：《北京黄包车：二十世纪二十年代的市民和政治》，第65页。但要注意到国家建设并不总是与现代警察制度的建立休戚相关，例如在意大利这种联系是非常紧密的，而在德国关系就相对较弱，而在大英帝国几乎看不到关联。贝利：《欧洲的警察制度与政治发展》，第355—356页。

④ 余秀豪：《现代中国的警察》，第38—39页。

⑤ 兰钦：《中国的精英活动与政治变迁：1865—1911年的浙江省》，第27、136—169页。

⑥ 维克多 H. 李：《清末民初中国警察的发展》，第3页；高为生：《广州警政》，第691页。

第二节　士绅控制问题

然而，与此同时，由上海士绅们组成的警察总巡局会办将南市警察制度改革与 20 世纪初的地方自治运动联系了起来，这个运动是一种自发的士绅自治运动，旨在由富有权势的地方绅商建立市政控制①，这种绅商统治机构之一就是组建于 1907 年的武装商团，其范本是公共租界夸耀的万国商团，它是一种都市民兵，负责保卫外国侨民的生命财产安全。②

1906 年，新的上海警察体系的天平上还是较早建立的警察总巡局的绅商联盟占居优势。两江总督周馥继续拨出固定的政府资金，来训练另外一支在总巡局控制之下的 500 人的巡警队伍。③ 但是实际支配这笔资金的是警务长穆湘瑶——他是一名邑绅。他的控制扩大到了闸北，随即成立了北市马路工巡总局，负责马路修筑与警察巡逻。④ 结果，上海的邑绅与上层商人很快争取到了对新的警察总局和南市局、北市局的控制。显然精英们在对警察体系是置于政府严密组织之下还是由社区控制的竞争中占了上风。

然而，外国人对这一结局的形成并非无所作为。上海的领事们并不愿意看到士绅自治下形成统一的市政机构，说服了两江总督端方将闸北巡警置于帝国

---

① 伊懋可：《上海士绅民主 1905—1914 年间》，伊懋可：《上海的行政》，第 239—262 页。

② 盖姆威尔：《中国的门户：上海概貌》，第 32 页。到 1927 年时，义勇队由 1,400 名士兵和 80 名军官组成，包括指挥官和副官，后者是英国军队中的二等军官。古易：《帝国警察》，第 187 页。华界商团起源于由来自镇海的银行家虞洽卿（1867—1945）发起成立的华商体操队。虞开始是个买办，在上海的甬商们的支持下开设了多家重要的船务公司。1908 年，他和另外一些人合伙创立四明银行。1921 年成立上海物品交易所时，虞与国民党人建立了亲密关系，并在蒋介石离沪前往广东后为他清偿债务。曹志涟：《民国时期中国资本家的本质》，第 2—6 页；小科布尔：《上海资本家与国民政府（1927—1937）》，第 22—25 页。

③ 王家俭：《清末民初我国警察制度现代化的历程》，第 22—25 页。

④ 《上海研究资料》，第 90 页；朱怡声：《上海警察沿革史》，第 8 页。

行政机构控制之下。1907年，闸北局被并入总巡王瑞闿领导的上海巡警总局。① 中国人则将此视为防范外国帝国主义的明确决定。②

　　这丝毫不意味着士绅中止了他们建立民团警署的努力。在地方士绅的领导下，南市总工程局设立了，他们还开设了警校，并划分了4个辖区。③ 辛亥革命时期，陈其美进攻沪军营，商团起了决定性作用，1911年11月，革命胜利后，当地名流得到了回报，由自治公所合并全市警察局，更名为闸北市政厅，授权在新的共和政体下管理南市与北市。④

　　虽然士绅的商团作为相对自治的组织幸存下来，但他们的市立警察局却是短命的。⑤ 1913年"二次革命"时，袁世凯将他的统治势力扩大到中国中部地区，上海华界警察机构被置于省政府的控制之下，成立了新的淞沪警察厅，直属省公署。⑥ 淞沪警察厅下辖两个分厅：在南市的称为沪南，在北市的称为闸北。两个分厅为公共租界和法租界从地理上所隔断，由淞沪水陆警察督办统辖。1914年，当袁世凯强迫上海的士绅组织变为对地方警察局毫无权力的工

---

　　① 朱怡声：《上海警察沿革史》，第7页。另有2,000名警员被招募，警察局的预算增至25.5万两，其中12万余两来自军队的海关。警局的设置包括骑警队、消防队、侦探组和一个水巡队。王家俭：《清末民初我国警察制度现代化的历程》，第64页。(校注：1906年5月，北市马路工巡总局设立后，闸北市政正式归入上海，次年该局改称上海巡警总局，瑞澂为巡警督办，王瑞闿任巡警总办。)

　　② 当两江总督在阐述总巡相关的职责时，他将其与整个国家相连："沪地治安，关系全局。必须全力贯注，方能自保主权。"《上海研究资料》，第91页。

　　③ 南市总工程局也有一个救火联合会。所有4个辖区都与商团相关，商团1906年由李平书建立，到1911年时已有3,000名成员。对陈其美与商团关系的评价可参见伊懋可：《辛亥革命在上海》，第119—161页。

　　④ 地方精英们至少掌握城市外县镇警察的部分权力（包括财政分享），那儿的警察传统上是由地方长官们所掌管的。朱怡声：《上海警察沿革史》，第3、8—11页；安克强：《上海市政府》，第19、22—23页；安克强：《1927—1937年间的上海：华界的地方精英与现代化》，第26—27页。

　　⑤ 安克强：《上海市政府》，第15—16页。

　　⑥ 王家俭：《清末民初我国警察制度现代化的历程》，第131页；朱怡声：《上海警察沿革史》，第8—11页。

程机构后，督办署也随之撤销，南北两个分厅并成一厅。①

从政府目的来看，再次合并淞沪警察厅是为了形成一个有力的机构。"二次革命"的成果促使袁世凯确信两个分厅过于软弱，而合并后的警察厅则被要求能足以应付整个上海地区及其桀骜不驯的地方名流。② 结果合并后的警察厅在册警员达3,000余人，下辖1个保安警察队，4个游巡警察队，1个水巡警察队和1个侦缉队。③ 这些警察队分布于南市、闸北和浦东各地。④

除了将整个上海市警察置于统一领导之下，袁世凯还开始用北方人来改变员警的构成——他们本来多数是江浙人。袁世凯任命萨镇冰为淞沪水陆警察督办，萨从京津地区带来了百余名警官。⑤ 从这时开始，上海的警察队伍开始染上了北洋军阀的风气。无论后来的警察首脑们（比如蔡劲军将军）如何努力，这种风气到30年代时，还是为当地的文化所同化了。⑥

这些北方人最初并不引起上海居民的注意，对上海居民来说，淞沪警察分

---

① 袁世凯于2月宣布地方自治机构撤销。虽然他于12月做出让步，颁布了地方自治章程，在上海市政厅成为掌管公共工程、警务巡逻和城市税务的总机关。维克多 H. 李：《清末民初中国警察的发展》，第24页。（校注：1913年8月，萨镇冰负责督办淞沪水陆警察事宜。次年1月，淞沪警察厅长穆湘瑶辞职，萨镇冰接管该厅。3月，上海市政厅改为上海工巡捐总局，闸北市政厅改为闸北工巡捐总局。）

② 《上海研究资料》，第91页。

③ 商团也拥有一个水巡队，由几家公所组建，人员包括24名巡丁和2名警察，以检查货物和防范偷盗。这个水巡队开始与水巡警察队相互倾轧。《上海特别市公安局业务纪要》，纪事，第40页。

④ 除了一个辖区有变更外，这些组织得以原封不动地保留，未来13年间，基本处于警察厅长徐国梁的掌管之下。《上海特别市公安局业务纪要》，组织，第1页；纪事，第30—31页；朱怡声：《上海警察沿革史》，第4页。后来吴淞变为独立的港口，淞沪第六区警察署就成为了吴淞商埠警察局。

⑤ 《上海研究资料》，第91、104页。

⑥ 有关挪威中将约翰·威廉·诺尔曼·蒙特训练的北京保安队的情况，参见《美国国防部有关中国军事情报的报告》，1911—1941年，5127号，在华武官，第6页。上海的警官们派遣他们的助手到河北、山东等地区招募警察十分通行，当地"警务工作非常让人伤脑筋和烦恼，非常地困难和棘手。北方人体质强壮、健康，所以可以应付这一切。"1924—1925年间的江浙战争，促成了504名北京的警察移防上海，并在战争结束后留在了上海。《上海研究资料》，第105页。

厅早已臭名昭著，因为大多数巡捕都是本地人。在背后，人们骂他们是"本犬"。称"犬"，是因为他们"专司巡街守户，不啻为犬"；而"'本'者，本地之谓，凡身充是役之人，每每自呼为'本犬麻子'"①。

淞沪厅的侦探一样恶名远扬，因为他们勒索无辜，强奸少女，并且无端地指控人们是黑帮。② 按照人们的内幕传闻，在袁世凯时期，他们的行为尤其有害，头目们为了逃脱谋杀罪名，掩盖犯罪事实，强迫当地的探员与保甲长相勾结，陷害无辜，冒功领赏。③

在孙传芳的军阀统治时期，淞沪警察由于他们破坏罢工、在街头杀人而面目可憎。

(1926—1927年间，)双手握刀的刽子手总在街头巡逻，跟着一名警官和一班巡警，中国人谁敢制造麻烦或是违法乱纪，马上就会大祸临头，被抓起来，强迫下跪，十分钟内身首分家。案件当场宣判，目击者就是证人，要不了半个小时一个人就会被审判、被处决。④

当1927年3月，国民党的部队最终击败孙传芳的部队，抵达上海后，"甚至当中国警察们还在翘首以待向他们的新主子献媚之时，平民们已经迫不及待地剥去了警察的制服，将他们投入苏州河的臭水中"⑤。

---

① 庄天吊：《探警之黑幕一》，卷一，第1页。为外国警察局工作的中国警察被称为"哈巴狗"或是"洋奴"。伯涅：《上海公共租界警务处》，第30页。

② 在当时的中国，侦缉队普遍受到鄙视。在广州，有人这样叙述道："不幸，他们就是一群骗子、流氓、恶棍。他们毫无科学地训练，之所以从这样的阶层招募警察，完全是出于'以毒攻毒'的观点。"高为生：《广州警政》，第876页。

③ 庄天吊：《探警之黑幕一》，卷一，第2—3页。

④ 李：《东方黑社会：十八年黑社会、贩毒者和印度丛林、中国、马来群岛生活的真实经历》，第265页。

⑤ 霍塞：《出卖上海滩》，第167页。

第三章
不良分子

> 警察、海关职员、地方官员、假革新派，甚至外交官们，争先恐后欲染指黏稠的、棕色的罂粟汁，以图一夜暴富，一些人落得身败名裂、身陷囹圄或"跳黄浦"的下场。如果有富有使命感的记者敢于将这些罪恶交易曝光，黑社会组织就会雇用残忍的职业杀手轻而易举地把他们除掉，这些黑社会组织为最终控制这些利润以百万计的大宗非法贸易，与海关进行着一场地下战争。
>
> 约翰·派尔：《上海传奇》

到1920年，上海黑社会中已经聚集了大约10万个流氓。① 鸦片的价格因为1917年颁布的禁令而飞涨，大量的犯罪人口靠瓜分非法的鸦片贸易为生。② 事实上，所有这些黑社会分子都隶属于为数并不多的帮会，他们为庞大的起源于长江水手的犯罪组织与秘密结社"青帮"所控制。③

第一节 有组织犯罪

几乎所有的违法行为，从丐帮组织、妓女贩卖到经营鸦片烟馆，都必须经

---

① 马丁：《"与魔鬼订约"：1925—1935年青帮和法租界当局的关系》，第2页。
② 马丁：《军阀与帮会》，第5页。王仰清、许映湖：《上海清洪帮概述》，第63—65页。
③ 罗威廉：《1939—1945年日本占领下的青帮与汉奸：武汉市档案馆中的文件》，第493—494页。

过青帮的许可。① 如果有哪个罪犯敢于轻视青帮的霸权或蔑视它的规矩，在上海就会受到与"敲膝盖"差不多的惩罚，被人用水果刀挑断所有腿筋，抛弃街头。② 商人若是胆敢不向青帮交纳保护费就自行开张营业，他们就可能被绑架、枪杀，店铺或被纵火或被炸毁。就像现代的黑手党，青帮是最初的黑社会老大。③ 而且因为青帮为保证有权使用黑社会中的非法所得，维持了上海罪犯世界的某种秩序，所以公共租界、法租界和华界警方多少对他们睁一只眼闭一只眼。④

历史学家们认为青帮的早期成员主要来自明清时代京杭大运河上的漕运水手。⑤ 青帮则自称他们起源于15世纪50年代，由明朝一名负责漕运的官员金碧峰创立的青帮（那时称为"清门"）。这一组织的内部结构据说是17、18世纪时的"三祖"所立，依照帝国的漕运体系分成"三帮"，并进而形成以"江淮四"为首的"六大帮"⑥。安清帮——20世纪初对青帮的正式称呼——每个

---

① 韩起澜：《1919—1949 年间上海棉纺厂女工》，第 118 页。韩起澜：《姐妹与陌生人：1919—1949 年间上海棉纺厂女工》，第 120—131 页。《上海特别市公安局业务纪要》，纪事，第 62 页。有关上海丐帮可参阅盖姆威尔的《中国的门户：上海概貌》，第 55 页；《密勒氏评论报》，1925 年 5 月 30 日，第 360 页。

② 告密者常常不是被谋杀就是被碎尸。派尔：《上海传奇》，第 71—72 页。

③ 团伙犯罪使犯罪变得有序，但也使得这些非法经济的交易得以更长久地存在。司马特：《非法经济活动的非正式规则：市场不动产和有组织犯罪的比较研究》，第 1 页；或用"蛇头"的话来说："为什么（要你们从犯罪所得中付税给我们）？因为是我们要你们这样做，我们就是政府。"阿伯丁斯基：《犯罪精英》，第 64 页。"他们喜欢警察局中多些聪明人。"派尔：《上海传奇》，第 56 页。

④ 庄天吊：《探警之黑幕一》，卷一，第 2 页。也参见马丁：《杜月笙和上海的劳工控制：1928—1932 年法电工会案》，第 106 页。犯罪团伙通过与政府的联系，使他的客户们得以免受政府的干扰。罗伯特·墨顿提醒我们这种机制与政党所扮演的从事合法事务的角色极为相像。墨顿：《社会理论与社会结构》，第 134 页。

⑤ 章君谷：《杜月笙传》，第 59—63 页；罗威廉：《1939—1945 年日本占领下的青帮与汉奸：武汉市档案馆中的文件》，第 492 页。青帮也许源于晚明罗祖教的一个分支。马西沙和程啸：《从罗教到青帮》，第 12—13 页；胡珠生：《青帮史初探》，第 103—105 页；马丁：《青帮与上海的"清党"：1926—1927 年青帮与国民党的关系》，第 4 页；钱生可：《青红帮之黑幕》，第 2—3 页。

⑥ 胡珠生：《青帮史初探》，第 107 页；罗威廉：《1939—1945 年日本占领下的青帮与汉奸：武汉市档案馆中的文件》，第 493 页；徐铸成：《杜月笙正传》，第 13 页。

成员从属于引他入帮的"师父",低一字辈。① 据说青帮从创立以来共有二十四字辈,最后四个字辈依次为大、通、悟、学。②

由于青帮的成员是为清朝的漕运体系服务的,所以许多反清组织,如三合会、洪门等都不愿意接纳他们。有一句洪门俗语说:"先清后洪,鲤鱼跳门;先洪后清,剥皮抽筋。"③ 然而,当轮船招商局获清政府特许海运漕粮后,大量安清帮成员开始失业,先朝的观点开始改变。青帮中的失业水手开始转向其他行业——绝大多数都是违法的:贩运私盐、贩卖鸦片、开设妓院、经营赌场等等。④ 但是,也有一些人仍然保留了某种半官方的"粮差"的职位,就像县衙门充当捕快的差役。他们中有不少人到上海谋生,并迅速地在公共租界的巡捕房中找到巡捕这一差事。⑤ 所以,青帮成员一到上海,就与警察结下了不解之缘。⑥

像三合会一样,上海青帮也是多个组织的联合,他们在 20 世纪初期与上海的绅商统治不断发生冲突。⑦ 在辛亥革命前后,他们与红帮的竞争部分被与孙中山的兴中会和同盟会的合作所取代。1912 年 7 月 1 日,陈其美——他领导了上海的革命军,并是蒋介石的保护人,一度联合上海的青帮与红帮建立了中

---

① 青帮并不排斥天然的家庭关系:"为了尊重天然的亲属关系,父亲与儿子被禁止拜同一人为师,以免使两人成为师兄弟。"凯利:《教派和社会清朝漕远水手中罗教的演变(1700—1850)》,第 139、153 页。

② 王仰清、许映湖:《上海清洪帮概述》,第 63 页;马丁:《青帮与上海的"清党":1926—1927 年青帮与国民党的关系》,第 51—52 页;薛耕莘:《近代上海的流氓》,第 160 页。

③ 王仰清、许映湖:《上海清洪帮概述》,第 63 页。有关反清活动,也可参见胡珠生:《青帮史初探》,第 106—107 页。有关这种说法的现代的观点,以及实际的描述,参阅秦:《华人的亚文化和犯罪》,第 21 页。

④ 胡珠生:《青帮史初探》,第 109 页。

⑤ 有关青帮在上海近郊的活动最早的记述见于 1889 年的青浦县公告,当地称青帮为"光蛋"。邵雍:《二十世纪初期青帮在上海郊县的活动》,第 163—164 页。

⑥ 胡珠生:《青帮史初探》,第 109 页。

⑦ 胡珠生:《青帮史初探》,第 104 页。

华国民共进会，总部设在法租界。① 然而这一组织的成员被袁世凯收买，参与行刺宋教仁。②

1913年"二次革命"失败后，青帮成员一度放弃了他们的政治图谋，而转向经济扩张。③ 鉴于帮众已经扩至20,000余人，青帮的头目们发现，他们实际上是与在很多城市流行的"包工"体制相共生的。④ 结果，帮头变成了包工头："工厂中的包工头或是监工往往都是青帮中的'老人'。他们有权雇用、解雇工人，或代为订立劳动合同。厂方管理人员心照不宣地通过他们压服工人。"⑤

后来到20年代初，中国共产党开始在英美烟公司和上海法商电车电灯自来水公司发动罢工时，才发觉他们很难打破青帮工头们对工人的控制。

> 外国租界当局和资本家们始终都是通过秘密帮会的势力来实现他们的统治。青帮头目占据了所有重要的职位，包括侦探、监察官、调查员、工厂主管、班组长和工头。⑥

这种情况下，中国共产党的策略是争取青帮的普通帮众，尤其是对老工头和监工不满的年轻工头。⑦ 在某些场合，这个"码头区"计划还十分有效。比

---

① 胡珠生：《青帮史初探》，第117页。当时陈其美解释因为青红诸帮，"革命出力不少，以黑暗之境，导入光明，取名'共进'，亦此主义"。苏智良：《上海帮会史概述》，第4页。共进会最初于1907年由同盟会湖北分会建立，后为焦达峰所控制。冯兆基：《共进会：晚清的一个革命社团》，第194页。

② 苏智良：《上海帮会史概述》，第5页。袁世凯的两个儿子袁克文和袁克定据说是青帮会员。但他们也许只是名誉成员，他们从未拜师成为门徒。徐铸成：《杜月笙正传》，第13—14页。

③ 到20世纪20年代，上海的青帮已经与在苏北农村、河北和山东等地的其他青帮组织大相径庭。马丁：《青帮与上海的"清党"：1926—1927年青帮与国民党的关系》，第4—5页。

④ 据估计，帮众的人数大约在2万到10万之间。可能小的这一数字较为可信。伊罗生编：《国民党反动统治的五年》，第93页。

⑤ 张国焘：《我的回忆》，第1册，第173页。

⑥ 张国焘：《我的回忆》，第1册，第172—173页。有关青帮对上海船坞、码头等的控制可参见钱生可：《青红帮之黑幕》，第21页。

⑦ 《李立三同志对二月罢工和五卅运动的回忆》（方文记录），卷一，第144页。

如说，1921年8月英美烟公司浦东工厂罢工时，中国共产党就挑动年轻的工人们反对充当工厂总监工和工贼的"老头子"。

  当总监工在工厂正门耀武扬威时，他的一个徒弟，厂里工人的一个头，拿着个大西瓜从背后悄悄地靠近他。西瓜里面装满了大便。突然，这个工人把西瓜"盖帽"到"老头子"的头上。粪便淌满了这个作威作福的大人物的头和身体，围观的工人们——都是他的徒弟，爆发出一阵哄笑。这个一贯为非作歹的总监工无可挽回地在所有工人面前丢尽面子，也完全丧失了权力，就像是佛像被扔进了粪坑中，权势尽丧。①

  1921年8月英美烟公司的罢工对共产党工运组织者来说是一次重大胜利，但从长远来说，青帮从未丧失过对上海工人运动的控制。后来，青帮，尤其是大亨杜月笙对上海工会有着重大影响，1927年4月，蒋介石清洗左派之后，青帮更是将工会完全置于他们的霸权之下。②

  不过，青帮权势的关键还在于其成员与上海的警察当局的亲密关系——这一亲密关系更由公共租界和法租界当局"刻意将帮会成员招募入华捕班的长久政策"而加强了。③ 事实上，1911年以来，上海公共租界巡捕房探目沈杏山就是青帮的头目之一。在1923年以前，他一直控制着把持上海鸦片走私的"大八股党"，他还与上海水警营、缉私营及法租界、华界捕房的青红帮分子保持

---

  ① 张国焘：《我的回忆》，第174页。
  ② 比如，英美烟公司的工会头目陈培德和顾若峰就是杜月笙和黄金荣的门生。当宋子文在国民党和英美烟公司之间达成协议，结束1928年的罢工后，陈和顾就将共产党的工会领袖李长贵交给当局。另外4名共产党员组织者不久后也都被公安局所逮捕，使工会完全落入他们的手中。裴宜理：《上海的罢工：中国无产阶级形成过程中的活动及政治》，第42—45页。
  ③ 马丁：《青帮与上海的"清党"：1926—1927年青帮与国民党的关系》，第7页。也可参见王仰清、许映湖：《上海清洪帮概述》，第63页。

着紧密的联系。① 这甚至为外国租界当局服务的所有华探提供了一种松散的联系，人称"一百零八将"，他们为法租界、公共租界和中国警察局之间提供了一条有效的沟通渠道——他们之间在 1925 年以前还未建立直接的电话联系。②

法国巡捕房尤其依靠华捕个人，华捕与他们的欧洲主子之间的关系有点类似于中国买办和外国商人之间的关系。③ 法国当局将他们在上海的租界视作法国在远东最为重要的中心，又担心没有足够多的士兵或警察保卫自己。这种不安感更加剧了法国人对这样一些上海人的依赖——无论他们是"绅董派"中有影响力的信奉罗马天主教的商人还是控制着巡捕房的青帮成员。④

事实上，探员们与帮会的关系是如此紧密，以至于警察的训练计划中还设置了专门的课程，指导警察局的男女员警如何成为帮会成员⑤，或者为了破案，至少也能求助于黑社会中的知情人。⑥ 1927 年以前，一个探员的工资主要是由因成功的破案而获得的奖金。⑦ 事实上，他的"饭碗"就是那些"恶浊分子"提供给他的能够逮捕罪犯、查获失窃财物的消息。⑧

---

① 马丁：《军阀与帮会》，第 5 页；马丁：《"与魔鬼订约"：1925—1935 年青帮和法租界当局的关系》，第 5 页；潘翎：《寻找旧上海》，第 36 页。"法租界警察中的华探绝大多数都是杜月笙的青帮成员，另一部分则属于红帮。"上海公共租界警务处档案，1933 年 7 月 8 日。亦参见严景耀：《犯罪与中国社会变迁的关系》，第 268 页。属于青帮的探员从帮派中得到的酬劳可能比他们实际的工资要多得多。《密勒氏评论报》，1930 年 3 月 22 日，第 124 页。参见派尔：《上海传奇》，第 19 页。

② 费唐：《费唐法官研究上海公共租界情形报告书》，卷二，第 159 页。参见马丁：《"与魔鬼订约"：1925—1935 年青帮和法租界当局的关系》，第 10 页。

③ 潘翎描述华探侦缉队是"一个奇怪的机构，由买办、包工和警探所组成，而且以上海的方式讲，他们可以称为是'合同侦探'"。潘翎：《寻找旧上海》，第 23 页。

④ "绅董派"中两个领袖分别是陆伯鸿和朱志尧，他们的家族在 17 世纪的时候开始皈依天主教。马丁：《"与魔鬼订约"：1925—1935 年青帮和法租界当局的关系》，第 10 页。

⑤ 马丁：《"与魔鬼订约"：1925—1935 年青帮和法租界当局的关系》，第 1—2 页。

⑥ 在 1929 年 7 月 6 日上海公共租界巡捕房的文件中记载着一件令人惊讶的一个眼线为他的同伙所谋杀的事情。

⑦ 这对海关官员同样适用，他们用现金支付他们的密探，但密探将从公开拍卖走私物品所得中提成 10%。派尔：《上海传奇》，第 60、71—72 页。

⑧ 庄天吊：《探警之黑幕一》，卷一，第 1—2 页。

第二节　黄金荣：罪犯头子和捕头

　　20年代最臭名昭著的骗子警察是法租界华捕捕头黄金荣，这个在黑帮中控制其他犯罪头子的"大亨"或"闻人"，就是他不再是"王中王"很久以后，他仍然拥有一个邪恶之兆的威名。他1944年的肖像表明他是秃顶或是几乎剃光了头，宽眼眯缝，目光锐利，方鼻周围堆满了横肉。有着这样一副面相的人是不能轻易冒犯的。他惯于施展淫威，又喜欢施以恩惠，以他的"仁义"而被别人称为"先生"。一篇他的小传中写道：先生"胸怀磊落，秉性豪迈，急公好义，有古侠士风"①。与和他同时代的另外两名帮会大亨张啸林和杜月笙一样，黄乐于认为自己是带有古风的侠士，在公众的眼里，这3个"闻人"或3个"大亨"经常被比作《三国演义》中的桃园三结义。②

　　虽然有人说黄金荣是南通人，但他说自己1868年出生于苏州。他父亲原是苏州城里衙门中的捕快，后移居上海，在南市开设小茶馆。孩提时代，金荣一度在文庙路上的庙里当和尚，还在城隍庙开的萃华裱画店里当过学徒。大约就在这时他感染了严重的天花，所以后来他的门徒们当面尊称他"黄老太爷"，背后则管他叫"麻皮金荣"③。最后，金荣到他父亲的茶馆中当了一名店小二，茶馆离北门的郑家木桥不远，紧靠法租界。19世纪90年代时，郑家木桥两头聚集着大量的流氓和瘪三，由他们的头子向当地的商人勒索保护费。精

---

　　① 戚再玉编：《上海时人志》，第165页。亦参见小科布尔：《上海资本家与国民政府（1927—1937）》，第37页。

　　② 朱子家（金雄白）：《黄浦江的浊浪》，第72—74页；徐铸成：《杜月笙正传》，第20—21页。另一部类似的小说是《水浒传》——明末有关梁山泊强盗的一部白话小说。"的确，上海特殊的法律与行政地位与它存在三种自治政权直接相关，正因此，使得青帮将农村强盗的策略移用至城市环境中——在两个或更多的县交界或是地方官辖区交界的无人之地建立他们的'窝'：在其鼎盛时期，法租界简直成了城市中的梁山泊。"马丁：《青帮与上海的"清党"：1926—1927年青帮与国民党的关系》，第4页。

　　③ 徐铸成：《杜月笙正传》，第14页；薛耕莘：《近代上海的流氓》，第162页；傅湘源：《青帮大亨》，第16页。

明的瘪三黄金荣很快与他附近的这些流氓老大中势力最强的两名结为拜把兄弟，他们是精于拳术的丁顺华和皮肤乌黑、体格健壮的程子卿（人称"黑皮子卿"）。① 在他们的帮助下，黄将南市和法租界的流氓结成帮派，这些人后来成了他的门徒。②

同时，还有赖于他父亲在捕房的老关系，黄金荣在1892年，他24岁时进入法租界巡捕房一显身手。③ 由于身强体壮、有勇有谋，他在巡捕房中得心应手，当上了刑事处的侦探，警卡编号为13。④ 很快他将自己的左膀右臂丁和程安插进了法租界巡捕房，依靠在郑家木桥的"眼线"，他们破获了相当数量的大案。⑤ 事实上，他非常擅长侦探工作，以至于后来因为和他的法籍上司争执而辞职回到苏州后不久，当时的探长就根据他当侦探时良好的记录，尾随而来，聘他当了督察员。⑥

除了曾有短暂的苏州之行外，黄金荣连续当了20年的警探，直到1925年

---

① 丁在成为船工之前是农民。程曾读过3年私塾，也曾在镇江米行中当过学徒。他巨大无比的腕力据说是从扛米行的麻包中锻炼出来的。丁是薛耕莘的亲戚，程则是薛的结拜兄弟。参见薛耕莘：《近代上海的流氓》，第162页。
② 王仰清、许映湖：《上海清洪帮概述》，第64页。
③ 有关法租界巡捕房可参见薛耕莘：《我与旧上海法租界》，第149—151页。
④ 当时，在法租界巡捕房中有13名中国便衣侦探和13名欧洲籍的督察。潘翎：《寻找旧上海》，第25页。
⑤ 丁顺华后来辞去了警职，在东兴木桥，黄金荣家茶馆附近开了一家旅馆。黄金荣后来在1943年时又将丁介绍给林康侯，使丁成了淞沪杭铁路局随车便衣侦探。薛耕莘：《近代上海的流氓》，第162页。在他们的探长看来，"密集的线人网络""比侦探们略胜一筹"，称他们是"三光码子，没有办公室、没有工资、没有配给"。潘翎：《寻找旧上海》，第24页。英国人称他们是"第二梯队"，就像警督艾尔（Aier）所称的："姚长官手下有一批第二梯队，恐怕他们中的一些人都有很不光彩的德性。"上海公共租界警务处档案，D-4009，1932年9月14日。
⑥ 章君谷：《杜月笙传》，卷一，第47—52页；薛耕莘：《近代上海的流氓》，第161—162页。后来大量的案件法国探员们无法侦破，他们不得不同意让黄金荣在法租界开一家戏院（实际上这是付给他手下的报酬），以使黄重新回来工作。潘翎：《寻找旧上海》，第25页。

因为多起重大丑闻使刑事处声誉尽丧而退休。① 虽然黄金荣一直与像大八股党这样的黑帮关系紧密，但他的公开身份是警察而不是青帮——事实上直到1927年他才正式加入青帮。黄金荣从一次大战中法国在欧洲的军事需求中大为获益。当时，许多法国警官都返回欧洲服兵役，法国领事大规模地重组了租界巡捕房，赋予华人探员更大的职责。那时，黄金荣晋升为督察长，并很快地报答了他的法国主子——帮助他们破坏了1919年中国商人的罢市，并在1922年一年间，成功地协助继任的法国探长苏雷特在阶段性的"清洗"运动中，逮捕了分属于13个帮派的124名主要帮会头目。②

对法国警察当局来说，聘任帮会成员担任侦探就好像"贼喊捉贼"。反之，帮会在20年代控制着赌博和毒品贸易，对法租界巡捕房总巡费沃利（Etienne Fiori）来说，不过是提供了一种便利，仅凭他和他手下仅有的少数几名法籍警员就能控制近百万中国居民。③ 如果有特别野蛮的抢劫案或是重大的盗窃案发生，费沃利总巡要做的不过是吩咐华探去勘测一下现场。④

像黄金荣这样的歹徒每天早上10点以后都在公馆马路（今金陵东路）聚宝楼茶馆办案。一个门徒站在他旁边，收取祈求者为"帮忙"和"摆平"支付的酬劳，同时，黄金荣还决定是否要将重罪犯移交警方，并要他的手下重新

---

① "1924年至1925年间的后来的两位探长苏雷特和薛丹——黄名义上的上级，对华探在租界内参与赌博和毒品交易视若无睹。"马丁：《"与魔鬼订约"：1925—1935年青帮和法租界当局的关系》，第9页。

② 黄金荣有所谓"法租界的治安长城"之誉。马丁：《"与魔鬼订约"：1925—1935年青帮和法租界当局的关系》，第8—9页。

③ 马歇尔：《民国时期的鸦片与帮会政治（1927—1945）》，第33页；小科布尔：《上海资本家与国民政府（1927—1937）》，第37页。

④ 王仰清、许映湖：《上海清洪帮概述》，第63页。

找回部分失窃财物。① 罪犯们也可以请求黄金荣直接向巡捕房要求特殊的恩惠，或是撤销控告；或是由黄金荣出面帮助安排巡捕房去突击搜查竞争对手的赌场。②

但是黄金荣并不只是一个独特而又能干的黑社会头子，他还试图控制法租界的巡捕房。首先，他是控制着成百上千名门徒的巨大而复杂的社会网络的头子。他们当中往往会依附某些小头目形成团伙，成为潜在的竞争者，如江北同乡会的领导人金九龄和苏北旅沪同乡会董事顾竹轩（又称"顾四"）。金九龄是青帮"通"字辈，在他自己手下有5,000名"悟"字辈江北弟子。③ 与他同一派的顾竹轩，曾是公共租界巡捕房的巡捕，手下的门徒是金九龄的2倍。顾竹轩手下万余名弟子中包括多家黄包车行的老板和一个重要的便衣侦探的帮派，他们对他敬畏有加，唯命是从。顾竹轩是一个杀人魔王，曾亲手杀死至少7名当地名流（包括2名律师），他之得以长期逍遥法外，一是由于虞洽卿的庇护，虞洽卿是著名的商界领袖，在"四一二"政变中与蒋介石合作，顾竹轩与之交情甚厚；二是由于他与国民党要员顾祝同有亲戚关系，顾祝同是他的外甥。最终因为参与谋杀黄金荣的大世界娱乐中心的经理唐嘉鹏——于1933

---

① 潘翎：《寻找旧上海》，第25—26页。黄也经营着一种英国17、18世纪式由"妓女扒手"组成的私家侦探或"反扒能手"系统。事实上，黄给那些失窃物品的合法主人们一个机会，从他的支持者们那里买回被偷走的东西。艾斯勒：《1750—1900年间英国的犯罪与社会》，第62—64页；托比亚斯：《维多利亚时代英国的城市犯罪》，第29页；魏瑟：《欧洲近代早期的犯罪和惩罚》，第124页。

② 杨威：《杜月笙外传》，第38页。徐铸成：《杜月笙正传》，第21—23页。控制赌场对当局的敲诈体系几乎是至关紧要的。而且，警方减小外界对法律的需求和他们自己与敲诈者之间的联系的压力的途径之一就是先冲击那些竞争对手，威胁敲诈者利益，并导致暴力，然后再加强警方的控制。怀特：《街角社会：一个意大利贫民窟的社会结构》，第139—140页。

③ 王仰清、许映湖：《上海清洪帮概述》，第64页。

年 7 月 18 日在大世界的出口处被乱枪射死，被法租界巡捕房逮捕归案。①

其次，为保持这类黑道人物的串联，黄金荣效法他的父亲，另开副业。在公开以警察的身份活动之余，他还在东新桥外开设了一家名为"聚宝楼"的茶楼。② 聚宝楼成为他一切密谋的中心——他在那里召集其在黑社会的线人，以促进他作为警察的业绩。这种事业的构架是他得以爬上巡捕房华探侦缉队队长宝座的第二个原因，也是他财富的重要来源。当 1925 年他正式退休后，黄金荣已经作为法租界多家戏院、娱乐中心（包括大世界）以及其他娱乐官的老板，涉足多种娱乐业，他同时还是毒品、赌博和卖淫业中的大亨。③

最后，关于他成功的第三个秘诀。黄金荣很擅长扶植像张翼枢这样的与外国人交往的中介，张曾经在法国留过学。正是张使黄金荣得以与警务处总巡费沃利和公董局的董事魏志荣（M. Verdier）保持紧密的联系。他们的支持也许对任命黄金荣为巡捕房华探侦缉队督察长起到了至关重要的作用。后来，当黄金荣因为公董局华董和华人参政会领袖魏廷荣向法国外交部指称他是敲诈团伙成员而不得不从侦缉队正常退休后，费沃利总巡仍然邀请他继续担任法租界巡捕房的高级顾问。④

虽然像黄金荣这样的中国黑帮分子与像艾尔·卡朋（Al Capone）这样的美国歹徒有不少相像之处，但他们还是有着重要的区别。艾尔·卡朋自始至终

---

① 薛耕莘：《近代上海的流氓》，第 165 页；王仰清、许映湖：《上海清洪帮概述》，第 64 页；谭绍良报告"市民维持会"，上海公共租界警务处档案，D-3445，1932 年 4 月 8 日，第 4—5 页；《密勒氏评论报》，1933 年 6 月 23 日，第 147 页。[校注：对于顾竹轩的"杀人魔王"及刺杀唐嘉鹏事，其子顾乃赓撰《关于先父顾竹轩生平事迹的订正》（载《上海文史资料选辑》第 57 辑）提出异议。]

② 章君谷：《杜月笙传》，第 52—53 页。

③ 马丁：《"与魔鬼订约"：1925—1935 年青帮和法租界当局的关系》，第 9 页。

④ 王仰清、许映湖：《上海清洪帮概述》，第 64 页；徐铸成：《杜月笙正传》，第 14—15 页。魏廷荣还是上海华人商团的领袖，为了争夺女演员吕美玉，黄金荣与魏廷荣发生矛盾。后来吕离黄嫁魏。魏廷荣的丈人朱葆三为英法租界所倚重，黄金荣不敢直接对付魏廷荣。而魏廷荣为了防止黄金荣报复，向法国外交部公开指责黄，把黄金荣赶下了台。薛耕莘：《近代上海的流氓》，第 162—163 页。

都是罪犯,他贿赂警察,把他们列入他的进贡名单。而黄金荣则从一开始就既是罪犯又是警察。与其他许多在上海的黑帮首领一样,他总是搭建能增进他的公共的和个人的利益网络。1927年前,即便是青帮中的小头目也常常通过当地的巡捕房来控制他们的地盘。① 而像黄金荣以及后来的杜月笙这样的大亨情有独钟的是确立一种特殊地位,以联络警官,培植与他们事业相联系的亲情。②

这种行为与世界上其他城市的黑帮的做法大同小异。使上海更特别,更像芝加哥而非加尔各答的地方是中国人在禁令之下照样走私。③ 国民政府在国联的合作下,在全中国,首先是在上海,至少在表面上曾一度试图禁止吸食鸦片,但是中国的黑帮在这段时间仍然加工、出售毒品。④

第三节 鸦片与犯罪

毫不夸张地说,近代上海崛起于鸦片贸易。19世纪50年代之前,上海作

---

① 比如,青帮在汉口的老大孙介夫就将很多手下安置到地方军阀的警察局中当警官。马丁:《青帮与上海的"清党":1926—1927年青帮与国民党的关系》,第7、51页。

② 比如说杜月笙1921—1922年间在法大马路开设的一家珠宝行对他一生影响深刻。这家店他起名"美珍华",由他的一名手下经营,"作为杜与高级华人警官和缉私队警察会晤的场所"。根据警方的情报,由于开设这家店加上与此相关而建立的鸦片走私所得"使杜的财富大幅度增加,结果不同区域的流氓和属于不同警署的探员们纷纷要求投入杜的门下"。《杜月笙(镛)先生备忘录》,特务股秘密备忘录,上海公共租界警务处档案,D-9319,1939年9月1日,第2—3页。这家珠宝行的经理名叫李银生[音]。

③ 居尔:《流氓、造反者和革新者:城市犯罪和冲突的政治史》。亦参见罗宾森:《市长与警察——警察在社会中的政治角色》,第282页。在巴苏和弗里曼未刊的手稿中有关于加尔各答的雇用杀手的生动描写,见《马拉波:一个加尔各答匪徒的生平》。

④ 《上海特别市公安局业务纪要》,纪事,第49页。"将美国在禁止吸毒上遇到的困难增大许多倍,才可能理解想治理好国家的中国政府在此问题上所遇到的巨大而独特的麻烦。"美国国防部有关中国的军事情报,1911—1941年,美国武官:《时事评论(1928年11月1日—15日》,第7页。

为沿海鸦片运输的枢纽港,处于一种半公开的地位。① 1843 年 11 月 11 日上海开埠,不久,怡和洋行——英国在华最大的商行在上海开设了分公司,并开始雇用买办,其中有一个买办专门掌管鸦片的购买与批发。② 1845 年,根据怡和洋行在上海的代理商估算,上海已经超过舟山成为鸦片贸易的中心,贸易量从 1847 年的 16,500 箱增至 1858 年的 37,000 箱,占中国鸦片贸易总额近一半。到 1860 年——鸦片贸易合法化 2 年后,上海已经占到全国鸦片贸易额的近 60%。③ 的确,鸦片或鸦片订单在上海几乎和银两有同样的功能,洋行的买办可以带着它们到内地购买茶叶和生丝。④ 大约在 1850 年间,荣记(Yungkee),一名在上海当买办的粤商发明了"苏州制度"。中国商人在上海购得鸦片,带到苏州交换生丝。这一"苏州制度"由宝顺洋行所垄断,而怡和、广隆和旗昌等洋行还是通过正常渠道将鸦片运往苏州。

这一"商业革命"的人力成本也许可以用令人目瞪口呆的鸦片吸食率来衡量。1880 年有 1,300 万磅鸦片输入中国,主要来自印度。到 1900 年时,进口量有所下降,因为中国自己每年平均能生产 4,500 万磅。陕西有 15 万亩土地种植罂粟,拥有 16 家鸦片批发行,每家批发行的资本都相当于 100 万美元。四川省每年要生产 2,600 万磅毒品,在成都 30 万居民中,平均每 67 人就有 1 个鸦片馆。至少有 1,500 万中国人吸毒成瘾。⑤

在上海,一些住在南市的传教士们抱怨,他们的家已经完全被稀疏的竹篱笆后面的鸦片烟馆所包围了,"连空气也似乎总飘浮着鸦片燃烧散发出来的令

---

① 19 世纪 40 年代中期,鸦片在离黄浦江 12 英里的外港吴淞可公开出售。郝延平:《近代中国的商业革命:中西商业资本家的兴起》,第 130 页。

② 郝延平:《近代中国的商业革命:中西商业资本家的兴起》,第 131—132 页。

③ 大多数的鸦片都是通过怡和、沙逊、宝顺和广隆等洋行进口的。到 19 世纪 60 年代,怡和在上海的分行已经为不同的股东所领导,包括克锡和 F. B. 约翰逊。郝延平:《近代中国的商业革命:中西商业资本家的兴起》,第 136 页。

④ 郝延平:《近代中国的商业革命:中西商业资本家的兴起》,第 58—60 页。

⑤ 冯齐:《上海与外界》,第 278 页;马歇尔:《民国时期的鸦片与帮会政治(1927—1945)》,第 19 页;史景迁:《清朝的吸食鸦片》,第 153—154 页。

人昏沉的味道"①。在20世纪初期，每年由上海港进口的鸦片就价值4,000万元。在这个城市中有超过80家商店在公开出售未经加工的鸦片，还有1,500余家鸦片烟馆，其中很多都是为迎合苦力客人的需要，苦力们只有能力支付10文钱一团的鸦片——这是鸦片和已经被那些更幸运的人吸食过的鸦片的残渣组成的混合物。詹姆斯·李曾经被带到这样一家烟馆：它在一条窄窄的过道上，到处扔满了垃圾。

> 当我的眼睛适应了这个地方昏暗的灯光之后，我看见我们是在一间巨大的没有任何家具的房间里，地上横着一块挨着一块的地板，铺了十几张草席，上面躺的大多是中国苦力。有的正像死尸一样毫无知觉地躺着，有的还在吸食鸦片。有些龌龊不堪、衣衫褴褛。我注意到其中还有些非常年轻的男孩，当然其中也有老人。②

这些鸦片烟馆的老板从公共租界3家主要的鸦片贸易行——郑洽记、郭裕记和李伟记取得货源。这3家店均由潮州商人所开，他们大约在1906年前后建立了自己的行会。他们从四大洋行——沙逊洋行、新沙逊洋行、台惟洋行和新康洋行购得产自波斯和印度的鸦片。③

1906年11月21日，清政府颁布诏令，决心在10年内逐渐在中国禁吸鸦片。英国于1907年12月同意从1908年开始，用10年时间，将从印度出口到中国的鸦片量从一年61,900箱削减至零。在美国总统西奥多·罗斯福的提议下，国际禁烟委员会成立，并于1909年在上海开会讨论具体的禁烟计划。④ 在

---

① 李：《东方黑社会：十八年黑社会、贩毒者和印度丛林、中国、马来群岛生活的真实经历》，第246页；亦见霍塞：《出卖上海滩》，第73页。

② 李：《东方黑社会：十八年黑社会、贩毒者和印度丛林、中国、马来群岛生活的真实经历》，第247页。

③ 马丁：《军阀与帮会》，第2页。潮州人在上海的红帮中也成立了纯粹由广东人组成的帮派，然而它却由山西籍的首领徐朗西带领下的长江中游的船工所统治。王仲清、许映湖：《上海清洪帮概述》，第65页；薛耕莘：《近代上海的流氓》，第161页。

④ 美国当局对禁烟感兴趣，是因为在他们的属地菲律宾有大约25,000名华人烟民。帕西能、梅耶：《二十世纪早期国际毒品交易：非法工业的发展》，第8—9页。

1911—1912年间的海牙禁烟会议上，其他列强通过了这一旨在逐渐削减对华鸦片出口的政策。在新的国际压力之下，上海工部局不得不暂时关闭公共租界中的鸦片烟馆。①

这些外国鸦片商人——他们主要是来自加尔各答的印度商人和来自巴格达的犹太商人，都持有上海工部局卖给他们的准许从事鸦片贸易的营业执照，他们对停止合法鸦片进口采取了三步对策。第一，他们企图囤积所有可能购得的印度鸦片，并于1913年组织上海鸦片商人公会"洋药公所"，与潮州帮的鸦片商人签订协议，要后者保证只购买他们的印度或是波斯的鸦片，以使鸦片处于高价位。② 第二，他们与工部局达成协议，到公共租界巡捕房登记注册，这样使得只有公所内部的鸦片才能在公共租界出售和吸食。③ 第三，他们在1915年5月与袁世凯政府达成协议，以使江苏、江西和广东三省在1917年3月31日前仍对鸦片贸易开放（当时合法的鸦片运输已经完全停止），作为回报，除了正常关税之外，每箱鸦片还要付给政府3,500元。④

由于鸦片商人公会成功地囤积印度鸦片——其在质量上远远好于中国国产鸦片，上海的鸦片价格飞涨。⑤ 从1912年到1916年，一箱孟加拉鸦片的价格翻了六番，马尔瓦鸦片翻了五番。⑥ 洋商们大发横财，以至于眼看着最后限期即至，他们居然试图与军阀冯国璋领导下的中国政府达成一个协议：将剩下的

---

① 马丁：《军阀与帮会》，第3页；霍塞：《出卖上海滩》，第73页；冯齐：《上海与外界》，第278—279页。

② 这一管理委员会是由前面提到过的大鸦片商行的代表们所组成。霍塞：《出卖上海滩》，第118—119页。

③ 同时，鸦片商人公会和潮州帮代理商于1916年要求工部局关闭鸦片零售商店，以对付鸦片走私。马丁：《军阀与帮会》，第3—5页。

④ 马丁：《军阀与帮会》，第3—5页。

⑤ 有关不同种类鸦片的特性可参见《上海鸦片的多种口味》，载《密勒氏评论报》，1930年5月24日，第493—494页。

⑥ 这极大地偏离了国际市场的价格。1914年在上海一箱印度鸦片批发价为6,800两，零售价为10,000两，在偏远地区零售价要达到50,000两。而若运到世界上其他地区，同样数量、质量只值500两。马丁：《军阀与帮会》，第4页。

1,578箱鸦片，以每箱6,200两的价格卖给政府，由政府按面值4折用国债支付给他们13,397,940元。这批鸦片存货绝大多数都在1919年1月被销毁。①

一旦合法贸易终止，潮州帮的代理商们不得不寻找其他途径以继续维持垄断——这有赖于该帮中充当外国鸦片商类似买办的掮客和商人运用他们在工部局的关系防止零售商们在上海市场竞争的能力。潮州帮批发商现在不得不尝试在安福系和青帮的帮助下建立鸦片走私的非官方和非法的垄断。在城外有军队提供保护，在上海城内，鸦片从外滩的驳船卸下到秘密仓库的过程中，都有大八股党提供护卫。②

卢永祥在被安福系领袖段祺瑞总统任命为浙江督军后，于1919年创建了新的鸦片垄断体系。体宽随和的卢永祥与他的助手何丰林（他继卢而担任淞沪护军使）和徐国梁（淞沪警察厅厅长）一起，安排潮州帮的鸦片商人苏嘉善和范回春在聚丰贸易公司的掩护下，构建新的鸦片贸易垄断，该公司注册资本1,000万元。③ 聚丰公司进口和销售鸦片，但要付给卢永祥和他的助手一定费用——大约是每进口1盎司鸦片要给2块鹰洋，作为对鸦片过境提供军事保护的交换。实际上，他们还制订了一个有关保护费的细目，由批发商运至上海的每一箱产于中国、土耳其和印度的鸦片分别需支付600、1,000、1,400元。④

然而，非法交易在上海日益繁荣，对安福系军阀来说，意味着他们自身对鸦片贸易的控制变得日益困难。⑤ 1923年，何丰林试图确保只有"受保护"的

---

① 马丁：《军阀与帮会》，第4页。

② 马丁：《军阀与帮会》，第2、6—7页。国产鸦片或由四川、云南经长江水运，或由火车运到海丰，然后再由汽船运到上海。国外的鸦片或经波斯湾中的布什尔或经君士坦丁堡。多数抢劫都发生于沿法华民国路（今人民路）的法租界和华界之间，这里是鸦片仓库所在。潘翎：《寻找旧上海》，第29页。

③ 卢永祥被描写成像是一名富有的丝绸商人。冯齐：《上海与外界》，第20—21页。

④ 马丁：《军阀与帮会》，第7—8页。

⑤ 1922年5月，直系吴佩孚在第一次直奉战争中战胜张作霖的军队，黎元洪当上大总统，1923年5月，孙传芳接管福建。因此，直系控制了中国大多数的省份，同时仍面临着3个主要的对手：南方的孙逸仙，东北的张作霖和在上海、浙江的卢永祥。山野：《军阀统治下中国的重新组合》，第25页。

鸦片才能在上海流通，遂建立了"淞沪查禁私运违禁品物处"。但是这个处里只有 5 名稽查员和 6 名巡捕，都是江南制造局附近的第六混成旅的官兵，在兵营外值勤。① 由这么点人来阻挡成百上千的各色人群从各种途径——公路、河道、长江或运河将鸦片走私进上海，几乎是天方夜谭。的确，如此大规模的"自由"贸易吸引了抢劫，但为了使那些"受保护"的交易免于抢劫这些人又做了些什么呢？

第四节　鸦片与统治

1923 年，几乎与此同时，公共租界工部局巡捕房成立了一个特别缉私队，由副处长斯宾菲德（M. O. Springfield）统领。缉私队招募眼线，在奸商出没之处巡逻，并且突袭货仓。经过 2 年的在公共租界对奸商"令人吃惊的冲击"后，大量属于潮州帮的垄断商人和在大八股党庇护之下的鸦片仓库被发现并受到冲击，对于鸦片贸易大垄断商来说，事情变得很清楚，他们必须放弃公共租界而转向政策更为宽松的法租界。② 但确切地说，也因为他们需要在法租界中的青帮的协助，何丰林和潮州帮鸦片商人转而投靠黄金荣探长，邀请黄金荣成为聚丰贸易公司正式合伙人。黄金荣接受了，在他的保护下，鸦片垄断利润猛涨，第二年接近 5,000 万元。黄金荣自己也从这些贸易中分得了他的那一份——200 万元。③

然而，这种安排并非一劳永逸。首先，抢劫依然存在。最知名的案例就是新康鸦片案（the Ezra opium case）。一伙鸦片商人和他们的中东伙伴孤注一掷，投入土耳其的毒品市场。1924 年 1 月，价值上百万元的高级土耳其鸦片由一艘日本货船"镰形丸"（Kamagata Maru）从康斯坦丁堡装运到符拉迪沃斯托克

---

① 首任总监是一名苏州人，叫吴英志［音］，是卢永祥的顾问之一。他继而成为龙华军事法庭的庭长。根据上海公共租界警务处档案，D-5374，帮办处长吉文斯 1924 年 5 月 2 日的报告。
② 马丁：《军阀与帮会》，第 11 页。
③ 马丁：《军阀与帮会》，第 16 页。

（海参崴），再从那里转驳运到中国市场。但这艘船的船主却自行去和竞争的鸦片走私贩做交易了。1924年2月26日，他顶风将货船停泊于上海附近的海岸，将50箱鸦片卸到事先等候在那里的舢板中，便把钱装进了他的口袋。中国走私商再将毒品运进上海，藏进了地窖——在公共租界和法租界里，他们造了许许多多这样的地窖。①

有关在广东路51号密藏有鸦片的风声传到了这批鸦片的原主新康洋行的亚历山大·艾泽拉（Alexander Ezra）的耳中，他便把这消息报告了工部局巡捕房。② 公共租界的警察起先在这个地方一无所获，后来通过敲打地面和用撬杆试探，在数百英尺开外的地方，发现了一处设计精巧的鸦片地窖，全部砌有夹墙、暗门和狭窄的暗道。③ 对这一涉及波斯—土耳其鸦片垄断商的揭露的广度和深度如此巨大，举世震惊，以至国联提议，以后凡是驶往远东的所有船只都要在苏伊士运河接受检查。④ 由于日本拒不接受这一提议，这一措施和计划未能付诸实施。⑤

除了要冒被抢劫的风险之外，卢永祥的鸦片垄断体系还易受到军事攻击。无论由谁控制着上海，上海的毒品运输业每月都要向他进贡约600万元。⑥ 从皖系军阀卷入这一走私交易那一天起，垄断鸦片贸易，对其他派系来说就成了

---

① 《密勒氏评论报》，1926年5月1日，第217—220页。

② 艾泽拉兄弟以大隆茶庄为幌子从事鸦片贸易。马歇尔：《民国时期的鸦片与帮会政治（1927—1945）》，第29页。

③ 艾泽拉本人未能取回鸦片，因为他自称的西班牙国籍，会审公廨拒绝予以承认，这就意味着他仍沿用其父母的国籍——土耳其。然而土耳其与奥地利、德国及其他一些中欧国家一样，为中国对之宣战的同盟国一方，已被废除了条约特权，所以艾泽拉不能享受治外法权。（译者注：1英尺约合30.48厘米。）

④ 在逮捕艾泽拉时突击搜到的文件中包括一份将鸦片运到上海兵工厂的合同，这是直属于民国政府的护军使。合同许诺由该垄断组织运输的鸦片能得到中国的海陆军和警察的保护。《密勒氏评论报》，1925年5月7日，第1页，和1925年5月28日，第93—94页；伍连德：《鸦片成为严峻的政治问题：国际合作和控制的个案》，第2页。

⑤ 派尔：《上海传奇》，第36—40页。

⑥ 据说仅在长江三角洲就有大约500万瘾君子。马丁：《军阀与帮会》，第2—3页。亦可参见《密勒氏评论报》，1929年7月20日，第323页；苏伊斯：《鱼翅和小米》，第7页。

无法抵御的诱惑。①另一些省份的军阀已经明白种植罂粟是保证他的军队粮饷的途径之一。①比如在广西，至少有1/3的政府税收收入是靠从云南、贵州转口广西运往广东的鸦片税获得的。②由于土烟产量激增，军阀们为了维持自己的生存，越来越关注从上海的非法毒品贸易中获取利润。③

1924年，对浙江督军卢永祥来说，正处于生死关头。直系正企图武力统一中国，而卢本人作为最后一名皖系的封疆大吏，盼望奉系能够帮助对抗南方和北方政权的夹击，使他得以保住他在浙江—上海的领地。

同时，江苏省政府处于直系军阀督军齐燮元掌握之中，齐对卢在上海的鸦片税收眼红已久，根本不顾与卢永祥在保定武备学堂的同窗之谊。④1924年9月3日，江浙督军之间展开大战，战争的主要起因就是争夺对这个城市非法交易的控制。⑤事实上，当时就有一些人士把这场双方各投入12万人的战争称为"鸦片之争"⑥。

然而，事实上，如果仅从毒品交易的意义上说，20世纪的鸦片之争与1840—1842年间的同名的第一次鸦片战争截然不同。如今，如此大宗的买卖和像海洛因、吗啡之类在形态上纯度更高的毒品都深刻地改变了毒品运输及其保护者们的政治经济。⑦军阀和化学家们合力铸成了现代毒品业，这将最终成为国民政府在上海统治利益的重要支柱。

---

① 1921年，甘肃军政府在一次地方官、士绅和商人的公开集会中，为结束财政赤字和支付军饷，鼓励在全省范围内种植鸦片。马歇尔：《民国时期的鸦片与帮会政治（1927—1945）》，第20页。

② 马歇尔：《民国时期的鸦片与帮会政治（1927—1945）》，第26页。

③ 马歇尔：《民国时期的鸦片与帮会政治（1927—1945）》，第26页；派尔：《上海传奇》，第41页。

④ 山野：《军阀统治下中国的重新组合》，第25页。

⑤ 上海社会科学院政治法律研究所社会问题组编：《大流氓杜月笙》，第12—13页。

⑥ 徐铸成：《杜月笙正传》，第16页。

⑦ 亚当斯：《中国：亚洲有利可图的灾难的历史背景》，第379页。海洛因于1898年由拜耳（Bayer）——一家德国的制药公司发明。布劳克等：《有组织犯罪》，第31页。

第二篇

新的警察理念

魏斐德"上海三部曲" 1927—1937

第四章
警察与维持新的城市秩序

> 盖上海特别市，非普通都市可比。上海特别市乃东亚第一特别市，无论中国军事、经济、交通等问题，无不以上海特别市为根据。若上海特别市不能整理，则中国军事、经济、交通等则不能有头绪。
>
> 蒋介石
> 1927年7月7日

在上海建立新的城市秩序包括两个方面：行政体制的重构与警察制度的现代化。事实上，这两方面无论在当时的参与者还是事后的观察家看来都是不可分的。在现代关于发展问题的著述中，政治现代化的典型特征包括：政治作用与职能的分化，政治目标与定位的专业化，政治机构的集中化，传统精英力量的衰落，而中央行政力量深入到社会生活的各方面。[1] 按照福柯（Michel Foucault）的"政府意识论"，现代政治控制是对一个群体的所有方面的直接或间接的管理。[2] 这种群体管理的一个基本方面就是要求有一支现代化的警察力量，其基本特征是专业化。

专业化比公众化已更明显地成为现代警察的特征。它也是更复杂的一个特征。专业化意味着必须对执行过程中所取得的成绩的质量予以明确的关注。专业化警察至少要求：人员招募必须依照专业化标准，足够高的薪

---

[1] 爱森斯坦：《传统、变革和近代化》，第18页。
[2] 布谢尔等编：《福柯的影响：政府至上主义的研究——福柯的两次演说和一次面谈》，第102页。

金以培育出专业化的服务、规范化的训练以及上级官员系统化的监控。①

的确，上海市公安局应当成为上述模式的现代警察力量。然而，它的实现与新的城市秩序的成功建立以及警察标准与训练的现代化直接相关。

第一节 建立新的城市秩序

在上海的华界建立新的城市秩序这一目标于1927年7月7日上午10点正式揭露。这一天，黄郛将军被任命为特别市市长。② 黄将军曾是孙中山先生的追随者，是同盟会最早的成员之一。就职典礼在原上海道台衙门的礼堂举行。③ 礼堂正中悬挂着孙中山先生的像，像的上方是"天下为公"的横幅，两旁则是革命口号的对联。礼堂外，由卫戍区的部队、保安队以及警察严加守卫。④

典礼在淞沪警察乐队演奏的进行曲中开始，官员们在乐曲声中就座。与会者包括新任淞沪警察厅厅长沈毓麟、公用局局长黄伯樵、财政局局长徐鼎年以及教育局局长朱经农。⑤ 在向国旗三鞠躬之后，黄郛朗读了孙中山先生的遗嘱。随后，在孙中山像前，身披绶带的市长被授予市长大印并做就职宣誓。⑥

---

① 贝利：《警察模式》，第47页。
② 《申报》，1927年7月7日，第14页；《密勒氏评论报》，1927年7月9日，第140页；《字林西报》，1927年7月9日，第47页；《东方杂志》，1927年9月10日，第116页。市政府的成立事实上被拖延了，原因是前总理、外交总长、教育部长黄郛曾两次拒绝就任市长一职。最后他听从蒋介石的要求接受这一职务主要是为了削弱白崇禧的影响和消除沪上列强的疑虑。安克强：《上海市政府》，第429页。
③ 《字林西报》，1927年9月，第58页，黄郛一直拒绝加入国民党，以示不与那些1927年以后充斥于国民党内的投机分子同流合污。安克强：《上海市政府》，第429页。
④ 《申报》，1927年7月8日，第13页。条幅写的是："革命尚未成功，同志仍需努力。"《东方杂志》，1927年7月10日。
⑤ 《申报》，1927年7月8日，第13页。他们都是黄郛的革命战友。安克强：《上海市政府》，第429—430页。
⑥ 《申报》，1927年7月8日，第13页。

发言者们强调了国家为了建立新秩序而正在做的努力。第一位发言者是国民党中央党部代表古应芬。① 古应芬回忆了黄郛在辛亥革命期间作为陈其美的参谋部长所起的作用②，并十分痛惜地提到，自那时以后，上海停滞不前了，尽管孙中山先生曾为这个城市制订了特殊计划。③

> 先总理在沪时，袁世凯已去世，曾经说过二句话。上海租界在一二十年内条约期满，定能收回。但吾们应如何准备收回。……今上海市在膺白先生管辖之下，定能发达无疑。但目前最困难者有三点：（1）人口多而处理不易；（2）租界法律问题；（3）犯罪管理问题。④

国民政府代表蒋介石随后发言。他援引了孙中山先生的建国计划并联系到收回租界。⑤ 如果说对上海的有序治理能帮助中国收回租界，那么，在蒋看来，没有人比黄郛更适合承担这一责任。蒋介石希望黄市长"使上海成为各商埠之模范，以此根据地，为建国方略之发轫点"。这一模范的创立——建立公共法律及秩序以证明收回租界的合理性——不仅仅是黄市长个人的工作，它也是国民政府的责任。蒋介石本人表示，将尽他所能提供帮助。⑥

黄郛的就职演说同样强调了在上海创建一个现代市政府的重要性："为最

---

① 包华德编：《中华民国传记辞典（五卷）》，第二卷，第 259 页。
② 包华德编：《中华民国传记辞典（五卷）》，第二卷，第 188 页。
③ "取租界而代之"计划的核心问题是"两大主要工程——首先是开放吴淞港，其二是将上海的主要铁路车站移至沪北，将铁路与商业区连接起来"，这样就可以将租界从经济上完全隔离开。沈怡：《上海市工务局之十年》，第 17 页。孙中山的《建国方略》中提出在杭州湾建造"东方大港"，同时在浦东开凿一条与黄浦江平行的运河（而黄浦江届时将被填平），这样上海就可以有一个真正由中国人控制的深水港。但是很多上海人认为，这个东方大港建在上海更合适。孙中山：《中国的国际发展》，第 30—39 页；安克强：《上海市政府》，第 239—240 页。
④ 《申报》，1927 年 7 月 8 日，第 13 页。
⑤ 《申报》，1927 年 7 月 8 日，第 13 页。蒋介石发言更突出了这一问题："上海特别市，中外观瞻所系，非有完善之建设不可。如照总理所说办理，当比租界内更为完备。……彼时外人对于收回租界，自不会有阻碍，而且亦阻止不了。"《字林西报》，1927 年 7 月 9 日，第 58 页。亦见郑祖安：《国民党政府"大上海计划"始末》，第 209 页。
⑥ 《字林西报》，1927 年 7 月 9 日，第 58 页。

终收回租界铺平道路。"① 浓重的杭州口音以及抑扬顿挫的语调使听者饶有兴趣。黄将军声称，帝国主义列强早已显示出他们在公共租界和法租界的殖民统治的失败，外人统治，尤其是领事裁判权为中国的罪犯提供了逃避中央政府法律制裁的天堂，而这只能助长犯罪。② 在外国人的统治下，上海已经成为一个腐败、龌龊的地方。③ 现在，国民党掌握了政权，至少要在华界清除腐败。④ 在回顾了辛亥革命后陈其美执政上海时的稳定秩序之后，黄郛断言，军阀对城市发展以及治安所产生的障碍现在已经消除。在党和市民的协助下，新的市政府将"使吾中华民族建设之精神与能力，由上海一隅开始而表现之"⑤。

在道台衙门举行的，有中央政府要员参加的就职仪式到此结束。与近来形成的上海的城市自治习惯不同，新的政府还在总商会举行了第二次典礼。蒋介石身着制服与披风，骑着马陪同黄郛来到这一纯粹的城市盛会。500多名与会代表分别来自县商会、闸北商会、银行公会和钱庄公会、商民协会、各马路商联会。商会礼堂被布置成宴会厅，悬挂着旗帜，上写"革命尚未成功""欢迎蒋总司令"⑥。

黄郛市长在这第二次讲演中更强调了一个革命的市政府应当"让外国人失

---

① 《字林西报》，1927年7月9日，第48页。

② 沈怡：《上海市工务局之十年》，第11页。

③ 时人都认为当时的上海每年的卖淫、吸毒以及其他犯罪比世界上任何城市都多。李：《东方黑社会：十八年黑社会、贩毒者和印度丛林、中国、马来群岛生活的真实经历》，第238页；霍塞：《出卖上海滩》，第268—269页。

④ 《密勒氏评论报》，1927年9月17日，第78页。中方政府要求工部局领事团关闭那些开在租界边缘马路上的妓院。《密勒氏评论报》，1927年8月20日，第316页。

⑤ 《申报》，1927年7月8日，第13页。又见《上海特别市公安局业务纪要》，纪事，第52—53页；沈怡：《上海市工务局之十年》，第1部分，第17页。这并非只是国民党关心的问题。在两年前创建"大上海"时，军阀孙传芳曾指出："只有当事实证明他们能像外国人一样管理好一个城市时，中国人才能证明他们有权利收回租界。"格林编：《今日上海："模范租界"的38幅铁棕画纪念册》，第10页。反对者则做着相反的努力，他们让外国人相信"中国人没有能力管好自己的事情，因而外人的特权必须保留"。孔如轲：《西方列强与"上海问题"》，第6页。又见布鲁斯：《上海租界》，第132—133页。

⑥ 《字林西报》，1927年7月9日，第48页。

去他们统治的理由"。并且,他又加了额外的一条,在南京的国民党政府将有权监督所有地方事务以及决定市政府高层官员人选。① 黄市长称,新的革命市政府的榜样是广东,那是第一个由国民党控制,并借鉴了西方经验建立了城市政府的中国城市。② 市长是任命的,市政委员会也只有部分是选举产生的——这正是黄郛准备在上海实行的模式,尽管城市自治的生命力即便在军阀卢永祥和孙传芳时代已经被证明了。③ 在援引广东的例子之后,黄郛开始强调中央政府的权威以及党的领导,而不是商会或更广泛的马路商业联合会所代表的"士绅民主"。④ 新市长最后呼吁通过三大运动——卫生清洁运动、能力增进运动、共守秩序运动使上海走向现代化。它们包含了新的城市秩序最关键的几个方面。如果在3年之后,"华界仍如此污秽,外国人当然有所借口"继续保有他们的租界。其次,通过增进生产能力是消灭生产力薄弱、打倒帝国主义所必须的。最后,"共守秩序运动"也非常重要,可以消除那种认为华界杂乱无章而租界则井然有序的根深蒂固的观念。⑤

城市文化,将随着秩序的维持而开始形成。需要指出的是,除了一些特殊情形,比如暴乱或游行外,这种维持秩序不同于实施法律。"如果法律制裁一旦介入,能通过法规解决问题;而秩序维持则通常不能如此。"尽管"巡警的作用规定了其主要职责是维持秩序而不是实施法律",警界人士为了避免含

---

① 柯尔曼:《城市权威与民众参与》,第4—5页。

② 《字林西报》,1927年7月9日,第48页。广东建立了非常出色的警察局,在1930年之前是中国最好的。高为生:《广州警政》,第349页;斯诺:《5,200名警察如何维持广州的秩序?》,《密勒氏评论报》,1930年11月29日,第468页。派出所制度早在1918年已被引进。李希贤:《魏邦平任广东省警察厅长兼广东全省警务处长时的警察》,第109—110页。

③ 国民政府在南京成立以后,国民党上海党部就有一个行政设计,一个民选市政议会,由市长管理市政。黄郛则提出了经过修改的一整套条例,取消了议会,将上海和近郊的宝山区合并成为一个单列的行政实体,建立完全由市长提名人选的参事会,市长的作用相当于法国的省长。安克强:《上海市政府》,第35、38—40页。

④ 安克强:《1927—1937年的上海》,第50—51页。关于国民党和蒋介石在当时的集权倾向,见山田辰雄:《国民党政权理论的基础和局限——政府、党派和人民》,第197页。

⑤ 《字林西报》,1927年7月9日,第14页。

混，还是更倾向于将他们的职责定位于执行法律。① 因而上海的警察从一开始就将承受比他们国外其他城市的同行们更大的压力。然而，他们自己则一再强调他们的责任是消除混乱状况，维护城市秩序。在整个国民党统治时期，这一任务一直是把城市警察视为其最基层的公务员的基本骨干和上海的基本骨干的最有力的理由。② 因而，建立一支维持秩序的现代警察力量，成立公安局的设想早在新市长就任之前就已经提出来了。③

第二节　重组警察系统

上海的国民党警察声称，他们从一开始就扮演着国民革命军助手的角色，帮助他们整顿城市。至少据他们自己的回忆，革命者都把上海看作中外罪恶的渊薮，"华洋杂处，良莠不齐"④。在北伐胜利之后的"训政"时期，警察的任务是推行国民党的"大上海"计划，并进行城市改革，为收回条约上的权利做好准备。⑤

城市新秩序在一系列重组行动中开始建立。1927年7月22日，在"大上海"市政府成立后3个星期后，根据"暂行条例"第11条和第21条的规定，上海特别市公安局成立了。⑥ 这个新的公安局——由政府建立的第一个干部机

---

① 威尔森：《警察行为的种类：八个社区法律和秩序的管理》，第16、67页。

② "在现代国家政治体制中，警察确实是最基层的公务员。警察形成了维护社会安定的最基础组织。社会安定与秩序的维持完全依靠警察。"宣铁吾：《认识警察》，第15页。宣曾是1946年的上海市警察局局长。

③ 淞沪警察厅厅长沈毓麟在7月3日就宣称准备将他的机构改名为公安局，几乎与市政府7月7日成立同时。《字林西报》，1927年7月4日，第15页。

④ 《上海特别市公安局业务纪要》，纪事，第24页。

⑤ 《上海特别市公安局业务纪要》，序言，第1页。又见公安局外事处所建议的收回诸如道路、居民、工厂的警权的各种方法，载《上海市公安局业务报告》，第三卷，第84—87页。

⑥ 《上海特别市公安局业务纪要》，组织，第1页；《上海市年鉴》，F-58。关于特别市的成立，见奥察德：《上海》。公安局的建立最终依据是国民党中央执行委员会常务委员会通过的"县组织法"。魏：《中国的反革命：江西苏维埃时期的国民党》，第192页。

关——合并了淞沪警察厅。原属淞沪警察厅的所有近3,000名警察被置于这一新的组织之下。原来警察厅的3个主要的科（总务、行政、司法）被重新命名，公共卫生部门并入卫生科。水警和犯罪侦缉警察合并成为一个独立的部门。① 这些机构的人员计划由来自新的警察学校的优秀毕业生充任。这所警务教练所负责培训退伍军人以及从前的公务员，分别使他们成为城市警察和新秩序下的公务员。② 虽然很快成立了警务会议以推行政治改革，但是很显然，新的公安局必须逐一整治旧的警察局的各种弊端，同时训练一支新的干部队伍以替换旧的人员。③

新的公安局的组建，很重要的工作是吸收原有的警察力量，包括原来的马路工程局和巡捕房以及民团。④ 例如11月9日，淞沪卫戍区司令命令公安局接管淞沪保卫团。从表面上看，这一措施的目的是为了"改善警制，扩充警力"⑤。而其真正目的则是利用地方民团来加强新的国民党公安局的职权——这就是国民党书记刘恺锺在各民团所宣讲的，是依照国民党的党义党纲。⑥

管理保卫团的机构设立在市局内，成员被任命为保卫团秘书或助理秘书。将原有各处的保卫团改编为28个团，由公安局任命各团的团长。同时，所有枪械、服装经费以及团员人数名册，由警察机关集中管理。⑦ 这个新机构的硬件设施则远远不足。各区，尤其是局机关的办公场所破旧不堪，亟待修整，甚至连最基本的办公设备也不能配齐。政府提供了适当的基建经费，当年建起了

---

① 公安局还解散了商人的水巡队，完全承担了黄浦江的安全工作。《上海特别市公安局业务纪要》，纪事，第40页。沪江警船曾在1927年战争期间被军队击沉，并被没收。后来经集资修复，并交还水巡队。

② 《上海特别市公安局业务纪要》，纪事，第31页。又见威斯特利：《暴力与警察：法律、习俗和道德的社会学研究》，第155—158、189页。

③ 《上海特别市公安局业务纪要》组织，第2页，纪事，第24页。

④ 例如南市市公所和闸北工巡捐局1927年8月被合并进入新的国民党警察。《上海特别市公安局业务纪要》，纪事，第5页。

⑤ 《上海特别市公安局业务纪要》，序言，第1页。

⑥ 见刘秘书的演讲，《上海特别市公安局业务纪要》，纪事，第34页。

⑦ 《上海特别市公安局业务纪要》，纪事，第31页。

警察局机关办公楼，是一幢西式建筑配以旧式衙署的大门，两侧列着高大灯柱。但很多地方机关依然是临时设于庙里或会所中。①

同样，即便是正规警察的武器也极为缺乏。在接管淞沪警察厅的时候，公安局发现，在警察厅的武器库里存有的武器竟不足规定的10%②，而仅有的这些武器中大部分已经锈蚀无法使用。新的公安局的最好装备是步枪和驳壳枪③，武器的收缴不无小补，因为上海的罪犯是世界上装备最好的罪犯之一。"报纸上几乎没有一天不报道抢劫、绑架甚至谋杀的案件，而每个案件中的罪犯都备有先进的自动化武器，与西方国家的罪犯装备不相上下。"④ 例如，上海水警曾在1927—1928年间的一次突袭行动中，从一个走私犯据点缴获了84支步枪和手枪，由市政府批准分发给各区警察。⑤

武器的来源显然太不稳定可靠，公安局不得不向公众募集资金。在成立后的第一年，公安局为此从"爱国捐"房租项下得到48,000元⑥，这笔钱被转交给市财政局，由它为警方购买步枪和驳壳枪。到第一年末，中国警察拥有1,500支枪，每一支的枪管和枪托上都刻有"沪公安局"字样。到第二年末，

---

① 第一年拨给各区用以修缮房屋的经费约2,402元。《上海特别市公安局业务纪要》，纪事，第5页。

② 《上海市公安局业务报告》，第三卷，第66页。

③ 1929年，所有上海的警察都备有380科特自动手枪。伯涅：《上海公共租界警务处》，第35—36页。

④ 冯齐：《军火走私：上海的一种有组织贸易》，第112页，尽管中国表面上对英国制造武器的购买量在世界上排名第15位，但中国1,300名军阀在1912—1928年间打了140场省内的或省际的战争，培养了众多大大小小的武器走私犯和诸如美国、法国、捷克斯洛伐克、挪威、丹麦、意大利和德国的武器制造商的代理销售商。他们无视1919年颁布的《武器禁运协定》，每年从国外进口数千吨武器，其中相当部分——尤其是北伐以后部分军阀衰落——卖给了上海的暴徒。伯涅：《上海公共租界警务处》，第35—36页。关于武器交易的详情，见陈：《武装中国：1920—1928年间西方与中国军阀的军火交易》，第45—53页。

⑤ 《上海特别市公安局业务纪要》，纪事，第39页。

⑥ "公安局的官员于8月14日宣布，直接向租界外的中国居民征收一个月的房捐。国民党政府的计划是向每个承租人征收两个月的租金，这笔钱将用于军队开支。"《工部局公报》1927年9月16日，第320页。1927年6月23日，市政府规定租界内房屋租金征收率从14%增加到16%。《工部局公报》1927年6月25日。

80%的警察配上了枪。①

同时,警察的组成也发生了显著的变化。尽管新的警察吸收了相当数量的当地团丁,但在公安局的前4年间,大部分警察来自北方。② 他们并不是像1925年的北京警察团那样整建制地从北方调来,而是单个招募的警官或巡捕,他们或曾在北方任职,或是在北方招募的。在1927—1928年间,新公安局的很多高级警官都是来自保定军校的毕业生,他们曾受训于日本的警察学校,并在东北当过军警实习生。③ 公安局乐于从河北、山东等省份招募警员,认为来自那里的农村小伙子高大强壮,比南方人忠厚。④ 1928年,71%的上海华界警察是河北、河南以及山东人,当地人仅占18%。⑤ 1931年大体上也是这个比例:河北人1,545,山东人1,295,江苏人839,安徽人517,河南人247,浙江人127,湖南人60,等等。⑥

北方人居多的主要原因是他们身材高大、体格健壮,又与上海当地罪犯较少有牵连。上海警察的基本要求是身高5尺2寸以上,受过初级小学教育,并在当地有担保人。⑦ 前一条标准有利于北方人,而后者则有利于南方人。⑧ 然

---

① 《上海特别市公安局业务纪要》,纪事,第38—39页;《上海市公安局业务报告》,第三卷,第66页,第四卷,第69页。

② 有关这一点,见魏白蒂:《上海:近代中国的熔炉》,第100页。

③ 1932年上海公安局高层官员的教育背景主要是:北京法政学校,江苏警察训练所,保定警察训练所,中央军事学院警察训练学校,北洋警察学校,等等。《上海市公安局业务报告》,第五卷,第257—294页。

④ 山东、湖南和湖北等省的年轻人也因其出色的体格和品性而为公共租界巡捕房招募者所偏爱。"公共租界巡捕房",《北华捷报、南华与中国快报》,第二部分,1909年12月31日,第801页。中国警察专家相信,伦敦的警察专门招募头脑简单易于驯服的农民。童:《首都警政的改进》,《密勒氏评论报》,1929年12月14日,第66、89页。

⑤ 安克强:《上海地方政府》第167—168页。

⑥ 《上海市公安局业务报告》,第四卷,第156页表。

⑦ 《上海市公安局业务报告》,第三卷,第63页。在工人队伍中的地缘特殊化事例,见韩起澜:《苏北人在上海:1850~1980》,第40—44页。

⑧ 在广东,他们倾向于招募农村青年当巡警,因为农村青年比城市青年更能吃苦耐劳。高为生:《广州警政》,第679页。

而，人们认为北方人诚实率直、通情达理的长处，使被认为工于心计、滑头的江浙人相形见绌。① 掌管上海公安局的北洋军官们担心南方人的腐败，认为北方人既比较诚实可靠，又对地方情况比较陌生。也就是说，与那些熟知上海下流生活的本地人相比，外来人似乎不大会发生腐败。② 在北洋上司的眼里，在侦缉队中居优势的上海人在牟取私利方面过于精明了。③ 另外，不通上海方言也是一道阻止腐败的屏障。而腐败现象在以往的上海警界是尽人皆知的。④ 基于这样的认识，由这些官员带来的警察更像一支占领军，而不是当地招募的地方治安力量。他们专门派团赴北平，从以前的首都警界及正在寻找正当职业的年轻人中招募志愿者，有许多是旗人子弟。⑤

就改革而言，一批来自北方的"老实"的巡警队伍要比当地警官可靠得多。要他们用上海话与当地人沟通或许有些麻烦，但北方巡警必然可以推行日式的报警亭制度，这已经是保定和天津的新的法治系统的核心。⑥ 报警亭通过电话与公安局联络，它依靠可以识别的穿制服的警察到场，阻止现行犯罪，而不是在罪案发生以后，派破案技巧娴熟的便衣侦探去捉拿罪犯。⑦

---

① 上海警察的人事管理者一再强调招募"强壮体力、高尚道德、优裕学识、丰富经验之人才"充当警察对于维持公共秩序的重要性。《上海市公安局业务报告》，第三卷，第58页。掌管公共租界警察的英国人同样喜欢用北方人，认为他们比南方人更勇敢、诚实、自立，甚至性情温和，可以信赖。

② 1928年公共租界巡捕房的华捕有2,380人（包括17名探长和副探长），最初探长直接从北京聘请。而到1921年时，探长则由租界警察中派员担任。同上，第30、32—33页。

③ 因南方人与北方人之间的对立而使巡警与刑警之间的对立结合起来，这几乎是所有警察的特点。

④ 对北方的军人来说，上海乃至南方，是一个腐败的源泉。孙传芳（山东人）曾告诉齐燮元说，一个军队在江浙一带逗留太久是极不明智的，那里优越的生活会使军队丧失战斗力。索考斯基：《什么阻碍了南京的步伐?》，第14、18页。

⑤ 《中国事务：中国每周要闻》，1932年6月30日，第48页。"当警察的工作对于中国人很有吸引力，因而永远不会缺乏应征者。"盖姆威尔：《中国的门户：上海概貌》，第30页。

⑥ 尽管警界官员常常称赞北方的警察，但就我所看到的公安局的资料，报警亭制度与保定、天津的模式并没有关系。

⑦ 《上海特别市公安局业务纪要》，纪事，第42页。各分局的分布情况，见《上海特别市公安局业务纪要》的《组织》的机构表。

第三节　改革的公共基金

聘用北方警察，就要支付常规的公务员工资。虽然警察的工资相对来说比较低，但也构成了地方财政的一个重要负担。公安局成立2个月时，巡警的工资是每月10~13元，巡长16~18元，巡官30~40元，由各分局的督察处监督发放。这一工资水平虽然比淞沪警察厅略高1~2元，而且在1929年时又分别增加3、4、10元每个月，但与私人警察相比还是偏低。① 然而在册警察人数的增长意味着预算的增加，原来由上海政治委员会根据1914年在编的淞沪警察厅3,000名警察工资的拨款，预算就高达每月58,600元。②

为了支付增加的工资，月度预算渐增至每月67,700元，分别由财政厅和财政局提供。然而这已经超出了这两个部门的负担能力，到1927年10月，总额降到每月65,354元。以后几年工资的增长，加上添置武器和其他设备，使得费用不断增加。同时，人数也在不断增加。③ 显然，这一支出给地方财政带来沉重的负担，虽然公共工程和教育经费也在以同样比率增长。但是，警察现代化的计划依然必须实施，否则它将无法担负起推进城市改革的使命。④

无论市政现代化的轮廓在国民党领导人的头脑中如何模糊，由于这一使命显然联系着城市改革与国家主权而得到重视。在黄郛的就职仪式上，蒋介石曾

---

① 安克强：《上海市政府》，第170、375页；《上海特别市公安局业务纪要》，纪事，第56页。《上海市公安局业务报告》，第四卷，会议，第9页。

② 淞沪警察厅还有上海市公所和沪北工巡捐局提供的额外的7,000元，因此实际上要高于公安局自1927年成立以来所获得的每月60,000元的拨款。

③ 到1927年12月，由于"军兴"引起的盗匪活动的增长，警察人数增加了527人。《上海特别市公安局业务纪要》，纪事，第30页。1928年，公安局的月度预算是83,182元。随后几年，账面上月度预算达到115,342元，尽管1929年的年度支出实际上仅有1,275,582元。从1928年到1935年，警察人数增加了2,100名，1932年以后，又增加了3,000名保安队员。安克强：《上海市政府》，第164—165页。

④ 《上海特别市公安局业务纪要》，纪事，第38页；《上海市公安局业务报告》，第三卷，第72—74页。

讲道：

> 上海特别市，中外观瞻所系，非有完善之建设不可。如照总理所说办理，当比租界内，更为完备……彼时外人对于收回租界，自不会有阻碍。①

为了实践孙中山所提出的建立新秩序的计划，上海警察被赋予了截然相反的任务：一方面，它是整个中央政府的工具，维持社会秩序；另一方面，它又是地方自治政府的部门，实施法律权威。继任的公安局官员们对此所采取的明显态度是，不在所面临的严重角色对立及其伴随而来的深层问题上虚耗精力，而把注意力集中到现代警察的外在形式上来。

这些原因决定了新的警界领导们积极推行警察现代化而不顾预算收入如何。1928年夏天，特别市由中央政府直辖，公安局决定改革管理体制：修正现行警官制及编制，划正警区的管理权限；继续补充枪械子弹，增加警额，长警从3,581人增至6,000人，办理模范警区，建造各属固定房屋，提高官警待遇。②

这一改革的努力并没能保持下去。公安局的官员们发现他们推行城市现代化的能力非常有限，官场习气的隔膜，频繁的人事更替都阻碍了改革的推行。各机构自身也很少有平行沟通，用一位历史学家的话来说，每个机构"都是其主管者精心护卫的领地，严密地控制其属员"③。同时，在一些关键部门，如市政府的秘书处、教育局、财政局和公安局，主管人员的更换非常频繁。在1927—1931年间，公安局长的平均任期为12个月，每一任新局长都是军人，并有"一群官弁"随之而来。④

---

① 《申报》，1927年7月8日，第13页。
② 《上海特别市公安局业务纪要》，纪事，第25—26页。"特别市"是指人口在100万以上的城市。安克强：《上海地方政府》，第45页。
③ 据安克强对1927—1937年10年间2,000名市政机关的工作人员的履历的研究，只有3例机关之间的平调。安克强：《上海市政府》，第165页。
④ 安克强：《上海市政府》，第147、174—175、178页。

公安局主要领导的频繁更换，加剧了腐化现象，因为下属人员不用担心会受到纪律处分。当然，也有在几任局长更换后继续任职的高层官员，但在南京国民政府存在期间始终在职的只有一个人，他就是俞鸿润，市政府秘书长俞鸿钧的弟弟。①

第四节　警察专业化

有些职业（occupations），从事人员可以自主行使决定权，比如警察或医生，通常被称为"专门职业"（professions）。现代警察的专业化通常意味着受过学校正规训练而不仅仅靠实践经验，建立严格的专业协会，以及制定"有关专业技能的系统新知识的条文"②。国民党上海警察非常热衷于采用所有这些现代化政策，尤其是力求提高公安局干部的教育水平。黄振兴在1929年以及袁良在1930年都曾致力于警官的培训。袁声称："教育为事业之母。"并且向内政部申请更多的培训经费：

> 警察为专业事业，固须学识与经验并重，而学识尤为改进之源。若无学识，而侈言经验，纵能守成敷衍，而计划进步，终形未足。……现在各地教练所，每有格于经费。虽于筹办者，即或已属照办，而其学额亦较需

---

① 公安局的第一任长官沈毓麟，于1927年8月13日，在蒋介石宣布下野后，随杨虎和市长黄郛一起辞职。桂系军阀白崇禧（他不太同情上海自治市民对于城市代表的希望）成为淞沪警备区司令官。新市长张定璠由于在一次车祸中受伤，于18个月后卸任。陈果夫、陈立夫的同乡沈毓麟接任公安局长时，从家乡浙江带来了一大批警察。在他之后，戴石浮9月25日上任，又从他家乡江西带来了51名助手。随着蒋介石的复出（1928年1月7日），戴被免了职；他离开时，36%的重要职员（共66人）随同他而离去。新局长黄振兴1928年12月4日上任，又有21人辞职，因此，在18个月中，公安局的重要职员中已有47%更新了。黄振兴是上海警备区司令熊式辉的部下，他的任期到1929年5月结束。接替他的是袁良。安克强：《上海市政府》，第80、175—176、433、452、459页；沈怡：《上海市工务局之十年》，第14、17页；《工部局公报》1927年9月16日，第319页；凯文迪：《国民党的"新中国"》，第160页；小科布尔：《上海资本家与国民政府（1927—1937）》，第42—44页。

② 威尔森：《警察行为的种类：八个社区中法律和秩序的管理》。

数大差。……对于募补之法,固不能不首加改革也。拟请将募警讲习所作为第一步,教练所作为第二步。凡警察机关,应按实际需要数目,加倍招考,送入募警讲习所训练。……俟筹有的款,再行办理警察完全教育之教练所。①

警察在他们自己的手册中一再强调教育的重要性,强调巡警应当负有"教育和引导"公众的责任。比如,上海公安局成立时,就认为那些没有接受过警察训练的人有必要学习一套兼顾通用和专门的课程。警官应该上警官学校,对于来自军队的人员应进行警务专门知识的培训。另外,也为普通警察设立了一些短期培训项目,计划使所有在职的3,500名警察都能够在上海市警务教练所得到培训。然而,到1928年,这种短期培训还是远远不够,因为警察原有的受教育程度实在太低了。虽然公安局的高层官员大多有相当于大专或大学水平的教育背景,中层官员通常只是中学毕业,而普通警察多半是文盲。② 因此有计划扩大培训中心规模,招收更多的学生和外地人(主要从北平),在他们服务的第一年就开始进行较长时间的培训。③

警察培训班的规模受到现有设施的限制。1927年,警察学校从龙华镇迁至闸北的钱江会馆。会馆只能容纳140名学员,每期培训需4个月,也就是说,将需要6年多的时间才能使所有现役警察都有机会接受培训。④ 而一些高级课程,诸如辨别指纹、操纵警犬、高级刑事侦缉等,根本不可能考虑。⑤ 迁校到闸北共和路上的前市政厅大楼的计划,因那里驻扎着军队而耽搁下来。直到1931年3月4日才得以迁入,而其时的现役警察中只有1/5曾接受过某一

---

① 《上海市公安局业务报告》,第三卷,第131—132页。
② 公安局大队第一分队1929年的成员履历提供了更详细的有关中高级警官的较高程度教育背景的数据,主要是军事和警察训练学校。
③ 《上海市公安局业务报告》,第三卷,第64页;《上海特别市公安局业务纪要》,纪事,第34页。
④ 每年有3个班级毕业,分别在3月、7月和11月。1930年7月29日毕业的第10班有学员140名。《上海市公安局业务报告》,纪事,第26—27页;《上海研究资料》,第106页。
⑤ 《上海特别市公安局业务纪要》,纪事,第26—27页;《上海研究资料》,第106页。

项目的培训。随着新大楼的启用,有较充裕的教室可以开设一个警长培训班和一个扩大的警士培训班,包括培训女警士。① 警官培训班每期 6 个月,招收 90 名警察,而其中最好的 30 名毕业后被送到各分局充当警官。②

警察训练科目中有相当部分是中国武术——"国术",一方面可以增强警察维护公共秩序的能力,同时可以改变"东亚病夫"的"外侮",发扬尚武精神。虽然体育训练与引进普鲁士体操之后兴起的民族自救运动有关,但对于国术的兴趣很大程度上是由于许多中国军官和警官曾留学日本,日本人认为日本国术(主要是柔道)对明治维新以来的国力兴盛起了很大作用,并且,日本"最优秀的柔道选手多服务于警界"③。上海警界人士称,武术"关系到民族强盛",是"炼身健体"之道。④ 公安局规定所有警官和巡警必须学习国术基础,同时成立了研究会研究中国传统自卫术的教学。⑤

尽管公安局的训练课程的目的在于使行伍出身的人熟悉如何执行民事法律,但从外表上看,警校学员的举止装束依然像军人。军服使警察区别于普通民众,身穿制服的警察代表了一种与便衣侦探显然不同的社会成分,后者已经被上海普通市民社会所融合、同化并且腐化。⑥ 在一张上海市警务教练所第二

---

① 女警察也被分配到各分局,但她们主要参与对女性疑犯的搜捕工作。《上海市公安局业务报告》,第四卷,第 116—117 页。大多数女性罪犯(占总在监人数的 29.2%)所犯罪行与毒品有关,其次是诱拐与绑架(28.6%)。后者中,许多是 50 多岁的寡妇。严景耀:《犯罪与中国社会变迁的关系》,第 302—303 页。

② 其余的 60 名学员将等有空余名额时才被派去当巡警。《上海市公安局业务报告》,第四卷,第 68—69 页。当然也有职衔的提升。在 1929 年 7 月—1930 年 6 月期间,有 131 名巡长和 1,197 名巡警获提升。同时 59 名被降职,592 名被开除。《上海市公安局业务报告》,第 3 册。

③ 大浦兼武:《日本警察》,第 1 册,第 292—293 页。关于普鲁士体操,见魏斐德:《历史与意志:毛泽东思想的哲学探索》,第 163—235、203—204 页。

④ 1909 年在上海成立了警务体育会;张之江曾在 1928 年致力于国术复兴,在南京成立了中央国术馆。《上海研究资料》,第 448 页。

⑤ 《上海特别市公安局业务纪要》,纪事,第 35 页。

⑥ 有关一定程度的社会隔离对于官僚制度的重要性,见施特劳斯:《官僚重组与制度建设》,第 296 页。

届毕业班照片上,教官们身着军服,配着武装带,学员则一律扎着绑腿。① 而警察则身穿咔叽制服,配有武装带和肩章,有些还穿着长筒靴。②

警察与士兵被告诫不要相互斗殴。曾有一次,6区3所所长向袁良告状,他的警员因"驻军庇护茶肆聚赌"而发生了矛盾,这位公安局长(曾经是一位军官)告诉他的属下:"军警一家,应彼此联络,若事事向其最高长官言之,反易发生恶感。该所长应善体此意,分别轻重办理之。"③

第五节 创建"现代"合理的框架

虽然公安局行政机构的某些方面与中国传统官僚体制相似,但政令传送系统理论上效仿了现代理性化的规则和程序。④ 然而,包括公安局在内的所有行政机构都在削弱严格的职能分工。在管理警务机构内部事务之外,新的公安局还要募集房租爱国捐、维护民众运动、协助禁烟进行、检查煤油底货、检查邮政、训练募警以及监督公共卫生运动。⑤

提供合理信息流的框架从局长开始,他由一科(公安局总部包括两个部门:监察和总务)的收发股获得信息。原始报告呈送局长,而副本则在两个部门中的对方部门存档。⑥ 如报告需答复,局长通常交有关部门拟稿,由机要处审查后呈送核准。签署后的文件返回收发处。机密文件也要严格经过类似程

---

① 《上海特别市公安局业务纪要》卷首的警务教练所学警毕业摄影。
② 《上海特别市公安局业务纪要》卷首的照片中一张1928年上海公安局内外部全体职员合影。
③ 《上海市公安局业务报告》,第四卷,会议,第7页。
④ 有关各分局警官的职责范围以及上报程序的规则,见《上海特别市公安局业务纪要》,章则,第1—6页。
⑤ 《上海特别市公安局业务纪要》,纪事,第55—63页。"民众运动"是国民党之外的政治运动,通过民众团体加以控制。凯文迪:《国民党的"新中国"》,第141页,又见易劳逸《再探国民党政权的本质》,第8—9页。
⑥ 关于两个部门的详细分工,见《市政概况》,第43—44页。

序，所不同之处是它们完全由机要处处理——类似于清朝官僚机构中由御前会议递上的官中密折。①

由公安局局长负责执行始自最高层的调查制度，通过局长本人所主管的官僚机构内部实施一系列的核查与协调。当一科的收发股或机要处转送出有关文件以后，调查过程随之开始了。由两名官员同时进行，他们直接对局长负责。一名来自文件所述问题的相关部门，一名是检查部门的负责人。这一检查部门是以前的地方行政体系遗留下来的，类似于传统的新闻或邮件检查机构，并且与上海卫戍区有合作关系。这两名官员分别进行调查，由从相关的两个部门特别指派的人员协助他们工作。最后，他们同时向局长呈交报告，而局长则根据他们的报告做出判断并下达命令。②

与军队式的命令形式相适应的是军队式的纪律。警察的风貌举止不仅应像训练良好的士兵，而且应在执勤时间内一切服从警队，不得自由散漫。警察条例规定，巡警在警察宿舍外宿夜或因私事请假，一周内不得超过两个晚上。③ 按规定，警察必须在公安局的食堂里用餐，如有谁私自外出与家人或朋友吃饭，将受到严厉批评和惩罚。④

这些规则构成了上海警察专业化过程中建立合理化官僚机构的一部分。⑤ 公安局针对因病离职、退休和设立警察公墓等等都制定了新的规则⑥；并编写了警察手册，创办了新的专业刊物（《公安月刊》），在市局内还设立了专门的法医陈列馆（forensic museum）⑦；统一武器装备（到1930年，公安局

---

① 《上海特别市公安局业务纪要》的《组织》部分后面所附的机构表。
② 《上海特别市公安局业务纪要》的《组织》部分后面所附的机构表。
③ 《上海特别市公安局业务纪要》，纪事，第42页。
④ 《上海市公安局业务报告》，第四卷，会议，第4—5页；"训令"，中国第二历史档案馆，12（5）/715；1934年11月2日，《警察月刊》，第24—25页。
⑤ 威尔森：《警察行为的种类：八个社区中法律和秩序的管理》，第31页。
⑥ 《上海市公安局业务报告》，第三卷，第60页；《上海特别市公安局业务纪要》，纪事，第16页。
⑦ 《上海市年鉴》，第73页；《上海特别市公安局业务纪要》，纪事，第24页。

共有枪支4,184支），训练巡警学会如何使用统一重量和长度的交通警警棍。① 在所有内容中，服装问题受到了特别重视。警察身着制服被视作"表现个人之精神"，并引起公众乃至来上海的外国人关注的重要手段。②

本着同样理性化的精神，所有警察的职责在公安局工作人员制作的机构图表中规定得极为详尽。③ 据1928年警务年度报告，上海警察工作包括4类：内勤、外勤、学科和术科。④ 这些勤务的最基本区别在于"内"和"外"。"内勤"包括接受告诉告发、接受呈请书与报告书、办理户口移动及其他人事登记、整理文卷及制作统计、收押人犯、预备勤务（休整、训练和打扫局所等）。⑤ 尽管花了很大精力来保证这些工作按时并妥善地完成，内勤对于外勤来说依然属于后勤保障工作。据一本广为发行的中国警察手册所记，外国警察专家都认为巡查是警察的首要工作，而内勤则是对执行巡查任务的警察的服务。⑥ 但这一观点并非轻易被接受。对于巡警来说，所里既是外面城市秩序混乱的避难所，又是一个小型衙门，警察可以像传统官府里的衙役。公安局的主管者必须改变这种状况。当然，传统的衙役在上流社会的眼中地位也是很低的。警察也难免不被人视为是靠"钻营"、勒索陋规及与罪犯狼狈为奸为生的衙役。⑦ 公安局曾用大量的精力禁止警察赌博，在执勤期间酗酒，以及使其远离赌徒与妓女，由此也可以看出以上恶习的普遍。

侦探与警察标准化要求尤其格格不入。在关于警察的文学作品中，侦探常

---

① 《上海市公安局业务报告》，第四卷，第69—70页，附表格；《上海特别市公安局业务纪要》，纪事，第32—33页。

② 《上海市公安局业务报告》，第三卷，第65页。

③ 公安局忙着各种文书工作。在1929年7月至1930年6月间，市局收到35,092份文件，同时发出34,151份文件。同上，卷首表格。

④ 《上海特别市公安局业务纪要》，纪事，第33页。

⑤ 余秀豪：《警察手册》，第18—22页。

⑥ 日本警察学者高桥（Takahashi Yusai）的观点在书中被引用。同上，第18页。而他是经他的老师奥古斯特·沃尔默同意后在他出版的书中引用了他老师的观点。（见高桥：《巡逻制度》）

⑦ 警察常常被称为"二流子"和"臭脚巡"。老舍：《我这一辈子》，第113页。又见《北京黄包车：二十世纪二十年代的市民和政治》，第71页。

被描绘成没有固定的工作日程，而且多数场合是在没有上级领导的情况下开展工作。因而侦探都具有独立的个性，难于控制。上海警察中的侦探，其责任是捕捉罪犯，有时候因临时需要被派到派出所执行任务，也往往自由散漫。没有每天汇报的制度，同时又有太多的时间待在所里，因此，侦探往往与总部失去联系。① 尽管会面临严重的处罚，被派到所里的侦探依然情愿将自己与当地结合在一起，这无疑是因为那里是他们私人收入的来源。②

改革者们想尽办法使侦探以及巡警脱离旧式衙门而形成一套规范的、合理的体系。受过国外训练的警官如余秀豪认为，通过赋予巡警较大的审判权来提高他们对街头巡查工作的责任心是十分必要的。余引用纽约警察厅长的话说："在街道上巡逻的警士不啻是路上的裁判官。"③ 巡警能保证商业场所少受乃至不受到抢劫的威胁。同时，他也能巡视当铺、收买旧货店、跳舞厅、下等旅馆、电影戏院、茶馆、咖啡馆和汽车房等等地方，检查夜间携带包裹的行人，以及在银行、汽车站、码头、剧院和装载贵重商品的卡车周围徘徊的形迹可疑的人。④

在推崇美国式巡逻制度的同时，上海公安局还十分重视日本明治维新以来逐渐完善的派出所制度。这两种制度的核心都是区域警察机构。1927年重组之后，上海公安局拥有7个区20个所。在这些机构下面还有7个分驻所和70个派出所。⑤ 此后3年中，分驻所和派出所的数量还有所增加。⑥ 所成为报警

---

① 各派出所闻悉"邻近警讯，应不分畛域，由官长督率长警驰往协助"，一再收到禁止援助相邻的派出所处理混乱的公共秩序的命令（见《上海特别市公安局业务纪要》，纪事，第50页）表明了存在着在执法过程中形式主义的区域界限。有人提到旧的清朝行政体制中存在着严格的县、区、省之间的司法界限。

② 《警察手册》，第37—38页。

③ 《警察手册》，第23页。

④ 《警察手册》，第27—28页。在上海，银行邮差经常遭抢劫。见《密勒氏评论报》，1926年10月9日，第163页。

⑤ 中国的地方警察机构——分驻所和派出所——是依照日本模式设立的。见《上海特别市公安局业务纪要》中《组织》部分的机构图表。

⑥ 《上海市公安局业务报告》，第三卷，第56页的图表；以及第4册第24页。

电话和被派往街头维持秩序的巡警系统的最高领导机关,通过每周三的例行会议直接与公安局一科及局长保持联系。①

根据中国的警察学,"外勤"意味着在所有天气情况下执行任务,并且需要接受特殊训练(射击、擒拿术、急救术、驾驶),掌握特别信息(阅读总局通令、新颁法规),以及配有特殊装备(枪械、警棍、警笛、手电筒)。② 警察在执勤时应措辞谨慎,不要啰唆。警察手册告诫他们:不要不负责任或过于自信。留意附近的陌生人和经过银行前面的汽车。③ 如果看见夜间有人追随着货物,就将其带到所里详加盘查。"如发觉有盗窃正在动手之际,宜即召唤同伴协助。此外还须十分镇静,使不致走漏风声方可。"遇到假报火警时要特别注意,以防"调虎离山计"④。

派出所也非常重要,但没有像巡逻制那样被经常强调。⑤ 新式报警亭⑥将与总部建立电话联系,公安局为此向市政府和公用事业局申请了1,400元在城市的华界设立14个报警亭。市政府最终提供了3倍的资金建立一个警用的电话网。⑦ 同时,旧的日本模式的站岗亭或派出所由于建立在传统的保甲相互责任制之上,控制着户口,因而依然有效地运行着。⑧

---

① 《上海市公安局业务报告》,第四卷,第28页。《上海特别市公安局业务纪要》,纪事,第8页。

② 余秀豪:《警察手册》,第23页。在恶劣天气中对巡警进行慰问,改善伙食,配给特殊的饭盒、雨衣、雨鞋等等。《上海市公安局业务报告》,第四卷,会议,第9、63—64页。

③ 全副武装的机动车抢劫银行是现代社会中的主要犯罪形式之一,尤其是在1929年股市崩溃后的美国。《犯罪和美国警察》,第24页;《警察专业化》,第329页。

④ 《警察手册》,第30—32页。

⑤ 1928年上海市公安局曾为一些做法而自豪,比如清理了租界周围的街道,收回虹桥路警权,实施户口调查,并设立了报警亭。见《上海特别市公安局业务纪要》,纪事,第24页。

⑥ 《上海特别市公安局业务纪要》,纪事,第37页。

⑦ 见《上海特别市公安局业务纪要》,纪事,第42页。

⑧ 余秀豪:《警察手册》,第24页;《上海特别市公安局业务纪要》,纪事,第24页。

第六节 加紧现代化，争取控制权

以上所描述的警察现代化的方方面面——专业化的训练、合理的指挥系统、现代的军事纪律、最新的武器装备、西方和日本模式的巡逻制度，电话和无线通信系统——明显地增强了新的国民政府与西方和日本帝国主义争夺上海控制权的能力。在上海公安局成立的第一年，它表现出很强的革命的使命感，一方面要收回国家主权，另一方面试图证明中国能够着手组织与世界上最有效和最先进的警察力量相媲美的机构。① 通过严格的执法，公安局力图让西方人感到中国政府的严厉甚至严酷，它将毫不犹豫地惩处它的敌人。

这些努力是成功的，一定程度上是因为 1927 年的大清洗，为了警告和威胁民众，警察依据军事管制法迅速处决了一批罪犯和左派分子。② 军事管制法的作用是为了"维持治安"，以防"反动分子"伺机颠覆政府。③ 在挫败了共产党 1927 年 11 月在上海的暴动计划后，政府撤销了军事管制法，但又通过了一项特殊的非常法以镇压那些威胁民国安全的犯罪。④ 1928 年 3 月 9 日的《暂行反革命治罪法》规定"意图颠覆中国国民党及国民政府或破坏三民主义而

---

① 蒋作宾：《内务部的成绩》，第 60 页。
② 在 1927 年 7 月的报告中，公共租界巡捕房称 49 人因抢劫罪被处死。在月度报告中有许多类似的记录。在那些被杀者中包括"在上海的共产党负责经费的官员"。《工部局公报》1927 年 8 月 10 日，第 288—289 页。
③ 警察被要求与他们的权力区域内的卫戍区部队全面合作。警察彻夜巡逻，任何夜间的行人都会受到盘问，尤其是在 12 月—2 月冬防期间，警车四处游弋，而且巡逻路线每天更换，对流浪人群犹加警惕。《上海特别市公安局业务纪要》，纪事，第 50 页；《上海市公安局业务报告》，第四卷，第 28—29、79—80 页。
④ 淞沪卫戍区司令接到密报，共产党上海行动委员会计划在 11 月 8、9、10 等日在上海进行暴动。所有警察严密防范，但暴动却没有发生。《上海特别市公安局业务纪要》，纪事，第 51 页。

起暴动者"将被处以死刑①,而对那些"宣传与三民主义不相容之义及不利于国民革命之主张者""凡以反革命为目的组织团体或集会者"可处以5年以上、15年以下的监禁。②

在外国人看来,严厉的公安局致力于创建一个以现代化的警察为基础的新的市民社会,某种程度上是成功的。这种严厉,使他们能不折不扣地与外国人相竞争。在一份份罪案侦查部报告的字里行间,人们可以感到公共租界巡捕房对于公安局镇压违法乱纪与政治颠覆活动的严厉措施谨慎地表示赞许。然而,主管租界警察的英国当局却把这些做法与1925年五卅反帝运动后上海民众中的极端民族主义和排外情绪联系起来。③ 对公共租界巡捕房和它在工部局以及领事团中的主管者来说,这种情绪是极富煽动性的,它可能将相对来说不太激烈的关于治外法权和警察裁判权的争论引向政治和外交上的冲突。④ 从根本上说,问题不在于上海市公安局的成功改革,而是中国警察以国民革命的名义提出的对国家主权的要求。这个冲突必然会集中到对公共领域的治理和上海市民社会自身地位的诉求上来。

---

① 尽管孙中山提倡民权,但在他的晚年,他越来越强调国家而不是个人的重要性。这位政治家的原则,即否定任何反对国民革命或三民主义的人具有公民权,在民国时代一直有效,并体现在1946年自由派法官吴经雄起草的1946年宪法中。

② 在1930年一年中,1,549人根据这些法律而被捕,其中上海572人。1931年,964人被捕,上海345人。高勒:《上海的"黄色"工会:国民党劳工控制研究(1927—1937)》,第111页。这一新的"非常法"无疑与依据日本刑法制定的新的《中华民国刑法》(1928年9月1日施行)有悖。麦考利:《中国刑法改革中的1935年中国刑法》,第52—56页。又见梁云里[音]:《新刑法》,《密勒氏评论报》,1928年9月8日,第62页;王:《刑法修订本》,第37—38页。

③ 1925年5月30日,在南京路上的老闸巡捕房前游行的学生遭到了公共租界巡捕房长官指挥的中外警察的枪击。11人被杀,20人受伤。孔如轲:《1925年的上海:城市民族主义与保卫治外法权》,第250—251页。

④ 《工部局公报》1927年7月22日,第250—251页。

第五章
以警权维护主权

中国官员有意阻止租界的有效作用的情况越来越多……这种干扰只能解释为是试图通过正当或不正当的方式取得租界控制权的决心的表现。而这给维护确保租界内生命财产安全所必需的法律和秩序带来了更大的困难。中国官员的这类干扰主要包括：试图在租界内设立国民政府的机构如宣传局、面税局，抗议在界外马路上铺设自来水管道，要求允许中国人在这些道路上建造房屋，试图对这些地区的居民做一次全面的户口调查，要求取消租界周围的铁丝网，抗议在浙江北路上设立瞭望塔，等等。

引自美国国务院的北京公使馆报告
1928年8月24日

上海市公安局理想中的存在理由是为了表明中国对条约口岸的主权。新的中国警察不仅要证明他们能够维护法律和秩序，因而证明他们可以在这些城市收回主权，而且要抓住任何可用其警权取代公共租界和法租界警察司法权的机会。从下文论述的有关在越界马路上巡逻的问题的争论中，我们可以非常清楚地看到这一点。同时，从国民党1927年接管上海市政府以后到1931年与公共租界和法租界警察部门取得协调之前，外国警官包括罪案侦查部特务股的领导人感到了来自国民党人方面的威胁，可以证明这一点。

事实上，在把反帝的政治活动，包括对租界治外法权的任何攻击当作企图和实施刑事犯罪来处理的思维定式下，新的中国警察系统与欧洲列强掌管的警察势力之间的关系极为复杂。

有一点必须指出，"在国民党掌管这一地区之前"，当地警察部门通常制造案子以搜捕寄居在租界内的国民党人。① 比如，如果北洋军阀通知工部局巡捕房某人可能是国民党人，那么他们就会罗织罪名将其拘捕并移交给军阀。在警务处长巴雷特给工部局的年度报告中一再表达了这样一种观点，明确地指责革命者的政治活动——他并不区分国民党或共产党——是上海租界犯罪的主要因素。②

因此，对于殖民者中的顽固派来说，新的华人市政府将是一支可怕的力量，它会鼓动上海的暴徒进行排外活动。在特别市政府1927年7月成立的前几天，《字林西报》以极其愤怒的言辞，指责国民党收回国家主权的计划是五卅运动中排外行为的重演：

> 他们开始推行他们的计划，对租界宣战：激发起人们的排外情绪，在租界内到处张贴可怕的传单，举行集会，用谎言煽动暴徒的情绪，即使在租界内出版的那些日报上，也充斥着对在上海的外国人的恶意诽谤。③

第一节　公共租界巡捕房的警政

公共租界巡捕房于是便感到有足够的理由制裁上述那些日报，如果他们支持对抗外国人的活动，比如中国纳税人"无选举代表权就不纳税"的斗争等等，就可以不加警告搜查报馆，切断电源。④ 这种高压手段和非法的警察行为即便在公共租界内部也受到了关注。声势最大的批评者是《密勒氏评论报》的美国编辑们，他们对巴雷特关于共产主义是上海武装抢劫和绑架案件发生的主要原因的断言提出质疑，因为事实上这类案件中的相当部分是由于蒋介石为

---

① 《密勒氏评论报》，1929年11月5日，第48页。
② 《密勒氏评论报》，1927年11月5日，第226页。
③ 《十字路口的上海》，《字林西报》，1927年7月2日，第6页。
④ 《中国差报》报道了这一事件。《密勒氏评论报》，1928年9月15日，第72页。

新的反共政府的军事开支筹款所致。①《密勒氏评论报》同时还批评公共租界巡捕房中外国人占绝大多数，其中大部分是英国人；这个机构成了一个自我服务的官僚机构，而忘了警察应该服务于公众；政治、社会、个人偏爱等因素左右了高层官员的选拔；巡捕房的食堂和酒吧是半公开的，警察们往往在公共场合酗酒；警务部门雇用了大量的白俄难民，许多是反革命的政治鼓动家。② 更有甚者，"巡捕房的许多活动是与欧洲政治或英帝国政治有关的间谍工作和宣传活动，似乎作为在中国土地上的上海公共租界没有自己的利益，而这显然损害了这一国际社区的利益。"③

《密勒氏评论报》引用了法官费唐（会审公廨的主审官）的报告，该法官曾主持五卅惨案的调查，也正是他唤起了人们对公共租界巡捕房效率低下的注意，《密勒氏评论报》把租界行政的无能归结为工部局自身现代化的失败。④ 除了卸任官员可以获得一笔可观的退休金之外，对警务部门的内部状况却没有实质性的措施加以改善。"症结依然存在，并且会一直存在下去，直到惹出严重事端，迫使列强，尤其是日本和美国实施干预，迫使租界当局对这一重要的行政部门进行改革和现代化。"⑤《密勒氏评论报》所说的"症结"是指公共租界警方的三种行为：歪曲涉及华界事务的公共信息；监视并骚扰被怀疑

---

① 小科布尔：《上海的资本家与国民政府（1927—1937）》，第32—35页。巴雷特同时也强调了国民党的"政治活动"导致上海的犯罪行为。《密勒氏评论报》在许多方面站在租界当局的对立面，在这里却选择了警务处长的反共高论。

② 最大一次白俄移民潮到上海是在1923年12月，约装满二十六七艘破败的军舰，由2名沙皇时代的海军军官带领，在布尔什维克到达符拉迪沃斯托克（海参崴）时逃亡而来。《密勒氏评论报》，1929年6月15日，第102页；霍塞：《出卖上海滩》，第266页；布克：《新闻就是我的工作：一个记者在战火纷飞的中国》，第161页。

③ 《密勒氏评论报》，1927年10月15日，第174—175页。

④ 《密勒氏评论报》，1927年11月5日，第226页。

⑤ 《密勒氏评论报》希望国际社会的干预而不是中国国民党的介入。1927年9月24日，几名日本海军巡逻队员被租界警方扣留，日本侨民会于10月要求"对警方的所有机构进行彻底的改革，这些机构早已腐化了"。《密勒氏评论报》，1927年10月8日，第146页。这家报纸谨慎地支持日本人提出的重组这个外表上是国际性的，而实际上95%是英国人的地方政府。《密勒氏评论报》，1927年10月15日。

为激进分子的外国人；雇用白俄充当警察。

对公共信息的歪曲，始作俑者是外国报纸。1928年，没有一家外国报纸有中国记者和翻译，而他们都声称刊登了有关华界的正确的报道。这如何成为可能？答案是大多数外国记者心照不宣的"国家机密"——他们依据的是所谓的"警察报告"。每当中国人集会时，租界巡捕房就派出华人侦探去参加。①

> 这些受雇于巡捕房的华人侦探用英文写成报告提供给外国报纸，而记者们常常根据指令更改行文以不暴露"新闻"来源。……这些由巡捕房编纂的报告构成了当地外国报纸有关华界事务的主要消息来源。……更糟糕的是，它们还是驻沪各国领事馆关于中国事务的主要信息来源。……这种状况非常有害，因为这些报道经常是不正确的，甚至带有宣传倾向，有意误导公众。②

这可以解释为什么孙传芳的倒台以及国民党的胜利几乎令上海的西方侨民措手不及。

> 上海的外国报纸的报道一直在给人以这样的印象，即控制这一地区的北洋军阀孙传芳是坚不可摧的。外国报纸，尤其像英方主办的《字林西报》，连日来都在报道孙传芳的胜利和国民党进军受挫。实际上所有这些报道都来自公共租界巡捕房的所谓"情报"，而且这还造成了更大的危害，因为许多在沪的外国记者又将这些报道通过电报传送给在国外的报纸。③

同时，作为新闻的控制者，公共租界巡捕房特务股的政治警察对那些有可

---

① 有关这些人员招募的详情见公共租界巡捕房关于特务股一组的报告，D-8, n. d.。
② 警务处也雇用一些翻译，每天翻译当地中文报纸上的报道，提供给外国报纸，但以同样的方式要求保密。《密勒氏评论报》，1928年8月25日，第412—413页。
③ 孙传芳的倒台打破了西方人的安全美梦，他们曾将孙当作在上海的外国人的保护神。租界居民刹那又倒向另一个极端，陷入了极度的恐慌之中。《密勒氏评论报》，1928年8月25日，第412页。

能对上海的情况做出不利报道的外国记者和访问者的活动极为关注。① 报纸上的反面报道通常被认为是像史沫特莱这样的外国记者所为。② 罪案侦查部的特务股总是声称，他们掌握了情报，某某记者实际上曾是共产国际支付薪金的前世界产业工人组织的鼓动家。这类消息由捕房密探放出风去，在上海悄悄传播，直到该记者声名扫地。从欧洲经西伯利亚铁路到达中国的美国记者通常被认为是布尔什维克分子，甚至这样的消息会传到上海以外的其他远东城市。比如，当著名的英国作家阿瑟·兰生写了一些冒犯警察的文章之后，就开始传出他曾到过俄罗斯并娶了一位俄罗斯太太的谣言。类似事件中最臭名昭著的一件涉及尤金·欧内尔，他于1928年10月到达上海。有人给罪案侦查部通风报信，称有一位美籍左派作家正在上海，于是"欧内尔先生及其代表团就像所有来访的美国记者和作家那样受到监视"。欧内尔很快就离开了上海，他写信给他的医生说，上海每英寸地面上的密探和造谣者比一个住了上千人的新英格兰村庄还要多。③

除了这些无事生非的闹剧之外，特务股的便衣对租界的公众政治生活也投上了某种阴影。当一位中国学者在基督教青年会的一次集会上就上海的特殊地位发表演讲，批评当局者的种族歧视，特务股便觉得有必要向青年会的外国干事们提出警告，"政治性集会通常是不允许的"。④ 特务股还擅长散布有关中国高层官员的私人的、政治上的丑闻来破坏他们的声誉。⑤《密勒氏评论报》很乐于刊登1928年12月间的种种传闻，因为它们有可能导致对公共租界巡捕房的调查，并可能涉及罪案侦查部。"如果这一切是事实，那么调查者有可能深入

---

① 特务股分6个部门：1. 一般调查和监控，俄罗斯人调查，日本人调查，犹太人事务，外国人调查；2. 华人联络；3. 电影检查；4. 印度事务；5. 报纸和翻译；6. 旅社，执照申请，船运。上海公共租界警务处档案，D-8/25, 31, 1939年10月。
② 上海公共租界警务处档案，D-667, 1929年11月28日。
③《密勒氏评论报》，1928年12月29日，第187—188页。（译者注：1英寸约合2.54厘米。）
④ 上海公共租界警务处档案，D-707, 1929年11月28日。
⑤《密勒氏评论报》，1928年12月29日，第188页。

到罪案侦查部的内部,永久性地结束政治检查和宣传鼓动活动。"①

租界警察部门最大的问题是雇用白俄"志愿者"(义勇队)——他们中的大部分据说是沙皇军队的残部,其中有些曾受雇于残暴的山东军阀张宗昌。② 对于《密勒氏评论报》来说,1927年11月7日是一个高潮,那一天,苏联驻上海总领事馆举行十月革命纪念活动,白俄聚众企图袭击领事馆。在此前几星期,报上已有文章(包括《字林西报》的一篇社论)呼吁暴动,反苏传单被到处张贴,上海的法西斯组织在集会上声称应当关闭苏联领事馆,并将它赶出上海。③ 11月7日晚,白俄戴着沙皇臂章在领事馆对面聚集④,当人群开始向领馆投掷砖块时,租界巡捕房的巡捕和全副武装的、身穿英国制服的白俄愿警却袖手旁观。最后,当暴徒冲开领事馆大门,领事馆的外交人员向暴徒开枪时,警哨才吹响了,印捕和华捕从附近马路冲到现场,防暴警察才控制了局势。⑤ 对于租界巡捕房的批评者来说,防暴警察在事发后一小时才到达现场,这种迟缓显得有些微妙。《密勒氏评论报》写道:"如果那些招贴是中国人用以反对英国人的,警察不会迟至一小时以后才做出反应,而且必将有大规模的逮捕,而事实是警察并没有干预这次事件。"这家报纸于是得出结论,11

---

① 《密勒氏评论报》,1928年12月29日,第189页。
② 有人指责这些愿警中有些人曾在格里高利·塞米诺夫手下服过役,塞米诺夫曾领导贝加尔湖的哥萨克兵,曾在符拉迪沃斯托克(海参崴)策动反布尔什维克运动,失败后逃亡日本。关于塞米诺夫,见奥克斯:《白人的愚蠢》,第257—258页。
③ 《密勒氏评论报》,1927年11月12日,第261页。苏联领馆始终设有俄罗斯情报机构,该机构试图利用变节的白俄渗透到公共租界巡捕房中去。到1930年,这类秘密活动由苏联商人船队的机构接管。中东铁路的副总裁戈尔巴提沃克掌管着一个非常活跃的东欧情报网。范里高、考福:《康生与中国秘密特工(1927—1987)》,第77—78页。蒋介石的德国顾问鲍惠尔也曾试图将他的人安插到罪案侦查部。上海公共租界警务处档案,D-80,1929年3月5日。
④ 当天上午11点曾有一次游行示威,白俄扯下了领馆的纪念旗帜。
⑤ 奥克斯:《白人的愚蠢》,第259—260页。租界警察的后备队,由130名华人,24名印度人,12名日本人,24名欧洲人组成。40名队员随时准备在2分钟内由总部做出反应。他们受过良好的控制暴乱的训练,在全副武装的警车上用灯光和警笛驱散暴动者。《如何对付暴乱》,第67—68页。

月7日事件是受到那些据说用来侦缉俄侨刑事犯的人鼓动的。①

不到一年以后,《上海泰晤士报》宣布工部局的计划,准备在1928年9月将白俄愿警的人数从120名增加到250名,目的是进一步对付抢劫和绑票。而《密勒氏评论报》认为,这一举措的真实目的是捍卫"上海共和"以抵制中国人。②《密勒氏评论报》呼吁租界警方尽快"制定出与中国军队和警察合作管理租界周围华界的办法,列强们无疑也这么认为,这是逐渐将这些组织的管理权转交给中国人过程中的正确做法"③。合作事实上已经开始,但不是为了将治理权转交给中国人——从公共租界巡捕房与公安局之间对界外马路控制权的争夺中可以清楚地看到这一点。

第二节 控制界外马路

公共租界工部局与华界警方争夺的一个焦点是越界筑路问题。公安局收回界外马路"警权"的努力被大上海市政府认为事关"国权"④。对于公安局的主管者本身来说,这也是他们控制这一城市所有自治区域——无论目前是由外国人还是中国人掌管——的总体计划的一部分。⑤

界外马路是由工部局在过去的25年中在租界外修筑的。⑥ 这些路也通向

---

① 《密勒氏评论报》,1927年11月19日,第291页。

② 这些由工部局支付薪金的穿制服的白俄愿警每月要检查20,000人,6,000辆机动车,17,000辆人力车〔这其实是公共租界(有执照的8,000辆)和法租界(无执照的9,000辆)所有的人力车总数〕,1,500辆公共汽车和2,200辆马车。《密勒氏评论报》,1928年9月15日,第72页;麦考米克:《另眼看中国》,第54页;《密勒氏评论报》,1929年3月23日。数字由《上海星期天》周刊提供,见上海公共租界警务处档案,D-8,一份未具日期的文件。

③ 《密勒氏评论报》,1928年9月15日,第73页。

④ 上海特别市政府给公安局的备忘录,见上海市档案,1—5—526,第11页。

⑤ 《上海特别市公安局业务纪要》,纪事,第5页。

⑥ 《上海市年鉴》,H-4;徐公肃、丘瑾璋:《上海公共租界制度》,第18页。界外马路占地,在租界以北1,700亩,以西45,840亩。郑祖安:《国民党政府"大上海计划"始末》,第210页。又见西利蒙:《中外冲突和上海租界的越界筑路》,第5—6页。

城西和城南新出现的豪华新区,许多有钱人在那里建造别墅或是英国乡村式豪宅。① 中国中产阶级的上层也在这一带建造住宅。② 然而,华界当局则有理由认为这种对土地的侵占很显然是帝国主义者企图将警权和治外法权扩展到条约口岸规定的区域之外的表现。③ 事实上,工部局每修好一条马路,西侨就要求由租界警察担负起马路巡逻的任务,并且要求警方不仅负责路上巡逻,而且要保护马路所经区域内的财产。④ 这种新的对中国领土的侵占据认为是依据了1866年和1898年对《上海租地章程》的修订并由领事团认可(而不是完全赞成)的。⑤ 美国总领事引用了一位高级领事在1905年写的一封请求领事团支持的信,信中说:"只要领事团批准,巡捕房在租界及界外道路所实施的所有

---

① 卡尼:《眼睛发亮的洋鬼子:忆上海(1933—1939)》,第18页;格林编:《今日上海:"模范租界"的38幅铁木宗画纪念册》,第11页;潘翎:《寻找旧上海》,第46页。关于"郊外生活区",见韦伯:《十九世纪城市的发展》,第14—16页。又见高菲德:《城南:一个地区性的框架》。

② "静安寺路上那些最豪华的住宅中有些是有钱的中国人的。舒适的下午或傍晚,一辆接一辆的汽车穿梭于宽阔平整的马路上,驶往豪华的郊区,车中满载着寻欢作乐的男男女女的中国人。"盖姆威尔:《中国的门户:上海概貌》,第46—47页。静安寺路,现为南京西路。潘翎:《寻找旧上海》,第54页。

③ "工部局要求警方不仅派警察而且要将警权实施于对市区马路附近地区以及市区马路的主要出路口区域内财产的保护。"引自上海总领事致北京公使馆的第6275号报告,1929年11月26日,见美国国务院有关中国内部事务文件,1910—1929年,第六十九卷。又见,西利蒙:《中外冲突和上海租界的越界筑路》,第8—9页。

④ 1904年7月,上海道台被迫承认了公共租界工部局有权购地修筑通往诸如宝山等地的道路,因为中国政府已经允许外国人在那里建造工厂。于是便带来一系列问题,诸如在租界外取水、卫生条例以及警方保护等等。格林编:《今日上海:"模范租界"的38幅铁木宗画纪念册》,第11页;派尔:《上海传奇》,第11页。工部局于1884年中法战争期间首次在越界筑路区设立巡捕房。西利蒙:《中外冲突和上海租界的越界筑路》,第6页。

⑤ "有些人相信,当强行这么做时,(中国官员)会承认《租地章程》第6条赋予了越界筑路的充分权利。"第9条还加上了警方对这些地区的监护权。引自上海总领事致北京公使馆的第6,275号报告,见美国国务院有关中国内部事务文件,1910—1929年,第六十九卷。这便形成了所谓"租借法"。怀特:《近代上海历史发展过程中的非政府至上主义》,第22—23页。

治安措施，都是合法有效的。"①

越界筑路区在上海房地产中占有相当大的比重，那里的地价在1906年到1936年期间涨了973%。② 到1926年12月31日，工部局在租界外修筑了超过45.5英里的街道和马路，占地1,589,500亩（约265,000英亩），估测价值为白银1,500万两以上（约为1,000万美金）。③ 清政府自1905年起就对租界警方在界外马路上巡逻提出抗议，但这种土地侵占行为在1925年五卅运动发生之前并没有被遏制。④ 由于国民党提出收回租界主权，作为回应，孙传芳于1926年3月派出中国警察对界外马路进行巡逻。⑤ 工部局对此抱怨不迭，美国总领事克宁翰向上海交涉公署提出抗议，中方很快就妥协了。⑥

克宁翰坚持认为，越界筑路区应由公共租界巡捕房的巡捕进行巡逻，因为他们必须保护根据合约为这些区域的居民建造的公共设施。⑦ 1926年12月底，这一纠纷暂时得到了解决，在有关《收回上海会审公廨暂行章程》的换文中，

---

① 引自上海总领事致北京公使馆的第6,275号报告，1929年11月26日，见美国国务院有关中国内部事务文件，1910—1929年，第六十九卷。

② 外滩或南京路东端的土地价格比伦敦或纽约市中心的地价还要高。尽管在1910—1919年间，被菲律宾执政者塔夫特驱逐出来的美国冒险家和骗子们来到上海，进行了疯狂的土地投机，但土地价格的上升主要是在1929年至1936年间，维克多·沙逊的土地投机抬升了价格。鲍威尔：《鲍威尔对华回忆录》，第15—17页；霍塞：《出卖上海滩》，第273页。

③ 引自上海总领事致北京公使馆的第6275号报告，1929年11月26日，见美国国务院有关中国内部事务文件，1910—1929年，第六十九卷。换句话说，在上海的外国殖民者控制的区域，包括界外马路，共有191平方英里，而华界为320平方英里。程恺礼：《规划中国城市的未来：1927—1937年间的大上海计划》。

④ 1925年五卅运动之后，中国政府向租界工部局提出了一系列要求。其中之一是："工部局不得在租界外修筑马路。已建的马路应无条件地转交给中国政府。"工部局暂时停止了越界筑路，但对这一要求的下半部分不予理睬。引自西利蒙：《中外冲突和上海租界的越界筑路》，第11页。租界警察与中国警察之间的冲突早在1907—1908年间就曾发生过。陈俊德：《上海西人居留区域界外马路扩张略史》，第44页。又见戴维森·豪思顿：《黄浦江：上海的故事》，第115页。

⑤ 1924年10月23日，工部局工务处长计划在租界外6英里处延伸6条马路。上海市档案，1—5—601，第3页。

⑥ 见上海交涉公署许沅致克宁翰总领事的信，1926年6月25日，上海市档案，1—5—601。

⑦ 报告第4860号，1926年8月16日，见上海市档案，1—5—601。

中方同意根据这个章程组成新的临时法院。① 作为交换,"中方承认了租界警方对界外马路的管理权"②。

不到 10 个月之后,新的国民党上海市公安局对这一协定提出了挑战。③ 1927 年 10 月 13 日,"在民众的支持下",中方收回了西郊虹桥路的警权,从保安队中抽调 1 名警官和 22 名长警在第六区第 1 所的指挥下负责该地区的警务工作。④ 2 个多星期以后,10 月 30 日,上海各路商界联合会向驻沪领事团提交抗议,反对帝国主义势力在上海外围扩张,公安局不顾外国军队和警察的反对,开始对整条虹桥路实施巡逻。⑤ 尽管如此,公共租界工部局的工务局仍在继续购买土地,计划进一步越界筑路。⑥

纳税华人会和商会都对这种明目张胆的帝国主义势力的扩张表示不满,他们希望新的华人市政府干预此事。1928 年 3 月 19 日,纳税华人会致信"大上海"特别市政府,要求市长采取措施收回那些已经卖给租界用作修筑界外马路的土地的管辖权。⑦ 7 月 28 日,秘书长俞鸿钧来到商会,双方达成共识,特别市政府将协同江苏省交涉公署共同处理此事。江苏省交涉公署可以通过领事团进行交涉,一般认为领事团在这一问题上要比一心想侵占土地的工部局更通情达理。⑧ 1929 年 3 月 15 日,交涉公署行文市长办公室通报,除非强行制止,

---

① 洛克伍德:《1924—1934 年的上海公共租界》,第 1038 页。
② 上海市档案,1—5—601,第 13 页。
③ 1927 年 9 月 11 日,特别市政府发起了一场公开的抵制运动,抗议公共租界巡捕房在越界筑路区的虹桥路上设立捕房。《东方杂志》,1927 年 9 月 13 日,第 129 页。在此之前,上海交涉公署曾向主管公共事务的工部局董事提交过一份备忘录,要求对一名中国公民进行赔偿,因为工部局筑路侵占了他的土地。见上海市档案,1—5—601,第 64 页。
④ 《上海特别市公安局业务纪要》,纪事,第 35 页。
⑤ 《申报》,1927 年 10 月 31 日,第 9 页。
⑥ 1929 年 6 月 17 日,工部局批准了拓宽马路和司各特路的延伸计划。这一计划直到 1930 年 1 月 17 日才正式提交给特别市政府工务局局长沈怡。见上海市档案,1—5—601,第 64 页。
⑦ 上海市档案,1—5—526,1—5。特别市政府秘书处立即要求土地局局长制订出解决方案。1928 年 3 月 20 日信,同上,6—7。
⑧ 上海市档案,1—5—526,第 14 页。

租界工务局无疑会继续延伸修路，领事团则提出了解决这一问题的希望。

至此，问题就在于提出一套解决路权问题的"强硬措施"①。于是，在与交涉公署进行了一系列的磋商之后，市长办公室于6月5日召开会议，并做出决定：其一，越界筑路在条约中没有任何合法依据；其二，越界筑路对中国主权的侵犯必须向公众宣传；其三，必须"采取任何可能的方式阻止越界筑路"，让租界工务局经受压力。②1929年9月26日，上海土地局禁止以任何理由向租界工部局出卖土地，并警告如有人胆敢一试，即没收财产。③与此同时，市长办公室增加了公安局的预算，因而公安局长袁良可以扩充警力、添置设备以防止越界筑路的延伸。④公安局还特别警惕工部局将临时的煤渣路改建为碎石路或砂石马路的计划。⑤由于特别市政府于1928年修筑了一条穿越西部中心地带的马路，华界警方掌握了约1/8的越界马路的路口，他们已经可以在那些地区设立自己的军警机构。由于中国警察试图阻止工部局的修路队通过中方控制的区域，华界警方与租界巡捕房之间已经发生几起冲突。不久，公安局开始逮捕扩充或修理租界外设施的公用事业公司的职员。⑥

这些措施很有效，尽管在当时还未引起公众的注意。1930年1月15日，工务局处长倪德汉（J. E. Needham）告诉工部局，四川北路归工部局所有的路段问题有可能会与华界闸北的警方发生冲突。"为了避免麻烦，我建议暂停所有的工作。"⑦第二天，总董费信惇（Stirling Fessenden）和倪德汉处长私下同

---

① 上海市档案，1—5—526，第21—22页。"路权"，在1929年5月9日上海交涉公署的备忘录中被称为"国家主权"的一部分。同上，第29页。

② 上海市档案，1—5—526，第33页。

③ 上海市档案，1—5—601，第44页。

④ 上海市档案，1—5—601，第27页。预算增加在1929年3月18日至5月29日间被批准。

⑤ 1929年11月14日，公安局通过江苏省交涉特派员致高级领事的信，抗议工部局修整虹桥路4,800英尺长的路段，并指出有5,000英尺的虹桥路早已改建为碎石路。上海总领事致北京公使馆的第6275号报告，1929年11月26日，见美国国务院有关中国内部事务文件，1910—1929年，第六十九卷。

⑥ 西利蒙：《中外冲突和上海租界的越界筑路》，第15—17页。

⑦ 上海市档案，1—5—601，第48页。

意不再为越界筑路购买土地。①（校注：费信惇于1929年4月不再任总董。）

第三节　重申路权与司法权

城隍庙豫园市政权问题构成了有关主权的另一事件。该地区由当地的绅董组成的委员会管辖。该会致函财政局请移交警权批准后，公安局1区2所的官员于1928年1月5日与委员会成员会面，并将豫园和城隍庙划归公安局管理。警察还开始对轮船招商局的浦东仓库进行管理，这些仓库原先由浦东保卫团负责看管，以后监管权逐渐转移给公安局3区2所，直到1928年4月1日保卫团解散。②

维护警权的目标也促使城市秩序有了明显的改善，如原来充斥乞丐和摊贩的弄堂畅通了，交通信号系统建立起来了。上海1901年开始就出现了汽车，而其中大部分是外国人的。③尽管看起来有些牵强，交通管理和警权问题之间的联系对于出行主要使用汽车的外国人来说是明显的。

20世纪20年代，上海的市区道路变得险象环生，汽车数量迅速增长。相对于西方许多城市来说，这里的汽车更是一种上层阶级（主要是外国人中的上层阶级）把自己封闭在厚厚的车窗玻璃后面，以显示身份高贵的重要方式。④甚至对于中产阶级，购买汽车也是必要的。⑤这一时尚有其实用的目的：

---

① 上海市档案，1—5—601，第47页。
② 《上海特别市公安局业务纪要》，纪事，第36页；《申报》，1928年4月6日，第4页。
③ 《上海特别市公安局业务纪要》，纪事，第5、27、45页。在20世纪20年代，中国的汽车有半数在上海。孔如轲：《西方列强与"上海问题"》，第6页。
④ 电影导演斯皮尔伯格在电影《太阳帝国》中曾试图表现在苏州河桥上拥挤的人流中装着厚玻璃的汽车给人的壁垒森严的感觉。
⑤ 麦考米克：《另眼看中国》，第30—31页。

在汽车里面要比在马路上安全。① 交通规则并不齐备，而且行人根本不重视，他们不知道应当在人行道上行走。② 1929年6月一个月间，公共租界巡捕房处理了803件马路上的交通事故，有10人死亡，252人受伤；7月，在租界内，平均每24小时发生27件交通事故。③ 一位观察家写道："除了绑票和持械抢劫，租界生活正遭受着另一种日益增长的新威胁——交通事故。"④

公安局决心整治这一混乱状况。考虑到如果突然之间实行交通规则，公众会因不理解而产生对警察的抵触情绪，公安局决定逐渐但严格地推行。1927年下半年，在咨询了市政府的其他部门之后，公安局出台了20项交通规则。6条南北向的主干道（中华、民国、光复、大统、共和及恒丰），不允许乞丐、小贩进入。1928年上半年，这些规则逐渐被推行，公安局处理了38件交通事故，另外44件涉及交通障碍物、电车超速、违章搭建以及船只堵塞河道交通等等，均有正式记录。⑤ 在这些事故中，涉及外国人的也有一定数量。公安局不仅阻止和扣留没有证件进入上海华界的汽车⑥，他们还经常向英、法租界当局抱怨那些持有租界驾驶执照的人不守规矩，一再触犯公安局的交通规则。⑦

公安局推行交通法规的努力，在外国人看来则是新的国民党上海市政府恶

---

① 这不仅仅是上海的问题。这是这个发明本身的一个产物，而且它常常被看作是现代性危险倾向的一种警示征兆。希凯：《我们的警卫者：纽约市政治的历史》，第79页。又见克明：《帝国的警察机构》，第543—544页。
② 《上海特别市公安局业务纪要》，纪事，第44页。
③ 关于外国人在事故中死亡或造成事故的例子，见《申报》，1929年4月6日，第15页，以及1929年6月26日，第15页。
④ 孟：《双城记》，第420页。
⑤ 《上海特别市公安局业务纪要》，纪事，第44页。
⑥ 公共租界汽车驾驶执照只能在他们自己的界外马路，比如去虹桥机场的3英里道路上有效。如果驶入华界，将被处以250美金的罚款。卡尼：《眼睛发亮的洋鬼子：忆上海（1933—1939）》，第91—94页。各种车辆均有牌照，无论卡车还是汽车。《申报》，1929年7月29日，第14页；1930年12月29日，第16页。
⑦ 《上海特别市公安局业务纪要》，纪事，第44—45页。

意排外运动的一部分,他们专挑西方人的毛病,以达到将他们彻底赶出租界的目的。① 中国警方收回主权的积极行动及其被外国人看来是排外的倾向,却给了公共租界内的帝国主义者增加他们自己警察部门经费的借口。② 工部局纳税人每年总共须支付 300 万两以维持公共租界巡捕房。虽然这已构成沉重的财政负担,但巴雷特处长在 1929 年 3 月仍然要求大幅度增加巡捕房人力。他毫不掩饰加强警力的用意:"上海市公共租界工部局希望有一支庞大警力以供其调度支配,其主要目的之一,就是让这一组织更加完善,以尽可能地阻止华人团体夺回租界控制权。"③

警权之争远不止经费和交通信号灯问题,它更直接地与国民党当权者长期以来希望将上海租界的司法系统置于它控制之下的努力相关。④ 原有的公共租界会审公廨成立于 1864 年 5 月 1 日,无须领事到场即可审理华洋案件。会审公廨设于英国领事馆内,中方法官由道台任命,并请一名英国副领事做会审官。根据 1869 年制定的章程,如果诉讼双方均为中国人,则由中方独立审理。如果案件牵涉外国利益,或干扰了公共租界秩序,则外方会审官才有必要协同审理。⑤ 1910 年,清政府试图废除会审公廨,然而第二年爆发了革命,上海的外国领事团完全控制了会审公廨的审判权,而中方官员反而要听命于领事们所

---

① 根据上海领事馆的报告,美国公使馆在他们的报告中写道:"当地中国的警察执行交通法规时显然有尽可能使外国人出丑的动机。"北京公使馆致美国国务卿的报告,1928 年 8 月 24 日,见美国国务院有关中国内部事务文件,1910—1929 年,第六十九卷。

② 法租界和公共租界当局在 1927—1929 年间花了很大精力保护自己,在所有通向华界的马路交接处装上水泥柱子和大铁门,以防止"华界的暴徒和士兵的袭击"。《密勒氏评论报》,1929 年 6 月 22 日,第 178 页。

③ 《密勒氏评论报》,1929 年 3 月 30 日,第 176 页。

④ 这同样被西方外交官们认为是国民党对合理的西方司法原则的蔑视。见广州领事馆精琦士的报告(1928 年 9 月 8 日)和上海总领事的报告(1928 年 9 月 15 日),见美国国务院有关中国内部事务文件,1910—1929 年,第七十卷。

⑤ 侯:《上海临时法院》,第 162 页。1902 年制定的有关租界会审公廨的章程是有利于外方原告的。这有悖于民事或刑事审判程序的一般原则,民事案件中的被告居住地或刑事案件发生地应该成为法庭审判归属权的主要标准,1902 年的章程却将外国原告的国籍作为唯一标准。《中国事务:中国每周要闻》,第 142—143、437—438 页。

组成的会审团。结果是会审公廨完全脱离了中国司法系统，纯粹华人民事案件也须外人会审。①

1926年夏天，谈判开始在江苏省政府和领事团代表之间进行。谈判的结果是同意建立临时法院。新法院和上诉法院的院长和推事均由江苏省政府任命。对于纯粹华人案件可以独立审理。涉及外方利益的民事案件或刑事案件中原告是享有治外法权的外国人，相关领事或高级领事有权指派一名代表协同中方观审。他可以保留反对意见，但他的出席对中方判决的生效不产生影响。然而，法院的书记员、司法警察和在租界内的法院附属监狱均由公共租界巡捕房负责推荐或派员专管。新的临时法院于1927年1月1日正式取代会审公廨，并将存在3年。②

尽管租界警察力量受外人的管辖，国民党对临时法院控制权的增长使得他们可以否决租界当局针对华人的执法行为。并且，新政府还试图通过临时法院向租界内的华人业主征收房捐。③ 1927年6月20日，中央政府批准了一个特别征税条例，所有租界内的华人业主应向南京政府缴纳相当于2个月租金的房捐。④ 当然，国民党政府没有直接部门征收这一项税款，但它可以——并且事实如此——声明，临时法院将不受理由业主请求追索房客的租金或驱逐房客的案件，除非业主缴纳了房捐。⑤

在租界内外收税事件在数年中困扰着公共租界巡捕房和公安局之间的关

---

① 侯：《上海临时法院》，第163—164页。
② 侯：《上海临时法院》，第163—165页。法租界会审公廨也同样如此。《中国事务：中国每周要闻》，第74—75、4—5页。又见洛克伍德：《1924—1934年的上海公共租界》，第1031页。
③ 根据美国政府的一份报告，"下列严重共产活动"，公共租界和华界的承租人一哄而起，要求削减50,070元的租金。这一要求最初被业主们成功地抵制住了：工部局的一则公告保护了租界内的业主，而蒋介石的声明则保护了租界外的业主。承租人并不罢休，最后上海市政府决定实施征收每年2个月租金的房捐。《减租风潮简史》，附于上海总领事致北京公使馆的报告第6275号报告，1929年11月26日，见美国国务院有关中国内部事务文件，1910—1929年，第六十九卷。
④ 在上海，习惯上房客缴纳房租税，而房主缴纳地税。盖姆威尔：《中国的门户：上海概貌》，第74页。
⑤ 小科布尔：《上海资本家与国民政府（1927—1937）》，第40页。

系。这类理所当然地被认为是警权冲突的争执，往往集中于越界筑路区，外国人声称他们已经缴纳了永久性的公用事业费，而公安局则称征税是他们的主权之一。① 但是，正如江苏省交涉公署向上海特别市政府指出的那样，领事团在这件事上的态度要比工部局和缓得多。1929年，外国领事团达成一致，越界筑路问题必须解决，以避免由于"双重控制"而产生的种种摩擦。美国总领事写道：

> [租界]警方对越界筑路区的管理应当继续，因为那里有无数外国人拥有的财产。如果有可能做到这一点，租界警方可以同意，甚至可由工部局来为华人市政府收税，并将税款交给中方。鉴于在该地区大量投资和建立公共设施时，中国人即便想做也没有能力，因此，在这些马路交还给中方时，工部局应当得到补偿。②

传统的西方帝国主义深信，中国人不愿或不能有效地实施社会管理。在这一观点的支持下，70多年前外国人在上海设立了海关。在这种情况下，所谓的"公益"都是彻头彻尾的自利。但是，时代毕竟不同了，尤其在五卅运动之后，西方列强开始用新的眼光看待合法治理权问题。

例如，中外代表2个月中在南京进行了28次会面磋商，以确定临时法院的命运。③ 在1930年1月21日最后一次会上，双方达成协议，有效时间为三年，协议规定，废除外人会审、观审制度，将法院书记官长的任免权交给中方，民事法规由国民党政府颁布，废除临时法院，成立两个新的法院——地方法院以及作为上诉法院的高等法院分院，最后上诉应到南京的最高法院。④ 最后，1931年8月，中国司法部彻底废除了1902年关于会审公廨对中国民事和

---

① 《上海市公安局业务报告》，第四卷，第83—85页。
② 《上海市公安局业务报告》，第四卷，第11—12页。
③ 《申报》，1930年1月4日，第8页；1930年1月12日，第8页；1930年1月17日，第8页；1930年1月18日，第7页；1930年1月21日，第7、13页。
④ 《中国事务：中国每周要闻》，第70—71期，第19—21页。

刑事案件审判权的规定的章程。① 并且，列强代表们同意新法院的司法警察将由中国人安排，在这一方面他们承认了中方警权。②

1930年1月1日，南京政府还发布法令取消治外法权。③ 但对这一帝国主义的要害之处，这是租界商业和政治存在的基础，列强不会屈服。苏联承认了这一法令，而英国、法国和美国置之不理，似乎治外法权是他们国家在中国的永久权利。④

第四节　改革后的公安局试图管理每一个人

对于大多数租界的外国人来说，他们极为关注在面对临时法院和国民党警察时他们的治外法权，他们担心依据中国的法律，他们会得不到公平对待。毫无疑问，中方公安局对这种猜疑深恶痛绝。从一开始，上海市公安局对其辖区内涉及外国人的案件就极为慎重，对于他们能够保护外国游人和居民——包括遭到抢劫威胁的日本居民，公安局工作人员非常自豪。⑤ 而且，公安局试图进行新一轮的改革以使自身更有能力收回警权。袁良在1929年5月接替黄振兴任公安局长。他在接受任命的同时，接受了曾当过警务处处长的新市长张群（1929年3月28日—1931年12月10日）的训令，对公安局进行改革。⑥

---

① 《中国事务：中国每周要闻》，第142—143期，第436页。法租界会审公廨于1931年以相同的方式被废除。两个协议于1933年2月续订三年有效。洛克伍德：《1924—1934年的上海公共租界》，第1938页。
② 然而，司法警察必须由工部局推荐。《中国事务：中国每周要闻》，第66—67页。
③ 国民党政府于1929年12月26日单方面废除治外法权。麦考利：《中国刑法改革中的1935年中国刑法》，第50页。
④ 伯格：《中华民国简史（1919—1949）》，第99页。西方列强同样无视1935年中国刑法中有关这一问题的第3、4、5、9条款。麦考利：《中国刑法改革中的1935年中国刑法》，第50页。
⑤ 《上海特别市公安局业务纪要》，纪事，第45页。
⑥ 张群，1889年生于四川华阳，曾受训于保定军事学校和日本士官学校，1911年跟随黄郛在上海参加革命。在流亡3年后，1916年回到上海。关于他的职业，见安克强：《上海市政府》，第477页。

袁良极为胜任这一改革计划。① 他1883年出生于杭州,曾就读于日本早稻田大学。1905年日俄战争时他以见习生资格加入了日本军队作战,因此被赵尔巽总督看中并举荐其任清末东北地区的巡警道。在历任数职之后,他曾担任中国政府驻日本代表和南京外交部第二司司长。他担任公安局局长时年48岁。② 在接着的7个月中,袁良增加了警察工资,扩充了水巡队,训练了女警,更新了武器,并增加了分局的电话数量。他还采用了新的统计方法,修改了警察规则③,每10天出一期警察快报,采用了新的指纹鉴定技术,完成了一次户口调查。④ 据袁良自己的估计,他们侦破了百余件涉及共产党和反动分子的案件⑤,抓获了几百名盗贼,缴获了100多支武器和数10万发子弹,没收了数千两的毒品。⑥

他认为,尚有许多方面有待改革。在1930年1月13日的一次讲话中,袁良提出要将第一科分成两个部分,并将根据人口重新设置分驻所。据他在日本受训和在华北任职的经验,袁深信设立派出所是有效执法的关键,尽管在每个区和分驻所设立派出所将会增加1,000多名警察,他坚持认为这非常必要。同时,他还提出用提高工资以招募更多的有专业才能的人员充实警力。一个科长

---

① 当时共产党人将袁良视为极端反共分子,共产党人的许多同志在牺牲前都遭到了他的折磨。曾扩情:《何梅协定前复兴社在华北的活动》,第138—139页。
② 《上海市公安局业务报告》,第三卷,通讯,第1页。在公安局长之后,袁良成为北平市市长。《中国名人录》第5版附录,第136页。安克强:《上海市政府》,第475页;沈怡:《上海市工务局之十年》。
③ 尽管下文经常会引用,而且也列入了附录,中国警察对惩治犯罪的记录与世界各地公布的犯罪统计的可靠性相差无几。关于这一点的讨论见:《现代社会中的犯罪》,第492页;路德:《罪犯与受害者:十九世纪早期英格兰的犯罪和社会》,第25—28页。
④ 《上海研究资料》,第106页。广泛运用指纹技术是由余秀豪依据伯克利模式而提倡的,余在从美国学成归来后被聘为上海市公安局顾问。余秀豪:《美国伯克利市警察普遍指纹登记运动成功》,第145—147页。
⑤ 国民党用"反动分子"和"反革命分子"称共产党人、第三党成员以及反对孙中山三民主义的人。索考斯基:《第三党代表大会及其工作》,第1页。
⑥ 《上海市公安局业务报告》,第三卷,第150—151页。袁良在国民政府关于进行人口普查的命令下达之前就进行了人口普查。《中国事务:中国每周要闻》,第108—109页。

的月薪仅为60~80元，按上海当时的生活水平，对于一个受过大学教育的人来说，并不是体面的薪酬。高层次的警察是需要的，就像上海的外国警官特别重视招募专门应付中国人的警员一样①，而中国人却不懂得招募高级警察人才并支付给他们相应工资的重要性。② 同时，普通警察的工资也有待提高。公共租界巡捕房警察的工资不久前从18元提高到25元，公安局必须跟上。③

尽管警察培训在当时的中国已经不是新鲜事物，但警察的整体教育水平还有待于提高。1928年12月23日在南京召开的内务会议决定在每个省建立警官训练学校，到1930年，仅中央警校已有3,200名毕业生。再加上在国外受训以及地方警校的毕业生，全中国约有6,000~7,000名警察曾受过高级训练，另有15,000~16,000人接受过基本训练。④ 然而上海公安局的4,000名警察中受过各种训练的却不到20%。按照现在的训练速度（每个为期3个月的训练项目承训140名学员——或者说同时将有140名警察离职受训），至少需要6年时间才能使公安局的所有现役警察都受到培训。因此，袁良准备仿效北平的"募警讲习所"，每个新招募的警察在上岗之前先接受短期培训。袁良同时也希望中央政府支持他按照他所推崇的美国模式来改革中国的警察制度。⑤

袁良对美国警察改革的推崇显得有些不同寻常。⑥ 自晚清以来，日本模式

---

① 例如1909年，工部局巡捕房规定，警察在其任职的最初3年中，必须利用执勤之外的时间，每天学习1小时上海话。每半年举行1次语言考试，对通过各种考试的警察给予奖励。《北华捷报、南华与中国快报》，1909年12月31日，第784页。

② 租界警方始终在提醒公安局有必要配备最先进的电话通信设施，并采用最现代的法律手段。

③ 《上海市公安局业务报告》，第三卷，第153页。

④ 《密勒氏评论报》，1928年12月19日，第194页。工部局巡捕房为华人巡捕设立了为期4个月的训练项目。每年有大约200人接受训练。伯涅：《上海公共租界警务处》，第33页。

⑤ 尽管袁良曾在日本受过训，他并不重视日本的警察训练。他认为，日本的国家警察学校正在走下坡路，它的教学只是一些演讲而不是真正的警察训练。《上海市公安局业务报告》，第三卷，第152页。

⑥ 内务部官员酆裕坤是美国警察模式的崇拜者，他提倡标准的指纹、档案管理以及警察集训。酆裕坤致沃尔默，1932年8月2日。

的警察体系一直是中国的榜样。1928年以后，德国警察顾问对中央政府关于部门构架和力量调配的概念的形成逐渐起到重要的作用。① 美国人则是职业化组织和训练方面的权威。②"职业化警察"的最著名的代表人物是奥古斯特·沃尔默（August Vollmer）。沃尔默是伯克利市警长，并被推选为世界警长联合会主席，也是加州大学的第一位犯罪学教授。沃尔默警长对提高巡警教育水平的强调以及吸引大学毕业生加入伯克利警察队伍的做法在全世界很有影响。③ 在袁良任上海市公安局长期间，正好沃尔默的副手、伯克利市探长亚瑟·伍德（Arthur Woods）受聘担任南京政府内务部顾问。④ 于是袁良便希望从中央政府得到支持和帮助。⑤

1930年1月15日，内务部召开警察系统官员会议，袁良提出了几项特别要求，都与警察训练标准化、增加警力和警察经费有关。例如，他建议全国的警察机构应统一称作"警察局"。⑥ 应在全国建立统一的指纹档案系统，地方警察应有权将吸毒者送上法庭受到惩处。⑦ 军队和警察之间应有严格界限，警

---

① 由鲍惠尔于1928年夏天招募的德国顾问团共有26名成员。其中4名是民警顾问。柯伟林：《德国与中华民国》，第55页。
② 当时全世界的警政系统内最常引用的2本书是福斯迪克的《欧洲警察制度》和《美国警察制度》，见克明：《警务学员书目选》，第389页。
③ 有趣的是，沃尔默聘用大学生的想法很大程度上是受儒家学说的影响所致。帕克：《伯克利警察故事》，第24页。
④ 《密勒氏评论报》，1929年2月23日，第542页。
⑤ 《上海市公安局业务报告》，第三卷，第154—155页。又见凯特等：《警察改革》，第1—3、33页。美国的马克思主义者称赞沃尔默采取了进步措施使警察成为推动美国"社会工程"的工具。被称道的措施有：中央集权化、职业化、技术的采用（沃尔默曾将巡逻车称为"死亡天使"）、专业预防功能以及增加与潜在滋事人群的接触。普兰特：《铁腕与天鹅绒手套》，第35—39页。
⑥ 1930年7月1日，上海特别市公安局改名为上海市公安局。《上海市公安局业务报告》，第四卷，第1页。
⑦ 指纹技术是由孟加拉警察总监爱德华·亨利爵士在19世纪90年代后期最先采用的。亨利1903年就任伦敦警察局长时，把指纹技术带到了伦敦，很快风靡世界，这是将控制手段在殖民地完善化后回到帝国城市推广这种现象的表现之一。高斯泰德：《非洲和印度的殖民地警察》，第6页。

察应有特别的制服，以金星和银星代表职衔。最重要的，非直属于内务部的警察应直接由国家财政额外拨款，额度为正常预算的30%。① 这将可以使全国范围内的警察提高工资并且对抗帝国主义者如日本人公开反对中国执法机构的现代化。②

这的确是最关键之处。帝国主义者更愿意看到中国警察无力治理上海，这样，他们就可以继续享有治外法权和其他特权，包括在租界内拥有他们自己的警察力量。中国警察因其司法权受到漠视而感到耻辱，而这种耻辱感即便在（也许是因为）1928年1月28日以后公安局长主张公共租界和法租界只能被看作"特区"之后，依然存在。③

这种名义上的变动只是换汤不换药。每当公安局员警试图以正式身份进入"特区"，总被认为是中方企图控制租界的借口。④ 例如，公安局想使其员警熟悉上海市中心的布局，安排他们参观爱多亚路、海关码头、大公司、百货大楼等等，如果身着制服进入租界，就必须获得公共租界警务处的特批。⑤

相反，公共租界巡捕房的巡捕们却可以经常大模大样地出入于公安局的辖

---

① 为制止地方警察机构私自增加罚款，内务部于1928年4月8日禁止公安局募集资金。《中国事务：中国每周要闻》，第66—67期，第11—12页。

② 《上海市公安局业务报告》，第三卷，第121—131页。

③ 《工部局公报》，1928年2月17日，第57页。

④ 法租界同样如此。1935年4月23日，一队公安局警察在南市的例行训练结束后的回程途中，遭到一个法国巡捕和其安南凶徒的拦截。像印捕（"红头阿三"，以野蛮殴打不幸的中国苦力而闻名）一样，安南巡捕也是外国人的帮凶，早已为人们所痛恨。他们的出现可能激怒了中国警察。不管真正的原因为何，结果是双方发生了冲突，法国巡捕被拖过界桥到了华界内，遭到公安局人的痛揍。最后领事通过最高层的干预才避免了严重国际事件的发生。上海公共租界警务处档案，D-6677，1935年4月26日。关于安南、印度巡捕与上海人的关系，见《上海研究资料》，第101—102页；《密勒氏评论报》，1933年3月4日，第16页；《警卫报》，1931年8月6日；钱锺书：《围城》，第132—133页。

⑤ 当然不允许他们携带武器。上海公共租界警务处档案，D-137，1929年3月26日。这次警察是在2辆卡车中参观。上一年的6月，工部局巡捕房逮捕了150名穿过租界去参加何应钦和钱大钧将军检阅的身着制服的中国警察。这件事在上海激起了强烈的排外情绪。《密勒氏评论报》，1928年6月16日，第79页。

区。① 公共租界巡捕房甚至派遣特务去华界，伪装成记者以搜集国民党活动情报，而当这些特务被逮住时，他们的外国上司不惜亲自出马，要求华界警察放人。例如，1929年9月8日，冒充《民国报》记者的公共租界警务处情报组第四号特务叫作倪子萌的人，在试图参加工会和国民党党部会议时被一个国民党人抓获。身为情报专家和秘密活动指挥者的副督察长帕普（Papp）亲自协同一名华捕来到公安局，要求袁良批准放人。当时袁良自己正与地方党部不合，他派第五分驻所与国民党官员交涉此事。② 国民党人极不情愿地释放了这个四号特务，要求帕普做出书面保证他不得再以《民国报》做掩护，《民国报》编辑陈德征也严厉谴责了这个特务的行为。③

这一事件导致的结果是，许多中方警察认为他们无法对公共租界巡捕房和法租界巡捕房的同事们"表现出合作精神"，尽管袁良局长在1930年8月18日公安局部门主管会议上讲话指出，工部局已经同意，他们的巡捕房如果要到华界的某一派出所来，会事先电话通知公安局。④

然而，关键之处仍然是警权问题，大多数中国警官认为这依然是在租界内外实施有效法治的主要障碍。⑤ 1930年12月9日，袁良局长命令各分驻所所长密切关注越界筑路事件和"警权问题"。⑥ 次年1月，他在对记者讲话中说：

> 只要警权尚未确立，在租界内犯罪的罪犯可以在华界避难。为了华界的和平和秩序，急需恢复警权。并且，华界持械犯罪案件仅为租界的8%~9%，租界警方在维持秩序方面的无能证明了收复这些地区警权的要求是合理的。国民政府期待着取消租界。特区（指公共租界）的行政和

---

① 《上海市公安局业务报告》，第四卷，会议，第8页。
② 见第十章所述王延松事件。
③ 对编辑陈德征的承诺很快就被特务股负责人罗伯森忘记了。上海公共租界警务处档案，D-505，1929年9月12日，1-2。
④ 《上海市公安局业务报告》，第四卷，会议，第8页。
⑤ 枪支管制对华界警方而言几乎毫无可能，因为英法租界为罪犯提供储藏武器的场所，而罪犯则使用这些武器在华界作案。《上海市公安局业务报告》，第五卷，第67页。
⑥ 《申报》，1930年2月10日，第14页。

司法权将由中国人逐渐收回。①（照英文意译）

袁良最后声称："政府收回警权的努力将会得到全中国人的支持。"② 只要上海人仍然将新的公安局视为法律和秩序以及合法的社会控制的象征，只要见多识广的中国人，无论什么政治背景，还相信收回租界的国家主权的重要性，袁良就是正确的。③

---

① 罪案侦查部译稿，1931年1月28日，原文发表在《中国时报》和其他地方报纸上。上海公共租界警务处档案，D-199，1931年1月28日。
② 罪案侦查部译稿，1931年1月28日，原文发表在《中国时报》和其他地方报纸上。上海公共租界警务处档案，D-199，1931年1月28日。又见《上海市年鉴》，H-4。
③ 然而，1930年4月召开的上海市国民党第六届代表大会批评公安局压制人民，藐视国民党的权威。大会要求袁良辞去公安局长职务，而公安局则由国民党党部控制。安克强：《上海市政府》，第71页。

第六章
犯罪和社会控制

> 每遇无职业无家属及素行不正之游民，随时拘送入所。就其性之所近，施以感化，务使桀骜化为驯良，于地方治安不无裨益。
>
> 《上海市公安局业务报告》（1931—1932）

在当代西方，警察的两大任务，执法和维持秩序，是互相关联但却相对独立的。在民国时期的上海，公安局将这两个方面，即"司法警察"和"行政警察"视为社会控制体系中不可分割的一个整体。由于这两方面合而为一，警察在执勤时便一身二任，既是审判者又是指导者——体现了晚清地方行政中的儒家精神（惩罚和教化）。实现这一共同目标，就要要求警察能同时有效地发挥两方面的作用。然而在上海这几乎是不可能的。首先，维持秩序是一项极为琐碎的工作，包括处理各种行为不端现象和轻微犯罪，而这已经使公安局穷于应付。其二，由于庞大的社会下层阶级人口的存在，执法的压力日益增大，尤其是20年代后期，由于新的犯罪形式如开场赌博和卖淫嫖娼活动的盛行，上海的犯罪率直线上升。要理解犯罪领域的这些变化对上海的影响，我们有必要了解公安局如何通过对犯罪性质及其控制方式的预测使执法和维持秩序能够统一起来。这一章将对某些特定的犯罪形式做详细分析。

第一节 犯罪的概念

虽然中国警察声称扬善惩恶是他们的天职，在民国时期的上海犯罪现象依然相当猖獗。① 一位中国的评论员在1929年指出："看看当地的新闻，充斥着绑票、抢劫和暗杀。"② 一年前秋季的某一天，在一期《密勒氏评论报》上刊登了24篇关于各种各样的犯罪的文章：《警察在街头击毙2名亡命徒》《刑场——27人将被处死，内有1名妇女》《太阳珠宝店抢劫案》《3名身穿制服的强盗抢劫司机》《劫匪拒捕受伤》《外国妇女遭枪击：在租界内为抢包者所伤》《受雇杀手被杀：警察抓获2名从犯》等等。③

尽管受到最广泛谴责的是杀人事件，在上海最严重的还是偷盗和抢劫财物的案件。虽然绝大多数的犯罪对生命和财产同时构成威胁，但现代刑法仍然建立在罪犯攻击目标是人还是物的区别之上。④ 在中国这段时期，总体而言，财产犯罪显得尤为突出。例如1930年的北平，财产案件约占罪案总数的80%。⑤ 同时期的上海，当贼几乎成了那些失业或半失业人群的一种活计。⑥

中国警察敏感地意识到犯罪对人身及财产伤害之间的关联。在上海，关于盗窃案的报道往往关注的是被窃人而不是罪犯本身。1928年3月以后，评价分驻所工作好坏的一个重要依据是他们所破获的盗窃、抢劫案件的数量。⑦ 最严重最恐怖的盗窃案是连人带物一起劫走，在那个时期，对于绑架者来说，人也是一种财产。⑧

---

① 《上海市公安局业务报告》，第五卷，第79页。
② 孟：《双城记》，第420页。
③ 《密勒氏评论报》，1928年9月29日。
④ 魏瑟：《欧洲近代早期的犯罪和惩罚》，第15页。关于刑法的起源，有两种不同的学术上的解释。一种意见认为（见耐特乐：《解释犯罪》），犯罪是种种违抗集体意见的行为，而法律则是将大众关于道德和秩序的观点整理成体系而成。另一种是新马克思主义的观点（见钱布利斯：《犯罪功能和冲突的理论》），认为犯罪是对社会精英意识及其利益的一种威胁和对抗。居尔：《流氓、造反者和革新者：城市犯罪和冲突的政治史》，第13页。
⑤ 严景耀：《犯罪与中国社会变迁的关系》，第302页。
⑥ 魏瑟：《欧洲近代早期的犯罪和惩罚》，第124页。
⑦ 《上海特别市公安局业务纪要》，纪事，第16页。
⑧ 最常见的犯罪是两三人洗劫一所房子，或在街上或公路上拦路抢劫。后者常常携带武器。由于有时候罪犯使用的是玩具手枪，中国警察禁止工厂生产貌似枪支的产品。《上海特别市公安局业务纪要》，纪事，第51页。

绑票，被中国警察视为介于抢劫和敲诈之间的一种犯罪，困扰了上海长达20余年。① 1912年，一个反绑架组织成立了，该组织由10名侦探组成，他们的任务是密切关注来往的火车和船只，以查获绑匪和不幸的受害者。② 20世纪第一个十年及20年代的最初几年，大多数受害者是年轻女子，绑架她们的是具有复杂关系网的帮匪，他们有严密防卫的藏"票"地方，并有中间人将她们卖给妓院——此时，人被当作物一样卖掉。③ 到20年代后期，绑匪的首选目标是有钱的生意人及他们的子女。

1928年，为敲诈而进行的绑架活动在中国极为猖獗。由于害怕被绑架，几乎每个稍有身份的中国人都有私人保镖。充当保镖的往往是失业的苦力，他们配有武器，与强盗没有多大的差别。因而人们也很担心雇用的保镖会同时在绑匪处领薪水。于是一些有钱人会找那些体壮如牛的山里人或者更好的、曾当过警察的俄罗斯人。那些没有国籍、没有固定职业、身穿英国殖民者的制服、配着手枪的白俄使他们的主人感到很有面子。④

无论有面子与否，保镖们确实为主人提供了一些保护，绑架现象在1929年已经是司空见惯了："上海的所有特点中最显著的是绑架之多……在上海，几乎天天都有绑架事件发生，市政当局也已经见怪不怪了。"⑤ 绑匪一般将受害者蒙上眼睛，接着驱车送到事先安排好的地方，而受害者的用人往往是犯罪团伙的同谋。然后，绑匪们向受害者的家属勒索赎金，被绑者一般都能受到善待，在交付赎金后获释。如果需要的话，还可以编造一个逃出匪穴的故事。但

---

① 《上海市公安局业务报告》，第三卷，第108页的表格，第五卷，第220页的表格。
② 沈阳、大连和天津也成立了类似的组织。《警police报》，1937年1月4日，第13页。
③ 《警卫报》，1937年1月4日，第12页。关于从妓院买来的妾的价格，见贺萧：《副官的顶撞：中华民国的娼妓业・改革和性权力》，第16页。
④ 冯特诺：《秘密的上海》，第69页。
⑤ 韩蒙广［音］：《上海的绑架》，第148页。1927年，一群有钱的中国人向公共租界巡捕房提供41,000元作为"镇压犯罪基金"，鼓励警察消灭绑架团伙。《密勒氏评论报》，1928年1月28日，第210页；1931年，第242—243页；《工部局公报》，1928年1月20日，第19页。

如果报警的话，后果将不堪设想。而且似乎有一个规矩——至少中国报纸是这么说的——曾被绑架过的人再也不会被绑了。①

所有这些都可以用来解释为什么在 1930 年 7 月到 1931 年 6 月一年期间公安局仅收到 10 次绑架案件的报案。② 而新闻媒介则充斥着令人毛骨悚然的绑架案的报道。从 1929 年 3 月下旬到 6 月中旬，国民党给上海总商会施加压力为北伐筹集经费期间，上海至少有 15 件预谋或成功的绑架案。③ 3 月 23 日，徐家汇徐盛泰营造厂老板的儿子、37 岁的徐盛章，险些被绑架，绑匪中有一人被保卫团抓获。④ 5 天以后，华大银行经理又差一点落入绑匪之手，警觉的法国巡捕房探目抓住了罪犯。⑤ 江西省财政厅厅长胡思义却没那么走运，4 月 1 日晚 9 点刚过就被绑架了。⑥ 2 天后，会德丰驳船行的中国主管在法租界被绑。⑦ 4 月 4 日晚 6 点，祥茂洋行的买办、南洋兄弟烟草公司董事陈炳谦的第二个儿子被 4 个歹徒绑架，他们打伤了司机，连汽车一起劫走了。⑧ 4 月 7 日晚，退休的河南籍军官李生春与妻子在从恩派亚影剧院回来的黄包车上虎口逃生，摆脱了一群持枪袭击他们的绑匪。⑨ 第二天早晨 8 点，58 岁的宁波人、汇

---

① 韩蒙广：《上海的绑架》，第 248 页。
② 同年，公安局接到 215 起盗案的报案，破案 106 起，并抓获了强盗。《上海市公安局业务报告》，第五卷，第 211 页。1929 年，有 11 起绑架案报到公安局，1930 年是 8 起。伍德海编：《中国年鉴 (1933)》，第 672 页。绑架案中不报告的数量的增加，见《警卫报》，1929 年 1 月 10 日，第 27 页，1929 年 3 月 28 日，第 246 页。
③ 关于上海金融界所承受的资金压力和绑架威胁，见小科布尔：《上海资本家与国民政府 (1927—1937)》，第 60—65 页。中国银行行长、张君劢的兄弟张嘉璈，在当时离开上海有 10 个月，访问了 18 个国家，可能就是为了躲避绑架。金如歌：《对一个作为第三种力量的知识分子的审判：南京政府早期 1927—1931 年间的张君劢》，第 26 页。
④ 《申报》，1929 年 3 月 24 日，第 15 页。
⑤ 团伙的头目、王阿金被判 3 年监禁。《申报》，1929 年 4 月 9 日，第 15 页。
⑥ 《申报》，1929 年 4 月 2 日，第 15 页。可能是支付了赎金，胡于 2 周后被释放。《申报》，1929 年 4 月 16 日，第 15 页。
⑦ 《警卫报》，1929 年 4 月 11 日，第 286 页。
⑧ 《申报》，1929 年 4 月 5 日，第 15 页。
⑨ 《申报》，1929 年 4 月 8 日，第 15 页。

德丰贸易行买办李久梅被3名歹徒用枪逼着坐进一辆福特车,李的黄包车夫报告了法租界巡捕房。① 不到2小时以后,同样的故事又在沙逊洋行的买办、金融家吴声远的27岁的儿子吴志成身上重演了。② 4月11日,暴徒们试图绑架曾捐大片土地给公共租界和法租界的朱葆三,打死一名试图驱赶他们的俄罗斯保镖。③ 一周后,当苏州商人吴梅生从公共浴室洗澡出来,刚要踏进他的灰色奥斯丁轿车时,4个歹徒用枪将他逼到后座,将司机扔出车外,连人带车消失在夜色中。13天后,一家中国保险公司的经理在他的车里遭绑架时被枪杀。不到3个礼拜,一家著名的炼油厂老板朱静安的儿子和侄子被绑架,匪徒同时劫走了他们的汽车。④ 最后,在6月13日到15日期间,著名政治活动家(以后成为第三党民盟的领袖,既反对共产党又反对国民党)和哲学家张君劢被绑架,后来经他的弟弟通过大流氓杜月笙的干预,于3周后被释放。⑤

电话和特殊的报警程序的采用使警方能迅速抓获歹徒,在一些重要案件(1930年8月《时报》总经理黄伯惠被绑案和一年后汪桂林被绑案)中,中国警察救出了受害者,并将歹徒抓进监狱。⑥ 被抓的绑匪通常被判处死刑⑦,但这些威慑效果并不明显。1930年12月28日,上海华商银行公会向工部局抱怨:

---

① 《申报》,1929年4月15日。李于4月14日从绑匪处逃脱,并因精神受到刺激而进行了治疗。《申报》,1929年4月16日。

② 《申报》,1929年4月9日,第15页。

③ 《警卫报》,1929年4月13日,第267页;1929年5月16日,第386页。关于朱的显赫,见薛耕莘:《近代上海的流氓》,第162—163页。

④ 公平洋行保险部经理叶达明在1929年5月31日遭枪击,他的2个孩子在6月19日被绑架。《申报》,1929年6月1日和6月20日。

⑤ 张君劢认为他是被警备区司令部的特务部门绑架的。而他的一个兄弟张嘉璈则认为绑架者是普通的歹徒。金如歌:《对一个作为第三种力量的知识分子的审判:南京政府早期1927—1931年间的张君劢》,第23—25页。

⑥ 《上海市公安局业务报告》,第三卷,第115—116页;第四卷,会议,第2页;第五卷,第5页;《申报》,1830年8月17日。而在房地产大亨周湘云的少爷在去江湾跑马场上骑术课的路上被绑一案中,警方的努力并不成功。《申报》,1930年10月19日,第15页。

⑦ 《申报》,1929年4月25日,第15页。

上海公共租界内的犯罪，尤其是绑架近年来迅速上升，警方抓住了一部分罪犯并施以严厉制裁。但犯罪团伙依然猖獗……绑匪们竟然可以在据称警力强大的租界内光天化日之下进行持械绑架。因此我们不得不认为，绑匪们对租界警察根本不屑一顾。①

　这种抱怨的潜台词有两层。一是人们怀疑公共租界巡捕房的成员——既非法租界巡捕房亦非公安局——是犯罪团伙的合伙人。② 这一怀疑后来得到证实，公共租界巡捕房中央捕房的侦探梁成裕因与2起绑架案有关联而被处以死刑。③ 二是纳税华人会对他们所缴纳的巨额税款并没有用于有效的警察保护措施的抱怨越来越多。1926 年工部局向纳税人征税 2,580,000 两。到 1931 年，这一数字增加到 6,850,000 两。④ 面对当时的城市犯罪浪潮，华人纳税者感到这样的耗费不能容忍："市民的生命和财产处在危险之中，故而本会怀疑工部局维持法律和秩序的能力。华人纳税者不愿再向一个不能确保他们生命和财产安全的市政当局每年缴纳数百万税款。"⑤ 警务处长贾尔德（F. W. Gerrard）可以不同意上海的犯罪率已经很高的观点，他可以声称从他收到的 1930 年巡捕房年度报告中的统计来看，"上海已经与美国犯罪率最高的城市一样臭名昭著的观点并不正确"。他还可以声辩，大量的武器交易以及各种导致犯罪的因素非租界所能控制，但这并不能改变公众的普遍看法，即公共租界巡捕房在防止犯罪失控方面已经无能为力了。⑥

---

　① 《密勒氏评论报》，1931 年 1 月 3 日，第 175—176 页。1930 年的最后一周内，公共租界巡捕房记载了 23 次逮捕行动，其中包括 36 名最近的绑架案的嫌疑犯。

　② "每当租界内一个有钱的中国人被绑架，就会有各方人士向受害者亲友表示可以协助他们争取受害者被释，而且通常是要求报酬的。这些提供帮助的表示经常来自一些微妙的途径，表明绑匪和租界的某些官方机构之间的暧昧关系。"《密勒氏评论报》，1931 年 1 月 17 日，第 70 页。

　③ 《密勒氏评论报》，1931 年 9 月 12 日，第 70 页。

　④ 《密勒氏评论报》，1931 年 4 月 11 日，第 193 页。

　⑤ 《密勒氏评论报》，1931 年 1 月 3 日，第 174 页。

　⑥ 《密勒氏评论报》，1931 年 3 月 28 日，第 138 页。人们谴责法租界巡捕房将太多的警力放在主要街道上，而忽视了"僻静的市中心外的马路"，在那里，尤其是在冬天的夜晚，行人经常受到流氓的威胁。《密勒氏评论报》，1931 年 2 月 7 日，第 356 页。

第二节　公安局与犯罪控制

相反，公安局于 1928 年 11 月 21 日颁布了一系列制止绑架的新措施，以期比公共租界巡捕房做得好一些。① 公安局把警力集中于相对有限而也许是比较有效的犯罪控制方面，有时会与公安局广泛的民政的和民族主义的目标相冲突，这又是一个维持秩序的功能挤占执法功能的例子。② 我们可以从 1929 年 7 月 1 日到 1930 年 6 月 30 日的公安局记录中看一些警务工作的内容：令 3 区 4 所制止工部局在浚浦局周家嘴滩地倾倒垃圾（1929 年 7 月 4 日）；查禁有伤风化的各种招贴画及西洋镜（7 月 21 日）；水警查获一大宗运鸦片案（9 月 7 日）；要求日本领事惩处一个酗酒的日本人（1930 年 2 月 9 日）；禁止年轻女子在酒楼茶馆卖唱（4 月 12 日）；令区所加意防范共产党在上海召集五一筹划第二次代表大会的建议（4 月 16 日）。③ 然而我们是否就可以得出结论，在消除上海的犯罪因素方面，公安局缩小工作范围就一定比把执法和秩序维持结合起来更为有效呢？当然不是，如果你用一种历史的眼光来看社会秩序，也就是说，如果你相信制止犯罪与整个社会控制是密不可分的话。无论如何，公安局认为，他们设立的部门，已经涵盖了他们所应具备的功能的所有重要方面。"除戢暴绥良外，其唯一目的，则在保护公共安宁秩序，限制个人之违法自由所设，警其未然，察其已然。"④

---

① 《密勒氏评论报》，1931 年 1 月 17 日，第 243 页。又见《申报》1930 年 10 月 25 日以及 10 月 30 日关于袁顺武绑架案的报道。当然，需要特别市政府处理的绑架案件要少得多：仅为公共租界的 8%～9%。一份罪案侦查部报告的译文载于《中国时报》及其他当地报纸上，上海公共租界警务处档案，D-199，1931 年 1 月 28 日。新规定包括：绑架者将被处以死刑；没收用来窝藏受害者的房屋；不报警而擅自与绑匪谈判的受害者亲属将受到监禁的惩罚；等等。英国外交部文件，FO，671-500，6703-30-46。

② 威尔森：《警察行为的种类：八个社区中法律和秩序的管理》，第 67 页。

③ 《上海市公安局业务报告》，第三卷，第 1—18 页。

④ 《上海市公安局业务报告》，第五卷，第 54 页。又见《上海特别市公安局业务纪要》，纪事，第 49 页。

如此宽泛的职能，使以维持社会秩序为名的强制性社会干预合法化了。例如 1927—1928 年间，上海华界警察标榜自己为对抗工潮的和平保卫者。① 公安局在成立的最初半年，控制了 256 起结社集会，警方坚持认为自由应以公共秩序的维持为基础，将公共集会视为"自由乱"。一方面是南京国民政府对群众运动的不信任，另一方面是地方国民党党部对工人的支持。公安局的这种立场可谓不偏不倚。公安局声称它会维护工人罢工的权利，但罢工必须有秩序地进行。② 实际上，在这段时期，警方保护了 6 次合法的工人运动，而在 40 多次劳动纠纷中用"保安"的名义逮捕了共产党鼓动者，并警告工人在军事管制状态下是不允许罢工的。而且，他们一再强调劳资双方调停的重要性，也帮助解决了另外 30 件劳资纠纷事件。③ 后来，政府的保守主义战胜了地方国民党党部的群众运动观点，警方也就日益站到资方立场上，甚至于充当了纺织厂里包身女工们宿舍的看守。④ 但他们也试图成为劳资关系中的家长式的人物，保护码头工人等免受流氓、恶棍一类工头的迫害。⑤

这些努力并没有效果，左派势力把华界警察和租界巡捕都看作资本家压迫工人的工具，而且有足够的证据使得这一观点非常流行。⑥ 例如，1930 年，在华界的美国人开的爱迪生中国电料公司曾发生一次罢工。厂主要求中国警方镇

---

① 国民政府 1928 年 6 月的《劳资争议处理法》要求各地成立相应的调解机构。这其实是一种空架子。高勒：《上海的"黄色"工会：国民党劳工控制研究（1927—1937）》，第 109 页。

② 《上海特别市公安局业务纪要》，纪事，第 46—47 页。

③ 《上海特别市公安局业务纪要》，纪事，第 19、47 页。关于调停的事例，见华商电车公司 1927 年 9 月 9 日的一次纠纷。同上，第 6 页。又见全大伟：《北京黄包车：二十世纪二十年代的市民和政治》，第 77—78 页。

④ 韩起澜：《1919—1949 年间上海棉纺厂女工》，第 116 页；韩起澜：《姐妹与陌生人：1919—1949 年间上海棉纺厂女工》，第 240—241 页。

⑤ 1931 年 5 月，公安局曾试图对肩运夫进行登记，并规定工头必须是 25 岁以上的熟练工人——以防止小流氓虐待工人。规定中还有一项工作权利条款，禁止工头干涉任何团体直接雇用肩运夫。《上海市公安局业务报告》，第四卷，第 92—95 页。

⑥ 例如，在 1927 年 6 月 1 日的东汉壁礼路（今东汉阳路）纱厂的一次纠纷中捕头的作用。见《字林西报》，1927 年 7 月 2 日，第 30 页。

压罢工，警察向工人队伍开了枪，打伤5人，其中包括一名14岁的女孩，她后来在中国红十字医院死去。为了加强控制，公安局要求公共租界巡捕房的协助，后者及时派出头戴钢盔的防暴警察，驱散了罢工队伍。①

在控制工潮及动乱之外，公安局为自己设定的职责中——在很大程度上是一厢情愿的——还有对公共卫生的责任。原先的上海卫生局成立于1926年。② 在国民党执掌上海之后，在卫生局的17位检查员与公安局成员之间不断发生误会和冲突。③ 公安局采取了一套专门的规定以管理公共卫生检查员的行为。这些规定显示了公共卫生检查员今后将由警方管理，身穿制服的警官因而会参加在闸北和南市的公共卫生运动集会。④

传染病的恐慌——威胁最大的是被称作"白色灾难"的肺结核——在城市中蔓延的时候，警察的日常工作之一是监督尸体的埋葬，以防其在街头或黄浦江中腐烂。⑤ 经过严寒的冬夜，到早晨总会在街头发现400多具尸体。在20年代的上海，警察每年要处理20,000多具这样的尸体。⑥ 1930年，华北大饥荒的第三年，在公共租界、法租界和华界的街头，共发现了36,000多具

---

① 伊罗生编：《国民党反动统治的五年》，第67页。居尔、格拉鲍斯基和呼拉认为："集体无序比犯罪对社会精英构成的威胁更大，这一威胁使得精英们愿意花更大的力气建立一支控制人群的常备警戒力量，甚至于超过对控制犯罪的重视。"居尔：《犯罪和冲突的政治：四个城市的比较历史》，第714页。贝利的来自3个国家的第二次世界大战后的数据却表明，警力的增加并不是社会秩序混乱的结果。贝利：《警察模式》，第90页。亦见居尔：《流氓、造反者和革新者：城市犯罪和冲突的政治史》，第15—16页。

② 1911年以后，大多数地方政府将对公共卫生的管理作为警察的职能。第一个成立公共卫生机构的城市是广州，在1920年，上海是1926年。《中国医药报》，第12期，第117—119页。

③ 卫生局自成立以来一向权力颇大，而且并不直属于市政府管辖。安克强：《上海市政府》，第285页。

④ 《上海特别市公安局业务纪要》，纪事，第42、63页。

⑤ 中国慈善公墓协会（一个商人慈善机构）也专门雇人用卡车收集乞丐或弃儿的尸体。冯齐：《上海与外界》，第12页。

⑥ 霍塞：《出卖上海滩》，第136页。

尸体。①

除了处理城市中的死尸以维护公共卫生外，华界警察还负责设立垃圾箱，建造公共厕所，并采取措施避免公共浴室和游泳池成为疾病传染源。② 1930 年 12 月以后，公安局又负起了保持街道清洁的责任——公共卫生局没能调动足够的人力做好这项工作，市政府就将这个任务交给了公安局。③

但这些卫生方面的职责也常常用来做比喻。公安局的广泛的社会职能有时也采用医疗术语来表达，警察就像穿了白大褂的医生，在防止疾病的传染。④ 鸦片和赌博常常被认为是从公共租界传出的传染病，并通过商人流传到大众。警察的工作是预防和禁止鸦片和赌博进入他们的管辖区，就像他们作为公共卫生官员防止传染病一样。⑤

袁良局长经常用身体做比喻，他把社会成员比作遍布人体的供应能量的血液。警察应当保证社会机体正常运行，无论是采取预防（行政警察的工作）还是刑事侦缉（司法警察的工作）。⑥ 前一项工作被喻为防病，"良医治未病，不贵治已病"。第二项工作则被喻为治病，那就是警察通过"排除已发生的人

---

① 这些尸体中，有 34,000 具是婴儿，许多也许是其父母所杀。伊罗生编：《国民党反动统治的五年》，第 63 页。

② 《上海市公安局业务报告》，第四卷，会议，第 3、5—6 页。在 1930—1931 年期间，上海警察颁布了公共游泳池的有关规则，业主必须支付 20 元才能获得执照。不允许混合洗浴。没有大人带的 12 岁以下小孩，有皮肤病、精神病、四肢有残疾以及酒醉的人不允许游泳。洗澡的人在进入大池前必须先淋浴，长发的妇女和小孩必须戴帽子。《上海市公安局业务报告》，第四卷，会议，第 80—81 页。关于"白色灾难"肺结核，据说在那些贫穷的欧亚混血的人群中非常流行，见盖姆威尔：《中国的门户：上海概貌》，第 41 页。

③ 清洁街道的任务于 1930 年 12 月 16 日移交给公安局。《申报》，1930 年 12 月 17 日，第 15 页。又见《上海市公安局业务报告》，第四卷，会议，第 28、98 页。局长袁良要求各分驻所设法雇用其他人而不是让警察去清扫街道。《上海市公安局业务报告》，第四卷，会议，第 4 页。

④ 现代警察职业化与医疗界的形象联系也体现在警察招募过程中。现代警察非常重视的一点是招募的每个人必须经过医生体检，而且他们的身体始终受组织的监控。沃尔默、帕克：《犯罪和国家警察》，第 103 页。

⑤ 《上海市公安局业务报告》，第三卷，第 107 页。

⑥ 司法警察区别于普通的侦缉人员。惠洪：《刑事警察学》，第 6 页。

为危害"以保证社会健康。①

后一项工作的关键在于通过户籍登记制度实现对大众的控制。② 新的公安局继承的这一套制度并没有及时更新。③ 户籍登记早在1913年淞沪警察厅在上海成立时就是警方的责任，然而从那时到1926年期间只进行过一次人口普查。在过渡时期的混乱中，许多户口调查记录流失了。公安局在1928年重新制订调查计划，包括12章76条，要求做好关于出生、死亡、婚姻状况变化等等的持续记录，希望借此以掌握户口变动情况。④

除此之外，由于1929年的犯罪高潮，在震怒的专栏作家们的呼吁下，旅馆以及出租的房屋也必须报告他们的顾客登记。⑤ 这是一项大工程的一部分。1930年5月20日颁布法律，在上海（就像中国其他所有城市一样）分成区、坊、路和邻进行人口普查。⑥ 人口普查和区人员的登记，由公安局负责。⑦

这是一项艰巨的任务，尤其是因为在1930年和1931年，成千上万因内战和水灾造成的难民涌入上海。⑧ 在1930年⑨7月到1931年6月的一年间，新登

---

① 《上海市公安局业务报告》，第三卷，第147—148页。

② 这一动机部分是出于政治目的。9月份公安局第二次业务会议记录明确指出，户籍登记的重要性在于使"一切共党乱徒以及绑盗各匪均无从隐匿"。《上海市公安局业务报告》，第四卷，会议，第14页。

③ 《上海市公安局业务报告》，第三卷，第103—104页。

④ 《上海特别市公安局业务纪要》，纪事，第26页。6月，公安局获得允准进行一次试验性的户口调查，162名警察充当调查员，并接受了为期4周的人口普查培训。同时，通过宣传，教育大众不要隐瞒或拒绝透露各种信息。同上，第43—44页。

⑤ 《警卫报》，1929年1月10日，第28页。

⑥ 袁良局长与他的下属设计了一个特别简单的表格以进行人口普查。这份表格也适用于掌握流动人口包括商人的情况。《申报》，1930年8月23日，第16页。

⑦ 《英国外交部文件》，FO 671-500，7020-30-51。

⑧ 《上海市公安局业务报告》，第五卷，第211页。这一次长江水灾是中国历史上最严重的一次，影响到2,500万人口。《申报》，1931年8月30日，第13页，以及1931年8月23日《申报》每周所附的画报，第3页。冯齐：《上海与外界》，第219—220页。

⑨ 据1930年7月公安局进行的人口调查，上海华界共有185,684正户。包括房客，这些户人口总数为355,000口。《英国外交部文件》，FO 671-500，7020-30-51。

记的有 136,760 口，29,629 户，使上海华界的合法居民激增至 1,807,582 口，384,785 户。① 其中，大致的男女比例为 3∶2，76.1% 住在居民房，12.4% 住在工厂，7.2% 住棚屋，4.3% 住旅馆。② 6 个月后即 1932 年 1 月，在册人口增加了 64,240 口。③ 在当时的登记人口中，工厂工人及手工业者占 27%，家庭劳动者占 21%，10% 经商，9% 务农，17% 失业（见表 1）。④

游民和流氓对上海警察的户籍制度始终是一个挑战⑤，同时也构成了对公共秩序的威胁。⑥ 游民依靠他人而生活，无论是不事生产、不劳而获的乞丐还是"生风造事""鱼肉良善"的强盗。⑦ 在西方人看来，上海的乞丐简直是一群令人极其讨厌的有组织的骗子，他们将自己及其孩子伪装起来以骗取他人的同情。⑧

> 这些身带残疾的苦人都会伸了手向你讨钱，还有些女叫化子特地高举着她那黄瘦污秽的孩子向你哭泣，四五个小叫化子会成群的围住了你，老叫化子会跟在你的背后走上半哩多路，非待你给他几个铜板，不肯舍去。你如若竟不给他，那末，他便会在他的衣服里边摸出几个虱子，丢在你的

---

① 这仅仅是大概的数字。同期警察的记录显示，新生人口男性 13,196 口，女性 10,728 口，死亡人数，男性 10,275 口，女性 9,369 口。据报告，1930 年有 84,260 户、297,072 口迁入上海，55,410 户、192,910 口迁出上海。《上海市公安局业务报告》，第四卷，102 页表。

② 1931 年 7 月，警察特别重视南市的户籍登记工作。《上海市公安局业务报告》，第五卷，第 56 页。

③ 1931 年 7 月，公安局提出新的要求"以求统计详明"，尤其重视调查租借房屋，为了"防止不良分子混迹于本市"。《上海市公安局业务报告》，第五卷，第 55 页。

④ 除了户口登记，上海警察还登记了在暴力或其他事故中死亡的人。1931—1932 年度，这一类死亡人数为 216 人。《上海市公安局业务报告》，第五卷，第 220 页表。

⑤ 从公安局的会议上可以明显地看出这一点，局长要求各部门负责人及时更新他们登记的户口以及时掌握流动人口，而部门负责人则为此而费尽心力。有关此类事例，见《上海市公安局业务报告》，第四卷，会议，第 6 页。

⑥ 《上海市公安局业务报告》，第五卷，第 211 页。在清代，在称呼上"流民"与"游民"之间的区别很模糊。柏度：《流民与赈灾》，第 6 页。

⑦ 《上海市公安局业务报告》，第三卷，第 168 页。

⑧ 盖姆威尔：《中国的门户：上海概貌》，第 55 页。

身上。你决不能知道上海的叫化子是有组织的，是有专利权的，便是那些小叫化子也都是属于一位叫化首领所管辖。你也决不能知道那些女叫化子特地用针去刺她手中所抱的小孩，使他哭泣。你决不能知道这位叫化皇帝是具着怎样大的势力。①

针对人们对丐帮的恐惧，许多帮会都向商人们索取保护费，以使他们的顾客不受骚扰。这些帮会成员还在葬礼上充当杠头。每一个这样的帮会的头目都向青帮缴纳保护费，并且有时要受青帮的差遣。但是他们并不是一个统一的"王国"，所以也没有"国王"。②

第三节　新市民社会中的难民和流氓

相比之下，在中国官方的眼中，上海的乞丐对已建立的社会秩序，不管是儒家社会还是西式的社会，都是有潜在威胁的边缘人。关于上海乞丐的数量，中国的各种估计差别很大。一个中国记者在 1931 年猜测，上海市区大约有 5,000 名乞丐，而官方则估计乞丐数目接近 25,000 人。分类标准很难确定，因为很难区分长期贫困和暂时失业的人口，后者的数字也差别很大。1929 年公安局估计全市有 25 万失业的男女：占上海总人口的 8.7%。到 1935 年，这个数字据说已超过 61 万。公安局试图控制这些数量庞大的城市贫民，他们把街头的乞丐集中起来送进公益局办的市救济所和教养所。但是他们的能力是有限的，尤其是在冬天。1931 年以后，世界性的萧条开始影响上海经济，尤其是上海的缫丝厂。避寒所和粥厂都由私人慈善机构举办。那个时候每天有 12,000 人去粥厂吃饭，而更多的是在悲惨的境地中忍饥挨饿。③

---

① 霍塞：《出卖上海滩》，第 240—241 页。
② 马丁：《青帮与上海的"清党"：1926—1927 年青帮与国民党的关系》，有关流浪者结成帮会的倾向，见徐珂：《清稗类钞》，第七卷。
③ 安克强：《上海市政府》，第 308、422 页。上海公共租界的华人死亡率为 15.41‰，而外国人的死亡率为 14.27‰。街头死尸中有 50% 是结核病患者。霍塞：《出卖上海滩》，第 248 页。

公共秩序的另外一些威胁，比如流氓，按照警察自己的定义，是那些参与敲诈勒索的帮会分子。警察曾经试图拆除那些沿河而建的违章窝棚，那里无业游民充斥。然而，窝棚居民的数量却由1928年的21,000人增长到1935年的30,000人。截至1931年，那里的居民数超过90,000人——许多是从江北过来的难民——住在用泥巴和稻草搭起来的棚户里，过着极为艰难的日子。一位中国基督教青年会的调查者这样报道一家棚户的情况：

> 棚户里住着一家6口——父亲、母亲和4个孩子——仅14平方英尺。棚顶用竹席和稻草搭成，已破败不堪，挂满了烟灰和蜘蛛网，一到雨天便到处漏水。墙壁上满是窟窿，根本无法遮风挡雨。没有地板，东西都放在泥地上。没有下水道和厕所。屋子周围尽是垃圾堆和污水坑。污浊的空气几乎令人透不过气。下雨天，充斥着垃圾与粪便的污水漫进屋子，有几英寸深……这个典型的工人区有将近400户这样的"家"。①

市政府也曾试图提供贫民住所，但从1928年到1931年间仅造了840套住房。② 于是，尽管当局经常烧毁那些肮脏破败的居住区，无家可归的人会一再地重新搭建，因为他们没有别的去处。③

沿河而住的流氓对那些搭乘长途客轮从内地沿长江而下来到上海的人构成了威胁。旅客一到码头，流氓就成群结队地蜂拥而上，先是与他们搭讪，继而连拉带抢地从旅客手里抓过行李，将那些不知所措的旅客带到没有执照的小旅馆。可怜的乡下人被榨干所有的钱财后，就被赶出旅馆，流落街头，成为城市中的穷人。④ 码头和轮船公司定期付给流氓津贴，让他们对付小偷。而新开店

---

① 转引自伊罗生编：《国民党反动统治的五年》，第62页。
② 安克强：《上海市政府》，第312—313页；吴铁城：《大上海重视社会重建、通向成功的良好开端》，第49页。
③ 韩起澜：《1919—1949年间棉纺厂女工》，第83页；韩起澜：《姐妹与陌生人：1919—1949年间上海棉纺厂女工》，第23—26页。
④ 《上海市公安局业务报告》，第三卷，第168页。

的老板则必须付给流氓一定数量的银圆，以防他们捣乱而吓走顾客。① 他们甚至侵入了金融领域：证券交易所的开张给流氓提供了新的机会，他们无视警察，侵占交易席，直到经纪人们不得不请出杜月笙"指教"，他们才唯唯而退。② 据警察认为，绝大部分上海城里的小市场，尤其是菜场，背后都有流氓做后台。③

事实上，赌博、嫖娼、吸毒都是袁良局长称为纠集团伙牟取暴利的一类行为。在30年代出现在外滩的一份长长的传单中，公安局长发表《劝导流氓白话文》，告诫这些"老手"要重新做人。他说，中国的传统儒家社会有所谓士、农、工、商，西方的社会则有教师、律师、医生等，流氓不属于任何一类，除非他们改邪归正，否则将不可救药，陷入抢劫或者更严重的犯罪中去。④

袁良警告说："现在国民政府对于上海却是十分注意的，要把它造成一个模范城市，所以对于华界尤其注意，因此特设了一个市政府，就是要把华界里面的安宁秩序，做得十分稳固。"在公安局和警备区的联合之下，对城市的控制"一天细密一天"，"决不容你们大家，再在这个地方试手脚的"。他警告流氓，"收心改向"，只要不吸鸦片、不赌博、不嫖娼，"上海市上，就没有流氓这个名目"⑤。

在公安局看来，难民也有赌博、嫖娼、吸毒等行为，但只是偶尔涉足而

---

① 由于进城的乡下人很容易就成为流氓劫掠的对象，上海警察规定任何人如欲在城里运送行李，无论是通过水路还是陆路，都必须持有贴有照片的许可证。《上海市公安局业务报告》，第四卷，第82页。

② 江绍贞：《杜月笙》，见李新、孙思白编：《民国人物传》，第1册，第316页；徐铸成：《杜月笙正传》，第54—55页。据说流氓什么都不怕，只怕帮会头目。朱子家（金雄白）：《黄浦江的浊浪》，第81页。

③ 《上海市公安局业务报告》，第四卷，第3页。

④ 《上海市公安局业务报告》，第五卷，第167—168页。

⑤ 《上海市公安局业务报告》，第三卷，第170—175页。

已，对警察来说游民的威胁更大，因为游民常常参与绑架、抢劫案。① 事实上，他们都是那些由于经济状况极差而从市民社会中游离出来的人。由于就业率下降而生活费用不断上升，他们的人数也在不断增加。他们的生存方式，尤其是无家可归的街头乞丐，扰乱了城市的秩序。公安局命令警察见到乞丐就抓起来送到收容所。② 有一些私人为难民开习艺所或习勤所，以使他们能重新回到文明社会。③ 公安局也准备自己再办一个所，"仿监狱制办理"。④

习艺所应当与普通的监狱有所区别。⑤（中国习艺所的建立反映了一种普济天下的实用主义观点，认为教养所有改善社会的作用。⑥）后者，以会审公廨的女子和债务人监狱为例，在那里，只要犯人有办法贿赂看守，他们可以照样吸鸦片、赌博。⑦ 教养所——按照当时具有理想的社会公益事业人员的观点——应当是管理良好的、治疗意志薄弱者的医院。⑧ 上海市公安局已经接管了原来的淞沪警察厅的拘留所，这个拘留所将轻罪犯与重罪犯关押在一处。⑨ 公安局最初的设想是建造新的拘留所，有候审室、审讯室、拘留室、禁

---

① 有些从邻近的城市如无锡等逃到上海的案犯，在上海被抓并被遣送回原籍受审。《上海特别市公安局业务纪要》，纪事，第 20 页。

② 《上海特别市公安局业务纪要》，纪事，第 62 页。

③ 《申报》，1930 年 11 月 6 日，第 16 页。监狱矫正教育早在 1907 年 10 月沈家本给清朝皇帝的奏折中就已有论述。当时沈正在修订清朝法律。麦考利：《中国刑法改革中的 1935 年中国刑法》，第 39 页。

④ 《上海市公安局业务报告》，第五卷，第 72 页。上海警察与国民党的社会局还合办了一个收容所，收容由于 1931 年 9 月 10 日长江洪灾而造成的难民。同上，第 9 页。

⑤ 有关这一方面，参见侯：《浙江第一监狱现状》，第 289 页。

⑥ 欧布兰：《惩罚的诺言：十九世纪法国的监狱》，第 20—21 页。

⑦ 盖姆威尔：《中国的门户：上海概貌》，第 24—25 页。

⑧ "犯罪是社会的疾病，犯人是社会的病人，监狱是社会的医院。对于已犯罪的病者，当然应极力医治，以免犯人出监后再蹈前辙。"徐蕙芳、刘清於：《上海女性犯的社会分析》，（《大陆杂志》第 1 卷，第 4 期，1932 年 10 月）第 91 页。关于将罪犯看作"康复中的病人"（即在戴笠的秘密监狱中），见瑞斯福：《龙的传人：蒋介石与毛泽东》，第 189—190 页。

⑨ 《上海市公安局业务报告》，第四卷，第 107 页。

闭室，女犯另辟一所。① 新的监狱造好了，1930 年 10 月又有计划建造一座占地 16 亩的现代监狱，"按照最新的西方关于监狱建设的观点来设计"。②

但是，这种上海特色的边沁式监狱（一种看守人驻中心的圆形监狱，把"权威机制简化为最理想模型"的"残酷而精致的笼子"），与公安局所进行的革新，或是习艺所却是大相径庭。③ 这种以教化来进行改造的想法，是西方的通过教会犯人职业技能和产业纪律以重新安置的方法与儒家的通过教化来提高道德修养的信念的结合。④ 这种改造犯人的地方的另一个名称是"感化院"，意思是"通过教育进行改造的学院"，改造不良妇女的地方叫"济良所"，意思是"帮助好人的地方。"⑤ 这些学校都试图将职业技能教育和道德教育结合在一起，希望警察能作为道德教师挽救失足者，而不是将无法无天的人看管起来的看守或者是教无所事事者如何工作的教练。换句话说，相对于西方式感化监狱通过在一个权力系统中主要采取针对犯人外在因素的手段来达到"纪律的功能性恢复"，理想的中国式的改造所强调在一个权威背景下个人的内在因素，它希望犯人在恢复纪律性的同时进行在价值观念上的反省。⑥

> 晚近人心浇薄，道德沦亡，加以生活日高，生计日蹙，由是社会中荡
> 检逾闲之事，层出不穷。若辈绳之以法，诛不胜诛；原之以情，恕不尽

---

① 《上海特别市公安局业务纪要》，纪事，第 27—28 页。

② 《密勒氏评论报》，1930 年 11 月 8 日，第 364 页。这一决定与 1930 年 1 月关于上海地方法院的一次会议上有关监狱的讨论有关。列强们不愿意在治外法权问题最终获得解决之前交出租界监狱的控制权，人们开始关注中国人监狱的状况。《中国事务：中国每周要闻》，第 66—67 期，第 7 页。

③ 福柯：《规训与惩罚》，第 205 页。1985 年 6 月 15 日我参观北京市监狱，看到了一个与本瑟姆式监狱非常相近的建筑，我不知建造者是否故意如此设计的。

④ 儒家关于道德教化的思想在改造罪犯的问题上与西方福音派的强调通过隔离和单独关押以打消犯人的不良念头，以便接受牧师的帮助并最终得救的监狱管理原则也是不相同的。参见亨利克斯：《隔离监禁制度的兴衰》，第 78—79 页。

⑤ 位于公共租界浙江北路上的上海第一特区法院女监曾有一个大礼堂叫作"教诲室"。徐蕙芳、刘清於：《上海女性犯的社会分析》，第 88—89 页。

⑥ 有关"多价"（Polyvalent）纪律重建，请参见福柯：《纪律与惩罚》，第 210—211 页。

怨。欲策两全之道，拟即设立各项院厂，以为救济之方。授以艺能，诲以学识，民耻且格。①

由于无法预测需要多长时间来"感化"犯人们的"恶性"，因此需要给予警察自己以缩短或延长犯人刑期的权力，警察们的道德判断因此要比法庭里非个人化的司法判决重要得多。②

第四节　警察的家长式作风和社会控制

因为同样的观念，警察被非常理想化地看作是"民之导师，民之保姆"，因此"敌人怕我们，人民爱我们"。③ 余秀豪在《警察手册》中强调任何进入警界的人都必须拥有"牺牲的决心"，不存"自私自利之心"。④ 最重要的，警务人员必须严格自律和尊重人民的"自由之权力"，以防止滥用"警权"。⑤ 余秀豪的关心反映了一个历史悠久的争论问题，即儒家家长制和法家权威主义之间在强调教化和约束方面的矛盾。作为人民的模范，上海的警察还有一套详细的《行政执行法》和完全由他们自己实施的警察条例。⑥

在华界内惩罚违反这些行政法规行为的机制，是由公安局而不是由法院来负责。⑦ 违反行政法的最主要的处罚形式是在公安局拘留1—15天，罚款

---

① 《上海特别市公安局业务纪要》，纪实，第27页。
② 徐蕙芳、刘清於：《上海女性犯的社会分析》，第91页。
③ 余秀豪：《警察手册》，第14页。"民之导师，民之保姆"，系蒋介石的训词。
④ 余秀豪：《警察手册》，第12—13页。
⑤ 余秀豪：《警察手册》，第10页。一个警察的行为必须基于法令之上。否则，他将会肆意侵犯公众的权利并失去公众的信任——这正是过去我国警察失败的原因（"此之所以败矣"）。同上，第14页。
⑥ 《上海市公安局业务报告》，第五卷，第58页。有关战后警察行政法规，参见《警政法令》。另参见全大伟：《北京黄包车：二十世纪二十年代的市民和政治》，第70—71页。
⑦ 在租界区，尤其是特区法院建立之后，此类违法行为都是由中国的法院负责审判的。国民政府1928年7月21日颁发的《违警罚法》封面，见上海公共租界警务处档案，D-6810，1935年2月25日。

0.1~15元，或者是警告，附加处罚还包括没收、停止营业及勒令歇业等。① 行政法包括了日常行为的各个方面。如第三条规定，在马路上闲逛，乞讨，嫖妓，唱黄色小调，进行不合适的戏剧表演等，都违反了行政法，最多可以拘留15天。② 第三十二条禁止在人口密集的地方放鞭炮，散布谣言，或让狗和精神病患者在马路上乱跑或进入他人住处。③ 第三十四条规定，不及时向公安局报告结婚、生子或变更住处，可以处以罚款10元到拘留10天的惩罚。旅馆如果不详细记录客人的姓名、职业、地址及目的地，也会受到同样的处罚。第三十四条还规定在公共场合不能正确回答警察提出的问题也属违法行为。④

在1927年7月到1928年6月，公安局独立判决了4,652起违警的案子，并且大多都是在案发后24小时之内完成的。⑤ 一名公共租界的市政官员写道：

> 在华界，如果犯人所犯并非重案，姓名住址确切并且无逃亡之虞，公安局不是逮捕，而是命令犯人立即到最近的警署报到，但是，如果犯人不承认，那么警察则会强制执行，将犯人抓起来，带到最近的警署。犯人一到，警署马上就进行审判。⑥

不严重的违法行为（违警律）数量很大，通常由巡警当场处理。在1929

---

① 《违警罚法》，第4页。

② 国民政府1928年7月21日颁发的《违警罚法》，第3页。见上海公共租界警务处档案，D-6810，1935年2月25日。

③ 《违警罚法》，第8页。

④ 《违警罚法》，第10—11页。

⑤ 《上海特别市公安局业务纪要》，纪事，第50页。1930—1931年间，此类案件的数量大体相当，共4,844件。见《上海市公安局业务报告》，第四卷，第105页。

⑥ 这是Bryan对《违警罚法》第26条的评价。Bryan是位律师，著有《中国民法概要》，他于1928年5月被任命为上海市警务检察官。他是在上海市政府内获得显要职位的为数不多的美国人之一。《密勒氏评论报》1928年6月9日，第45页。

年7月到1930年6月间,警察处理了38,147起这类案子。① 在1927—1932年间记录在案的所有206,441起犯罪和违法案件中,只有18%(37,175起)是犯法,其余82%(169,266起)都是违警案件。②

罚款成了公安局一个重要的——尽管不是主要的——收入来源。在1930—1931警务年度,罚款收入共138,356元,用于弥补支出。③ 不用说,公安局对罚款收入一定程度上的依赖自然而然地提高了违警律的执法力度(相对于其他的刑事法律而言),尽管巡警通常是倾向于降低力度。④

这种半独立的司法权给予上海华界的警察在社会风气管理方面以非常的权力。⑤ 作为新的革命政府的一个部门,警方从开始就决定"改善"上海不良的社会风气⑥,禁止妇女赤膊在外行走,禁止损害社会道德的戏剧上演,逮捕销售"不正当"品牌或假冒香烟的小贩,禁止出版"有伤风化"的书籍,以及对随地吐痰和在街上大小便的人处以罚款等。⑦ 警察也盯上了娱乐业,用发放营业执照的方式来约束从业人员的行为,结果,舞女们都必须到公安局登记,

---

① 这类判罚往往非常粗暴,因为警察的出发点是:"本局负有维持秩序、保护治安之责,对于违警人犯,查拿罚办,不容宽纵。"《上海市公安局业务报告》,第三卷,第107页。

② 上海市年鉴委员会编:《上海市年鉴》,F-58-89。

③ 《上海市公安局业务报告》,第四卷,第76页。

④ 威尔森:《警察行为的种类:八个社区中法律和秩序的管理》,第49页。

⑤ 例如,在1931年7月到1932年6月,共有32,663起"违警案"。《上海市公安局业务报告》,第五卷,第220页后表格。另外,应注意到,在公共租界巡捕房的华捕也认为他们逮捕危害社会的人是维护社会道德的行为。有关这种奇特的执法观念的深入讨论,可以参见叶晓青:《十九世纪下半叶的上海大众文化》,第23页。

⑥ "本市人民,五方杂处,良莠不齐,风俗颓蔽,甚于他处,自应随时纠正,以期逐渐改良。"《上海市公安局业务报告》,第三卷,第80页。

⑦ 《上海特别市公安局业务纪要》,纪事,第19—20、22页。有生理解剖内容的电影不许上映,饭厅禁止表演裸体舞,卷烟厂禁止以赌具图样为品牌标志,禁止男子蓄辫。同上,第46页。上述有些禁令由南京颁发,而特别市政府则"严禁女人衣着不检点"以"维护中国文化"。孟:《双城记》,第420页。

营业时，要把执照戴在外衣或裙子上。①

但是，这些清规戒律混淆了公共道德与社会健康，执行起来并不容易。公安局发现，警察对琐碎的个人习惯的干预引起了市民超乎寻常的反感。② 尽管如此，警方还是努力去管束社会风俗的方方面面，从电影、殡葬、看相、算命，一直到邻里间的闲言碎语。为控制广告的内容，警方明确地禁止有伤社会风气的淫秽内容，假冒专利药品，印有易使青年男女堕落的"猥亵"内容的图画，有关诈取财物的主题，有妨"秩序"和"安宁"的"激烈"的要求，以及"其他经主管官署通知禁登者"③。同样，警方也坚持将旅馆、剧院纳入监控之下，以"改善社会风气"。他们成立了一个电影检查委员会以保证上海市民不受淫秽、下流电影的侵蚀。他们甚至禁止葬礼的仪仗使用"含有封建色彩"的旗牌伞盖。④

尽管警方对这个中西交融的港口城市的居民生活的干预达到了令人讨厌的程度，人们还是无法否认，这个城市在摒弃传统道德的同时，又弥漫着现代社会的不良风气，已经影响到了上海市民生活的经济基础。聚赌的影响可能是其中最坏的，尤其是当它导致个人破产和家庭破裂的时候。这种社会陋习是对警察实现社会控制的根本性挑战，并且导致了其他有组织的庞大犯罪网络的形成，我们在下面的章节里进行研究。

---

① 《上海市公安局业务报告》，第四卷，第 102 页后表格。有关舞女的情况，见第 92、95 页。

② 《上海市公安局业务报告》，会议，第 5 页。有关这类的混淆，参见宋美龄：《蒋介石夫人回顾两年来新生活动运动中的理想、发展和成就》，第 18 页。有关执法与不良行为控制的潜在冲突，参见史密斯：《维多利亚时代的伦敦警察：政治警察、公共秩序和伦敦城市警察》，第 143 页；卡特兄弟：《美国警察的改革》，第 15—16 页。

③ 《上海市公安局业务报告》，第三卷，第 82—83 页。

④ 《上海市公安局业务报告》，第三卷，第 80—82 页。

第三篇

有组织犯罪

第七章
罪　恶

　　像赌场、跑狗场、酒吧和舞厅这样不健康的娱乐场所，成为极大的犯罪渊薮，产生了大量的绑架者、抢劫者、流氓、暴徒和其他穷凶极恶的亡命之徒，应该全部下令予以查封。

《密勒氏评论报》（1930 年）

　　上海所有的执法机构，甚至包括日本领事馆警察在内，都经常制定法规，尤其是针对赌博和卖淫。由于辖区的局限，所有这些机构试图控制犯罪的努力，特别是上海市公安局和公共租界巡捕房，最终都失败了。对城市某个地区的执法，只是意味着使犯罪活动转移到另一个更合适的地区。换言之，即使在本辖区内有效地制止了，辖区之外，甚至远离上海的国民党统治的内地发生的刑事案件的威胁依然存在，这种城区分治的情况年复一年，使"罪恶大都会"成为上海最为显著的特征之一。但是，应该指出的是，中国警方为控制上海娱乐业的真诚努力，事实上比其他任何受到治外法权限制的执法行动要好。

第一节　作为娱乐和犯罪的赌博

　　20 世纪 20 年代和 30 年代初，上海商业性赌博业的规模超过世界上任何其他城市。[①] 专业经营的赌场每周的营业额超出 100 万，据称上海可以取代蒙特

[①] 上海公共租界工部局总董致警务处处长函，引自《警卫报》，1930 年 10 月 30 日，第 1035 页。1935 年，公共租界警务处估计仅公共租界中的吃角子机每年就要吃进 100 万元。见《警卫报》，1935 年 6 月 27 日，第 294 页。

卡洛而拥有世界赌城的称号。①

这种新的娱乐行业也让社会付出了代价。② 赌博不仅引发白领阶层的犯罪，同时也导致暴力犯罪（每年秋天马赛前夕，持械抢劫明显上升）。③ 这同样造成普通城市居民的贫困，他们的钱不断地花在跑狗场、赌场或者像"花会"④那样到处流行的彩票上，最后"跳黄浦"，或在"大世界"跳楼自杀。⑤ 西方人相信自己对这种赌博狂热具有免疫力。⑥ 相反，当时中国的评论者则指责外国租界当局，尤其谴责法租界制造了对乡下人独具诱惑的赌博工具，导致他们大量地自杀。⑦ 特别在1930年和1931年的大萧条影响上海后，连失业的白领职员——以前曾是银行职员、海关职员等，也为此寻了短见。⑧

为了享受治外法权，外国人开的赌场往往在拉美领事馆登记注册。⑨ 不过，许多中国人也入伙经营赌场。甚至有广东人经营专门为中国人开设的"洋

---

① 见《密勒氏评论报》，1929年7月13日，1930年8月3日。根据1930年《世界年鉴》第686页，1930年4月1日至1931年3月31日财政年度中，蒙特卡洛的营业总额为5,250,000美元，大约是上海每年赌博营业总额的28%。

② 见《密勒氏评论报》，1930年12月6日，1931年1月3日，2月7日，9月19日。韩蒙广：《赌窟威胁着上海华人》，第248页。

③ 见《警卫报》，1930年10月30日，第1053页；《密勒氏评论报》，1930年12月6日，第5页；1931年9月19日，第83页。

④ "一·二八"事变后，蒋介石为购买飞机而发行了一种特殊的彩票。以后，改由财政部下属的全国彩票协会管理，该机构也为修筑军用高速公路募集资金。每2个月售出50万张，每张10元，其中一半所得（250万元）用于奖金。1张10元的彩票，最高可以赢50万元，彩票也可以分成1元10份。见《上海概览》，第79页；徐铸成：《杜月笙正传》，第55页。

⑤ 徐铸成：《杜月笙正传》，第29页。据装潢精美的"大世界"现任经理说，过去"大世界"顶楼有块地方，常有赌徒寻短见。见布朗宁：《哈哈镜中的旧中国罪恶往事》，第25a页。

⑥ 见《密勒氏评论报》，1931年2月28日，第464页；派尔：《上海传奇》，第19—20页。

⑦ "不久以前一张蚊子报纸（即小报）有新闻说，在法租界每天有人自杀。报纸的调查结果表明，唯一的原因是赌博。"见韩：《法国的对华殖民政策》，第240页。

⑧ 有关游家祥案件令人心碎的特别报道，见《申报》1930年10月19日，第15页。

⑨ 见《密勒氏评论报》，1929年6月1日，第49页；韩：《法国的对华殖民政策》，第239页。

式"赌场。① 1929年对法租界内数个轮盘赌场的非官方调查结果表明,白天去赌场的人数从1,000到5,000不等,赌场每周经营数天,从凌晨3点到下午3点,每间赌场一周平均大约有150,000元易手。超过50%的赌徒是年龄20到30岁间的年轻中国女人,她们大多是地方官员和商人的妻妾。②

就像拉斯维加斯的"高速转轮"赌场,赌场常客可享用免费的优质香烟、葡萄酒、烈酒、食物和鸦片。杜月笙所开的著名赌场——福熙路181号三层楼的"福生"——甚至派豪华轿车接送大赌客。③ 当然,赌场也提供一种特殊的"服务",在旁边开设一家能方便地典当从毛皮大衣到内衣等各种东西的当铺。④ 特别在法租界,警方对这样的赌场,往往"眼开眼闭",公共租界起初也是如此。⑤

赌赛马原来只是外人社区的娱乐活动。⑥ 上海跑马俱乐部的跑马场占地66英亩,是上海最上乘的产业,俱乐部每年举行2次赛马,时间是5月的第一周和11月的第一周。⑦ 从1910年到1919年:

> 所有上海的绅士都拥有自己的赛马(颠地自然拥有上海最大的马厩),其中许多赛马都参加过比赛。赛马是一种严格的体育比赛:不用骑

---

① 韩蒙广:《赌窟威胁着上海华人》,第302页。中式赌场下午1点开门,晚上3点关门。

② 见《密勒氏评论报》,1930年3月8日,第44页。

③ 法租界的另一家赌场派车到码头,将从游船下来的游客送到赌场。见《密勒氏评论报》,1931年7月18日,第245页。1927年,杜月笙曾与法租界官员费沃利处长和魏志荣谈判,要求在法租界经营5家大赌场。他还在宝兴里附近地区向工薪阶层开设了大量的地下赌场。见马丁:《"与魔鬼订约":1925—1935年青帮和法租界当局的关系》,第21页。

④ 徐铸成:《杜月笙正传》,第29页。杜月笙的几百名赌场保镖(抱台脚)保护着赌场。见薛耕莘:《近代上海的流氓》,第163页。

⑤ "为了应变,赌场配备机械装置。四根绳子将赌台和天花板连在一起,天花板上显然有一个秘密空间。赌台没有脚,赌台的面积正好与天花板相配,机械装置将赌台连同上面所有的东西迅速拉上去后,看不出与周围的天花板有不同。"见李:《东方黑社会:十八年黑社会、贩毒者和印度丛林、中国、马来群岛生活的真实经历》,第239页。

⑥ 考特斯:《中国赛马》,第21—44、113—130、231—235页。

⑦ 盖姆威尔:《中国的门户:上海概貌》,第46页。

师，没有赌注登记人，1/4 的赌资用作赛场设施的维修。"大上海赛马场"的赛马是赛季的高潮。①

通常跑马场是被分隔开的。虽然其他有色人种，如黑人、朝鲜人和印度人，能够穿行场地，但中国人除了赛季外，看守是不让进场的。只有在赛季，中国人才可以在跑马场的窗口排队，买 1 元 5 角的马票下注。②

种族隔阂最终缓和的原因相当简单：第一次世界大战后，跑马场的主人们意识到了中国人是大规模赌马的滚滚财源。

> 由于中国人参与了赛马，外国人的赛马事业发展了。赛马俱乐部的财富增加了。可以说，正是中国人使外国俱乐部发了财。这些俱乐部大约 95% 的收入来自中国人。③

结果，据说除了一两家银行和航运公司外，上海的跑马俱乐部成为中国最富的外国公司。用 20% 到 25% 的钱赌一场大"全胜"，俱乐部从秋季为期 4 天的赛季中就可获 25 万元。从中获得的纯利润，经过数年的投资，使俱乐部拥有了价值数百万美元的地产和房产。④

如此巨大的利润吸引了华人投资者，他们组成了国际跑马俱乐部和远东跑马俱乐部，在公共租界外的江湾和引翔港开设跑马场。到 1927 年，这两个跑马场每年大约赚 96 万元，但是，因为他们必须在孙传芳将军那里注册，40% 的纯利润被转到了卫戍司令部。国民党掌握政权后，继续对跑马俱乐部征收高额税收，还强迫跑马俱乐部购买中央政府的公债，卖入场券时搭卖印花税票。⑤ 除了

---

① 霍塞：《出卖上海滩》，第 94 页。
② 见《警卫报》，1935 年 6 月 27 日，第 294 页。
③ 见《密勒氏评论报》，1929 年 7 月 13 日，第 286 页。
④ 见《密勒氏评论报》，1929 年 7 月 13 日，第 286 页。
⑤ 1928 年 1 月，蒋介石的代表试图说服 2 个华人跑马场分别向政府贷款 50 万元。劝说失败后，宋子文又要求在卖入场券和马票时，搭卖印花税票。小科布尔：《上海资本家与国民政府（1927—1937）》，第 45 页。

这种压力，还有暴力和绑架的威胁，一直持续到北伐以后。① 当时，上海特别市掌管了税收。尽管税收和榨取减少了租界外华人跑马俱乐部的利润，但是，俱乐部的收益仍然很高，举办注册过的马赛依然是一项好的投资。②

跑狗比跑马更有利可图。③ 1927年9月28日，中国跑狗会有限公司在上海成立，在集资人中，有上海公共租界工部局的董事麦边（G.McBain）、公共租界警官 M.O. 史龄斐，他们投资了25万元。④ 跑狗会有限公司（董事之一是公共租界工部局总董 H.E. 阿诺德）开了一家"明园"跑狗场，另外一些投资者开了第二家，名为"申园"。两家跑狗场都设在公共租界。与此同时，上海法商赛跑会在法租界开了第三家，"逸园"跑狗场。⑤

跑狗场使用的前3名赢家按注分享赌金的方法在英国是非法的。但跑马场的主人多半是外国人，一般都与公共租界工部局有着密切的政治关系，他们可以在中文和外文日报上、广告牌和有轨电车上刊登广告。跑狗场对富有的中国商人、外国公司中的中国职员实行免费送票，请孩子带他们去家里面交给母亲。⑥ 这种运动很快流行起来，周末夜晚，有7万人到"明园"看跑狗。⑦

如果一个人想要消闲，他的时间表可以这样安排：度过疲劳的周末后，周一晚上在家休息。周二晚上到"申园"跑狗场，周三到"明园"

---

① 1928年1月19日，远东跑马俱乐部董事会主席的兄弟在法租界被绑架和索取赎金。小科布尔：《上海资本家与国民政府（1927—1937）》，第45页。

② 见《密勒氏评论报》，1929年7月13日，第286页；安克强：《上海市政府》，第191页。

③ 在此期间，回力球场在上海建成。有关回力球赌博的情况，见毛啸岑：《旧上海的大赌窟——回力球场》，第128—148页。

④ 见《密勒氏评论报》，1929年6月15日，第103页。

⑤ 《密勒氏评论报》，1929年6月1日，第5页；1929年7月20日，第356页；1930年3月22日，第124页。

⑥ 如果没有免费票，可以从跑狗场外马路上游荡的许多小孩那里花10个角子买到。孟：《双城记》，第420页。

⑦ 《密勒氏评论报》，1930年12月6日，第5页。"在场有许多低薪职员，年仅十几岁的女孩为了赢得赌金，也和各种各样的男子推推搡搡，争着买所想下注的赌票……在结束售票的铃声响起前，男男女女一直争先恐后。"同上，第4页。

跑狗场。周四晚上到"逸园"跑狗场。周五晚上再到"申园",周六到"明园"。周六再到法租界的逸园。①

如果天气好,跑狗一场就有很高的收入,据估计,一个月中跑狗场可以赚到 25 万元②,大部分来自中国人的口袋。在跑狗场 1930 年 10 月 31 日的年度财务报告中,"明园"的英国主人们获得 322,000 元的纯利润。③

正如对跑马场征税,跑狗场的收入也引起了新政权的注意。美国记者约翰·鲍威尔评论道:"如果今年春天蒋介石将军能从上海跑马场和跑狗场的收入中获得一小部分,他就有军费进行北伐,可能还有结余偿付公债。"鲍威尔认为,这似乎理所应当,因为"这些机构每年从中国攫取大量的金钱,毫无回报"④。中国的批评者较少抨击中国政府对外国赌业收入的合理要求,而更多地谈论外国租界允许现代商业性赌业的存在与市民的堕落、破产之间的联系。"我们经常从中文报纸上看到自杀、破产,公司里的年轻人、职员大量挪用雇主的金钱去赌博,当他们输光了一切后,只能跳黄浦江自杀。"⑤

然而,导致自杀的更主要原因,是一种南方传统的赌博,称为"花会",从宁波传到了上海。⑥"花会"对上层和下层社会都具有吸引力,"从富人到最穷的人力车夫,多到可赌 100 元,也可少到赌一个铜子"⑦。妇女,尤其是迷信的妇女,在下赌注前还要烧香求签。⑧ 根据中国警方的报告,赌"花会"失败是导致妇女自杀的主要原因。⑨"花会"赌博形式(被中国市政当局禁止)像走进房子的门道:

---

① 孟:《双城记》,第 420 页。
② 《密勒氏评论报》,1929 年 6 月 1 日,第 5 页;1929 年 7 月 13 日,第 286 页。
③ 《密勒氏评论报》,1931 年 1 月 3 日,第 175 页。
④ 《密勒氏评论报》,1928 年 4 月 21 日,第 217 页。
⑤ 孟:《"花会"赌博的罪恶》,第 334 页。
⑥ 《上海神秘指南》,第 87 页;吴雨等编:《民国黑社会》,第 98—100 页。
⑦ 孟:《"花会"赌博的罪恶》,第 334 页。
⑧ 有关清代"花会"的起源和发展,见徐珂:《清稗类钞》,第六卷,第 47 页。
⑨ 《上海特别市公安局业务纪要》,民国十六年八月至十七年七月,纪事,第 52 页。

共有36个门，各门均有专名。可在任一门押注，但只有一门做筒。赌客押注，铜钱、角子、银圆均可，数额不限。如果开筒，正巧是押注的那门，赌客可以取回赌本30倍的钱。

"花会"每天早晨和晚上都开，组织者从中抽取7/36所得，或者每天收入48,000元。①

总会或"大筒机关"设在外国租界。分筒遍布上海，有数百名流氓掌管路边的摊点，从营利中抽取回扣。由于外国租界也禁止"花会"，总会经常转移地点，但每个人都准确地知道它在哪里。由于"花会"定期贿赂工部局警务处和法租界警方，所以能安然无恙，兴盛不衰。② 淞沪警察厅长徐国梁曾试图与工部局警务处合作，关闭猛将巷的"大筒机关"，但虹口巡捕房的搜捕归于徒劳，因为当联合搜捕的计划刚制订，赌徒们都闻风逃走了。③

第二节　中国人控制赌博的努力

尽管工部局警务处的确试图定期关闭赌场，逮捕赌场主，但在新的上海市政府成立后的最初2年中，公安局的官员始终认为，公共租界和法租界的警察当局并未真正对赌场实施彻底扫荡。④ 在他们看来，最有效的方法是要有针对性的立法。⑤ 只有订立严厉的条款、规则和条例，中国警方才能关闭"花会"和其他赌博场所（见附录一），并在中国政府最高政治当局的支持和援助下，逼迫租界当局支持他们的立场。

---

① 孟：《"花会"赌博的罪恶》，第334页。
② 孟：《"花会"赌博的罪恶》，第334页。见徐铸成：《杜月笙正传》，第29页。
③ 《上海特别市公安局业务纪要》，民国十六年八月至十七年七月，纪事，第53页。
④ 《上海特别市公安局业务纪要》，民国十六年八月至十七年七月，纪事，第53页。见《密勒氏评论报》，1927年8月10日，1929年8月10日，第465页，有关工部局警务处1927年至1929年间对赌博的镇压。
⑤ 《上海特别市公安局业务纪要》，民国十六年八月至十七年七月，纪事，第53页。

部分由于来自中国政府的这种压力，1929年1月，公共租界警务处决定对租界内的赌场进行扫荡。① 尽管1929年1月的扫荡没有能关闭公共租界内所有的赌场，但的确将相当数量的赌客赶入了法租界。作为对公共租界警务处镇压的回应，几个广东人开设了直接面向中外赌客的赌场。②

中国当局无疑很感谢工部局警务处的禁赌行动，但是他们更担心跑狗这项新的活动。中文报纸上的广告和免费门票的发送使跑狗对社会道德构成了更大的威胁。1929年5月，中国政府向英国驻华大使米勒斯·蓝普森爵士递送了一份正式抗议，称跑狗赌博在英国被禁止，在中国也应被取缔。③ 蓝普森到上海，将抗议转交给美国总领事和领事团主席克宁翰，并告知英国官员，由于中国政府的反对，应该关闭跑狗场。④ 作为回应，工部局英国董事致函"明园"和"申园"的英国业主们，责成他们将跑狗压缩到每周一晚。⑤ 跑狗场的业主们反过来责问工部局，如何处理上海的其他赌博场所。过了还不到一天，在5月26日星期天凌晨，公共租界警务处在静安寺路151C号有名的"轮盘"赌场前发起了一次大围捕，逮着了200多名赌客，其中还有十几个领事馆的职员。⑥

1929年6月12日，报纸上第一次出现了关于"轮盘赌案"的消息，新闻界称其为英国人拥有的跑狗场（董事会成员和投资者包括工部局董事和英国警方人员）与拉美人及中国人的轮盘赌场之间的"帮派战争"。"轮盘"赌场主（一个名叫卡洛斯的墨西哥公民和他的合伙人 G. F. 德威）的辩护律师，在上海市法庭上辩称，他的委托人遭人陷害，因为工部局中一部分受金钱驱使的人

---

① 卡尼：《眼睛发亮的洋鬼子：忆上海（1933—1939）》，第20页。
② 《密勒氏评论报》，1930年3月8日。
③ 《密勒氏评论报》，1929年7月13日，第284页。
④ 《密勒氏评论报》，1929年6月15日，第95页。
⑤ 公共租界警务处威胁跑狗场，称如果跑狗场拒绝这个要求，就要关闭通向跑狗场的路，《密勒氏评论报》，1929年6月1日，第5页。
⑥ 公共租界警务处威胁跑狗场，称如果跑狗场拒绝这个要求，就要关闭通向跑狗场的路，《密勒氏评论报》，1929年6月1日，第5—6页。

希望打击赌场，把顾客吸引到跑狗场。① 英语读者公众轻易地接受了这种解释，但这也救不了可怜的卡洛斯先生，因为中国临时法庭指出墨西哥有关治外法权的条约已在1928年底失效。② 与此同时，尽管接到每周只允许跑狗一晚的命令，跑狗场还是通过增加每晚的经营项目，保持了原有的利润。③

国民政府决不手软。④ 在废除不平等条约的热潮的鼓舞下，中国当局要求关闭"明园"和"申园"。⑤ 工部局试图抵制，但领事团感到很难应付这种压力。1930年7月8日，南京政府最后宣布，将逮捕在跑狗场工作的中国雇员和赌客，以此迫使上海的跑狗场关闭。两家跑狗场的赢利不断下降，1931年3月31日，工部局最终下令关闭两家跑狗场，跑狗场就此寿终正寝。⑥ 但是，法租界的"逸园"拒绝执行中国政府的要求。⑦ 作为上海仅存的跑狗场，"逸园"变得生意兴隆起来，以至跑狗场的法国业主不再免费送票，每个人入场都要买门票。⑧ 不过，繁重的税额立即吃掉了他们的利润：赢利574,890元，但其中35,900元要给法租界公董局，18,833元给法租界警方。⑨

然而，30年代的公众舆论，特别是《申报》和其他上海的重要报纸，继续抨击跑狗赌博和更为普遍的其他赌博活动。10月18日到25日间，上海的日本人自治区召开了反赌博的会议，地方报纸《上海日日新闻》登载的告示称，

---

① 《警卫报》，1929年7月25日，第585页。
② 《密勒氏评论报》，1929年6月15日，第95—96页；1929年7月13日，第285页；1929年7月20日，第356页；1930年3月8日，第44页。
③ 《密勒氏评论报》，1929年7月13日，第285页。
④ 在中国当局禁止从英国和澳大利亚进口赛狗后，"明园"不得不建造了一个面积为18亩的养狗场。《密勒氏评论报》，1931年1月20日，第212页。
⑤ 《密勒氏评论报》，1930年2月22日，第414页。
⑥ 派尔：《上海传奇》，第16页；《密勒氏评论报》，1930年7月19日。工部局主席范思顿致跑狗场，1931年1月9日。《密勒氏评论报》，1931年1月17日，第245—246页。
⑦ 《密勒氏评论报》，1933年3月18日，第106页。
⑧ 韩：《法国对华殖民政策》，第239页。
⑨ 《密勒氏评论报》，1930年3月22日，第124页。绝大多数商业楼寓和工厂存在于公共租界，据称法租界允许如此众多的犯罪机构存在，原因是它们提供了租界最主要的税收。韩：《法国对华殖民政策》，第240页。

当地日本领事警方将到跑狗场、跑马场和回力球赌场去，向日本领事法庭检控任何前往这些场所的日本人。① 同年，公共租界禁止设立吃角子机。此后，当这一措施被证明无效后，公共租界警务处命令吃角子机的所有者将公共租界中正在使用中的大约上千台吃角子机搬走。②

但是，法租界拒绝铲除界内的犯罪机构，当时能这样做无非依靠治外法权的庇护。③ 当时已经有一个中国记者指出，法租界当局之所以容忍这种罪恶，是因为殖民者于当地民众的苦难无关痛痒，热衷于收取贿赂，牟取私利。④

> 首先，[法租界]当局允许一伙中国鸦片和毒品走私团伙在法租界建立巢穴，在治外法权的保护下，他们盘根错节，牢不可破。其次，法租界当局允许开设赌场，引诱赌徒。现在，作为走向堕落的最后一步，法租界地方官员又允许开设迎合外国人的赌场。⑤

新闻界的揭露使法租界当局，尤其是法租界警务处总监费沃利上尉坐立不安。一个质询委员会很快将使他职位难保，1931年9月，费沃利答应关闭法租界居民区所有的6到10家大的商业性赌场。⑥ 但事实上，除了少数零星的突袭外，情况没有得到改善，巴黎当局终于将费沃利解职，重新任命革新的租界行政班子，力图把流氓骗子赶出"法国城"。⑦

在所有公安局发起的打击犯罪业的行动中，对上海外国租界中有组织的轮

---

① 《密勒氏评论报》，1930年10月25日，第272页。
② 《警卫报》，1931年6月27日，第294页。
③ 《密勒氏评论报》，1931年9月26日，第123—124页。
④ 韩：《法国对华殖民政策》，第239页。有许多外国人对中国人的遭遇漠不关心。"外国人迟早会变得健忘……他习惯于将中国人当作驮载牲口……他对社会暴行的麻木竟到了能够对他人的痛苦和悲惨遭遇无动于衷的地步，……但不麻木，他就会发疯。"豪顿：《上海意识》，第539页。
⑤ 《密勒氏评论报》，1931年7月11日，第203—204页。
⑥ 《密勒氏评论报》，1931年9月26日，第123—124页。
⑦ 马丁：《"与魔鬼订约"：1925—1935年青帮和法租界当局的关系》，第32页。

盘赌场和赛狗场的打击是最成功的。① 1930 年到 1931 年间，由于国民党政权外交上的全力支持和英美领事当局的协作，许多在公共租界的轮盘赌场和赛马场关闭了，这对法国当局造成了公众压力，迫使其解散了腐败的费沃利班子。但是，我们也必须认识到关闭"法国城"的轮盘赌场，就意味着在"大上海"的其他地方重开，如南市和闸北，中国警方不久就像他们法租界和公共租界的警察同行一样，被贿赂"封杀"了。因此，尽管公安局甚至做到了在其辖区外扫除犯罪机构，但公众的赌博依然是一个祸根，因为在与轮盘赌场或彩票赌博一起而来的集体腐败面前，任何上海执法机构都是脆弱的。②

第三节　中国的娱乐和赌博机构

在第一次世界大战中繁荣的年头——一个所谓的上海"资产阶级的黄金时代"，有一位中国药业富豪，名叫黄楚九，决定为上海的普通百姓建造一座现代娱乐总汇。③

在那时它是一座大楼，中文名字是"楼外楼"，包括一个大剧院、露天电影院和一个人们可以喝茶闲聊的屋顶花园。这项投资获得巨大成功，黄决定卖掉他的股权，再盖一座更大更好的游乐场，名叫"新世界"。这次又获得了成功，以至于北京当局决定他们也应该造这样一个游乐场，1916 年建成，取了同样的名字。而在上海，黄将新世界的股份割让给了原来的合伙人的遗孀……并造了一座前所未有的游乐场。由于付给建筑工人巨额的奖金，这项工程在预定时间内完工，1917 年 7 月 14 日，"大世界"开幕了。④

---

① 《上海特别市公安局业务纪要》，民国十六年八月至十七年七月，纪事，第 53 页。
② 《密勒氏评论报》，1935 年 1 月 26 日，第 258 页。
③ 刘兆荣：《黄楚九办大世界》，第 77—80 页。又见白吉尔：《中国资产阶级的黄金时代（1911—1935 年）》。
④ 司考特：《演员都是疯子：一个演员在中国的笔记》，第 75—76 页。

大世界融汇中西方的建筑风格，5层楼，宽大走廊和尖塔顶，占地14,700平方米，坐落在西藏路和爱多亚路的交界处。①

最吸引人的地方安装了一套从荷兰进口的哈哈镜。②后来，又增加了电影院，还有快餐店和游廊。大楼的布局有点像南京路上林立的百货店，顾客从这层逛到另一层，层层可以吃喝玩乐：剧院、木偶戏、摔跤、歌女、食品店和有奖游戏应有尽有。③但是大楼中也洋溢着乡村气息，到处有地方戏和传统的说书。④

原来只是乡村民歌形式的绍兴戏，在大世界建成后被介绍到了上海，在京戏和西方剧院自然主义表演风格（包括舞台布景）的影响下，发展成了一个剧种。A. C. 司考特在大世界第一次看到了绍兴戏。

> 剧情浪漫而富有情感，催人泪下，诉说的是些爱情悲剧，妻子绝情、情感挫折的故事……绍兴戏的戏迷以女性为多，上至中年主妇、老太，下至天真的女仆或店员，无论何时，无论何人，只要走进剧场，都会沉浸在这美妙的悲情和缤纷的场景之中，流连忘返。⑤

大世界的说书人在二楼的大厅里说书，身穿中式长袍，手持折扇和手帕，向听众说长江流域的各种方言，几乎所有到大世界来的观众都能听到乡音。⑥

在大世界周围，形成了一个纯游乐区域（南京电影院和卡萨诺瓦餐馆在同一个十字路口，后者是上海"白相人"常去的地方之一）。1931年，黄楚九破产了，不得不把游乐场卖给了黄金荣这个帮会头子、法租界巡捕房的华捕。⑦在

---

① 柯肇晋［音］：《游客必到的"大世界"》。爱多亚路是现在的延安路。
② 那些"哈哈镜"现在仍在大世界。布朗宁：《哈哈镜中的旧中国罪恶往事》，第25a页。
③ 卡尼：《眼睛发亮的洋鬼子：忆上海（1933—1939）》，第19页；陈锦江：《传统中国公司的组织结构及其近代改革》，第230页。
④ 司考特：《演员都是疯子：一个演员在中国的笔记》，第76页。
⑤ 司考特：《演员都是疯子：一个演员在中国的笔记》，第76—77页。
⑥ 司考特：《演员都是疯子：一个演员在中国的笔记》，第78页。
⑦ 柯肇晋：《游客必到的"大世界"》，第250页；布朗宁：《哈哈镜中的旧中国罪恶往事》，第25a页。

这个流氓的经营下，大世界变成了"荣记大世界"。游乐场里虽然仍是杂技、戏剧、说书应有尽有，但却变得越来越下流，大世界很快因成为赌徒和妓女寻欢作乐的场所而臭名昭著。① 30年代如此之多的大众游乐场所表明，其商业上的成功与上海的犯罪业是形影不离的。1949年，当共产党将它变成了市青年宫，大世界成为旧上海资产阶级腐败生活方式的缩影。②

饭店林立成为衡量上海社会深刻变化的另一个标尺。20世纪的一个突出特征，是现代饭店提供了一个超越家庭的场所。③ 正如1940年一篇短篇小说中所描写的，饭店客房成为上海城市生活的一大特色。

> 这旅馆不仅是招待客商，或远行的旅客，反而作了都市人的生活的中心；要洗澡的开房间去，要打牌的开房间去，要谈爱的开房间去，要自杀的也开房间去，甚至于密谋起义，抢劫，暗杀也还开房间去。于是，都市的旅馆里，演出了人生所有的悲喜剧：少女被强奸之后价卖了，学士先生在毕业就失业的铁的条文下吃了来沙儿自杀了，同居十年的夫妻控告遗弃什么了，某某阔少爷突然被绑了，……一切法院上的案子，几乎十有九件需要旅馆老板或者账房、茶役，出庭做证人。这旅馆的发达史，却反映了中国家庭的崩溃史。④

上海的饭店客房是隐匿情欲和幻想的"家外之家"，个体和集体罪恶的竞技场，这就是时髦人的生活状况。

---

① 柯肇晋：《游客必到的"大世界"》，第5页。

② 1966年，大世界被认为是资产阶级的东西而关闭了。以后许多年中用作上海进出口贸易公司储存出口产品的仓库。1973年，江西路上的青年宫搬了回来。但后来，上海人呼吁恢复大世界。1979年，许多"好"的娱乐设施恢复了，1987年1月，此地恢复为大世界娱乐中心。现在它每天接待10,000顾客。同上；布朗宁：《哈哈镜中的旧中国罪恶往事》，第25a页；石志康［音］：《宫殿中多姿多彩的活动》，第5页。

③ 参见格劳斯：《被禁止的居所：美国城市中旅馆、寄居所、公寓和小租屋的演化和消亡(1880—1930)》。

④ 巴人：《喜事》，第290—291页。小说作于1940年，但首次刊登在《上海"孤岛"文学作品选》（上）。

尽管跳舞曾得到社会相当的尊重，舞厅却是出名的藏垢纳污之地。茶舞会是沟通上海华洋上层人物的最早的文化活动之一。最初上层社会每周在礼查饭店举办一次茶舞会。不久后除了周六和周日，每天都有茶舞会。① 唱片和留声机传入上海后，西洋舞蹈在上海的小市民阶层流行开来，出现了舞蹈学校。② 正如帕西·冯齐在当时的《老上海通》中所评论的："上海人开始抛弃将中国女子变成父母和丈夫的附属品的陈规。他们生吞活剥着一切西方文化。这正是茶舞、时装流行的时期，上海人的紧身时装风靡全国，而上海夜总会和社交活动则追随着美国好莱坞。"③

20年代和30年代早期出现的奢华的夜总会，吸引了上海无数富有的西方单身男子。④

> 上海这块地方，单身汉如果想找乐，几乎是有求必应。⑤ 经历了革命、内战，渡过了危机、萧条，上海出现了世界上最斑斓多姿的夜生活。在雪亮的霓虹灯之下是数不清的舞场、赌坊、戏院、茶室、妓院、酒吧，而且处处都是人头拥挤，十分热闹。⑥

最有名的夜总会是法伦和德蒙特（两家又都是赌场），伴舞的是披着丝绸的白俄舞娘，有印度人看门。⑦

德蒙特夜总会凌晨三四点钟才真正热闹起来，西罗和罗斯夜总会通常在早

---

① 麦考米克：《另眼看中国》，第43页；鲍威尔：《鲍威尔对华回忆录》，第7页。

② 舞蹈学校在法租界警方有注册记录，公共租界警务处没有。《警卫报》，1937年4月1日，第9页。

③ 冯齐：《上海与外界》，第304—305页。

④ 最早的夜总会之一是在静安寺路的一家农舍里，名字可能是"圣乔治农庄"。主人是名叫弗雷德里克的德国人或希腊人。卡尼：《眼睛发亮的洋鬼子：忆上海（1933—1939）》，第54页。

⑤ "在社交场合外国人发现可以摆脱家庭的所有束缚。"豪顿：《上海意识》，第538—540页。朱子家（金雄白）：《黄浦江的浊浪》，第119页。

⑥ 霍塞：《出卖上海滩》，第261页。

⑦ 卡尼：《眼睛发亮的洋鬼子：忆上海（1933—1939）》，第55页。上海有相当大的俄侨区，大约1/3的妇女生活来源靠在当地酒吧和舞厅做事。约1,000名俄国妇女被那些普通水手常去的地方所雇用。她们的合法收入每月从50元到150元不等。

上6点关门。① 但是位于斜桥弄（今吴江路）的"圣安妮桌球房"开门要早得多，在那里有菲律宾人乐队伴奏，位于迈尔西爱路（今茂名南路）的法国总会的半圆形吧台上放着苦艾酒。然后，还可以逛到"大使""卡萨诺瓦""维纳斯咖啡店"和"维也纳"这个"中国歌舞餐厅女孩最羡慕的地方"，在这些地方，外国男子能若无其事地在一群红颜薄命的女子中挑一个过夜。②

你大概总在距夜半之前一小时的时候走进舞场去，你总拣一张离舞池不远的桌子坐下来，随即抬头向四面望望，你便能看见许多穿着艳色衣服的中国舞女，不过颊上的胭脂似乎有点太浓了一些，穿着晚服的俄国舞女、很动人的高丽舞女、很瘦小的混血种舞女、举动很敏捷的日本舞女，都成排地坐在舞池的四围，有些在那里吸香烟，有些在那里说笑谈天。你可以买了舞票，随意和她们跳舞，也可招呼一个坐到你的桌上来，不过多花一些钱。最令人失笑的是，逢到招舞女坐台子时，她所喝的明明是一杯橘汁，但开到账单上时便变成香槟酒了。③

1936年，仅上海的外国租界内就有300多家歌舞餐厅和赌场。④

然而，随着那些年舞厅的兴起，"上海也变成了一个俗气污秽的舞场。老式的夜总会关门了，重新开业后立即变成了有俄国舞娘、下流歌舞表演的水手餐厅"⑤。20年代，普通的舞业还多多少少被白俄舞娘垄断，到30年代，上海和中国其他的港口城市有中国舞女的西式舞厅也出现了。⑥ 最老的餐馆关门了；许多茶室和歌厅消失了；麻将和扑克牌成为历史。这些设施和场所逐渐被

---

① 渥伦：《邪恶的旧上海现在像清教的港口》，第4页。
② 冯齐：《上海与外界》，第304页。
③ 霍塞：《出卖上海滩》，第261页。
④ 派尔：《上海传奇》，第76页。
⑤ 布克：《新闻就是我的工作：一个记者在战火纷飞的中国》，第164页。
⑥ "起初中国女孩只是在酒吧当舞伴，后来她们逐渐转到了舞厅和咖啡馆。近十年里，在上海已经很难找到中国的伴舞女了。"严景耀：《犯罪与中国社会变迁的关系》，第103页。

舞厅所取代。① 到 30 年代末，上海有 2,500~5,000 名应召舞女，其中 60% 以上是职业妓女。②

至于按摩院，法租界警方注册有 10 家，公共租界有 26 家未注册，对此人们非议颇多。通常一家按摩院中有 6 个按摩女，从中午开业到午夜。按摩费和洗澡费直接交给主人，性服务可直接与按摩女交易。按摩女付给按摩院主人房钱、汽油费和服务费之后，每月大约挣 25 元。③

对一般妓院的老鸨来说，这种秘密的卖淫必然会出现不公平的竞争。可以想象，按摩院老板不必像妓院老板那样依靠塞很厚的"红包"给警察来维持生意。1935 年以后，美国和日本的"向导社"传到上海，也开始染指这个行当，向到上海的男子提供女人做"向导"。④

第四节　上海的娼妓

50 多年前，一个年轻的中国社会学家指出，随着城市的发展和商业化，"男性世界发展了，穷汉们无力承担娶亲所要的花费，为了满足低阶层男子的性需求，出现了形形色色的妓女"⑤。上海注册人口中男女比例是 12~16∶10，随着妓女越来越多，卖淫业逐渐公开了，用贺萧的话说："卖淫市场的繁荣，最初是由为城市中不断增长的店员和劳工阶层中的未婚男子（尽管未必尽是非婚者）提供性服务拉动起来的。"⑥（见图 3）

统计表明，卖淫市场相当庞大。以在册妓女为例，1915 年公共租界有妓

---

① 严景耀：《犯罪与中国社会变迁的关系》，第 103 页。
② 《警卫报》，1937 年 4 月 1 日。1937 年上海约有七八百名歌妓。
③ 在法租界警方注册的中国按摩院有 7 家，中国按摩女 28 人。另外还有 3 家外国按摩院，按摩女人数不详。《警卫报》，1937 年 4 月 1 日，第 8 页。
④ 《警卫报》，1937 年 4 月 1 日，第 8 页。又见霍塞：《出卖上海滩》，第 269 页。
⑤ 严景耀：《犯罪与中国社会变迁的关系》，第 102 页。
⑥ 贺萧：《1870—1949 年间上海娼妓业的等级制度》，第 494、465 页；贺萧：《上海娼妓（1919—1949）》，第 13—14 页。

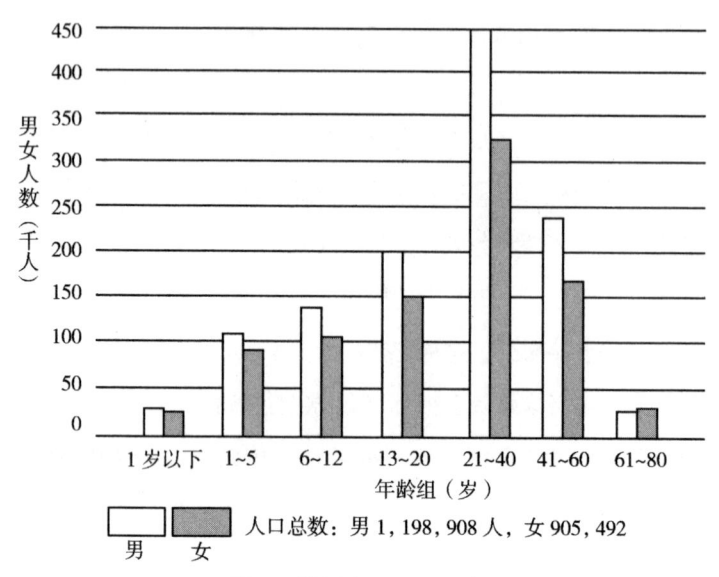

图3：华界人口，1936年

人口总数：男 1,198,908 人，女 905,492 人。
资料来源：上海市档案，第一部分。

女 9,791 人。① 5 年后的 1920 年，上海工部局统计有超过 70,000 名妓女在外国租界：12,000 名是高级的"长三"②；490 名"幺二"；37,140 名是没有注册的妓女或"野鸡"，其中 24,825 名在公共租界，12,315 名在法租界；21,315 名女子在"花烟间"（男人先吸鸦片，后叫妓女）和"钉棚"（吸引底层劳动者的下等妓院）。③ 如果这些数字大体上确凿，那么在 1920 年的法租界，39,210 名在册女性人口中，有 1/3 是妓女。④

这些数字确实与西方人对那时的印象相吻合，对美国剧院中的观众而言，

---

① 夏林根等：《建国以来上海史研究述评》，第 80 页。
② "长三"指有两行三点的骨牌。"长三"陪客人喝茶索取 3 元，过夜要超过 3 元，因此而得名。贺萧：《上海娼妓（1919—1949）》，第 6 页。
③ 孙国群：《论旧上海娼妓制度的发展和特点》，第 3—4 页；又见贺萧：《1870—1949 年间上海娼妓业的等级制度》，第 466 页。
④ 孙国群：《论旧上海娼妓制度的发展和特点》，第 4 页。

上海最显著的特征之一就是人种杂乱的青楼。① 1929 年，外国人看到从黄昏到午夜站在南京路、福州路上的妓女们如此招摇，颇为惊讶。

> 在大百货商店、饭店沿街，情况尤其严重，连老闸巡捕房门前的马路也是如此②……只要你愿意，每天晚上至少能在这一地区的大马路上数到 500 名中国妓女。③

在公众的印象中，警方——至少租界警方，从不驱赶站街的"野鸡"。外侨社区已经意识到了自身在卖淫问题上的脆弱性。

> 继续维持上海租界的现状，公开声称的理由之一，就是如果中国人掌管租界，这块地方很快会被毁掉。但是我们非常怀疑，在中国任何由中国人管理的其他城市中，是否也会出现这样的景象：一年中的每一天，一周中的每个晚上，妓女都公开地在马路上。④

公共租界警务处确实定期对南京路上的妓女实行围捕，强迫她们在巡捕房待一晚，但只要皮条客付很少的罚金就能保她们出来，第二天晚上她们又出现了。⑤ 因此，在 1932 年关在上海监狱中的妇女只有 2 个是妓女。⑥《密勒氏评论报》抱怨道："没有一个有识之士能指望这座国际港口能保持新英格兰乡村的道德标准，但是如果上海警察部门下决心做，他们应该至少能够使那些女人离开城市的主要马路。"⑦

---

① 尤其是约翰·考尔顿的有名的美国话剧：《上海风姿》。
② 老闸巡捕房坐落在南京路和九江路间。见潘翎：《寻找旧上海》，第 60—61 页。
③ 《密勒氏评论报》，1929 年 1 月 5 日，第 226 页。
④ 《密勒氏评论报》，1929 年 1 月 5 日，第 226 页。
⑤ 霍塞：《出卖上海滩》，第 269 页。一些白人妓女的皮条客是法国的亡命徒，或曾在巴黎北面蒙马特区马赛的洛克莱特路，或曾侨居布宜诺斯艾利斯［阿根廷］、瓦尔帕莱索［智利］做过皮条客。见坎布雷的半纪实性作品《通往上海之路：亚洲的白奴交易》，第 217 页。1936 年在法租界欧妓女注册的有 34 人，暗娼有 270 人。见《警卫报》，1937 年 4 月 1 日，第 7 页。
⑥ 徐蕙芳、刘清於：《上海女性犯的社会分析》，第 75 页。
⑦ 《密勒氏评论报》，1929 年 1 月 5 日，第 226 页。

西方评论家认为，马路上的妓女是令人讨厌的，但在公共租界红灯区的高级歌舞餐厅和妓院则是另外一回事。格雷斯·盖尔在江西路52号富有魅力的妓院现在已门可罗雀，但在20世纪最初10年它的全盛时期，里面的装潢非常考究，采用巴黎上流社会的沙龙风格。妓院的中国厨师为这里的社交提供着美味佳肴。妓院的女孩——美国的大安妮、新加坡的凯特、加利福尼亚来的莲①——坐着敞篷马车在夏夜里穿过南京路，令上海外侨女眷们羡慕不已。②"格雷斯手段高明，把美国女孩发挥到了极致——瓷器代表了明代，罗斯莱斯代表着轿车，美国女孩则代表着上海的商业罪恶。"③

俄国革命结束了美国妓女在上海的时代。随着白俄涌进上海，"美国妓院无力竞争，美国女郎从红灯区消失了，就像野牛从美国西部的大平原消失一样。爱变得更坏、更贱了。一个男人在格雷斯那里销金一夜，能养白俄情妇一个月"④。数以百计的白俄姑娘走进了上海的夜生活，开始了卖淫生涯，"投入了别人的怀抱，不管他是白种人还是黄种人"，这令上海的西侨女眷们惊慌失措，欧洲的绅士们瞠目结舌。⑤

> 她们大多体态丰盈，肤若凝脂，飘着淡蜜色的头发，眼神充满着青春的活力。她们搅热了上海的夜生活……夜色中的上海，成了一座歌舞厅、一个豪华的夜总会，最美丽的女人流落到了这里卖笑为生。⑥

---

① 20年代初，妓女史上有过某种跨越太平洋的长途跋涉，经过火奴鲁鲁、香港、马尼拉、新加坡和爪哇。冯齐：《上海与外界》，第45页。

② 当然日本人是例外。在虹口有"小东京"之称的地区，有3家有名的日本艺伎馆。由于有许多富有的日本商人来到上海，在东京的艺伎馆总部定期将她们主要的艺伎派到上海虹口的分馆。派尔：《上海传奇》，第77页。

③ 冯齐：《上海与外界》，第37—41页。

④ 冯齐：《上海与外界》，第48页。

⑤ "白种女人像混迹于当地下层社会的妓女一样丧尽廉耻的行为，使西方国家在东方的声誉深受打击。"见工部局委员会对娼妓业的调查报告，引自派尔：《上海传奇》，第20—21页。一位辛辣的诗人描写道："白种女人，真的女人，浓妆得令你惊讶，却一丝不挂……陪酒、陪跳，你不是黄种，想的话，还可陪睡觉。"见坎布雷：《通往上海之路：亚洲的白奴交易》，第194页。

⑥ 布克：《新闻就是我的工作：一个记者在战火纷飞的中国》，第164页。

为了供养丈夫、父母、公婆、姑姑、弟妹，白俄女人没有其他路可走。许多人开商店、美容室和茶室，但收入都供男人玩乐。① 到 1930 年，上海有 8,000 名白俄妓女，有的公开在虹口和法租界的"罗宋堂子"接客，有的做应召女郎，提供性服务。②

美国和白俄妓女主要为西方客人服务。③ 上海还有一群广东妓女，在英方卫生当局注过册，专门为外国水手服务。④ 上海妓女人数虽多，仍大致上依传统型妓女到现代的街头妓女而自上而下地分成等级，以迎合中国嫖客的不同需要。⑤

第五节　中国妓女

19 世纪末到 20 世纪初，中国妓女的最高等级是在自己住所卖唱和说书的女子，称为"书寓"。这也成为她们这个行当的名称。西方人称她们是"歌伎"，当时的文化人（特指 1870—1895 年间）与她们欢宴作乐，极力恭维她们的美丽和才能。⑥

20 年代，作为艺伎的"书寓"融入"长三"等级中。"长三"擅长设宴、棋牌，穿着精致，会唱戏曲，与申曲艺人相竞争。申曲于 19 世纪 80 年代发源

---

① 布克：《新闻就是我的工作：一个记者在战火纷飞的中国》，第 164 页。

② 贺萧：《1870—1949 年间上海娼妓业的等级制度》，第 473 页。

③ 但根据可能出版于 1930 年的《上海神秘指南》，她们也接待中国客人，特别是能说英语的客人。《上海神秘指南》，第 42—43 页。

④ 根据 1877 年特别规则，"咸水妹"应在当地医院接受检查以防性病。因此，她们用印有自己照片的医院登记卡为自己做广告，直到 1920 年公共租界正式禁止卖淫。贺萧：《1870—1949 年间上海娼妓业的等级制度》，第 472—473 页；戴维森·豪思顿：《黄浦江：上海的故事》，第 96 页；程恺礼：《沼泽荒原：上海公共卫生的起源（1843—1893）》，第 219—235 页。

⑤ 以下所提到的等级制度几乎全部引自贺萧出色的著作《1870—1949 年间上海娼妓业的等级制度》和《1920—1949 年间上海娼妓的社会结构》。收费反映等级，1936 年高级妓女挣 10～15 元一夜，中等妓女 3～10 元一夜，最低的是接客一次 3～4 角。《警卫报》，1937 年 4 月 1 日，第 8 页。

⑥ 贺萧：《上海娼妓（1919—1949)》，第 4—5 页；严景耀：《犯罪与中国社会变迁的关系》，第 83—84 页；孙国群：《论旧上海娼妓制度的发展和特点》，第 2—3 页。

于浦东的"花鼓戏",在妓院里演唱。① 不过,与原先的"书寓"一样,"长三"可以选择相好,而要做她们的相好,还得好好花一番心思。②

长三经常坐着轿子赶堂会,出入于南京路和福州路的风格各异的茶楼。茶楼雕梁画栋,从路边进门后,走上宽大的楼梯,进入二楼的餐厅,再到阳台,在阳台上,客人可以边喝茶边闲聊,看着马路上人来人往。外国人把这个地区称作上海的"油水区"(Tenderloin)。③

其次是"么二",也属高级妓女,得名于付1元可以进房吃瓜子,付2元可请陪喝茶。在法租界和沿北京路边有许多"么二"的堂子(在法租界称为"猫房")。④

"野鸡"和"雉妓"是街头妓女,衣着艳丽,像野鸟一样飘忽不定。1932年,她们的要价是"一炮主义"2元,过一夜7元。当时的上海指南警告旅游者当心她们的侵害,看住自己的钱包。⑤ "长三"和"么二"之下是"咸肉庄",1932年的上海指南书说:"咸肉庄里'肉'的价钱多少,要看肉的味道。大家晓得,切一片,付3元;困一觉,付5元到8元。"事实上,卖淫,就是鲜肉生意,无须歌艺牌技,一张床、一只"鸽子棚"就够了。"咸肉庄"大多集中在法租界的八仙桥。⑥ 为外国人服务的"咸肉庄"称为"沟子",多在虹口苏州河沿岸到西华德路(今长治路)一带。注册妓院的主顾主要是水手和海军士兵。由于经常有斗殴(通常在日本和美国水手之间),这个红灯区也叫

---

① 上海通社:《上海研究资料》,第564—566页。
② 章君谷:《杜月笙传》,第44页;贺萧:《上海娼妓(1919—1949)》,第6页。
③ 盖姆威尔:《中国的门户:上海概貌》,第46—48页。(校注:Tenderloin,原指猪、牛等背上的里脊肉,美国人用之比喻城市中奢靡繁华、警察可以大捞油水的地方。)
④ 贺萧:《上海娼妓(1919—1949)》,第6—7页;冯特诺:《秘密的上海》,第50页。
⑤ 贺萧:《上海娼妓(1919—1949)》,第8页。但是注意30年代对福州路的描写:"我沿着马路走,许多门前满是中国年轻姑娘的地方,她们浓妆艳抹,穿着艳丽,站在那里聊天,眼角却瞟着过路人。她们大多数看上去只有18~20岁,18岁被认为是可以从事这项职业的合适年龄。当有意的客人走近时,她们便故作矜持,垂下眼帘。"李:《东方黑社会:十八年黑社会、贩毒者和印度丛林、中国、马来群岛生活的真实经历》,第237页。
⑥ 贺萧:《上海娼妓(1919—1949)》,第7页。

"血路"。①

最后，最低层的妓女是"钉棚"，在那里性交易只要付3角钱，速度快得像"剪指甲"；在"烟花间"客人可以吸鸦片，付3角钱就可与妓女性交，付1元可以过一夜。②

上海妓院里的许多女孩和妇人最初都是被家里人卖给妓院的。③ 还有的是在乡下或坐船刚到上海被人贩子绑架来的。人贩子把她们拐来锁在法租界的小客店里，再卖到妓院里。④ 还有一些女孩受骗招工，被卖到像杭州和厦门这些城市的妓院中。⑤

拐卖儿童和妇女的数量是惊人的。1913—1917年间，上海的反绑架组织解救了10,233名妇女和儿童；平均每月超过200起。⑥ 但是，妓院老鸨付给当地警察"站街捐"和其他陋规，和警察暗中勾结。因此，如果一个妓女——甚至是一个遭绑架的女子——逃出妓院，幸运的话，她可以自己到妇孺救济会之类的救援组织，不然就可能被老鸨的帮会朋友抓去，值勤的警察就是看见了也会扭转身去。⑦

当然，公共租界警务处可以依据第34号法规管治妓院，该法规规定公共租界工部局有权要求所有商业机构进行注册。但是，第34号法规受到公共租

---

① 布克：《新闻就是我的工作：一个记者在战火纷飞的中国》，第27页；李：《东方黑社会：十八年黑社会、贩毒者和印度丛林、中国、马来群岛生活的真实经历》，第238页；霍塞：《出卖上海滩》，第262页。

② 孙国群：《论旧上海娼妓制度的发展和特点》，第7页；贺萧：《上海娼妓（1919—1949）》，第9页。

③ 她们多来自杭州和苏州，很小年纪就被贱卖了。在遭水灾和荒灾的地区，花2元钱就能买下了。霍塞：《出卖上海滩》，第268页。《警卫报》，1939年4月1日，第7页。

④ 徐蕙芳、刘清於：《上海女性犯的社会分析》，第79—80页。一个不甚可靠的亲身经历者曾谈到，上海公共租界和法租界中都有鸡奸场所。来自英国教会的压力迫使公共租界关闭这些场所，但在法租界则大大增加了。冯特诺：《秘密的上海》，第330—335页。

⑤ 《密勒氏评论报》，1930年4月26日，第334页。

⑥ 《上海评论》，1937年4月1日，第11页。

⑦ 贺萧：《上海娼妓（1919—1949）》，第18—19、26页。

界"道德会"的攻击,后者称对妓女当场进行健康检查,会给人一种虚假的安全感,进而鼓励犯罪,纳税人也因此显得好像是赞同这种卖淫制度。① 1919年,纳税人投票决定成立一个"临时纠风委员会",该委员会于1920年3月递交一份报告,提出逐步消灭妓院的办法:第一,必须严格执行第34号法规,每家妓院在租界当局注册,并有一个专门号码;第二,摇号禁娼,有1/5的妓院中号后即取消注册。通过这种办法,临时纠风委员会希望在5年内消灭公共租界内的妓院。② 公共租界工部局试图对临时纠风委员会的报告置之不理,主张立法禁止妓院,简单的办法就是,没有执照的妓院马上赶出公共租界。此外,如果妓院没有执照,就会滋生,也就需要更多的警力来取缔妓院。但是,1920年4月,临时纠风委员会将报告提交给了纳税人,获得了赞同。公共租界工部局尽管表示抗议,还是开始从1920年5月起按照委员会的指令,对公共租界内所有妓院进行注册。③

对这项新政策,公众的反应各不相同,江苏教育会表示支持,中国总商会表示反对。后者转呈了"上海店主协会"给租界当局的一封抗议信,认为一流妓院是绅商名流的聚会场所。④ 但工部局没有理会这些抗议,并于1920年12月取缔了第一批被抽中执照号码的妓院。每3个月,南京路上的市政厅就挤满了中国妓院的老板和洋人老鸨。在道德会的监督下,警事队击鼓摇号。号码搅在一起,摇号机的孔被翻到底部,标有号码的珠球就会滚落出来。号码先用英文、再用中文读出:被叫到注册号的妓院只得关门。一年内,工部局关了210家妓院。⑤

这造成了三个后果。首先,这使妓女们走上了街头——用警务处处长的话

---

① 但是当时的评论家也立即指出了未经注册的妓女没有定期的健康检查的危险。《密勒氏评论报》,1930年6月14日,第57页。
② 贺萧:《上海娼妓(1919—1949)》,第35—37页。
③ 贺萧:《上海娼妓(1919—1949)》,第37—38页。
④ 辛亥革命前的几年中,陈其美和其他同盟会同志也利用妓院作为会面场所,以逃避清政府的监视。孙国群:《论旧上海娼妓制度的发展和特点》,第7页。
⑤ 贺萧:《上海娼妓(1919—1949)》,第39—40页;冯齐:《上海与外界》,第46—47页。

来说，这是"脱离警察控制的当然结果"。① 道德救济协会的弗兰克·罗林森（Dr. Frank Rawlinson）或许会争辩，警方并没有推行强硬的取缔政策，但公共租界工部局警务处只需要指出，由于卖淫本身不是非法的，警察不能对未经注册的妓女采取什么行动，除非她在未经注册的妓院中卖淫。到1922年底，连道德会的成员也开始怀疑他们的政策，因为看上去卖淫业完全失去了控制。②

第二个后果，卖淫隐藏到了其他城市娱乐机构和所谓的服务机构之中（在上海和世界其他地方一样，存在一种不同于单纯妓院和街头妓女的卖淫潮流）。"普通的妓院被伪装成按摩院、舞蹈学校、向导社、照相店、长三歌厅、咖啡店或酒吧、失业介绍所、饭店、歌舞餐厅和舞厅——任何便于干这一勾当的营生。"③

第三，妓院不久在不需任何执照的情况下重新开业了，大多聚集在租界边上的马路上。当国民政府成立了上海市政府后，即向外国领事当局提交抗议，要求采取措施取缔这些卖淫场所。④ 与此同时，1928年蒋介石政府颁布禁令，在江苏、浙江和安徽的所有城市取缔卖淫，这使更大的妓女潮涌入公共租界，到1937年公共租界有将近1,000家非法经营的妓院。⑤

来自国民党统治区的无法控制的妓女潮，造成了上海各方警察机构社会政策的南辕北辙。一方面，他们公开反对卖淫，1930年国联向中国派出调查团，于1933年刊布了一个有关远东色情业的详细报告，并于1937年2月在万隆举行会议，有30名中国代表参加了这次会议。⑥ 另一方面，他们继续受理妓院

---

① 冯齐:《上海与外界》，第11页；又见《密勒氏评论报》，1929年1月5日，第226页；严景耀:《犯罪与中国社会变迁的关系》，第103页；《警卫报》，1937年4月1日，第7页。
② 冯齐:《上海与外界》，第39—42页。
③ 《警卫报》，1937年4月1日，第7页。
④ 《密勒氏评论报》，1927年8月20日，第316页。
⑤ 孙国群:《论旧上海娼妓制度的发展和特点》，第4页；《警卫报》，1937年4月1日，第8页。
⑥ 《警卫报》，1937年4月1日，第9页。中国代表团中有代表中国红十字会的熊式辉。贺萧:《上海娼妓（1919—1949）》，第42—43页。

的注册。1936年，公共租界警务处颁发了697张执照，1937年558张，1938年585张，1939年1,155张，1940年1,325张。在此期间，还有一些更为复杂的因素，如1932年日本入侵的影响，中国警方在华界努力控制卖淫业未能成功，等等，我们下面再谈。到1941年11月汪精卫傀儡政府禁止卖淫时，大上海的妓女已经超过了10万，上海真正成为名副其实的伤风败俗的世界都会。①

---

① 孙国群：《论旧上海娼妓制度的发展和特点》，第4页；"上海经常被称为'东方巴黎'，这只对了一半。上海有巴黎所有的罪恶，除了自吹自擂，上海却没有半点巴黎的文化影响。"《密勒氏评论报》，1930年6月14日。

第八章
毒品业

> 除了历史和道德责任,鸦片之于中国可谓魔鬼缠身。上海公共租界的警察制度的效率与世界上其他城市没什么不同,而在鸦片贸易成为非法后,没有任何监督措施能禁止吸食鸦片,正如在美国颁布禁酒令后,警方无法禁止喝酒一样。在中央巡捕房的阴影里总有冒着烟的烟枪。
>
> 冯齐:《上海与外界》

作为对冯齐观点的印证,关注社会改革的记者 B. L. 辛普森报道:"在上海法租界的确有鸦片,在警方的纵容下,鸦片存在那里可以高枕无忧,每年储有 2 万多箱波斯、土耳其和印度鸦片,每月还有 1,500 箱土烟存到那里,为他们带来高达 650 万元的赢利。"① 这项非法贸易的规模已经超过了像黄金荣和其他青帮头子们那样的旧式"闻人"的经营能力。不错,黄金荣曾经很快接受安福军人的邀请,成为聚丰公司的合伙人,作为法租界华捕队的队长,他使聚丰公司收益颇丰,但他毕竟是旧式帮会的头子,并无垄断如此大规模毒品交易的雄心,他的本钱做不了那么大的生意。他也没有那种本事,如制造和销售经过提炼的麻醉剂、"白药"静脉注射剂或用香烟吸食的"红片"海洛因。②

但是,黄金荣的亲信弟子,那个每天早上坐在他身旁,安排会见和接受

---

① 引自派尔:《上海传奇》,第 41—42 页。
② 在 20 世纪早期,吗啡和海洛因不在中国生产。全部产品由少数欧洲人、美国人和日本人的药行生产。中国对毒品需求的上升对这些公司有巨大的影响。例如,英国的卫芬父子公司的吗啡销量从 1909 年的 77,000 磅提高到 1916 年的 469,000 磅。帕西能、梅耶:《二十世纪早期国际毒品交易:非法工业的发展》,第 8 页。"红片"是吗啡、马钱子碱和其他毒品的混合物。马歇尔:《民国时期的鸦片与帮会政治(1927—1945)》,第 28 页。

"孝敬"的人却擅长此道。① 他就是杜月笙，本来是南市水果摊的伙计。杜月笙巧妙地"近代化"了上海的毒品贸易，创造了世界上最大的非法组织之一。② 本章所要叙述的是，杜月笙如何成功地重新组织了业已扩大的鸦片贸易，与中国政权更替时期的上海政局发展有着怎样的密切关系。

1888年8月22日，杜月笙生于犯罪横行的浦东高桥的一个米店主家里，与华界仅一江之隔。③ 幼年时母亲、父亲相继去世，8岁那年继母也失踪了，他孤苦伶仃，流落街头。后来，他被舅舅收养，在赌输了微薄的遗产后，开始偷舅舅的钱。15岁时，他被舅舅赶出家门，在一家水果店当学徒，那家水果店在法租界南面的十六铺码头附近。三四年后，当过水果店学徒和店员的杜月笙，又做起了"跑街"生意，从这家茶馆跑到另一家茶馆，劝诱人们对"花会"的彩票下注。④ 在跑街生涯中，他认了一家妓院的老鸨做了干娘，干娘又带他去见了青帮头子陈世昌。⑤ 杜月笙拜他做了"老头子"后，算是加入了青帮，陈的这股青帮专在轮船码头恃强凌弱，抢劫钱财。⑥ 1911年，杜月笙获准加入了沈杏山的"八股党"，后者是公共租界工部局警务处的刑事督察员。杜很快成为法租界警方的线人或"伙计"。⑦ 华捕队的正探长就是黄金荣。杜对黄是登门拜访，帮他是又提箱子又拎包，甚至还参加华捕队的会议。⑧ 他还帮

---

① 徐铸成：《杜月笙正传》，第21页。

② 章君谷：《杜月笙传》，第25—40页；派尔：《上海传奇》，第72页；司考特：《演员都是疯子：一个演员在中国的笔记》，第60—61页；万墨林：《沪上往事》，第四卷，第696—698页；薛耕莘：《近代上海的流氓》，第164页。

③ 他原名"月生"。后来他改名为"镛"，将"月笙"作为他的号。江绍贞：《杜月笙》。见李新和孙思白编：《民国人物传》，第314页。

④ 江绍贞：《杜月笙》，第314页；潘翎：《寻找旧上海》，第7—15页。

⑤ 上海流氓被雇来当地方妓院的"撑头"。朱子家（金雄白）：《黄浦江的浊浪》，第82页。

⑥ 根据潘翎的研究，杜在20岁当跑街时被一个赌徒介绍加入青帮。《寻找旧上海》，第16页。

⑦ 潘翎：《寻找旧上海》，第16页。

⑧ 上海社会科学院政治法律研究所社会问题组编：《大流氓杜月笙》，第6页。潘翎：《寻找旧上海》，第26—27页。

"黄老板"的太太收债放债。功夫不负有心人，他终于获得了黄金荣的赏识和信任。① 后来，杜月笙因擅长保护（和劫夺）黄浦江码头的鸦片，结识了潮州帮烟贩。② 尽管他很快控制了水上鸦片运输，但距离取代"八股党"乃至全部垄断毒品贸易还有很长的一段路要走。③

20 世纪 20 年代杜月笙对上海毒品贸易的垄断，是以三个闻人——杜月笙、黄金荣和张啸林——之间达成协议，三人一起瓜分利润而实现的，因而他们没有为争霸主而打得头破血流。④ 但要达成这样的协议，杜月笙必须能够与黄金荣平起平坐。1923 年，他只是一个大亨，作为一个"聪明人"带领手下为黄金荣抢劫、收费。使他一夜之间改变地位的，完全是一个意外事件，它使黄金荣跌了跟斗，而帮了黄大忙的杜月笙则地位骤升。

第一节　花花公子、帮会和军阀

1924 年，上海最招摇的花花公子是号称"四公子"的年轻人——这使人联想到明末江南四个浪漫诗人。⑤ 民国上海"四公子"是袁寒云（民国第一位大总统袁世凯的儿子）、张学良（东北军阀张作霖的儿子）、张孝若（南通企

---

①　黄夫人为了报答杜月笙帮她追回一宗烟土，说服她的丈夫让杜月笙吃一份公兴记保护费，这是法租界三个最大的赌场之一。潘翎：《寻找旧上海》，第 30—32 页。

②　有关大烟帮主要成员的名单，见上海社会科学院政治法律研究所社会问题组编：《大流氓杜月笙》，第 8—9 页。

③　江绍贞：《杜月笙》，第 314 页；马丁：《"与魔鬼订约"：1925—1935 年青帮和法租界当局的关系》，第 11—12 页。由于进入市场的限制和经营所需的资金，毒品的输入具有内在的集中趋势，这与卖淫业相当不同，后者事实上不需要经济规模。司马特：《非法经济活动的非正式规则：市场不动产和有组织犯罪的比较研究》，第 16 页。

④　这就是所谓的"三位一体"。徐铸成：《杜月笙正传》，第 25 页。

⑤　明末"四公子"指侯方域、方以智、冒襄、陈贞慧。魏斐德：《洪业：十七世纪满族对中华帝国秩序的重建》，第一卷，第 359 页。

业家张謇的儿子）、卢筱嘉（浙江督军卢永祥的儿子）。① 他们中最"风流倜傥"的是袁寒云，自比曹植，与父亲和兄弟不和，来到江南，甚至不在乎他的父亲当了洪宪皇帝。袁寒云被看作是上海最有影响的人物，声望列"四公子"之首。他有时为了买鸦片吃，不得不写字作画去卖，但外人要去他白克路侯在里的家里求得字画，却并不那么容易。许多受到流氓威吓的游艺圈人士，希望得到袁寒云的保护，但当遇到像"麻皮金荣"这样强有力的敲诈者时，他也无能为力。②

例如，京剧名角余叔岩到上海时，在黄金荣的一个戏院里唱戏，生意极好。余答应以后来上海，就到他的戏院唱戏。但不久余再来上海，在黄的对手的戏院里唱戏，黄发誓要余为毁约付出代价。余叔岩害怕了，恳求袁寒云帮忙。袁说，他无法与"九饼"对抗（"九饼"指麻将牌，形容黄金荣的脸上布满麻子），袁将余介绍给他的一个最得力的徒弟杨庆山。余从剧院进出，都由杨在车里看着。余叔岩还拜访了警察厅长徐国梁，要求保护。但不久，徐险遭暗杀。余察觉到黄金荣在暗杀中的作用，立即逃到北方，再也没有回到南方。③

和袁寒云一样，卢永祥的儿子卢筱嘉也是艺人的保护伞，这很容易使他与"麻皮金荣"发生冲突。在江浙战争爆发前夕，黄金荣还是法租界华捕队长，他迷上了一位年轻而异常漂亮的汉口女演员，名叫露兰春，作为一名京剧名角，她希望在上海有所发展。当时男女不能同台演出，黄金荣就为她在九亩地专门造了一座剧院——"共舞台"，露兰春演出的成功，使共舞台也名声大振。她最著名的唱段被录制成留声机唱片，在上海风靡一时。不用说，喜爱露兰春的黄金荣在许多晚上坐在包厢里看她演出。④

---

① 民国"四公子"另一说为：张学良、卢筱嘉、孙科（孙中山之子）和段宏业（段祺瑞之子）。徐铸成：《杜月笙正传》第23页。
② 陈定山：《春申旧闻》，第6页。
③ 陈定山：《春申旧闻》，第6—7页。
④ 徐铸成：《杜月笙正传》，第23页；傅湘源：《青帮大亨》，第43页。

有一天晚上，卢筱嘉（那时他只有 20 多岁）来了，他带着两个保镖，听露兰春唱《落马湖》。黄金荣也在听。露兰春起初唱得很好，但唱到一半时，有些走调，这惹恼了这个年轻的"绅士"，卢筱嘉大喝倒彩。这种侮辱性的嘘声激怒了黄金荣，他对被打断看戏非常不高兴，唆使他的一帮红了眼的手下去打卢筱嘉，出手极重。卢的保镖都不敢上前，直到卢被"打翻在地，再踏上一只脚"一幕完毕，他们才把卢弄出了戏院，上了车。

两天后，露兰春再演出时，一群护军使署的便衣强行进入共舞台，用枪顶住了黄金荣的脑袋。原来是卢筱嘉的父亲卢永祥大怒，上海护军使何丰林便派来了这些便衣前来报复。① 便衣们把黄金荣揪出剧院押上车，关进了龙华护军使署的看守所里，狠狠地吊打了一顿，然后收押起来。②

黄老板被抓，使他的手下一片惊慌，成了"热锅上的蚂蚁"，他们四出打探黄被关的地方。对他们说来，事情很清楚，在这块军阀统治的地盘上，浙江督军卢永祥是皇帝，上海护军使何丰林是总督，流氓只能俯首帖耳。青帮头子张啸林动身到杭州疏通卢永祥，杜月笙则布置搞定何丰林。③

对杜月笙来说，机会千载难逢。黄金荣受辱不仅表明在蛮横的军队面前流氓是多么无助（这一教训使杜月笙从来没有忘记与蒋介石站在一起），同时也使黄金荣在他的青帮徒弟中声誉大跌。④ 杜月笙把他的"先生"救出来了，但也由此打破了黄金荣对贩毒事务的垄断，为自己建立了更为雄心勃勃的营销结构。据说，为筹集营救黄老板的赎金，杜月笙召集上海 10 个广东大鸦片分销

---

① 辛亥革命后，各省军阀都有自己的军警系统。卓建安：《谷正伦与国民党宪兵》，第 227 页。

② 徐铸成：《杜月笙正传》，第 24 页。

③ 张啸林，杭州人，当过纺织工人，手眼通天。由于他的"通天"本领，他帮助其他青帮头子结交了民国的头面人物如黎元洪，军阀如卢永祥。章君谷：《杜月笙传》，第 139—149 页；潘翎：《寻找旧上海》，第 36 页。

④ 关于声誉与青帮领袖地位之间的密切关系，见怀特：《街角社会：一个意大利贫民窟的社会结构》，第 258—260 页。怀特还指出城市犯罪团伙领导层的变化，并非由于底层人员地位的上升，而是由于上层结构的调整。同上，第 261 页。

商，说服他们拿出上百万元，以贿赂护军使何丰林，从而垄断整个上海的鸦片。①

与此同时，军阀继续困扰着上海，上海的控制权数度易手。② 1924年9月苏浙战争爆发，持续了40天，齐燮元和孙传芳获胜，卢永祥及其手下坐船逃亡日本。当奉系军阀张作霖得知卢永祥快要失败，意识到直系军阀可以避免两线作战，腾出手来进攻东北，因此，苏浙战争尚未结束，张作霖就开始攻击华北的直系军阀。吴佩孚出兵迎战，节节胜利，打败张作霖、由直系统一中国的前景已经在望。也正由于这个在望的前景，冯玉祥倒戈了，与奉系张作霖联合，在1924年10月23日占领了北京。这不仅摧毁了直系军阀统一中国的希望；也使卢永祥得以在张作霖的支持下，从日本回到上海，重续何丰林与杜月笙签订的鸦片协定。③

第二节 犯罪的重组

"大公司"成立的确切日期尚不可知，但可能是在1924年末和1925年初，三鑫公司正式成立，由10个潮州帮大烟商和3个闻人共同投资270万元。④ 此后，任何其他鸦片贩子要和这家大公司较劲，就要面对2个对手：青帮和护军使署的军警。此外，还要加上他们与法租界当局及其捕房头子的联合。⑤

1925年4月28日，一个紧张的会议在环龙路（今南昌路）4号法国药剂

---

① 徐铸成：《杜月笙正传》，第25页。
② 仅仅一个月，有5支不同的军队声称控制了上海。冯齐：《上海与外界》，第24—25页。
③ 山野：《中国的重新整合》，第25—26页；安克强：《上海市政府》，第25—26页。
④ 章君谷：《杜月笙传》，第131页；傅湘源：《青帮大亨》，第59页。
⑤ 许多资料证明法国总领事那齐雅是大公司实力强大的合伙人。徐铸成：《杜月笙正传》，第27页；马丁：《青帮与上海的"清党"：1926—1927年青帮与国民党的关系》，第151页。有关法租界巡捕房与大公司的勾结，参见《字林西报》，1927年2月26日和5月5日。

师盖文家中进行。① 另外两位到场的欧洲人是费沃利上尉和贺波特博士。中方的主要人物为杜月笙和代表鸦片贩运组织的王家发。盖文先生提出了法租界的主张：应当给予他们的"闭眼费"的数额是 35,000 元，作为交换，法租界警方和领事馆当局将允许杜和他的手下先开 5 个鸦片商店和 1 个仓库。试营 2 周后，再付 35,000 元，在付款 2 周以后，可再开 15 家烟馆。杜月笙和王家发表示对警方的保护缺乏信心，坚持在 10 天的试营业后付首期 35,000 元。经过进一步的谈判，他们在 1925 年 6 月 1 日推翻了原议方案，达成了第二套方案的协议，决定在 3 个月总共付给法方 14 万元，此后每月付给 8 万元，每箱鸦片从卸货运到仓库付 250 元，每个烟馆每月付 500 元。②

对杜月笙而言，与法租界达成的这项协议非常有利，在这项取得警方保护的交易中，他取得了向烟馆征收带有半官方性质的附加捐的权力。③ 事实上，这项协议的作用在于，他控制了一个类似包税的机构——"烟枪捐公司"，所有烟馆的每支烟枪每天交捐 3 角。每天下午公司人员来收钱后，便在烟馆的账簿上加印。④ 如果烟馆拒绝付捐，公司就让法租界警方对其进行搜查。有时，当警方随意进行搜查时，只要老板拿出盖有鸦片枪公司印章的账簿，就可免于惩罚。

---

① 马丁详细分析了 3 个多月中进行的谈判，见《"与魔鬼订约"：1925—1935 年青帮和法租界当局的关系》，第 12—13 页。

② 美国驻沪领事精琦士回忆录，精琦士致美国国务卿，1931 年 3 月 16 日，见《美国国务院档案》，893，毒品#114/208，第 1—2 页。

③ 与此同时，杜月笙买了葡萄牙国籍，把法租界作为他自己的大本营。1925 年，他和张啸林共同在法租界华格臬路购置 2 亩地，建造了 3 层西式又分成相互隔为两部分的建筑。杜月笙的 3 个夫人各有一层，后来杜月笙娶了北京京剧名角做四夫人后，只能住在辣斐德路（今复兴中路）的独立住宅。杜在 1915 年娶的第一位夫人未生育，领养了一个男孩。另外两位夫人都是来自苏州，15 岁时由杜的朋友送的。她们为杜生了 6 个儿子。第四位生了一个女儿。万墨林：《沪上往事》，第一卷，第 7 页；潘翎：《寻找旧上海》，第 3435 页；马丁：《"与魔鬼订约"：1925—1935 年青帮和法租界当局的关系》，第 5 页。有 4 位夫人还不够，杜经常到妓院去。孙国群：《论旧上海娼妓制度的发展和特点》，第 7 页。

④ 如果烟馆隐瞒出租烟枪的数额而被逮住的话，每支烟枪罚金 50 元。

这样，公司每月收捐将近10万墨西哥银圆，在爱多亚路以南、马霍路（今黄陂北路）以西的所有烟馆只有在上缴烟捐后，才可以公开营业。杜月笙、黄金荣和张啸林由此积聚了强大的实力，纠集了大批的同行及徒众，有警探、赌摊主、店老板、律师①、强盗和拐匪等②。

在这样有利的情况下，黄金荣自然愿意"让贤"，同时也辞去了法租界华捕队长的职务，也不再办他的"慈善"的"社会事业"③。不过，这种"归隐"丝毫没有黄金荣不再是帮会大亨的意思。杜月笙也没有改变青帮的结构，只是使其权力更集中。此外，3位闻人都继续扩大各自的帮派，让手下分享鸦片生意所得的巨大收益，估计每年达4,000万到7,800万元之间。④ 每年的春节、端午节、中秋节，杜月笙总会邀请10位大鸦片商聚会。寒暄之后，杜月笙就会向他们要钱，其数量是根据杜仔细估量他们的利润后才提出的。⑤ 此后，一般都在节日期间，3位闻人会根据收益再分发给他们各自的手下。⑥

作为回报，杜月笙向10位大烟商保证，他们从港口将鸦片水运到地下仓库储存和销售是有安全保证的。⑦ 青帮不仅派人开路，还将鸦片运货卡车的车

---

① 青帮雇用了像金玉那样的"强盗律师"，他认识上海所有的侦探。朱子家（金雄白）：《黄浦江的浊浪》，第84页。

② 《杜月笙（镛）先生备忘录》，上海公共租界警务处特务股秘密备忘录，D‐9319，1939年9月1日，第3页。据说"充当绑票案的中间人对杜月笙和他在法租界的帮派非常有利。绑票赎金的一半归了他们"。同上。

③ 在文学作品的回忆中，绅董派，特别是魏廷荣可能促成了黄金荣从华探队的辞职。马丁：《"与魔鬼订约"：1925—1935年青帮和法租界当局的关系》，第17页。作为慈善家，黄金荣对赈济监狱里的囚犯有特别的兴趣，经常给漕河泾监狱和江苏省监狱的囚犯送衣物。《申报》，1930年12月30日，第12页。

④ 马歇尔：《民国时期的鸦片与帮会政治（1927—1945）》，第33页。仔细比较美国有组织的犯罪团伙，如20世纪70年代纽约的五"家族"（甘必诺、波南诺、卡波诺、杰诺乌斯、鲁其斯）与中国黑帮联盟的领导层，是很有意思的。有关美国犯罪团伙的情况，见瑞波：《约翰·高蒂：鼹鼠的活动》，第70页。

⑤ 杜通常为他们留下相当的利润，"伤皮不伤肉"。徐铸成：《杜月笙正传》，第27页。

⑥ 马丁：《青帮与上海的"清党"：1926—1927年青帮与国民党的关系》，第6章，第50页。

⑦ 据说工部局警务处的巡捕认出潮州帮土行往土行的大地窖里运货的卡车时，会让路走开。徐铸成：《杜月笙正传》，第27页。

牌号交给法租界警方，警方的华捕队正是在黄金荣的控制下。① 为了确保安全，法租界高级行政人员，可能还包括法租界警务长官费沃利，每月收毒品回扣2%以上，总数达15万元。② 羽毛丰满的杜月笙于是当上了法租界公董局的华董。③

第三节　犯罪与政治

在北伐结束后国民党清除左派的过程中，杜月笙在上海的政治舞台上发挥了关键作用。有关蒋介石在上海发动"白色恐怖"，肃清国民党内共产党人的故事，读者已耳熟能详，我在此只需做一简要的概述。④

当北伐军接近上海时，青帮头子们讨论了应对之策。他们曾经与孙传芳合作过，1925年10月军阀孙传芳赶走奉系军阀并占领了上海。⑤ 他们也曾经同意帮助法租界当局买卖军火⑥，由潜入浦东和闸北激进地区的青帮华探提供工

---

① 徐铸成：《杜月笙正传》，第27页。

② 马丁：《青帮与上海的"清党"：1926—1927年青帮与国民党的关系》，第5—6章，第50页。又见《密勒氏评论报》，1926年10月30日，第249页。

③ 苏伊斯：《鱼翅和小米》，第67页。杜月笙也是法租界中国总商会的主席和法租界纳税华人会主席。马丁：《青帮与上海的"清党"：1926—1927年青帮与国民党的关系》，第7页。

④ 有关1926年11月黄金荣与蒋介石在九江会面，次年春天黄金荣作为法租界工商联合会领导人物面见蒋介石的情况，见马丁优秀而具权威性的研究《青帮与上海的"清党"：1926—1927年青帮与国民党的关系》，第13页；马歇尔：《民国时期的鸦片与帮会政治（1927—1945）》，第31页。有关蒋介石集团的突然发动政变，见朱子家（金雄白）：《黄浦江的浊浪》，第47页。又见潘翎：《寻找旧上海》，第54—56页。

⑤ 安克强：《上海市政府》，第27页。最初，青帮的毒品生意受到孙传芳军队的威胁，最后出钱收买了孙传芳。章君谷：《杜月笙传》，第153—155页。

⑥ 1927年2月20日，杜月笙私下会见中国商人，劝说他们不要参加法租界的大罢工。作为回报，2月26日，总领事那齐雅提供300支来复枪，10,000发子弹，3月初增加到600支来复枪、150支左轮枪和1,000只钢盔。这些武器被用在"四一二"政变中。马丁：《"与魔鬼订约"：1925—1935年青帮和法租界当局的关系》，第18页。

人运动的情报。① 但与此同时，1926—1927 年的那个冬天，他们也为国民党的特务提供情报。② 直到 1927 年 3 月工人起义，占领了华界的警察厅以后，青帮与中共的联合才破裂。③ 青帮和警方差不多是联手促使流氓反对中共领导的工会，而支持蒋介石，因为蒋介石任命了闻人们作为他在上海的"地方特别顾问"，又许诺承认青帮的鸦片垄断。④

1927 年 2 月 26 日，蒋介石坐中山舰从汉口到达上海，进入法租界。⑤ 蒋介石在莫里哀路的住所与宋子文商量后，与虞洽卿和其他商界头面人物会面，后者许诺在蒋与中共决裂后给予财政支持。⑥ 据说蒋介石还与黄金荣商谈过，

---

① 马丁：《青帮与上海的"清党"：1926—1927 年青帮与国民党的关系》，第 11 页。

② 同上，第 53 页。此外，青帮头子在稍早时候提供从上海去广州参加黄埔军校的安全通道。曹志涟：《民国时期中国资本家的本质》，第 48 页。

③ 中共方面的汪寿华（化名何松林）提出与青帮联合的政策，希望青帮支持总罢工和 1927 年 2 月 24 日的起义。但是，在罢工开始后，中共执行了系统谋杀包工头的政策，而这些包工头一般都是青帮成员。汪在 3 月 19 日的确向周恩来汇报："杜月笙曾要求中共的帮助……他要求中共不要提出鸦片问题。同时，他希望重新组织所有上海的青红帮，听从中共指挥。"但 4 月 9 日，杜月笙把汪寿华约到华格臬路的新居，把这个中共工人领袖诱出戒备森严的湖州同业公会的总工会司令部，根据最生动的介绍，当汪寿华一进入屋子，两个青帮杀手就要勒死他，杜月笙突然出现在楼梯口，喊："别在这儿，别在我家里干。"杜月笙的一个重要的保镖和杀手芮庆荣用枪抵着汪进车子。汪的尸体在几天后被发现：他是被活埋的。范里高、考福：《康生与中国秘密特务（1927—1987）》；又见朱子家（金雄白）：《黄浦江的浊浪》，第 50—51 页；潘翎：《寻找旧上海》，第 49—51 页；引自裴宜理：《上海的罢工：中国无产阶级形成过程中的活动及政治》，第 36 页。但有的资料说是张啸林策划了诱骗和谋杀。马丁：《青帮与上海的"清党"：1926—1927 年青帮与国民党的关系》，第 19—22、56、64—65 页。

④ 例如，控制了警方的虹口青帮头子孙介福，派出 200 到 1,000 名手下增援警方，将被工人纠察队占领的警察局重新夺回来。杜月笙只得亲自劝说孙阻止他的手下。在有关鸦片的协议达成后，最初反对与国民党联合的张啸林也改变了主意。马丁：《青帮与上海的"清党"：1926—1927 年青帮与国民党的关系》，第 14—17、26、55 页。

⑤ 到达上海外围时，蒋介石和他的部下忐忑不安地在法租界界外等了 15 分钟，直到一个神色慌张的警察得到来自法租界警务处官员的同意，欢迎未来的总司令通过铁门进入这座城市的那个区域。宓熙：《我在蒋介石身边的时候》，第 23—24 页。

⑥ 4 月 1 日和 4 日，商界给蒋介石 300 万元发动军事政变。小科布尔：《上海资本家与国民政府（1927—1937）》，第 29—31 页；布什：《棉纺业的政治》，第 19—20 页。

甚或会晤过杜月笙（时为法租界警务处的名誉成员）。① 与此同时，费沃利上尉安排了工部局总董费信惇和杜月笙会面，杜月笙同意派出得到法租界捕房支持的青帮分子，充当清除罢工者的骨干。②

1927年4月12日清晨，中华共进会的青帮分子，被允许通过法租界和公共租界进入闸北，进攻设在闸北的总工会。③ 蒋介石的亲信杨虎率领的正规军和便衣在幕后支持青帮流氓。④ 杨虎是特别海员党部的负责人——他取得这个位子部分是由于他在青帮内的地位很高。⑤ 在当天清晨和此后数天，杨虎的突击队和青帮武装袭击了左派据点，枪毙了抓来的人。⑥

1927年4月14日，在上海市区成立了一个清党委员会，由陈群指挥清党。⑦ 陈是张啸林的秘书，杜月笙的拜把兄弟，杨虎的朋友。⑧ 杜月笙把手下的一个青帮重要头目芮庆荣借调给陈群，由芮指挥委员会的行动队。⑨ 在上海

---

① 佚名：《充当"四一二"大屠杀刽子手》，第2—3页；派尔：《上海传奇》，第19页；冯齐：《上海与外界》，第185页。

② 马丁：《青帮与上海的"清党"：1926—1927年青帮与国民党的关系》，第33页；马丁：《"与魔鬼订约"：1925—1935年青帮和法租界当局的关系》，第18页。

③ 马丁：《杜月笙和上海的劳工控制：1928—1932年法电工会案》，第104页；谢诺：《中国的劳工运动》，第363—364页。

④ 陈立夫：《组织部》，第54页。

⑤ 特别海员党部涵盖北至华北、满洲里和海参崴，南至广州，往内地到汉口的广大地区。成员是在海轮上工作的水手和码头工人。同上，第57页。1927年1月蒋介石曾派杨虎到九江、安徽、芜湖和南京与当地青帮联络，准备执行所谓将中共影响从国民党地方党部清除出去的"南昌决定"。马丁：《青帮与上海的"清党"：1926—1927年青帮与国民党的关系》，第22—23页。在上海的清党中，杨虎在黄金荣指派的法租界华捕的护卫下来往于上海和北伐军司令部之间。陆冲鹏：《杨虎轶事两则》，第71页。

⑥ 《工部局公报》，第二十卷，第187页；冯特诺：《秘密的上海》，第129页；冯齐：《上海与外界》，第158页。有关杨虎与杜月笙、张啸林和黄金荣的关系，见上海公共租界警务处档案，D-351，40a。有关杨虎枪毙陈独秀儿子陈延年，见《申报》，1927年6月5日，第1页。

⑦ 《东方杂志》，第二十四卷，第17期，第116页。

⑧ 全称为"北伐东路军政治部上海市清党委员会"。东路军是白崇禧的前线司令部。马丁：《杜月笙和上海的劳工控制：1928—1932年法电工会案》，第102—103页。陈群也是杜月笙的私人秘书，后来做了暨南大学的宗教学教授。伊罗生编：《国民党反动统治的五年》，第95页。

⑨ 马丁：《杜月笙和上海的劳工控制：1928—1932年法电工会案》，第104页。

整个4月有4,000名左派分子被杀,白色恐怖蔓延到的其他沿海城市,也有数百名左派分子被杀。① 到5月,蒋介石牢牢控制了江苏沿海地区。② 6月下旬,杨虎带着50名刽子手进入宁波,在浙江到处屠杀共产党人。③

与此同时,蒋介石也利用白色恐怖强迫上海的一些大资本家为他提供军政开支,超过5,000万元(约270万英镑)。④ 在外国租界寻求庇护的银行家和企业家虽然可以不被作为反革命遭逮捕,但治外法权并不是全能的,如果谁拒绝购买蒋介石发行的一钱不值的债券,蒋介石在黑社会的帮手,会威胁把他们从租界绑架出来。⑤

"四一二"政变对杜月笙是一个考验。当他成功渡过了这关,他的感觉好像是"上龙门",成了真正的有能耐的人物。⑥ 他听了某些重要人物的建议,参加诸如银行之类比较便捷的商业活动以取得公众的尊敬。这些人物中有一位名叫钱新之(钱永铭)的,既是四行储蓄公会的经理,又是陈立夫和陈果夫的同乡。他还帮助杜月笙在1929年2月开设了中汇银行,银行资本自然主要是毒品生意和赌场的收入,希望得到杜月笙保护的上海商人出资50万元,即可得到银行董事一席。后来杜月笙被许多有声望的金融家当作一种令人敬畏而能驱邪的"门神"。中日战争前夕,杜月笙已是20多家银行、钱庄和信托公司的董事。⑦ 他在上海的银行公会和上海总商会中也担任了要职。⑧

在法租界,由于纳税华人会的关系,杜月笙的政治地位也日益显赫。纳税华人会设立于1927年1月,它代表着法租界中30多万名中国居民的利益。在

---

① 据泛太平洋工会统计,1927年在中国有231,700人死在右派势力手中。伊罗生:《国民党反动统治的五年》,第7、95页。
② 高勒:《上海的"黄色"工会:国民党劳工控制研究(1927—1937)》,第106—107页。
③ 《密勒氏评论报》,1927年6月2日,第116页。
④ 1930年会计年度,上海的银行用支票拨付了1,300万英镑,推迟收回现银1,600万镑。布鲁斯:《上海的外国租界》,第131页。
⑤ 小科布尔:《上海资本家与国民政府(1927—1937)》,第12、32—36页。
⑥ 薛耕莘:《近代上海的流氓》,第164页。
⑦ 徐铸成:《杜月笙正传》,第49—54页。
⑧ 小科布尔:《上海资本家与国民政府(1927—1937)》,第39页。

杜月笙华格臬路（今宁海西路）的住所中，3个青帮头目共同控制着纳税华人会的筹备委员会。① 大清洗后的4月到7月间，杜月笙代表纳税华人会与法租界当局就增税问题达成协议。作为对同意1927年7月临时增税2%的交换，纳税华人会获得了选举9名顾问进入法租界公董局临时委员会的权利。9名顾问中有4名——包括杜月笙在内——是青帮成员。②

纳税华人会继续要求在成立自治政府的名义下，争取在临时委员会中真正的华董资格。1928年1月，当法租界当局试图继续增加税收，双方做了第二笔交易。这次，法国总领事那齐雅（Paul E. Naggiar）任命青帮头子张啸林为公董局临时行政委员会的华董。这次任命和1929年7月杜月笙也被任命为华董，被普遍认为是法租界当局对青帮在1927年4月危机中出力的报偿，而杜月笙则认为，这也是他个人对绅董派（魏廷荣为其领袖）的胜利。在杜月笙取代了魏在委员会的地位一星期后，魏廷荣被绑架到了浦东。③ 由于法租界当局威胁要禁止鸦片贸易，魏最终被释放了，但杜月笙已经证明了他在临时委员会中的影响力超过了他的对手。④

杜月笙地位日益显赫，青帮对工会的影响也日益突出，威胁着在那里活动的中共。⑤ 1927年4月14日，中共领导的上海总工会被宣布为非法，驻上海的国民军政治部成立了"上海工会统一组织委员会"，清除工会中的左派分子。CC系陈立夫和陈果夫控制的国民党地方党部认为，这个委员会的成立是军队对其控制地盘的侵犯，为此他们成立了相应的"上海工人联合会"。当这

---

① 准备委员会成员包括尚慕姜，一个青帮头目、与张啸林关系密切的杭州人。成员中还有程祝荪，也被认为是青帮成员。马丁：《"与魔鬼订约"：1925—1935年青帮和法租界当局的关系》，第21页。

② 马丁：《"与魔鬼订约"：1925—1935年青帮和法租界当局的关系》，第21—22页。

③ 真正的绑架者是一个苏州警察，名叫赵慰先。1929年7月24日，魏在他的私人轿车陪送他的孩子上学的路上被绑架，《申报》，1931年8月24日，第15页；25日，第15页。

④ 高勒：《上海的"黄色"工会：国民党劳工控制研究（1927—1937）》，第123页。

⑤ 索克思谴责青帮劳工头子和上海的"坦慕尼协会"（译者注：纽约市有实力的民主党组织，以政治上的腐蚀和党魁控制来操纵市政），见《字林西报》，1927年8月13日和29日。

两股势力相互争斗相持不下之时,能够取代在大上海的中共地下党地位的唯一有效力量就只能是青帮了。① 正如韩起澜所说的:

> 事实上,当时除了青帮,没有哪种势力能够破坏中共在上海的势力基础。上海作为条约口岸的地位在一定程度上造成了这种困难。外国统治地位的特点之一,就是弱化官方机构。在这种背景下,像青帮这样的组织才能够获得如此广泛的权力。②

青帮头目之间也争相取得对上海工会的控制权。③ 1927年末,杜月笙和张啸林联合起来反对黄金荣,在浦东英美烟公司工会这样的重要组织中,取代了黄的权威地位。④ 黄金荣后来痛苦地抱怨道:

> 原来杜月笙叫我"黄爷叔"。后来,我的徒弟陈培德和杜的徒弟陆京士和周学湘做了上海工会的头目,不过陈的能力不及陆……杜的声望也超过了我。从此后,杜月笙给我打电话时再也不叫我"黄爷叔"了,改叫"金荣阿哥"。这让我感到不是滋味。⑤

虽然这些存在于政治和犯罪之间的紧密联系可能与意大利黑手党有相似之处,尤其与黑手党介入各种不同行业的"无孔不入"的渗透机制相似,但青帮在某些方面也有所不同。首先也是最重要的,青帮没有唯一的教父。杜月笙不是像同时代西西里的唐·维托、卡西奥·法伦那样的独一无二的总头目。其次,杜月笙个人对蒋介石的政治权威不构成直接的威胁,只要蒋介石愿意,任

---

① 1928年5月国民党中央党部试图结束军方和党部的争斗,为此成立了容纳双方成员的"上海工会组织委员会"。但这次大联合失败了,1928年10月国民党最终将所有与工会组织有关的事务都划归上海市党部处理。这被认为是CC系的胜利。陈:《中国劳工组织》,第9—10页。
② 韩起澜:《1919—1949年间上海棉纺厂女工》,第160页。
③ 当时黄金荣已经成为青帮正式的入门成员。
④ 马丁:《杜月笙和上海的劳工控制:1928—1932年法电工会案》,第106页。张啸林和杜月笙很长时间是好朋友。起初当张啸林申请手枪执照(被拒绝了)时,张啸林所给的地址正是杜月笙的。上海公共租界警务处档案,D-117,1924年4月4日;D-5374,1924年4月9日。
⑤ 裴宜理:《上海的罢工:中国无产阶级形成过程中的活动及政治》,第43页。

何时候都能进入上海。而据说墨索里尼如果没有唐·维托的允许就不能进入西西里黑手党要地。① 杜月笙热衷于与蒋保持关系,因为这给予他荣誉,但是他从未认为这是理所当然的。事实上,他悉心选择了钱新之这样的中间人,因为这些人更有助于在他和蒋介石之间"穿针引线"。②

"四一二"政变后,蒋介石对青帮头子们可以说是感激不尽。③ 自然,政变也使青帮与国民党之间的联系大大加强了。④ 1927年5月,青帮头目们被授予少将参议、顾问的军衔,据可靠传闻,蒋介石和杜月笙在1931年5月达成一项特殊交易,蒋任命杜月笙为上海镇压中共的负责人。⑤ 据《大公报》载,稍前蒋在南京的会议上,同意拨给杜月笙100万元,用于组织反共的恐怖活动,为此还同意青帮在长江流域的鸦片贸易垄断。⑥

但是,政府与黑社会达成的联合,即同意青帮垄断鸦片的贸易,作为后者反共的报偿,对政府而言是不上算的。换而言之,蒋介石为了镇压中共,要求他的警察部门与中国大烟贩合作,这使上海市公安局的反毒品运动成了政府打

---

① 弗朗西斯·伊安尼、罗斯·伊安尼:《家族生意》,第32页。但注意从未出现在任何警方文件中的传说,即杜月笙曾经绑架过宋美龄(或称蒋夫人),后于1927年冬天将她放回。"杜月笙为这事十分后悔,蒋总司令竟忙得没有时间为他自己和夫人安排合适的保护——这在上海这样大的城市里是一个非常危险的疏忽。"苏伊斯:《鱼翅和小米》,第70页。
② 陈立夫:《组织部》,第53页。
③ 西格雷夫:《宋氏王朝》。
④ "事变后国民党党员加入青帮或青帮成员也加入国民党是否更多了?是的,双方有更多的混同。一般而言,加入国民党的青帮成员并不一定能在党内获得更高的地位,他们仅仅只是普通成员。通常这样的人并没有凭借帮会资格在党内获得地位,起作用的往往是一些别的因素。"陈立夫:《组织部》,第40页。
⑤ 马歇尔:《民国时期的鸦片与帮会政治(1927—1945)》,第32页。黄金荣也因其在法租界维持治安的特殊贡献,获得头二等金银质宝星勋章。戚再玉编:《上海时人志》,第165页。杜月笙的官衔表令人印象深刻,见《上海市年鉴》,X-25。
⑥ 《大公报》的报道载于伊罗生编:《国民党反动统治的五年》,第96页。又见马丁:《"与魔鬼订约":1925—1935年青帮和法租界当局的关系》,第29页。

击左派力量政治战的牺牲品。①

军方和毒枭的这种联合也使政治领袖置于尴尬境地。1927年4月政变后不久,蒋介石及其军队中的支持者发现,由青帮成立的特别清党委员会残酷地屠杀了如此多的左翼"反革命",致使其他国民党领导人都无法容忍了。② 再者,青帮利用共进会这一组织,有形成全国性的组织系统之势,将有把持执法权的危险。③ 这些变化促使1927年夏上海特别市政府建立新的警察组织,恢复对白色恐怖的控制。④ 9月27日,国民党中央委员会发布特别命令,解散清党委员会,其职能由地方党部执行。⑤

第四节 控制鸦片贸易

然而,要控制犯罪组织间的高度合作,绝非轻而易举。在前几章中,我们曾经探讨了在上海建立新的警察控制的种种努力。尽管招募了北方的警察,重视巡捕而不是侦探,"不良分子"在上海的警务系统中依然存在。杜月笙的不少得力徒弟在公安局中工作,其中包括江湾派出所的所长安泰东[音]。出于职业需要和为了发财,许多警察参加或争取参加青帮。⑥

---

① 尽管有此后这些将贩毒与右翼恐怖联系起来的安排,杜月笙和蒋介石的利益是远不相同的。马丁:《杜月笙和上海的劳工控制:1928—1932年法电工会案》,第107—108页。随着时间推移,在劳工运动中工作的国民党党员"发现加入帮会是很方便的"。吴开先对杜月笙变得十分友好,陈立夫来上海,杜月笙也一定登门拜访。陈立夫:《组织部》,第40页。

② 索考斯基:《寻求政府的中国》,第18页。1927年7月杀害陈独秀的儿子引起了很大的风波。《东方杂志》,第二十四卷,第17期,第116页;《申报》,1927年7月5日,第13页。

③ 苏智良:《上海帮会史概述》,第6—7页。共进会后来被政府解散。

④ 1927年4月到9月仅在上海大约有5,000人在清洗中被杀。马丁:《青帮与上海的"清党":1926—1927年青帮与国民党的关系》,第44—45页。

⑤ 马丁:《青帮与上海的"清党":1926—1927年青帮与国民党的关系》,第44—45页。

⑥ 其他杜月笙的徒弟如刘云舫在公安局第四区、姚广乃[音]是西门所的头目。《杜月笙(镛)先生备忘录》,见特务股秘密备忘录,上海公共租界警务处档案,D-9319,1939年9月1日,第10页。

资产阶级靠做生意、开银行发财,警察如果与毒品贸易同流合污,也有发财的机会。毒品贸易是上海黑社会的生计,像杜月笙这样的流氓建立毒品加工厂,从开满红色罂粟花的内地获得原料,进行初步加工或制成更便于消费的毒品,如吗啡和海洛因等,已被上海人称为"做强盗生意"。①

这种强盗生意不仅使边缘地区日益贫困②,也腐蚀了上海的警察。③ 在《大美晚报报道》记者G. W. 伍德海在1931年对上海毒品问题所写的一系列文章中指出:

> 上海的毒品交易收益如此巨大、触角如此广泛,很难使人相信当地的警察还有谁没下水的。④ 我相信上海一些经验丰富的外国警官们的看法,如果没有毒品的非法交易,那么像绑架和武装抢劫这样的严重犯罪,即便不会完全消失也至少要减少一半。毒品交易吸引数以千计的歹徒进入上海,形成犯罪组织,威胁着守法公众的安宁。⑤

1927年北伐成功后,充实到新公安局中的北方军官,被派去帮助铲除毒品交易,他们的领导人也立誓全力支持同年发起的全国禁毒运动。但是,禁毒措施自相矛盾,一面要确立政府的垄断,在合法范围内销售毒品;一面却又要

---

① "海洛因尽管被禁止,却像许多合法产品一样,成为我们这个社会不可缺少的产品。首先,罂粟的种植扭曲了那些贫穷国家的经济。在收割、精炼和加工(吗啡及其乙酰)过程中需要心智,在运输和分配中要大胆、敢冒险。它为从事这一行业的人创造了极大的财富。但最重要的是,这是挑动资本家经营中的黑心、出卖'市场魔术'天机的地方,它能创造自己的需求。"西布克:《海洛因贸易:撒切尔夫人的资本主义范例》,第8页。又见托奇:《鸦片和帝国:1800—1910年新加坡殖民地的华人社会》,第237页。

② 1928年到1933年间在山西省过量地种植鸦片夺去了4省中600万的人口。差不多整个陕西1/3的人口都消失了。不论农民是否种植鸦片,都必须缴鸦片税。布克雷:《中国禁止鸦片贸易的失败》,第80页;马歇尔:《民国时期的鸦片与帮会政治(1927—1945)》,第24页。

③ 冯特诺:《秘密的上海》,第165页。此外,腐蚀是"复杂、有高度组织和秘密的"。谢尔曼:《丑闻与改革:控制警察腐败》,第116页。

④ 根据美国财政顾问尼克森的调查,杜月笙每月付给国民政府40万元,以获准经营吗啡和海洛因工厂。帕西能、梅耶:《二十世纪早期国际毒品交易:非法工业的发展》,第37—38页。

⑤ 伍德海:《中国鸦片真相:1931年3月〈大美晚报〉报道》,第56页。《工部局公报》,1927年9月16日,第320页。

求防止新的吸食者上瘾，帮助瘾君子戒毒。

1927年8月21日，在南市旧的煤商会馆内设立了上海禁烟局。公安局局长沈毓麟被任命为禁烟局局长，8月27日命令上海所有烟馆上缴500到3,000元的保证金。吸食者也被告知必须登记才能合法地购买鸦片。① 这些都是革命性的先例，尤其是如果将其作为最终治愈吸毒者的禁毒计划的一部分时。最重要的，正如中华国民拒毒会黄嘉惠经常提醒国民党领导人的：孙中山曾将禁绝鸦片作为国民党政纲中的一项基本原则。②

蒋介石本人似乎对禁烟的最终目标充满信心。③ 一方面，禁烟登记大大增加了南京政府的财政收入。在1927年8月到1928年7月推行登记的一年中，据说这项收入超过4,000万元。④ 另一方面，除非政府推行戒毒和康复计划，辅之以行政上的自我监督措施，否则征收烟税等于是对吸食鸦片的宽恕。立法的反对者，包括国民拒毒会（背后有教会和美国庚子赔款的资助）的领导人坚持，中国禁烟的失败是由于政府官员没有很好地执行现有法律。该会秘书黄嘉惠也不断警告，政府可能屈从毒品垄断带来的财政收益，因为政府无法放弃这种额外的税收。⑤

至少在垄断的名义下，新的上海市政府注重了打击毒品交易，公安局协助

---

① 《工部局公报》，1927年9月16日，第320页。

② 李义庭［音］：《中国的禁烟》，第69页。孙中山的广州政权曾经对烟馆和妓院进行注册。马歇尔：《民国时期的鸦片与帮会政治（1927—1945）》，第20页；但是孙逸仙曾果断地否定鸦片问题可通过立法和政府垄断来解决。他甚至提出拒绝戒烟的人将"不被承认为民国公民"。引自张树兴等：《天下为公：孙中山和他的革命思想》。

③ 蒋介石的澳大利亚籍顾问端纳说，他赞成无情的禁毒政策，认为蒋介石应该用军队和机关枪来扫除那些继续用鸦片毒害民族的"娘希匹"。蒋介石曾经颁布过一个6年的禁毒计划。但后来，端纳因病住院近1年，整个鸦片政策发生改变，蒋介石被说服采取"更便于控制"的鸦片公卖，逐步减少鸦片产量。苏伊斯：《鱼翅和小米》，第57页。

④ 亚当斯：《中国：亚洲有利可图的灾难的历史背景》，第381页。

⑤ 李义庭：《中国的禁烟》，第68页。

海关追捕和摧毁非法的鸦片、海洛因和其他通过上海走私的船只。① 但是，政府垄断鸦片贸易的合法性受到了公众的反对。1928年7月国民政府迫于公众压力，放弃了鸦片公卖和征收烟税，一个月后，蒋介石担任了全国禁烟委员会的名誉主席。11月初在南京召开的禁烟会议上，蒋介石说："国民政府绝对不从鸦片得一文钱。如有此种嫌疑，由本会告发，我们就认这个政府是破产的，就不信任它。"②

几周后，禁烟委员会的执行主席张之江收到了他的支持者"基督将军"冯玉祥的情报，从汉口运来的2万盎司鸦片11月21到22日将在上海华界外滩码头卸货。③ 情报传到了上海市公安局，那两个晚上，公安局长戴石浮派警察埋伏在码头和岸上仓库。不久，一艘"江安"号华商轮船靠上了码头，苦力们在持枪保镖的督护下，开始往岸上搬运毒品。信号一发出，警察冲上去抓人，吹着哨子，大叫他们是警察。但令他们惊讶的是，船周围的30名全副武装的保镖立即亮出他们的证章，称自己是警备司令部的军警，坚持装载价值百万元鸦片的是上海警备司令熊式辉委托的官船。当便衣警察表示反对，就被数量和装备都占优势的军警制服，押往西门宪兵队看管起来。整箱整箱的鸦片马不停蹄地运到了在法租界的仓库里。④

这场争斗一经披露，舆论哗然，军方和警方公开互相指责。"军方指责警方拦截了军方缴获的鸦片，警方则针锋相对地攻击军方庇护毒品走私。"⑤ 公

---

① 1927到1928年间有多达334件鸦片交易案被警方破获。《上海特别市公安局业务纪要》，民国十六年八月至十七年七月，第49页。

② 李义庭：《中国的禁烟》，第70页。1928年9月10日通过了禁烟法，禁止鸦片、吗啡、可卡因、海洛因和其他附属品的交易。《密勒氏评论报》，1928年12月1日，第8页；亚当斯：《中国：亚洲有利可图的灾难的历史背景》，第381页。

③ 有些资料说情报来自熊式辉将军。

④ 编者按：《字林西报》，1929年1月5日；《密勒氏评论报》，1928年1月12日，第8页；安克强：《上海市政府》，第348页；李友华：《地方与国家：中国政治中的桂系（1925—1937）》，第138页；布克雷：《中国禁止鸦片贸易的失败》，第78—79页。

⑤ 《工部局公报》，1928年12月21日，第36页。

安局局长戴石浮和张定璠市长（白崇禧桂系的成员）也吵了一架。① 警备司令熊式辉属桂系，但他更多地被认为是蒋介石的嫡系。不论蒋总司令是否知道船运鸦片的事（许多人认为他知道，"蒋记鸦片"是用来购买军火的），蒋无疑会保护他的军官的。②

结果证实了这种推测。南京政府在11月24日颁布了早已通过的新的禁烟法，任命了由张之江为首的特别调查委员会。张之江说：我希望将此事作为全国禁烟委员会试办的案例，有效还是无效取决于目前我们进行的调查，根据调查结果，中央政府会采取行动，惩治犯法人员。③

此外，上海社会局和市党部代表潘公展也公开鼓励报界披露此案。④

奇怪的是，青帮也同样公开鼓动调查。道理很简单，"江安轮烟土案"迅速被披露，这对青帮首领们来说是一个极大的羞辱，他们成为被指责的目标，他们还担心与南京政府重要人物保持的秘密关系会受到威胁。他们试图将公众的注意力转移到对军队与警方冲突的处理方面。⑤

尽管公众强烈抗议，最后的处理却草草了事。张之江委员会的调查报告杂乱无章，称司令部侦查队傅肖先扣押警官，处理不当⑥；公安局局长戴石浮未查细情，便指责军警庇护贩烟。戴石浮与张定璠的秘书长周雍能关系密切，周曾经在广州在蒋介石手下干过。但这层关系并不能使戴保住自己公安局长的职

---

① 李友华：《地方与国家：中国政治中的桂系（1925—1937）》，第138页。

② 安克强：《上海市政府》，第66页。有关军火走私的情况，见陈：《武装中国：1920—1928年间西方与中国军阀的军火交易》，第67—108页。上海的详细情况，见冯齐：《上海与外界》，第71—72页；奥克斯：《白人的愚蠢》，第59页；派尔：《上海传奇》，第79—80页。

③ 《中国评论》，1928年12月20日，第584页。

④ 安克强：《上海市政府》，第66页。潘本人和蒋介石私人秘书陈布雷都是《商报》的股东。同上，第431—432页。

⑤ 高勒：《上海的"黄色"工会：国民党劳工控制研究（1927—1937）》，第112—113页。

⑥ 傅上校是龙华司令部侦查队长。《密勒氏评论报》，1928年12月8日，第52页。

位，张定璠市长不久也辞职了。①

中央政府——当然还有蒋介石——并不支持上海市当局与警备司令部针锋相对。② 当时舆论认为，张和戴的后任都不敢再对付鸦片走私，因为这与政府核心人物有密切联系；他们也抵挡不了那些曾腐蚀上海外国警务人员的贿赂和奉承。③

张之江也辞去了禁烟委员会主席的职务，因为他顺藤摸瓜，发现冯玉祥之所以告诉他关于船运鸦片的秘密，只是因为冯玉祥想借此使其对手的鸦片在市场上断绝，而他在甘肃和陕西秘密存储的鸦片能在上海卖得高价。④ 与此同时，公安局的继任者虽然批评这一机构继续在受腐蚀，但却十分清楚国民政府并不支持"整顿"上海警界。⑤

蒋介石政府在"江安轮事件"的暧昧在当时并未引起大的震动。⑥ 许多人对毒品问题并不感到大惊小怪。

华界是完全开放的。在军队的控制下，鸦片只不过是一种生意上的安排。军阀直接从中捞钱，大量金钱被塞到从市长到次级官员，再到巡逻的低薪警察的口袋里……国民政府成立后，情况并未有很大改变。在规范鸦片贩运的幌子下，实行垄断的仍然是法租界的帮会，它支持蒋介石，并为其铲除在法租界中

---

① 安克强：《上海市政府》，第459页。司法院院长王宠惠认为，政务官惩戒委员会应命令江宁县法院审讯上海警备司令部侦查队便衣，指控他们共谋鸦片走私。但审判没有进行过。《密勒氏评论报》，1928年12月29日，第194页。

② 《申报》，1928年12月2日，第13页；1928年12月5日，第14页。

③ 一旦警察上层抵制不了贿赂的诱惑，新来的警察会仿效，在警察队伍中受贿遂成为一种风气。有关情况，见贝克：《警察：他们自己所说的生活》，第33—35页。梅耶：《警察腐败的含义和原因：斗争前景的估价和综合》，第55页。

④ "武官对时局的评论"，1928年12月1—15日，"关于上海和南京之行的报告"，1929年1月25日，第14页，见《美国国防部有关中国军事情报的报告》，1911—1941年。

⑤ 《上海市公安局业务报告》，第三卷，第150页。

⑥ 许多外国人倾向于认为蒋介石自己有犯罪经历，上海的警务部门有数次逮捕他的记录。"每个来上海的人都被告诉这样的故事——主要是蒋介石年轻时在上海也参加过犯罪活动。……这个故事在上海广为流传，听者心照不宣。"但没有这样的逮捕记录。《密勒氏评论报》，1929年11月5日，第448页。

可能损害南京政府争取民心努力的地下党。①

有时候公安局也会发动突袭，1929年7月1日到1930年6月30日，共逮捕了1,678名鸦片贩子②，但是，却极少真正改变毒品泛滥的可悲状况。

当时，土烟是官方支持下的贵州总商会的重大财源。在云南，90%的成年男性吸食鸦片，许多婴儿一出生就已上瘾。在汉口，土烟特捐局每年征收300万元的烟税，其中一半上缴南京，30%交到湖北省政府，另外的20%交给提供毒品原料的四川军阀。③ 总之，贩毒业不仅在上海政治经济中占据主导地位，非法吸食毒品也损耗了整个中华民族的精力。④

---

① 冯齐：《上海与外界》，第287页。
② 《上海市公安局业务报告》，第三卷，第107页。
③ 马歇尔：《民国时期的鸦片与帮会政治（1927—1945）》，第20页。
④ 麦瑞：《日本和鸦片威胁》，第25—27页。

第九章
赤色分子

在外国警察的支持下,蒋介石的走狗白天到纺织厂,晚上到居民区里搜捕共产党。被捕者必须做出生死抉择:叛变偷生或走向刑场。成千上万的中共优秀干部都有过这种提着脑袋的经历。国民党长期驱使的帮会、蒋介石的法西斯组织蓝衣社与警察同恶相济。这种有组织的搜捕行动从1927年起未曾停止过,迫使中共完全转入地下。

奥托·布朗《一个第三国际代表在中国:1932—1939年》

在较长的一段时间中,国民政府花费了大量的人力物力,用于铲除共产党和其他进步力量,不是监禁杀害,就是物质利诱,使其变节。一个老练的、目光锐利的观察家可以认为,政府之所以容忍上海各种毒品暗中交易,就是想削弱共产党人艰苦奋斗的精神,并使城市公众远离社会激进分子。

至少茅盾曾有这样的想法,他的短篇小说《喜剧》塑造了一个刚刚出狱而意志崩溃的华先生,请他的朋友金先生帮他找工作。金先生自己没有办法,他突然为这位有着激进思想的朋友出了一个怪主意:"你不是说过昨天有人诬赖你是共产党么?"当华先生肯定地回答后,金继续说:"好!你就算是共产党,你就去自首吧!这么一来,你的工作问题就解决了。"两个朋友在一起去歌舞餐厅聚叙的路上,金哼起了"丽娃丽妲"。华完全被餐厅里的轻松气氛所感染,所有关于社会改革的想法都烟消云散了。"再到了马路上时,青年华又已不同于数小时以前的他了。他的衣袋里依然没有半个铜子,他的脑袋里却也没有疑问，而是满满地装着金钱和美女了。"①

以后的新生活运动表明，在国民党右派看来，文化自由主义和政治激进主义是穿一条裤子的，中国的共产主义运动被蓄意污蔑为拿了布尔什维克的卢布搞起来的。国民党的宣传把两者联系在了一起：它们都攻击儒家的家庭观，宣传和实践自由恋爱。简言之，对于有意把性自由当作一种消遣的人们来说，蒋先生的虔诚追随者们实在是太正统了。

第一节　用于政治控制的警察

取而代之的是政府日益将注意力集中到对不同政见的监控上。对于不断打击"四一二"政变以后建立起来的社会秩序的敌人而言，社会风气改革则是正面引导。②公安局列举了上海治安难以维持的八大原因，其中之一就是共产党的存在。左翼活动是否最终干扰了日常警务工作虽然还需论证，但很显然，对意识形态的分歧和激进的政治抗议从公安局成立的第一个夏天就令公安局的领导心烦。1928年3月7日颁布的"紧急治安法"，明确规定散布不符合三民主义思想的言论为政治罪，违犯者将被直接送到卫戍司令部按照军法"惩办"。③

起初，卫戍司令部还坚持，由公安局协助，成立一个"邮政检查委员会"，以防止间谍情报的传递和共产党或"反动"言论的扩散。④ 1930年7月7日，双方计划将中央军官学校警务组毕业生充实到警察部门中，使军方与公安局的关系更紧密了。⑤ 1930年8月9日，中央军官学校警务组的第一个毕业

---

① 茅盾：《喜剧》，第253页。
② 《密勒氏评论报》，1929年1月19日，第347页。
③ 《上海特别市公安局业务纪要》，民国十六年八月至十七年七月，第8页。
④ 同上，第40—41页。委员会成员包括军方和警方人员，委员会的督察员每年开列一份约有19,000个可疑的和不良的邮件。《上海市公安局业务报告》，第四卷，第120页。
⑤ 《上海市公安局业务报告》，第四卷，第2页。

生，通过考试被上海中国警察总队和专门搜集情报的特务组所任用。① 与此同时，国民党特务处——中央统计调查局（中统）的前身——在上海成立了一个反谍报组织。交通大学工程系毕业，又在卡内基理工学院学习企业管理，在美国威斯汀豪斯电气公司工作过的徐恩曾，被他的表兄弟陈立夫推荐主持这个部门，对中共地下党进行调查工作。②

仅仅是这些新的军方和民间安全部门的设立，可能就足以说明1930—1931年公安局警务报告中对"赤子"和"赤化分子"的高度重视的原因了，但问题恐怕不是如此简单。确切地说，这些统计数字的出现说明了共产党的颠覆活动的不断增多，而在此前的3年里，华界警方主要关注的还是普通犯罪和社会治安。

这种新的忧虑（中共到处潜伏，伺机活动）产生的主要原因，是内地苏维埃的壮大。一方面，华界警察认为，许多中共党员从农村中的围剿中逃脱出来，躲进了上海城市稠密的大街小巷之中。③ 另一方面，上海的国民政府当局还要服从南京的秘密指令。1930年8月1日，由行政、立法、司法、考试、监察五院院长签署"南京政府密令，密字第11号"发给淞沪警备司令，指示共产党正在各地制造骚乱，军队不能松懈。因此，维持上海公安，须有断然措施。

> 关于各地逮捕共党分子，如事实确凿，应照军法立即处置。如主犯已经送交法庭，亦应立即处置以结束骚乱。此令除密达各级组织外，你部亦

---

① 《上海市公安局业务报告》，第三卷，第115页；第四卷，第5页。

② 早在1928年徐恩曾在江苏建立了国民党第一个无线电广播网。这个广播网更高层的领导是陈立夫，他把他所主持的浙江电报局变成了一个秘密征募机构。广播网因此成为在国民党党务调查科领导下的情报收集机构，从这一机构的培训学校毕业了一定数量的中统情报人员，但也培养了著名的中共地下党员钱壮飞。1930年，根据蒋介石指示，徐恩曾在上海成立了一个无线电公司的营业分部，归交通部管辖。徐恩曾：《我和共产党战争的回忆》，国民党"中央调查统计局"档案文件，第60002号；穆欣：《陈赓同志在上海》，第34页。

③ 《上海市公安局业务报告》，第五卷，第211页。

应遵照办理，并命属下奉行不违。①

接着出台了一些公开措施。1931年1月9日，国民政府声明，在报上批评国民党亦属犯罪，当时煽动叛乱罪包括了印刷和散发"反动印刷品"。②

3周后，国民政府会议决定颁布《危害民国紧急治罪法》，将其置于刑法之上。如果犯有"以颠覆民国为目的"的扰乱公共法制、里通外国、煽动军队逃离或背叛各罪之一，即以死刑论处。教唆他人"利用图片、书籍和反国家的言论"扰乱社会治安，也将被判处死刑或终身监禁。新颁该法一方面是运用于"剿匪地区"的法律武器，使当地的最高军事机构得以审判疑犯，一方面促进形成政府安全部门置于常规刑事审判程序之上的机制。③

无论在江西的"剿匪区"，还是在上海的工人区，到处有"赤色分子"在活动，不断威胁着公共治安。④ 上海的国民政府当局认定激进领导人会利用一切机会煽动公众采取行动。⑤ 这种担忧在诸如辛亥革命、十月革命、孙中山逝世等重大周年纪念活动中都会集中反映出来，在5月（有五四运动、五卅运动纪念）会引起更大的骚动。⑥ 当有公众游行时，派出所和后备队会接到命令保持警戒，以防共产党"反革命"借机煽动上海的暴徒反对当局。⑦ 在平时，警方无须干预激进的游行时，便将主要的力量用于追踪可疑的共产分子，搜查左翼书店，加强侦缉队"红队"组的力量，派便衣查探"赤色分子"的动向。⑧

---

① 引自伊罗生编：《国民党反动统治的五年》，第12页。
② 有关1931年1月9日通过的出版法，参见同上，第77页。
③ 《中国事务：中国每周要闻》，第114—115期，第32—34页。
④ 《上海市公安局业务报告》，第四卷，第119页；第五卷，第8—51页。
⑤ 安克强：《上海市政府》，第107页。
⑥ "5月1日并不只是纪念劳动节的日子；这是斗争的一天，流血战斗的一天！"《党员》，引自亨特：《1930—1936年间上海中国左翼作家联盟》，第125页。
⑦ 上海公共租界警务处档案，D-2880，1931年11月11日。
⑧ 有关"赤子"和"赤色分子"的例子，见《上海市公安局业务报告》，第四卷，第119页。

第二节　新的合作——公安局和公共租界警务处

歇斯底里的反共产生了极其严重的后果。首先，挫伤了公安局的民族主义热情。从此，公安局不再能继续充当从公共租界和法租界收回国家主权的一种力量。① 一旦曾经革命的国民党清洗了它的左翼，开始与英国人和法国人以往一样惧怕共产党，上海华界当局发现他们与外国警方的合作要远远超出原来的想象。② 出于共同的恐惧，公安局就举行革命纪念活动期间控制华界出入口问题，开始向租界当局寻求特殊的合作。③

逐渐地，有关"激进分子"的情报在各警务机构之间的沟通越来越多。④ 尽管上海所有的警察机构都使用"三级"审讯法，华界警方可能更多地采用刑讯逼供，尤其当在1930年后"特务分子"渗入刑侦队后更是如此。⑤ 由军方特务审讯所获的情报摘要通报给工部局华捕队的督察，后者也将他们的情报转给他们在公安局刑侦队的中国同行。⑥

工部局警务处中负责联系的主要官员是副督察谭绍良，在特务股华人中他

---

① 袁良局长不断将法治建设与结束治外法权联系起来，认为只要外国租界当局为罪犯提供庇护，上海市公安局就无法阻止严重犯罪。译自《中国泰晤士报》，1931年1月28日，上海公共租界警务处档案，D-1949。

② 例如，上海公共租界警务处档案中的每日情报，D-4003，1932年9月19日。

③ 1932年3月7日公安局局长致法租界警务处总监马丁上尉函，见上海公共租界警务处档案，D-3312，1932年3月8日。

④ 例如，1930年5月8日英国总领事将海峡殖民地罪案侦查总部截获的从上海"中央"给新加坡共产党的电文转给特务股。电文提到上海成都路176号的一家秋云书店。公安局不仅对书店进行了严密的监视，同时也把情报转给了上海特别区法庭，让后者对情报中提及的所有人员发出逮捕令。上海公共租界警务处档案，D-7873，1930年6月18日。

⑤ 曾扩情：《何梅协定前复兴社在华北的活动》，第142—143页；沈醉：《军统内幕》，第43、52、74、117页。有关公安局审讯的案例，见对伊海生[音]进行灌水和烟烫的逼供。《警卫报》，1936年6月18日，第270页。

⑥ 例如，对明旦[音]中学的监视，见上海公共租界警务处档案，D-3922，1932年10月8日。

级别最高，手下的探员或探目大部分通过秘密考试招收①，文化程度要高于一般华捕中的"包打听"，根据他们的文化与政治觉悟从巡捕中选拔出来。通过考试后，通常要等一年或更长时间才能领身份卡，成为正式探员。谭本人有大学文凭，在成为政治警官前当过民事翻译。作为一个公众人物，谭绍良目光敏锐，颇有城府，与20年代初像刘幸福［音］和陈允中［音］那样事必躬亲、直接与罪犯打交道的警官完全不同。②

谭绍良与罪案侦查总部那位"胖子、乐天、嗜好啤酒"的同僚陆连奎也迥然不同。③陆督察曾经是一个在街上的"捏花棒槌"④的巡警。他是湖州人，身材高大，和山东或苏北的警察很容易合得来。事实上，他并不在乎谁挡了他的路。对付嫌疑犯，他不是用拳头就是用枪。当时传说，他是靠受审者的躯体伤残，屈打成招以及拐匪、盗贼和小流氓的尸体，从巡警升到探员、高级探员、探长，最后做到了副督察的。⑤我们将会看到，无论陆连奎还是谭绍良差不多在1932年后都步入歧途并死于非命。⑥

谭绍良与公安局从事政治情报工作的同行合作得很好。通过一件件案子的合作，新的华界警务机构与租界警务机构之间原有的相互敌意，比如在执照发放和界权上的争执，让位于一起共同反对国际布尔什维克和中国共产党的共

---

① 1935年6月，谭督察正式参与考查"特务股中国探员的忠诚和一般品行"。见上海公共租界警务处档案，D-8/5，1935年6月3日。
② 翟为民［音］：《上海租界两监管遇刺内幕》，第一部分，第13页。
③ 派尔：《上海传奇》，第19页。
④ 上海巡警配带的手柄雕花的木制警棍。
⑤ 陆不大有同乡观念。二三十年代有一股来自绍兴附近嵊县的流氓。嵊县还有合法的演员，即俗称"的笃班"的戏子（见《上海大观》，第66—67页）。这些演员虽然不为非作歹，但与这些流氓不是亲戚就是乡邻。只要陆连奎逮捕一个嵊县流氓，总会拖出他在"的笃班"的熟人，于是这些人不是失踪就是被杀。翟为民：《上海租界两监管遇刺内幕》，第二部分，第30页；万墨林：《沪上往事》，第一卷，第45页。
⑥ 翟为民：《上海租界两监管遇刺内幕》，第三部分，第15页。

识了。①

其次，控制城市激进分子政策在 1931 年出现了意想不到的转变，某些受到流氓和帮会贿赂的侦探日益将注意力放在对民间意识形态的监控上。这转而导致公安局官员放松了对侦缉队外在军事素质的训练，而在侦缉队之外使用与当地社会有密切联系的"老上海"。公安局曾经努力建立日本式的岗亭制度，想依靠北方人为主体的巡警巡逻以防止普通犯罪的发生，但是河北人或山东人巡警不懂上海话，无法承担对付集会这样的任务，无法从公众游行示威中或火车站周围旅客无意间交谈中搜寻有关敌人政治阴谋的线索。②

在一些敏感的日子里，如五卅运动纪念日，公安局事实上只能召集探员，两三名便衣一组，分头派到市里守在电话亭旁或监视来往人群，防止骚乱发生。③ 便衣队工作量不断加重，需要越来越多的警察当便衣，这必须征募更多的、易于受到黑社会腐蚀的上海人，支付他们较高的薪水。这又使本已紧张的市政预算——应用于防范一般犯罪和推进市政现代化的经费——更加不敷使用。④

公安局对"反革命"左翼密谋加倍关注的同时，公共租界警方也开始比平时更关心租界里中共活动增多的迹象。⑤ 来自不同租界的警方统计资料表明，1928 年起，中共敢死队袭击了 40 多人，其中至少 30 人被杀。有几起谋杀是中共的一个被法租界警方称为"中国格伯乌"的组织干的，因而引起特别

---

① 据新闻界估计，1931 年到 1937 年间，大约有 1,500 名共产党人被租界当局逮捕。冯齐：《上海与外界》，第 187 页。
② 《上海市公安局业务报告》，第四卷，第 119 页。
③ 《上海市公安局业务报告》，第三卷，第 77 页；第五卷，第 16 页。
④ 上海市用于公共治安的支出占整个市政预算的 30% 以上。其中警察的工资支出占大头。安克强：《上海市政府》，第 201 页。
⑤ 如果这些迹象出现在英帝国的其他地方，就更麻烦了。例如，1932 年 5 月警方曾花费很大力量对作家郑振铎进行调查，因为在马来西亚霹雳洲警方搜查当地共产党机关时发现了他的名字，有关情况由皇家海军通过英国总领事馆通报了工部局警务处。上海公共租界警务处档案，D-3564，1932 年 3 月 26 日；1932 年 5 月 16 日。

关注。第一次是 1928 年 5 月对法商电车公司首席监查杨楷模［音］的谋杀。杨监查曾把法商电车公司工会的中共领导人名单交给了法租界当局。第二次是 1929 年 3 月 1 日在天津法租界射杀了中共直隶省委的两名不同政见者。① 通过这起案子，中共顺直省委的数名成员被发现并逮捕，致使中共在天津和直隶数县的活动一度瘫痪。第三次是 1929 年 11 月 11 日对白鑫的暗杀。由于白鑫的叛变，同年 8 月 24 日彭湃被逮捕。白鑫被谋杀的同时，一个用人、几个警卫和一个上海市公安局的侦探一起被杀。② 中共领导人相信，负责这些谋杀的是"中国格伯乌"的创始人和领导人顾顺章。③

顾顺章是中央政治局的候补委员，中央特科的领导人，周恩来的特别助手，他是松江人，表面上在南洋兄弟烟草公司当钳工。④ 1924 年，南洋公司的中共小组成立后不久，顾顺章就加入了中共，此后被派到广州，在那儿他成为"行动干部"，担任鲍罗廷的警卫。鲍罗廷安排顾顺章在 1926 年 10 月到符拉迪沃斯托克（海参崴），接受了系统的特工和武装起义的"格伯乌"训练。1927 年，顾顺章在上海工人第三次起义中担任工人纠察队总指挥。⑤ 顾是一个沾有上海白相人习气的青帮分子，善于伪装和欺骗。他正当而立之年，相貌堂堂，经常以"化广奇"的艺名，在先施公司屋顶花园剧场定期演出。他是位著名

---

① 《申报》，1929 年 3 月 2 日。

② 穆欣：《陈赓同志在上海》，第 53—60 页；陈森文：《中共早期特务工作之研究》，第 112—113 页。

③ 上海法租界档案，237/S，第 53—56 页。这份文件由理查·卡甘博士给了我，他在巴黎获得了这份文件（影印件保存在伯克利中国研究中心图书馆中），这是一份给法国警方和反间谍组织的油印文件，由警务处总监法伊尔签署，政治组组长萨尔礼副署。这份特殊的影印件编号 17。（校注："格伯乌"，苏联国家政治保卫局的简称。）

④ 包华德编：《中华民国传记辞典（五卷）》，第二卷，第 307 页。

⑤ 徐恩曾：《我和共产党战争的回忆》，第 21a 页；"中央调查统计局"编：《中共特务部部长顾顺章之自首及其予中共之打击》，国民党"中央调查统计局"档案，第 3 页；张国焘：《我的回忆》，第二卷，第 174 页；范里高、考福：《康生与中国秘密特务（1927—1987）》，第 56 页；翟为民：《上海租界两监管遇刺内幕》，第二部分，第 30 页；伊罗生：《中国革命的悲剧》，第 176 页。注意顾顺章曾被认为是周恩来在"上海唯一的上级"，尽管他通常被认为是周的特别助手。沙勒：《变化中的美国对中国、日本和东南亚的战略和政治观点（1945—1953）》，第 85 页。

的魔术师，在舞台上衣冠楚楚，像位西方绅士。顾顺章能言善辩，声音洪亮，是一位和善而潇洒的表演家。① 他能从成打的、不同国别的警察眼皮底下神不知鬼不觉地活动，富有传奇色彩。② 他的暗杀手段远近闻名，据说他能开枪听不到声音，掐死人而不留下一丝痕迹。③ 那些年里，有谁提到干"湿活"的"小顾"时，人们就会谈虎色变。④

1928年，中共转入地下后，顾顺章由周恩来直接领导。在中共与国民党公开分裂的最初几个月中，他的任务是创办一个"红色特务"组织，为党的领导提供"政治保卫工作"。⑤ 除此之外，顾顺章领导的中央委员会的"红队"（直属政治局），通过提供安全住所、文件、武器、食物和衣物，监察党员的忠诚等方法支持地下工作。⑥ 最后一项职责尤为重要，中央局在1928年10月17日颁布指示，宣布"自首叛变"已成为中共各级机构中的一个"严重"问题，应予处死。⑦

根据法方情报，中共特委或"红队"——"中国格伯乌"——由四个部门组成。组织部负责对红队各科进行全面监督。情报科从敌方各营收集情报，防

---

① 徐恩曾：《我和共产党战争的回忆》，第19页。

② 李天民：《周恩来评传》，第110页；"中央调查统计局"编：《中共特务部部长顾顺章之自首及其予中共之打击》，国民党"中央调查统计局"档案，第21页。以特务技术为例，见张国焘对1930年到1931年冬从上海到鄂豫皖苏区的描述。当时，顾"实际主管中共中央通往各地和各苏区间的交通网"。张国焘：《我的回忆》，第二卷，第174—175页。正是在那个冬天，张国焘作为莫斯科派来重组中共中央委员会的代表引起了工部局警务处特务股的注意。尽管他曾从事劳工运动，但他们以前对他一无所知。上海公共租界警务处档案，D-516/7，1931年1月28日。

③ 徐恩曾：《我和共产党战争的回忆》，第21a页。

④ 徐恩曾：《我和共产党战争的回忆》，第21b页；翟为民：《上海租界两监管遇刺内幕》，第30页。

⑤ 有人会想到托洛茨基的说法："我们不会手上不沾血、脚上不沾泥地走进社会主义殿堂。"引自莫那斯：《政治警察：美妙独裁之梦》，第182页。

⑥ 徐恩曾：《我和共产党战争的回忆》，第7a页。红色特务组织不负责对群众组织的渗透。同上，第8b页。

⑦ 中央委员会第69号文件，引自李天民：《周恩来评传》，第104—105页。一般认为中央委员会特务委员会或"特委"在周恩来、向忠发和顾顺章领导下于1929年成立。穆欣：《陈赓同志在上海》，第34页。

范党内出叛徒。行动科保护中共领导人和机关的安全，保持监督，寻找并保护秘密会议地点，惩处党的叛徒。联络科保持与中共上级机关的联络，尤其是白区和苏区之间的联系。①

红队主要在大城市中活动，其机构以开家具店、房产公司、米店、百货店和诊所为掩护，为没有其他职业的中共地下干部提供便利。经理往往不知道商店或公司背后是由中共支持的。② 这些商店有相当安全的掩护（特别在中共红队的组织不再从事会引起当局注意的劳工组织活动以后），于经费也不无小补。这种收入是很重要的。中共党内和国民党方面都没有人知道中共资金方面的收入的整个情况。在国民党特务部的审讯下，中共总书记坦白，1930年共产国际每月给中共的津贴是45,000元，还有由红军的战场所获或由江西和福建苏区上缴到上海的资金。③ 红队还有做生意赚的钱以及抢劫的收入，抢劫的目的在于扰乱"秩序"，从而破坏国民政府的统治。④

红队在极为严峻的形势下，还建立了安全房和"秘密指挥所"。党的领导人命令红队干部派某甲建立安全房。某甲再派某乙到中共的房产公司中工作，出租房屋，又派某丙去家具租用店工作。某乙和某丙互不相识，如果他们碰巧相遇，都会认为对方是规矩的商人。红队小组严格限制在上下级垂直联络（某乙和某丙只需要知道中共党员某甲），严禁红队小组之间的横向联系。另一个红队小组的成员可能被安排在一起，有仆人、厨子、亲属（包括孩子和祖父母），组成一个有8口人的家庭。其中有的是党员，有的是烈士的遗孤。一旦接到指示，这个显得极为普通的家庭就会搬到居民区，建立一个联络站。主持这样一个安全房的人员极为机警和勇敢，一旦接到潜伏在警方和调查局的地下

---

① 1930年，苏区中央局成立了特科分处。苏区中央局后来演变成中央苏区临时政府，将特科分处重组成中央局政治保卫局。上海法租界档案，237/S，第51—52页。

② 徐恩曾：《我和共产党战争的回忆》，第7b—8a页。

③ 1930年6月，红军提供的货物和资金超过50,000元。同月，闽西苏区上缴了700盎司的黄金，该年底赣西南苏区也上缴了略超过2,000盎司的黄金。同上，第16a页。

④ 《消灭"共匪红队暗杀"经验简述》，国民党"中央调查统计局"档案，第276/7435/59400号，第1页。

党员的情报，敌人马上要来搜查时，他们会在 2 小时内带上所有的文件撤离。4 小时后，房子里的家具和个人用品可能也会搬空。到警察来时只看到一所空房。①

红队还向一些特别重要的机构进行渗透。首先是军队的参谋和后勤部门，其次是警方情报部门，再次是日常行政部门，包括财政、经济、税务和制币单位。② 到 1930 年，"中国格伯乌"已经完成了几次成功的渗透。最著名的一次是将内线安插到了徐恩曾的国民党的特工部门。③

这个内线是个非常出色的年轻人钱壮飞，湖州人，是国民党特务头子徐恩曾的同乡。1914 年钱考入国立北京医科专门学校，1919 年毕业，开了自己的诊所，又在京绥铁路附属医院供职。他还在北京的一家美术学校教解剖学，继续钻研书法和绘画。与此同时，他还学习无线电发报和电影制作。事实上，他和妻子张振华（也是一名医生）在北京经营了一家小型的电影公司，还在公司制作的几个电影中扮演了角色。④

1925 年钱壮飞和张振华秘密加入了中国共产党。他们发现艺术家和医生的身份对地下工作是一种极好的掩护。他们的一个好朋友胡底也同时加入了中共，工作关系十分密切。⑤ 上海发生"四一二"政变后，白色恐怖蔓延到了北京，钱壮飞和张振华到开封做了冯玉祥的医护人员，但薪水很低，难以为继。因此，1927 年年末，夫妇俩搬到了上海，又遇到了胡底。到上海后不久，钱壮飞通过考试进入了徐恩曾的无线训练班，表现突出。由于他的工作非常出色，当徐恩曾出任上海无线电管理局局长时，钱成了他的秘书。⑥

与此同时，通过胡底，钱壮飞与另一个经验丰富的中共地下党员李克农接

---

① 徐恩曾：《我和共产党战争的回忆》，第 7b 页。
② 徐恩曾：《我和共产党战争的回忆》，第 8a 页。
③ 穆欣：《陈赓同志在上海》，第 34 页。
④ 穆欣：《陈赓同志在上海》，第 35 页。
⑤ 胡底和张振华一样是安徽人，他们在安徽会馆结识，胡底当时还是中国大学的学生。毕业后，胡底搬去和钱壮飞、张振华一起居住。
⑥ 穆欣：《陈赓同志在上海》，第 36 页。

上了关系，李克农在1929年11月任中共沪中区委宣传委员。① 30年代在安全和情报事务上，李和周恩来工作关系密切，在钱壮飞看来，李克农是进入无线训练班的最佳人选。1929年12月，李克农通过了入学考试，成为广播新闻社的一名编辑，该社是陈立夫在上海的另一个情报部门。②

1929年到1930年冬天，徐恩曾全面扩展他的情报部门，尤其在长江流域。经由徐训练出来的技术人员操作的秘密电台，使南京的国民党特工总部得以运作起来。正在此时，钱壮飞被任为"机要秘书"，任务是设立伪装成"通讯社"的各地秘密据点，以搜集有关中共和其他反对党的情报。结果，国民党的中央情报总部（钱壮飞是主要助手）、上海情报部门（有李克农经管的广播新闻社）和天津广播电台（由胡底的长城通讯社主持），都有了中共的内线。③

除了秘密对敌人最高级战略情报部门进行了深层政治渗透，红队也将目标瞄向了帝国主义警方和情报部门。在同一时间内，中共也在公共租界工部局警务处内建立了一个党小组。④ 中共的外围组织反帝反殖民独立同盟在法租界安南兵营和警务中进行反帝宣传。⑤

第三节　帝国主义与警察的反共

对于革命民族主义组织的颠覆活动——无论是印度支那的革命者反对法国

---

① 李克农在安徽芜湖培养中共干部时发挥过重要作用。左派还在那儿建立了一所民生中学，它在第一次国共合作期间培养了众多中共干部。穆欣：《陈赓同志在上海》，第36—37页。

② 显然上海地方党组织的有些人反对钱壮飞和胡底进入敌人的情报部门工作，但是周恩来直接将这3人归由中共中央领导，由陈赓负责。穆欣：《陈赓同志在上海》，第38页。

③ 穆欣：《陈赓同志在上海》，第38—39页。

④ 1930年建立了这个小组。1933年暴露，几个成员（包括李落平和王范）被逮捕。刘峰：《在伪警察局里的斗争》，第175—177页。又见万人：《国民党上海警察局里的地下工作》，第19—20页。

⑤ 1931年6月6日，法租界警方逮捕了上海外国革命战士委员会的几个成员，其中有6名安南共产党员。

殖民主义，还是印度民族主义者反对英国统治的活动，法租界警方的担忧和公共租界警务处的关注都是不足为奇的。但是 1930 年 11 月地下党组织可能煽动印度支那叛乱者的情况，促使法国政治情报机构与国民政府合作，对长江流域中共及其外围组织的结构和现状共同进行了一项权威性的研究。① 同时，公共租界警务处的特务股（所谓的政治警察）开始寻求与国民政府公安局的合作，打击那些想在生活在上海的成千印度人中进行挑动的共产党。②

由于工部局警务处和法租界警方是帝国主义控制的世界殖民体系的组成部分，这种臭味相投也是不足为奇的。③ 工部局长官经常在英帝国的其他地区如印度或新加坡看到这类机构，在来上海前，许多官员原先都有从英格兰或苏格兰征募到东非或香港当警察的经历。④ 这些人在当警察之前，履历平平，或是工厂的学徒，或当过兵，之所以来上海，是因为"上海看上去比香港更值得冒

---

① "这项研究是在法国政治情报机构的帮助下，通过从中共及其外围组织招募人员的中介情报机构而开展的。我们不能不说，这些不同组织间的内部斗争一方面极大地便利了中介情报机构对这类人员的招收，这些来自对立'派系'的人员经常会提供有关对手活动的珍贵情报。"上海法租界档案，237/S，第 26—27 页。

② 《上海泰晤士报》，1937 年 2 月 27 日；高德：《不可接近的警察》，第 178 页。当时据说有 3,000 名印度人生活在上海，包括商人、保安和警察。其中大部分人是工部局招募来的巡捕（一些人还有随从），他们在其聘用期满之后逗留在上海。《密勒氏评论报》，1929 年 7 月 6 日，第 233 页；1931 年 1 月 10 日，第 212 页。

③ 高斯泰德：《非洲和印度的殖民地警察》，第 12—13 页。在国际刑警组织建立之前，一个重要的信息媒介是《刑事警察时报》，它是一份由德国的警察机构用法文、英文和德文出版的报纸。又见《北华捷报、南华与中国快报》，1909 年 12 月 31 日，第 781 页；古易：《帝国警察》，第 187 页；克明：《帝国的警察机构》，第 538—545 页；伍兹：《警务人员训练的一些问题》，第 365 页；爱德华：《孟买城市警察：1672—1916 的历史概况》，第 72 页。

④ 1841 年，香港第一支警察队伍成立，由 11 名原是水手和士兵的欧洲人和 21 名当地中国人组成。1869 年香港总督招募了苏格兰巡捕，因为他们被认为不易受腐蚀。但是，到 1897 年，几乎所有的香港警察——欧洲人、中国人和印度人——都从中国赌场非法接受贿赂。莱斯布雷奇：《香港：稳定与变迁》，第 193 页；维克多 H. 李：《清末民初中国警察的发展》，第 31 页。相反的观点，见安德鲁：《一个前香港警察的日记》，第 59 页。20 世纪 20 年代后期，上海工部局驻伦敦办事处在英国本土招募英国人，然后送到上海，在警察训练站集训。布鲁斯：《上海公共租界及警务处》，第 133 页。

险和能够实现野心"①。尤其在大英帝国走向衰落的年代里，他们同样也是被认可适于承担安全工作的那类人。那么很自然，特务股的一组和二组与在德里的刑事调查部、在新加坡的中央警察局会有着密切的联系。② 前者经常指示巡捕房在上海搜捕印度的民族主义者。③ 后者的功能则像一种距离预警系统，通报经由马六甲海峡坐汽船来华的革命民族主义者和其他"激进分子"的行踪。④

1926年到1927年间的冬天，工部局警务处特务股成立了一个特别的"印度组"，目的是"收集有关印度叛乱分子活动的情报等，这种活动随着中国民族主义运动的成功而加强了"⑤。情报组的工作是绝密的，对外仅称第四组（S.4），与英国领事馆关系很密切。⑥ 起初该组在沙利文的领导下，有4名锡克族成员，主要任务是刺探"冈加·辛格、依沙·辛格和哈里·辛格等著名人物"在极司非尔公园或虹口公园举办的"叛乱分子秘密集会"。⑦

第四组第一次获得成功是于1927年7月证实了冈加·辛格等人的叛乱罪，

---

① 莱斯布雷奇：《香港：稳定与变迁》，第193页；安德鲁：《一个前香港警察的日记》，第2—20页。

② 罪案侦查部的正探长对督察长直接负责。这种情况在其他警务部门中不存在，因为警务处是由领事官员支配的，后者希望通过合法程序行使他的权力。同样，罪案侦查部也是"沟通公共租界和法租界警方的主要媒介"，有权监督工部局警务处所有的华洋探员。《北华捷报、南华与中国快报》，1909年12月31日，第780页。有关特务股的组织和工作，见上海公共租界警务处档案，D-8。文件封面标有"1942年4月11日"，其中内容按1929年到1941年排序。

③ 见题为"对在华印度民族主义者的迫害（一个对有正义感的人们的请求）"的公开信，署名"国大党"，日期和地点为1929年6月3日于南京，载于《密勒氏评论报》，1929年6月8日，第16页。从印度来的有关被怀疑的共产党或印度民族主义者的情报发自哈兰德，他是上海英国总领事馆的军事情报官。哈兰德经常将他的报告送给美国军事情报机构。上海公共租界警务处档案，D-2313，1931年9月11日。

④ 《工部局公报》，第二十卷，1926年2月11日。

⑤ 上海公共租界警务处档案，D-8/8，1936年2月11日。

⑥ 成立第四组"主要为了收集英籍印度人中政治颠覆活动的情报"。同上，1936年12月19日。

⑦ 上海公共租界警务处档案，D-8，1929年6月18日。

在 1928 年 4 月将"三名狂热分子"驱逐回印度，他们是上面提到过的冈加·辛格，还有 2 名锡克族领导人甘达·辛格和达苏哈·辛格。据说这对当地印度人社会产生了"巨大的精神影响"，但实际效果却适得其反。锡克社区不顾英国总领事的禁令和军警的阻挠，仍然在 1928 年 4 月 27 日重开了宝兴路的锡克教谒师所。此后，2 名第四组锡克人便衣参加并报告了印度民族主义者在谒师所内组织的所有会议，其中 5 人被判监禁，并于 1929 年 5 月被驱逐。同时，在英国副领事白克本的命令下，第四组收集了 2,000 张照片和有关上海印度人社区 1,000 名成员的履历，同时准备"造访"所有来上海的船只上的印度旅客。这成功促使该组的扩充：到 1929 年末，"印度组"共有 1 名副探长、2 名探目、5 名印度探员、2 名华人探员和 1 名华人便衣。①

在这些帝国主义控制系统中服务的官员，往往都有在殖民地效力的经历。例如，1928 年负责罪案侦查总部的副处长克拉克上校，在成为工部局警务处印度组负责人之前，曾经在印度警务部门中服务。② 法租界警务处头子——往往是科西嘉人——通常都有在北非和印度支那殖民军队中服役的经历。③ 身材高大、文雅幽默的费沃利 1919 年到 1932 年间是警务处总监，曾是摩洛哥预备役的炮兵上尉，他是法国情报部门的"荣誉成员"。④ 费沃利在薛华立路（今

---

① 上海公共租界警务处档案，D-8/8，1936 年 2 月 11 日。第四组保存了丰富的记录。到 1936 年，它的文件记录中包括了 250 名活动分子和 280 名同情者的详细个人资料，3,500 人的简要资料。

② 《密勒氏评论报》，1928 年 11 月 17 日，1928 年 11 月 24 日，第 460 页。有关锡克人组及其巡捕、巡官和印度警官的工作情况，见《北华捷报、南华与中国快报》，1909 年 12 月 31 日，第 801 页。

③ "科西嘉人到处占据着重要职位。他们是硬汉，爱嘲弄人，有着记者的猜疑、领事团的蔑视。"冯特诺：《秘密的上海》，第 120 页。对法租界警方的入木三分的讽刺，见钱锺书：《围城》，第 132 页。由总领事直辖的法租界治安处，几乎全由法国人和在法军中服役的越南人组成。《上海市年鉴》（1935 年），第 1—30 页；马丁：《"与魔鬼订约"：1925—1935 年青帮和法租界当局的关系》，第 6—7 页；上海通社编：《上海研究资料》，第 96 页。例如，政治组组长萨尔礼少校是一个有摩洛哥母亲的巴黎人，一战期间曾经在非洲服务。薛耕莘：《我与旧上海法租界》，第 150—152 页。

④ 马丁：《"与魔鬼订约"：1925—1935 年青帮和法租界当局的关系》，第 6 页。

建国中路）的办公室里，为收集有关国际共产主义运动的政治情报做出了相当大的贡献，他的办公室与河内的保安局总部保持了密切的联系。①

工部局警务处和法租界警务处定期交换每日和每周的情况通报，这些报告有时也送往英国、法国和美国领事及在南京的军事联络部。② 这些报告的情报来源是罪案侦查总部一科的华人探长花钱雇用的地下特务网。③ 罗伯森督察长在1931年写的有关提升第一组副探长施则良［音］和顾宝华［音］为探长的备忘录提到：

> 两名警官的职责非常艰巨，包括根据情报人员所提供的政治等情报草拟报告，编纂有关陆军、海军、劳工、政治和半政治以及租界食品供应的统计资料。此外，还要协助搜查中共据点、审讯被捕人员、翻译搜获文件，还有奉命进行临时特别调查。④

这些华人探长本身是工部局警务处高级领导人政治情报的最重要的来源，他们领导着工部局警务处所谓的"情报办公室"，在这个秘密单位里，有一大批工作人员，进行着外勤报告的起草及文件翻译工作。⑤

华人探长"掌握"的外勤人员，一般是20多岁的年轻人，在市内划定的地区（包括华界）值勤，监视如码头、火车站等，报告有关政治集会和民间集会的情况。他们经常伪装成记者，在不管是华界还是租界的熟人中建立关系

---

① 范里高、考福：《康生与中国秘密特务（1927—1987）》，第96页。

② 例如，1931年9月11日特务股给美国海军司令部W.C.鲍伍少校的报告，见上海公共租界警务处档案，D-2313，1931年9月11日。上海英国领事馆情报官要求工部局警务处监视在马来亚警方突袭共产党组织时得到的名单中所列的人名。这就是他受工部局警务处注意的原因。上海公共租界警务处档案，D-3564，1932年4月26日。法国警方也与工部局巡捕房分享这些情报——包括有关劳工运动的定期报告。例如上海公共租界警务处档案，D-8，1929年1月29日。

③ "情报官"的头衔表面上停止使用，但在1927年末还在使用。见上海公共租界警务处档案，CS-183，1931年3月7日。有关1932年使用一个愿意做暗探的中共党员，并为此每月支付200元的情况，见上海公共租界警务处档案，D-3381，1932年3月16日。

④ 上海公共租界警务处档案，CS-183，1931年3月7日。

⑤ 同上。

网。也就是说，在这个危险的行当中，公共租界、法租界和华界警务机构乃至警备司令部的中国外勤特务要互相照应、互通情报。尽管这些外勤特务感到完全没有必要，但为了防备他们的身份暴露，作为他们上级的华人探长还是努力试图通过他们自己与其他警务部门和情报机构的非正式关系来保护他们。①

第四节　作为上海生活一部分的情报收集

那个时代上海的英文读者对工部局警务处收集情报的工作并非一无所知。《密勒氏评论报》告诉它的读者：

> 对那些不知道"CID"为何物的读者，我们要告诉他们，这指的是上海工部局罪案侦查总部。虽然这个部门花的是此地不同国籍包括中国籍的纳税人的钱，但事实上，它只是英国政治情报和宣传机构的非正式的分部。②

担任罪案侦察总部主任的副处长克拉克，被许多见识广博的上海人视为英国在华秘密情报机构的领导人。③

警务处政治股的官员当时认为，国民党北伐军中暗藏着"从事颠覆活动的外国人，他们十多年来在中国人中宣传共产主义，去年他们在中国的印度人社区中大肆活动，煽动不满情绪"④。1927年4月，一个名叫哈邦·辛格的印度人，"他无疑在叛乱分子中进行了煽动"，在中央巡捕房门口枪杀了高级印度捕头沙达·沙西·布达·辛格。工部局巡捕房认为这是锡克警察罢工运动的先

---

① 有关这一职业的危险性以及关系网完全暴露的记载，见公共租界警务处有关毛国宝［音］案的文件，D-3427。
② 《密勒氏评论报》，1928年12月29日，第188—189页。
③ 《密勒氏评论报》，1928年10月13日，第205页。
④ 《密勒氏评论报》，1929年11月5日，第48页。

兆，这场罢工是由一个在苏联格伯乌人员陪同下从汉口派来的印度煽动分子领导的。①

在遭到蒋介石清洗前，汉口还是联合战线政府所在地，被视为共产国际的前哨阵地，同时也是亚洲民族反帝革命的策源地。即使在国民政府建立后，负责工部局警务处的英国当局仍然十分警惕国民党通过像在南京的东方被压迫人民协会这样的组织支持印度民族主义者的危险。②

工部局警务处逮捕印度民族主义者，判以破坏公共治安罪后，将其驱逐回印度，在殖民监狱监禁。可以理解，华界警察不太愿意与警务处进行这样的合作。③ 1930年12月6日，公安局开会决定释放在押的印度民族主义者，只要他们不涉嫌参与共产党活动。④ 然而，在此期间，公安局也日益需要公共租界和法租界警方协助打击"反革命分子"以及在上海外国租界里的共产党机构。这种期望既是出于对警备司令部和警方管辖区的安全考虑⑤，也符合上海国民党市党部的要求。1929年，上海市党部通过上海临时法院向工部局警务处提出要求，共同镇压江苏省国民党左派。这些要求标志着公安局和上海其他警察力量之间关系的重要转折，开始了旨在铲除上海中共组织的正式合作的政策。⑥ 确实，国民党特务头子徐恩曾后来谈道："正是由于我们与租界当局充

---

① 《工部局公报》，第二十卷（1927年），第216页。1907年印度巡捕得知他们的报酬只及当时在美国充当巡捕的20%~30%时，举行过一次大罢工。《上海研究资料》，第100—101页。

② 工部局警务处的情报组也对"东方共产主义学校"进行监视，该校有20名学生，对外称"自权妇女职业学校"；从1928年9月17日起，该校曾经由一个名为李新的河南人经营，估计每月从苏俄接受458元的津贴，用于训练亚洲人。正规班每周仅有4小时。上海公共租界警务处档案，D-123，1929年3月28日。

③ 位于闸北宝兴路241号的印度青年同盟成员在华界警方的辖区。公共租界警务处和公共租界就派中国人假扮的无赖对印度年轻人寻衅打架，当他们以酗酒、行为不轨或挟带无照武器等罪名被捕后，便引渡到公共租界，英国最高法院会以煽动叛乱罪将其定罪。

④ 《上海市公安局业务报告》，第四卷，会议，第28页。

⑤ 由于第五区第3所发生的一些共产党案件的细节被披露给了公众，1930年公安局对上海警察的保密工作给予了极大关注。同上，第30页。

⑥ 有关对江苏省左翼力量的打击，见傅士卓：《回应易劳逸》，第19—27页；基瑟：《探究国民党统治》，第28—39页。

分的、有力的合作，才使我们能破坏如此之多 [的上海中共地下组织]。"①

国民党在上海最初几年的统治，正值所谓的"大间谍"的全盛时期：像西奥多·马勒、理查德·佐尔格、德奇、"奥托"、亚历山大·拉多、里奥那多·区帕、伊格纳斯、伊利莎白·波斯基、索尼娅（鲁特·维尔纳）、皮克斯和瓦特·克利乌斯基——其中许多人是红军情报部门格伯乌在上海工作或经过上海的海外组（INO）成员，或是共产国际联络部（OMS）的成员。② 1928年全俄合作协会在伦敦遭搜查后，军事情报五局（反谍报机构）粉碎了在英国的苏联大使馆掌握的大部分谍报组织，莫斯科因此认为苏联的国外外交机构不再是控制谍报组织的安全地方了。③ 此后，苏联谍报组织的活动由各种身份为记者、经纪人、教师等的人员担任。④ 这些秘密组织中最出色的所谓"大间谍"，他们通常持有苏联国籍，但自认为是国际共产主义组织和共产国际的代表。⑤

他们从事地下工作，有时认为自己是托洛茨基分子，在全世界编织了一系列高级的间谍网：瑞士的罗塔·德勒组、英国的五环组、德国的罗特·坎贝勒组、上海和东京的理查德·佐尔格组。尽管最后在1938年，他们中的许多人被先后召回莫斯科，被斯大林处决，但他们是俄国人前所未有的最优秀的情报人员和领导人，从1928年到1933年间上海是他们的重要交通站之一。⑥ 上海

---

① 徐恩曾：《我和共产党战争的回忆》，第25b页。

② 普罗斯基：《我们的人民：回忆英格纳斯·瑞斯和他的朋友》，第53页；克利乌斯基：《斯大林时代的秘密组织》，第51—53页；戴津、斯托里：《理查德·佐尔格案》，第63页；卫劳伯：《上海阴谋》，第27—28页；约翰森：《叛逆的例子》；等等。

③ 如果不是共产国际，便是苏联情报部门决定苏联情报组织和当地共产党组织之间须完全分离开来——在中国驱逐了鲍罗廷和加伦后尤其如此。这次分离部分完成于理查德·佐尔格1929年返回苏联，被推荐到第四局奉命去上海领导一个在华情报网之前的时期内。卫劳伯：《上海阴谋》，第29—30页。

④ 例如，在上海，苏联情报人员利用苏联茶叶总公司作为一个谍报站。美军战略情报办公室，第XL24029，1945年10月16日。

⑤ 共产国际的国际秘密组织由红军情报部门负责人J.K.本兹将军领导，1930年1月10日佐尔格来到上海接管了该组织。

⑥ 怀特、格林加斯：《间谍捕捉者》，第287—288页；又见平奇：《极长的机密：英国重大隐秘大揭露》；麦金农夫妇：《史沫特莱：一个美国激进分子的生平和时代》，第367页。

的共产国际远东局由第三国际执行委员会领导，指导中国大陆和台湾地区、日本、印度尼西亚、菲律宾和马来亚共产党的工作。该局的部分任务是支付每年所收到的德国马克、金圆、墨西哥银圆和中国银圆，总数达1,375,000法郎（相当于55,000金圆）。① 与共产国际间的联系由经常往来于莫斯科、柏林和上海之间的交通员承担，也通过远东局利用不同名字在上海的中华邮政局租用邮箱，与柏林间递送编号信件。②

第五节　牛兰事件

1931年，运作共产国际远东局组织部交通网的核心人物，是一位在上海活动的名为哈莱·牛兰的人，其掩护身份是泛太平洋工会总书记。③ 上海的组织部就像一个庞大的发动机，为上海和全亚洲输送资金和人员，利用秘密据点和隔离机制保证安全。作为上海共产国际代表，牛兰又化名为保罗·鲁格，他年纪35岁以上，工作非常紧张，"不停地到处活动，不动声色地用三种语言与人接头"④。他来上海时，用的是一张偷来的比利时护照，名字是芬丁那·凡德库森，他有许多化名，包括在4种护照中使用的名字，如查理斯·艾利森、

---

①　这相当于每月收到125,000法郎（5,000金圆）——从1930年7月到1931年6月间年年如此。同期，泛太平洋工会上海分会每月也将近花费125,000法郎，因此，共产国际和职工国际每年在远东花费17,000,000法郎（80,000金圆）。上海法租界档案，237/S，第134—135页。

②　显然，由于日本情报部门提供的报告，法国人得以追踪来往于上海和大连间的交通员。上海法租界档案，237/S，第138—139、142—144页。

③　这个机构与格哈特·艾斯勒领导下的政治部平行，负责中国苏区之外的亚洲共产党的活动。泛太平洋工会秘书处是共产国际控制下的国际赤色工会的远东支部，总部最初设在符拉迪沃斯托克（海参崴）。戴津、斯托里：《理查德·佐尔格案》，第86—87页。

④　普罗斯基：《我们的人民：回忆英格纳斯·瑞斯和他的朋友》，第62—63页。又见伊罗生编：《国民党反动统治的五年》，第21页。伊罗生坚持认为鲁格"名副其实的头衔"是泛太平洋工会秘书处书记。伊罗生：《我与中国斯大林分子的决裂》，第76—78页。

唐纳·鲍兰格、塞缪尔·赫森和 W. O. 尼尔博士。① 在上海，他用不同名字租下 7 所不同的房子，8 只不同的邮政信箱、4 个电报地址和 10 个不同的银行户头，每月共付租金 1,300 元，银行户头存款达 50,000 元。②

法租界巡捕房发现共产国际远东局在上海的活动迹象是在 1931 年 4 月，当时对在法租界破获的安南共产小组进行审讯时，发现在上海有一个名为"东方局"的机构负责印度尼西亚共产党和第三国际间的联系。法租界巡捕房立刻奉命寻找这个机构，但一无所获。然而，1931 年 6 月 6 日，他们从被捕的安南共产党间谍乐全达（Le Quang Dat）的文件中找到一封密信，里面是莫斯科的指示。这就印证了在上海的确存在一个"东方局"。③

就在此前 5 天，英国在新加坡的特务部门也逮捕了一个名叫约瑟夫·杜罗克斯的法国共产国际代表兼交通员，他化名塞哥·拉芳卡。④ 当警察追查拉芳卡时，发现两份文件：一份包含上海电报数码地址——"西努罗，上海"，另一个为"上海第 208 号信箱"。⑤ 借助这个情报，工部局巡捕房特务股、法租界巡捕房联合采取行动，追查租用这个信箱的人，监视这个自称"法国和德国教授"的名叫哈莱·牛兰的人，他住在公共租界四川路 235 号。进一步监视后

---

① 他的化名包括亨利（列在远东局雇用人员的名单中）、科蒂（从柏林寄给共产国际信封内使用的名字）、威尔斯（他给柏林的信中的签名）。其他化名包括 W. 艾尔马斯、H. C. 史密斯。哈莱·牛兰的名字是他的一本真护照（#102573，1931 年 6 月 10 日签发于渥太华）上借用的一个加拿大共产党员的名字。上海法租界档案，237/S，第 141 页。

② 上海法租界档案，237/S，第 136—137 页。又见冯齐：《上海与外界》，第 317 页。这些资金主要来自共产国际在柏林的西欧局。1931 年远东局一年花费了 120,000～150,000 元，其中 95,000 花在中国。戴津·斯托里：《理查德·佐尔格案》，第 87 页。

③ 上海法租界档案，237/S，第 127 页。

④ 杜罗克斯 1904 年出生在法国的贝维勒-萨-索内，是约瑟夫和克劳黛·索悌的儿子。1923 年他成为一个富有战斗精神的共产党人，1926 年，他作为杰姆斯·H. 道森的秘书来到中国，杰姆斯是一个激进的美国记者，《觉醒的中国》的作者。（道森也许是一个化名里奥的共产国际代表，在上海负责泛太平洋工会的创办和工作，直至 1931 年 2 月。道森或里奥也帮助组织了 1931 年 3 月菲律宾共产党大会。）上海法租界档案，237/S，第 144—146 页。

⑤ 上海法租界档案，237/S，第 128 页。戴津·斯托里写道，有一份文件上有"西努罗，第 208 号信箱"的字样。戴津·斯托里：《理查德·佐尔格案》，第 85 页。

又发现了另一个地址：中央商场 30C（南京路 49 号）。1931 年 6 月 15 日，工部局巡捕房在牛兰教授四川路 235 号的住处逮捕了他，并缴获了中央商场办公室内的东西。他们发现有 3 只铁箱装着远东局和泛太平洋工会的档案。①

牛兰文件暴露了他所租用的其他秘密地点，这些地方很快遭到了搜查。他们不仅逮捕了牛兰太太，而且还发现了大量用不同语言写成的有关远东共产党活动的重要文件。公共租界和法租界以前曾经截获过共产国际的情报，但他们无法破译。原因是密码含有两套密码系统，一套密码用于亚洲的共产国际工作人员，另一套用于共产国际在莫斯科和欧洲的领导人。② 现在，找到了问题的症结，法国情报部门破译了密码，明确了该地区共产国际交通员和间谍的姓名。他们和英国人发现每个间谍都有几个化名，往往有两三本护照，根据内容和通信需要，使用不同的化名。比如，他们向柏林的共产国际支部报告后，再报告莫斯科时，却使用"亚历山大"这样的化名，而不用机构的名称。从牛兰那里发现的账单上，有不少在不同政府部门工作的人员姓名，其中有的在情报机构，有的在工部局巡捕房。③

法租界巡捕房认为哈莱·牛兰的真实姓名是保罗·路易格或鲁格，1898 年 3 月 30 日出生于苏黎世。根据情报机构的记录，他第一次露面是 1922 年，作为瑞士共产党中央委员会成员出现在巴塞尔。2 年后他离开了瑞士，前往苏联，以后 5 年的行踪不详。1929 年 12 月，路易格重新在布鲁塞尔出现，在那里他设法获得比利时护照，使他能够经过柏林、莫斯科和满洲里到中国去。1930 年 3 月 19 日，他到达上海。法国情报部门不知道牛兰太太的真实身份，她在被捕时有 2 本比利时护照，名字分别为索菲·露易丝·贺波特和马利亚·

---

① 上海法租界档案，237/S，第 128 页。公共租界警务处所存有关牛兰案的文件中有大量没有制成缩微胶卷。可以在美国国家档案馆军事参考部第 D 箱，第 2510 号文件看到。

② 使用标准密码本，并附有用作钥匙的某些句子。被密码学家发现的 2 本书是《圣经》和孙中山的《三民主义》。冯齐：《上海与外界》，第 318 页。

③ 上海法租界档案，237/S，第 128、137—142 页。

凡德库森。①

事实上,他们的身份对大多数共产国际成员来说也是个谜,人们只知道他们是泛太平洋工会总书记和夫人,都是瑞士人,在上海被捕。威利·穆赞伯格(德国议会共产党团的议员、反帝和殖民地独立协会的秘书长)最后发动国际赤色援助社会运动使牛兰夫妇得以获释,连他也不知道牛兰或路易格实际上是乌克兰内务部间谍,名叫鲁夫,1925年至1929年间在苏联驻越南大使馆中以巴尔干工会专员的身份工作。鲁夫与他的妻子牛兰太太在罗马相识,她在圣彼得堡贵族女子精修学校毕业后,曾在苏联驻罗马大使馆里担任秘书。②

在被捕后,牛兰声称他名叫凡德库森,要求被带到比利时领事法庭。但比利时领事却说这是一个假声明。此后,1931年6月19日,牛兰夫妇在公共租界的中国法庭被指控,他们的律师卡尔·威贺姆宣称牛兰的真名是沙维尔·艾奥斯·伯瑞特,夫妇均是瑞士公民。瑞士代办也予以否认。8月12日牛兰夫妇被送交中国当局,中国当局命令由军事法庭审理此案。2天后他们被押送南京,关在首都模范监狱,等待军事法庭于10月开庭。③

牛兰的律师威贺姆的律师事务所(穆苏、费舍和威贺姆合办),经法国情报部门调查,发现它经常出庭为苏联的利益辩护。1931年7月3日,费舍在一个名叫"斯图亚特"的持有美国护照的波兰人陪同下,由上海前往莫斯科。费舍此行目的是请示第三国际,在牛兰案中他和他的同事应该采取的方针,安排法律诉讼的费用,寻找证明牛兰瑞士国籍的证据,在欧洲为推动他们的获释组织一场运动。④

---

① 1930年5月7日牛兰太太离开布鲁塞尔,经过柏林和苏联去上海。当时她的别的化名有格泰德·牛兰、M.蒙特和弗洛·科悌。
② 普罗斯基:《我们的人民:回忆英格纳斯·瑞斯和他的朋友》,第63页;平奇:《极长的机密:英国重大隐秘大揭露》,第32页。
③ 上海法租界档案,237/S,第128—129页。
④ 同上,第129—130页。

费舍此行获得成功。8月20日,一个"保卫牛兰委员会"在欧洲宣布成立,由亨利·巴布斯、维克多·马格利特和杰奎斯·沙德尔领导,接着便发起了一场国际运动。① 伊利莎白·帕勒斯基,这个斯大林清洗后少数幸存者之一,认识鲁夫,在将近40年后描绘了这场运动:

> 8月21日,威利·穆赞伯格在《国际记者通讯》这份共产国际杂志上发起了这场运动。他并不知道保罗·路易格是谁,在上海警方宣布路易格使用牛兰的名字并称有比利时国籍之前,他对此事也一无所知,但是他的名望是非常起作用的。自由世界很快相信,路易格夫妇尽管可能曾经是共产党,直接从事劳工工会活动,但仅仅因为他们对工会运动的执着,就受到了不公正的指控。舆论认为,中国政府为了铲除工会,就将这两个瑞士人说成了苏联间谍。②

1931年9月,上海外侨中的激进分子组织了一个委员会,帮助"泛太平洋工会的总书记"。在这些人中有史沫特莱、J. B. 鲍威尔、埃德加·斯诺和伊罗生。孙中山的遗孀宋庆龄收到许多欧洲的组织和著名人士的电报,要求她对此事进行干预,宋庆龄组织了"保卫牛兰委员会",委员会包括乔治·冯齐(基督教青年会秘书)、西奥·塔科里(《大美晚报》编辑)等人,取得了孙科、蔡元培和居正(立法院院长)的支持。③

在此期间,牛兰夫妇在南京的军事法庭受到了审判,10月下旬,法庭判决牛兰死刑,牛兰太太终身监禁。威利·穆赞伯格立即以保卫牛兰委员会的名义致电蒋介石,抗议死刑判决并要求无罪释放牛兰。随着国际间对释放牛兰的呼声日益高涨,1931年12月,蒋介石决定此案不应由军事法庭审判。1932年7月5日,牛兰夫妇在南京的江苏省高级法院受审。7月17日,他们被判死

---

① 上海法租界档案,237/S,130—131页。
② 普罗斯基:《我们的人民:回忆英格纳斯·瑞斯和他的朋友》,第64页。
③ 上海法租界档案,237/S,第130—132页;麦金农夫妇:《史沫特莱》,第148—149页。

刑，但在大赦宣布的一个月前，又改判终身监禁。① 最后，牛兰仅在监狱服刑五年。当日军占领南京，牛兰被设法释放，在上海短暂露面后又消失了，可能回到苏联，最后死于斯大林的肃反。②

根据法租界警务处对该案的报告，"牛兰的被捕导致发现了相当数量有关中国共产主义运动的重要文件，在相当长的时期内破坏了远东共产国际的联络机构"。③ 1931 年夏天，许多共产国际的间谍和联络站被破获或被捕。牛兰的一个香港联络人阮爱国（胡志明）1931 年 7 月 6 日在皇冠区被英国巡捕逮捕时，身份是印度支那共产党的领袖，后被香港军事法庭判处 2 年监禁。④

许多当时共产国际和亚洲各地共产党之间交通员的被捕，至少在短时间内导致远东局被关闭。1932 年 8 月，印度支那共产党派代表到上海，试图重新建立与远东局间的联系，他们去找中国共产党中央委员会，由其发布指示。由此可见，在牛兰被捕后共产国际联络中断的时期内，上海的共产党中央发挥了共产国际远东指挥部的作用。⑤

第六节 顾顺章事件和白色恐怖

在共产国际远东局的困难时刻，共产国际不得不采取措施，将其掌握的间

---

① 但布朗认为："1930 年共产国际代表牛兰·路易格被捕，在办公室起获了许多重要文件。只有通过贿赂，法庭才可能将死刑改判监禁。"布朗：《一个第三国际代表在中国：1932—1939》，第 2 页。

② 上海法租界档案，237/S 号，第 132—133 页；冯齐：《上海与外界》，第 317—319 页；沈醉：《军统内幕》，第 68 页。（校注：作者推断有误。牛兰夫妇经宋庆龄安排回到苏联后，于 20 世纪 60 年代去世，并恢复真名。参见爱泼斯坦：《宋庆龄——二十世纪的伟大女性》，沈苏儒译，人民出版社 1992 年版第 301 页。）

③ 上海法租界档案，237/S，第 147 页。

④ 阮爱国实际上于 1933 年 3 月被释放。上海法租界档案，237/S，第 147 页。

⑤ 上海法租界档案，237/S，第 147 页。

谍暂时移交给中共支部。而此时的中共中央,正处于生死存亡的紧急关头。正当牛兰案件被法租界巡捕房和法国安全部门破获时,在上海市公安局的协助下,另一个同样打击中国共产党的案件也被国民党情报部门破获了。1931年4月,在牛兰被捕前2个月,领导中共红队的顾顺章落到了国民党特别调查局手中。① 顾顺章事件的起因是企图刺杀蒋介石。1930年江西反共的"剿匪"开始后,蒋介石到了武汉。12月,顾顺章接到李立三为首的中共中央的命令,率领一支红队到武汉刺杀蒋介石。②

不久以后的1931年1至2月间,一个演出班到达武汉。这个班子的名角是一个名叫黎明(实为顾顺章)的魔术师,在舞台上穿着西服,装着大鼻子和小胡子。演出很成功,尽管演出持续了几个月,但除了演出,黎明很少离开他在太平洋饭店的房间。而每天来拜访的人却络绎不绝,其中还有一些共产党嫌疑人和一些高级国民党人员。这些来访者吸引了武汉国民党特别调查局头目蔡孟坚的注意,他把顾顺章作为"与共产党接触的人"监视起来。他还设法在顾顺章离开饭店外出散步时,拍了一张顾顺章的照片。蔡孟坚把照片送到南京特别调查局总部,看看是否有人认得黎明,回答说黎明实际是可怕的中共红队负责人顾顺章。调查局局长徐恩曾命令蔡孟坚逮捕顾顺章,并立即乘轮船招

---

① 包华德编:《中华民国传记辞典(五卷)》,第二卷,第307页;索顿:《中国:权力角逐(1917—1972)》,第50页。有人认为,顾顺章投降国民党,是因为他的对手康生1931年1月被任命为中央组织部部长。同时,顾顺章由中央委员会调到政治局。范里高、考福:《康生与中国秘密特务(1927—1987)》,第87页。

② 《消灭"共匪红队暗赤"经验简述》,国民党"中央调查统计局"档案276/7435/59400,第4页。但应注意李天民认为,顾顺章在那里建立长江情报网,并设立了通往内地省份的交通站。根据李的一份匿名的口头资料,顾可能还正为总书记向忠发前往江西做安排,毛泽东欢迎顾去担任瑞金政治局的领导。李天民:《周恩来评传》,第104页。顾顺章是维系苏区和中共在城市的机构之间联系的主要负责人。中国国民党中央组织部调查科编:《中国共产党之透视》,第316页。

商局的下一班轮船将他带到南京。①

顾顺章于 4 月 24 日星期五被捕。为了向蒋介石邀功，何成濬抢先把顾顺章被捕的消息电告了南京。

当晚 6 点电报到达南京的特别调查局，徐恩曾已经离开办公室参加舞会，这份电报送到了机要秘书钱壮飞的手里。他立即意识到顾顺章被捕意味着什么。当晚，钱壮飞派他的女婿刘杞夫坐快车到上海通知李克农，李再转告了陈赓和周恩来。上海的共产党立即关闭在上海的隐蔽所，潜伏起来。②

第二天是星期六，早晨徐恩曾亲自到南京码头提取犯人，顾顺章在 2 名特别调查局人员的押送下上了岸。根据徐局长本人的描述，他曾经劝说过许多中共党员叛变，而这次他格外重视。③ 不过，他没有把握，因为据说顾顺章是一个无情而执着的中共领导人。徐恩曾命令手下将用来审讯顾顺章的秘密办公室布置得像个接待室，搬走平时所用的审讯用具，他还要与顾顺章单独交谈，等等。在徐恩曾看来，顾顺章像他一样冷酷和老练，根据共产党的平时教育，他一定会以为这次会面会摆出一副充满恐怖、严刑逼供而置于死地的架势。如果他采用和颜悦色的态度和普通的房间陈设，能从一开始就动摇顾顺章对共产党的忠诚。④

---

① 国民党"中央调查统计局"档案，276/7435a/19930，第 3—5 页。事后，徐恩曾说，当李明离开饭店后，就被一个他的特务，从前是顾顺章手下的共产党员盯梢。徐恩曾：《我和共产党战争的回忆》，第 19b 页。根据另一种说法，1931 年 2 月有 7 名中共党员在武汉被捕。其中一个名叫尤崇新的人自首了。为了讨好新主子，他盯梢其他共产党人，在街上乱逛寻找熟悉的面孔。在一个运动场，他盯上了顾顺章。见《周恩来评传》，第 104 页。最后，据说在顾顺章走出武昌—汉口摆渡轮时，是一个名叫王竹樵的原中共党员认出了顾顺章。穆欣：《陈赓同志在上海》，第 81 页。

② 穆欣：《陈赓同志在上海》，第 82—83 页。

③ 无论中共党员何时投降，一个最简单的办法就是，他们必须出卖一个同志，犯下永远无法洗刷的血债，以此来证明他们的忠诚。徐恩曾指出，国民党鼓励自首政策的这个成功手段，使得 1951 年以后的中国进行了大量的调查，有许多党员被怀疑过去欠有血债。徐恩曾：《我和共产党战争的回忆》，第 18a 页。

④ 同上。第 20a 页。虽然我们对顾顺章事件的叙述很大程度上依赖徐恩曾的自述，也有其他"中央调查统计局"的材料核实了其中细节。徐的自吹自擂中加了许多水分。

徐恩曾感到对这个 36 岁的犯人，既要采取心理攻势，又要对他的政治观点表示某种理解。① 在有关一系列政治问题的讨论过程中，这个在美国受过教育的工程师发现顾顺章对马克思列宁主义懂得并不多，于是摇身变为一个反间谍专家和三民主义专家，揭露共产主义的"谬误"。虽然顾顺章是一个从事特工的天才，但他在意识形态方面相对头脑简单。他所知道的一切是他在入党时由共产党灌输的"阶级仇恨"的思想。据徐恩曾说，当他将国民党一个国家的理论与共产党在阶级斗争名义下向苏联"卖国"相对比时，顾在思想上几乎毫无招架之力。在谈话结束前，徐平静地告诉顾，他有 2 个小时的时间选择他的前程。如果他想继续做共产国际的"工具"，他将死路一条；如果他脱离中共，与国民党一边，将受到热情的欢迎。②

2 小时后，当徐恩曾回到秘密审讯室时，顾顺章说他希望"自新"。得意之下，徐恩曾带着顾，由 2 个国民党特务陪同，一起到了南京最大的饭店——徐恩曾的上司陈立夫下榻的中央饭店。此时已接近中午，顾顺章在饭店里与徐恩曾和陈立夫待了 2 小时，2 个特务在门口守着。在这 2 小时内，顾顺章宣示对"国民革命"忠诚。为了表示忠诚，他把红队大多数在国民党特别调查局潜伏很深的暗线供认出来。顾顺章供出徐的心腹秘书是中共派来渗透陈立夫反间谍组织的共产党员时，徐恩曾简直不相信自己的耳朵。他一直认为钱壮飞勤奋谨慎、忠于职守，而且绝对可靠。③

徐恩曾立即派人去找钱壮飞，才得知他的这个"心腹"就在这天早晨远走高飞了。④ 顾顺章对此消息也极为震惊。他深知中共中央对他的叛变会采取

---

① 有关顾的年龄，见王健民：《中国共产党史》，第二卷（江西时期），第 149 页。
② 徐恩曾：《我和共产党战争的回忆》，第 19b—20a 页。
③ 徐恩曾：《我和共产党战争的回忆》，第 20b 页；"中央调查统计局"编：《中共特务部部长顾顺章之自首及其予中共之打击》，国民党"中央调查统计局"档案，第 6 页；《消灭"共匪红队暗杀"经验简述》，第 4 页。
④ 钱壮飞到了上海，在那里设法与天津的胡底取得了联系。此后，钱壮飞前往江西瑞金——中华苏维埃共和国首都。1935 年长征途中他死于贵州。穆欣：《陈赓同志在上海》，第 90 页。

何种措施，他说他现在为他在上海的妻子、儿子、岳母、妻弟的生命担心。徐恩曾马上派人去上海接他的全家。① 7 小时后，当南京方面的人到了顾顺章所说的几个地方，所有房间都空了。② 顾顺章发誓要对中共报仇，搜捕开始了。③

顾顺章的叛变意味着国民党特务组织不再是盲目地与共产党在黑暗中交手了。④ 作为他们的向导，顾顺章对中共的中上层组织了如指掌。⑤ 他除了工作过的机关之外，还与许多重要机关联络过，或者有所了解，他是中共党员名册的"活字典"。⑥ 根据顾顺章提供的情况，国民党得以在汉口、南京、天津、北京和上海一环扣一环地破获了中共组织。⑦ 一次接一次的成功"使全国所有地区的中共地下组织经历了前所未有的沉重打击"⑧。

中共试图反击，着重清除内部的"异己"分子。⑨ 中共中央一得知顾顺章叛变，就派周恩来重组中共特务委员会，这个委员会原来由周恩来、总书记向忠发、顾顺章组成，指导红队的工作。⑩ 新的特务委员会由廖成云主持。杨森担任社会各种技术科科长。侦探科由潘汉年任科长。⑪ 红队的负责人是赵云，第四科交通科的负责人是陈寿昌。⑫ 由于负责惩处党的叛徒和暗藏的变节分

---

① 为了让顾的妻子相信，并同意来南京，调查局的一个特务与顾顺章调换了衣服。
② 据李天民说，只有威海卫路一个地点。李天民：《周恩来评传》，第 105 页。但国民党"中央调查统计局"档案的文件提到有两个地方的顾的亲戚被周恩来派去的人绑架：威海卫路和成都南路。
③ 徐恩曾：《我和共产党战争的回忆》，第 20b 页。
④ "中国的法西斯组织蓝衣社"，见特务股秘密备忘录，1934 年 11 月 23 日，上海公共租界警务处档案，D-4685，第 1—2 页。
⑤ 钱军[音]：《红队》，第 94 页。
⑥ 徐恩曾：《我和共产党战争的回忆》，第 21b 页。
⑦ 上海法租界档案，237/S，第 30—31 页。
⑧ 徐恩曾：《我和共产党战争的回忆》，第 21b 页。
⑨ 《消灭"共匪红队暗杀"经验简述》，第 1 页。
⑩ 李天民：《周恩来评传》，第 104 页。
⑪ 1931 年秋，潘汉年曾撤到江西苏区，任中共中央委员会宣传部部长，又被公开派往红军和人民政府的保卫局工作。李昭书[音]：《身份复杂的潘汉年》，第 115 页。
⑫ 委员会主席是邝惠安，据说他是行动部部长。《消灭"共匪红队暗杀"经验简述》，第 2—3 页。

子,红队也被称为"打狗队"。① 一份法租界情报部门的简报提到:

> 有趣的是中国格伯乌在下层阶级中物色暗杀人员。这些人由格伯乌供养,每月从格伯乌领取 15 元薪水。他们不知道将要暗杀的人的姓名或背景,直到几天后,他们才从报上知道他们杀死的人的姓名。②

红队成员的姓名完全是保密的。③

尽管红队图谋暗杀,但一旦中共前安全部门负责人倒向国民党,中共处于毫无防备能力的境地。国民党的一次偶然的搜捕,有时会导致重大的突破。比如把抓到的人的照片送给顾顺章,他往往会一眼认出他们是改换了姓名的重要共产党人。④ 这样一下子就改变了一批案子的全貌,对中共造成了大规模的破坏。⑤

伊罗生对那些年白色恐怖的描述是:"历史上只有公元四到五世纪匈奴入侵时期的屠杀可与之相比。"⑥ 当然,这些话写在纳粹党的集体大屠杀之前,但是当我们阅读法国情报当局 1931 年夏对镇压中共的大规模行动的描述时,这些话一点儿不显夸张:"当时所有中共案件都由军事法庭审判,这些法庭为这一目的专门设立,所做的判决极为严厉。尽管该年 6、7、8 月被指控为共产

---

① 沈醉:《军统内幕》,第 63—64 页。范里高和考福认为负责的是康生,他在 1933 年 1 月 7 日上海码头秘密会议后接替了邝惠安的工作。范里高、考福:《康生与中国秘密特务(1927—1987)》,第 105 页。

② 上海法租界档案,第 237/S,第 55—56 页。

③ 前中共领导人龚楚说:"特工人员由精英中的精英组成,他们的任务是监视高级官员的行动。他们身份特殊,行动秘密,甚至高级官员和军队指挥官对他们也一无所知。"张:《汪东兴的崛起》,第 124 页。

④ 落入国民党手中的共产党员,如恽代英(一个中共重要理论家和上海中共委员会书记),在被捕后隐瞒身份,作为普通党员在南京的监狱中关了 5 年,因顾顺章叛变而暴露,随后被处决。徐峰、张雨生编:《民国黑网、内幕和秘闻》,第 39—42 页。

⑤ "中央调查统计局"编:《中共特务部部长顾顺章之自首及其予中共之打击》,第 20 页。例如,由于《红旗》杂志编辑被处决,到 1931 年 6 月为止,事实上在江苏就不存在任何"赤色"刊物。上海法租界档案,第 237/S,第 30 页。

⑥ 伊罗生编:《国民党反动统治的五年》,第 3 页。

党而遭处决的人数从未被泄露，估计可能有数千人。"①

1931年6月22日，在牛兰被捕一周后，法租界巡捕房逮捕了中共总书记向忠发。② 向很快被引渡，受国民党审讯一天后，这个"中国斯大林"在龙华军事监狱被处决。③ 法国情报当局认为向的被捕、供认和被处决的影响"决不亚于"顾顺章的叛变。④ 这很快导致更多共产党员被捕，特别在天津有20多名重要共产党员被捕，其中包括中共河北省委书记和河北中共军事委员会成员。⑤ 在上海，1931年7月所谓的"赤日"几乎是悄无声息地过去了，中共最重要的组织似乎"丧失了战斗力"。⑥

第七节　顾顺章事件之后

向忠发被捕后，许多中共中央的成员迅即离开了上海。其中一些人在江苏内地隐蔽起来，还有一些人前往香港。政治局将党的档案带到了南方，临时将中央委员会的职责交付一个特殊委员会，这个委员会由几乎不为政府所知的年轻党员组成，但他们精力充沛，努力在极其危险的情况下发挥中央委员会的作用。同时，政治局命令江苏、安徽、湖北、广东和河北省委尽一切可能加强其活动。其目的，首先是将国民党的注意力从江西苏区吸引过来；其次，是为了

---

① 上海法租界档案，第237/S，第31页。作为镇压行动的示威，国民党当局开始在"赤日"提出犯人，在惊愕的人群前实施枪决。在汉口，从1930年8月到1931年2月有1,000人被处决，在南京，蒋介石将25名共产党员当众枪决，警告人民不要示威或抗议。伊罗生编：《国民党反动统治的五年》，第19页。

② 向忠发（1880—1931）原来是湖北的劳工，积极参加工会活动，后来去了苏联。他是"28个回国的布尔什维克之一"。1928年夏莫斯科第六届全国代表大会上，他被选为总书记，接替瞿秋白。包华德编：《中华民国传记辞典（五卷）》，第二卷，第87—88页。

③ "中国斯大林"之称来自上海法租界档案，第237/S，第29页。

④ 上海法租界档案，第237/S，第29页。

⑤ 上海法租界档案，第237/S，第30页。

⑥ 上海法租界档案，第237/S，第29—30页。在法租界主要的隐蔽所和"煽动文学"的地下印刷所、仓库被发现后，江苏中共宣传部没有进一步行动。

向群众表示，尽管政府残酷镇压，共产党的活动未被完全消灭；最后，保持共产党员及其同情者的战斗精神。①

不过，中共在城市的力量确实受到了致命的损害，国民党"坚决、适时、明确的镇压措施"有效地控制了城市革命运动。② 整体而言，超过40%的中共中央一级的党员被捕，有800名重要的地区级中共党员被捕。③ 通常以外国租界为掩护的共产党员发现，他们已经成为上海各种警察力量联合打击的目标，警方依靠特务机构提供的情报，破获了一个又一个中共秘密机关。④ 10月，周恩来扮作牧师离开了上海的秘密机关，像许多其他城市中的中共领导人一样前往江西山区。⑤ 到1932年初，只有2位中共中央成员（康生和李竹声）留在上海，中共中央和地方党组织间的联系几乎完全中断。⑥

国民党警察与法、英帝国主义者结成新的联盟，在城市打击共产党，产生了深远的影响。中国共产党内一支具有鲜明的政治战略和新的领导集体力量，最终在中国广大农村发展起来并武装夺取城市。但是，对于国民党政权和继续主宰近代化上海的外国势力而言，当时中共在城市的力量已经七零八落，来自农村的威胁在1931年是难以预见的。随着敌人被彻底击败，或许有人会认为中外反对布尔什维克的联盟，尤其是上海中外警察、特务部门之间的合作将会削弱。但是，国民党当局和上海外国租界当局的反共联盟在顾顺章事件之后非但没有削弱，反而更为加强，出现了一片白色恐怖，其中原因何在？

首先，1931年后期，中共新的城市战略已经初具轮廓。九一八事变（见第10章）之后，出现了建立抗日统一战线的可能性，这为中共在上海深入并

---

① 上海法租界档案，第237/S，第31—32页。
② 引自巴顿·英格翰对尼尔·司马塞的感谢词。英格翰：《欧洲的政治罪》，第321页。
③ 李天民：《周恩来评传》。徐国民关于伍豪事件的相关著作，第14页。
④ 例如，5月1日早晨为了逮捕王益坡，工部局警务处特务股和上海市公安局搜查了安南路A93号，因为根据河南特务机构的情报，王被怀疑是"中共湖南苏区主席"。但该处居住者李绍基否认自己是共产党，工部局起诉人同意将其交给中方。
⑤ 徐国民关于伍豪事件的相关著作，第13页。
⑥ 范里高、考福：《康生与中国秘密特务（1927—1987）》，第99—100页。

领导"民族资产阶级"爱国运动提供了机会。①

其次,白色恐怖持续到20世纪30年代中期。1931年是一个转折点,但这并不标志着城市中顽强的左派被根除了。就是在上海城里,中共确实在继续反击,从江西苏区派来的受过特殊训练的杀手充实红队,捕杀国民党秘密警察。② 例如1932年11月25日,红队的5个杀手袭击了上海国民党特务总部,站长曾伯谦被击中左眼而死,3个特务和曾的妻子被枪杀。③

国民党上海市公安局与法租界和公共租界警方之间反共联合持续的第三个原因,是公众对革命党人伪装制造的刑事案件越来越感到恐惧。这也是对顾顺章投向国民党,其家人被中共报复后引起的反应。④

1931年9月28日,工部局警务处逮捕了一个有共产党嫌疑的叫作王竹友的人。当他的照片被送到南京国民党公安总局检查时,顾顺章叫道:"如果有谁知道我家人的情况,他就是一个!"顾解释道,王竹友真名王世德,是松江城厢人,在红队曾经是自己的手下,也是很少几个被允许到顾家的人之一。王世德40岁刚出头,曾经在莫斯科中山大学受训。他是中共顶级杀手之一。⑤ 南京很快电告上海站将王世德带到南京。王世德在严密监护之下被带去见徐恩曾。这个大杀手纯朴、沉着的表情使徐恩曾感到迷惑,他看上去像一个谦和又有点迂腐的私塾先生。⑥ 王世德被带去见顾顺章。顾顺章询问关于他家人失踪的情况。王世德告诉他原来的上级,他只知道顾顺章的全家在党的监护之下。他没有隐瞒任何情况,因为作为顾顺章的一个下级,他在顾被捕后被排除在党的行动之外。⑦

------

① 叶文心:《进步的新闻界和上海的小市民:邹韬奋和上海〈上海周刊〉,1926—1945年》。
② 这些暗杀事件见《消灭"共匪红队暗赤"经验简述》。
③ 《消灭"共匪红队暗赤"经验简述》,第6页。站长住的上海办公室在新闸路斯文里3弄39号。
④ 徐恩曾:《我和共产党战争的回忆》,第25b页。
⑤ 徐恩曾:《我和共产党战争的回忆》,第22页;上海法租界档案,237/S,第53—54页。
⑥ 王被外国人说成是一个"有病病的中式裁缝"。冯齐:《上海与外界》。第321—323页。
⑦ 徐恩曾:《我和共产党战争的回忆》,第22b页。

南京方面的人认为这是难以置信的，但当其中一人建议用刑迫使王世德讲实话时，顾顺章表示反对。他说王世德"老练而冷静"，不吃"硬"。因此，王世德被关了起来，没有动刑。调查科的另一部门负责人郭德基也是松江城厢人，决定使用相反的办法。王世德被带到他第一次来调查科的地方，郭德基表示从读书的时候就认识他。王世德曾经是郭德基毕业的松江明德中学的二年级的老师。现在，郭尊敬地称王为老师，告诉他，自己在明德读书时成绩很好，并说出了原来的学名（郭建华）。这个杀手吃惊了，当郭问到王世德的弟弟——曾去莫斯科受训现在死了的时候，王世德被感动了。接着，郭德基让卫兵退下，与王世德谈起松江的其他熟人。最后，郭提出，如果王愿意"回头"，自己会保全他的生命和人身安全。当然，这意味着王世德将为国民党做特务工作，因为如果调查科释放了他，共产党会因为他叛变而处决他。王世德被转移到更舒适的环境里，经过一段时间考虑后，他宣布决定归顺。①

当他决定归顺后，王世德不得不告诉顾顺章关于他家属的情况。据王世德说，除了顾顺章的儿子外，其他的人都被带到法租界的一间屋子里处死了。顾顺章听后大为悲痛和愤怒，但他没有冲着王世德，他明白执行红队的命令是怎么回事。

第八节　联合执法

第二个直接后果是国民党警方和租界警方由趋向一致的反共立场，开始转向反共的联合执法。据调查局的郭德基处长称，公共租界巡捕房保证未来将配合行动后，国民党秘密特务队才同意停止继续搜寻尸体。"他们同意以后任何时候都将接受国民党的要求，配合防止共产党的行动。"

调查局局长徐恩曾说得更为明确。他说，在公共租界当局与国民党方面达成一个"君子协定"，同意在反共运动中提供"完全的帮助与合作"后，秘密

---

① 徐恩曾：《我和共产党战争的回忆》，第 22b—23a 页。

特务队才能同意停止发掘。①

工部局警务处负责特务股的帕特里克·T. 吉文斯——一个来自提珀雷里的富于魅力的爱尔兰人——将这项新的合作政策具体化了。② 1907 年 3 月 31 日吉文斯进入公共租界警务处。担任 3 年普通警察后，他被调到罪案侦查部，他在特务股里最主要的任务是调查共产党的活动。1927 年 8 月吉文斯探长被任命为帮办处长，作为特务股长官，由于处理牛兰案有方而受嘉奖。③ 后来，吉文斯在埃尔热的《丁丁历险记：蓝莲花》中被描绘成一个钻在日本人口袋里的贪财的警察，他还是英国秘密情报机构的成员。④

1936 年帮办处长吉文斯最后退休，上海市市长授予他一枚中国荣誉勋章，表彰信承认他"在任职期间，于查证共党证据，常与公安局密切合作"⑤。《中国论坛》的激进的编辑伊罗生为这种褒奖所激怒："12 月 13 日，中国海空军方授予一等勋章给吉文斯这个帝国主义在上海工部局的帮办处长，褒扬他在搜捕共产党和可疑的'赤色'分子并绳之以法——其中绝大部分人均处死刑——上的'出色'工作，恐怕没有什么能比这件事更清楚地说明南京政府与外国帝国主义之间的亲密合作了。"⑥ 在中国方面没有类似吉文斯这样的先例，但是，正如罪案侦查部被批评将政治情报工作置于刑事侦查之上，公安局

---

① 徐恩曾：《我和共产党战争的回忆》，第 24b—25a 页。即使国民党特务发现他是日本间谍后，谭绍良督察仍得以长期保全性命的原因之一是，根据 1931 年 11 月工部局警务处与国民党公安局间的协议，他是工部局警务处政治组的主要联络人。翟为民：《上海租界两监管遇刺内幕》，第二部分，1985 年 1 月 12 日，第 30 页。

② 高德：《不可接近的警察》，第 178 页。

③ 《密勒氏评论报》，1927 年 8 月 13 日，第 288 页；1936 年 3 月 28 日，第 111 页。

④ 范里高、考福：《康生与中国秘密特务（1927—1987）》，第 57、74、77 页。埃尔热的卡通故事最早于 1934 年在布鲁塞尔发表。该故事成于 1931 年。埃尔热：《丁丁历险记》卷头插画。有关吉文斯（在漫画中被称为"道森"）见第 36 页。

⑤ 《密勒氏评论报》，1936 年 3 月 28 日，第 111 页。

⑥ 伊罗生编：《国民党反动统治的五年》，第 112 页。这并非首次表彰。1934 年处长贾尔德少校、副处长 K. M. 伯内少校、督察长 T. 伯森、帮办处长 G. W. 吉尔伯特被授奖，表彰他们在上海镇压共产党中表现突出。《密勒氏评论报》，1934 年 9 月 22 日，第 140 页。

侦缉队也被指责对刑事案件漠不关心。① 由于警察部门对全国的政治情报和反间谍工作的关心，超过了维持日常地方治安工作，致使这种情况更为严重。②

---

① 《上海市公安局业务报告》，第四卷，会议，第 30 页。
② 沈醉：《军统内幕》，第 117 页。

第四篇 政治选择之于警政的意义

第十章
做出抉择

> 由于充分意识到了5月1日可能出现的事态的严重性，公共租界、法租界和华界高级官员在公共租界工部局总董的办公室里举行联合会议。会上讨论了遏制共产党人和煽动者的五一节计划方案，并且为了减少或彻底制止那一天的闹事和游行，各方面承诺要进行最密切的合作。
>
> 《上海泰晤士报》，1930年4月

由于涉及全局的政治问题越来越使政府全神贯注，上海警政的性质发生了深刻变化。一系列的选择摆在中国领导人面前，而他们每做出一种选择，总是使上海的警政越来越背离初衷。正如我们所看到的，第一次选择是维持社会秩序还是加强执法。正如加强执法与维持秩序之间存在着差别一样，第二次选择也是由于公安局控制犯罪的社会职责与其镇压蒋介石政权的敌人的政治使命之间的不协调促成的。至于对敌人的定义，第三次选择的问题是，重点对付共产党，还是日本人。

这种选择是必须做出的，因为警察不可能同时执行所有这些特殊任务，简而言之，花名册上仅有4,000名巡警的公安局，要在一个像上海这样大规模的城市做到面面俱到，警力的确不敷。① 熟悉华北警察体制的袁良上校指出，虽

---

① 到1930年底，公安局的总规模是5,033名男警和女警，其中4,284名是警士。《上海市公安局业务报告》，第四卷，表57。在上海微缩胶卷档案中，有关于1929年公安局中央警察大队第四支队成员的姓名、工资、武器和制服的详细记录，见敌伪第12660卷，DEPT895.24，第14卷宗。

然北平①的人口大体接近上海（且有 1/3 的地区为租界所分割的问题），但有多达 2~3 倍的警察来维持治安。② 在袁良看来，上海华界的警力明显不足。③ 尽管在上海的华界，每 425 名居民仅有 1 名穿制服的警官，但公安局还是使市政府的财政不堪负担，造成其长期出现财政赤字。④（见图 4 和图 5）

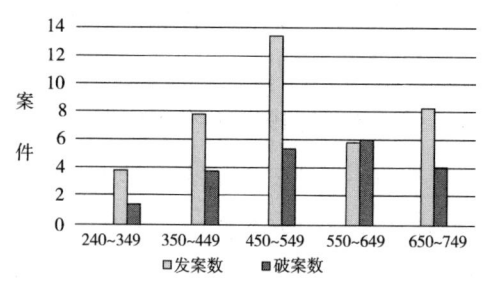

图 4：1929 年上海警察密度与抢劫案

资料来源：《上海市公安局业务报告》，第三卷，第 102—108 页。

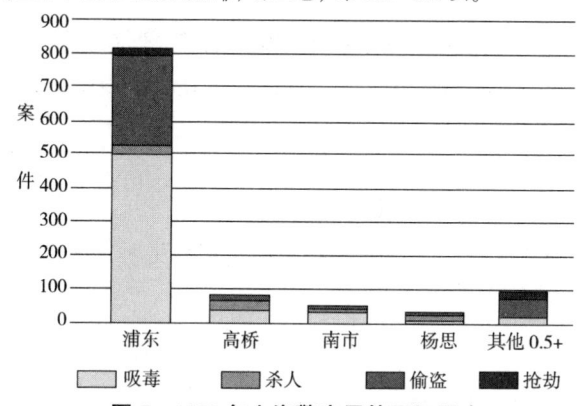

图 5：1929 年上海警察局管区犯罪率

资料来源：上海市档案馆微缩胶卷，警察局第 3 部分。

---

① "1928 年北京改为北平，具有特别市的地位，设市长，并重组了市政府，但是，这个市政府实际上是以前军阀政府的规模有所扩大的翻版（现在市长代替或兼任了警备司令）。市长像走马灯似的控制警察局（现在是公安局）和七个人手不足、经费不敷的局。"全大伟：《世仇、战斗和派系：二十世纪二十年代北京的党派政治》，第 413 页。

② 北平警察人数最多时达到 12,000 名。1930 年在裁减以后，它仍有 7,000 名警官和警士。

③ 《上海市公安局业务报告》，第三卷，第 149—150 页。警察局的能力可能与它所管辖的地域有关，而不是与人口有关。贝利：《警察模式》。

④ 这时上海的人口大约 350 万人，其中有 170 万人在华界。警务开支占市政府预算的 30%。有关市财政负担，见安克强：《上海市政府》，第 163、179 和 201 页。

第一节　相互矛盾的压力

上海市的财政赤字并非例外。南京的境况也差不多，虽然它作为国家的首都获得了一定的好处，它的警察部队还直接处于内政部的领导之下，南京在 10 年中却有 6 年出现赤字，特别是 1927 年到 1931 年。在汉口，省政府命令市政府把它的 6 个局的职能压缩到 3 个处，以缩减市政开支；在北平，1931—1932 财政年度市政府的财政赤字为 160 万元。① 所有这些城市都长期面临着制订合理的财会体制的压力。②

在上海，新的财政局在 1927 年努力在为各局建立集中的财会制度，要求每半月、一月报告一次，并提前上报年度财政预算。③ 在国民党掌权以前的单独的市政税（灯捐、清道路捐等），为总捐所代替，以房租为征收依据，住户征 6%，店铺行栈征 10%。④ 后来为增加公安支出，房捐又分别提高到 10% 和 14%。⑤

虽然上海有着完整的市政税源，但它总是捉襟见肘，而且几乎没有省财政

---

① 安克强：《上海市政府》，第 389—390 页。

② 关于公安局在 1927—1928 年建立一个合理的预算体制的压力，见《上海特别市公安局业务纪要》，民国十六年八月至十七年七月，纪事，第 39 页。亦见张：《中国市政府》，第 268 页。

③ 安克强：《上海市政府》，第 180 页。

④ 1927 年 7 月，国民党人建议向居住在租界的中国人征收 2 个月的租金，以维持政府的军事开支。同时国民党支持反对公共租界的市政税率提高 2% 的建议。英国的作家忧郁地描写道，在 1 年之内，上海的国民党就将"卖官鬻爵，口岸贸易将是泊在吴淞口外长江海口的武装商人与走私贩子们的勾当。"《字林西报》，1927 年 7 月 2 日，第 6 页。顺便说一句，1930 年 7 月，有 2,000 多名海盗驾驶 100 多只船停泊在吴淞口，劫掠没有武装的船只。《密勒氏评论报》，1930 年 7 月 12 日，第 226 页。

⑤ "降低房租简史……" 1929 年 11 月 26 日，上海总领事克宁翰致公使馆快信 6275 号附件，美国国务院有关中国内部事务文件，1910—1929，839.00，《政治事务》，893.102S/205，第六十九卷，第 1—3 页。

的补助。① 因此，各个行政部门自行收税：即从 1928—1939 年（市金库建立前），各局自辟财源来维持开支。② 正如我们所看到的，公安局是依赖征收违警罚款来维持的。③ 例如，在 1930—1931 财政年度，警察征收了 138,356 元的罚款。尽管如此，这项收入仅占公安局每年总支出 1,974,918 元的 6%，而且它的支出还在逐年增加（见表 2）。④

公安局预算中最大的一项是人头费，占到该局 1927—1928 年支出的 87%。⑤ 1928 年 3 月，国民党不得不借款 75,000 元拨给公安局，以支付当月的开支⑥，其中，12,000 元是行政费，63,000 元事业费是人员开支，包括工资。⑦ 用以提高警察工作质量的专业化开支，又增加了财政负担。

1930 年，仅袁良在更换新的警察制服一项就花掉了 172,983 元，而为履行公共卫生局清除街道的职能又给公安局的预算增加了 59,664 元。⑧ 那一年，虽然增加了新警察和女警察，公安局仍感到人手不足、工作过度。⑨

上海警察工作的危险性，也使公安局感到压力沉重。在上海，犯罪分子和执法的法租界、公共租界及华界警察之间的枪战如此普遍，误伤旁人也是司空

---

① 最初，市政府答应将房地产捐上交给江苏省，而江苏省同意警察支付 1 年的薪金。但双方都没有履行这一协议。安克强：《上海市政府》，第 42—43 页。1931 年废除厘金税以后，江苏省政府开始征营业税，但商人组织一直抵制到 1935 年。基瑟：《国民党统治多元模式》，第 4—5 页。

② 安克强：《上海市政府》，第 180—181 页。

③ 《上海市公安局业务报告》，第三卷，第 107 页。

④ 《上海市公安局业务报告》，第四卷，第 76 页。

⑤ 1927 年 3 月每月的支出大约是 39,000 元。当国民党人重建警察局并增加人员以后，每月的支出上升到 60,000 元。安克强：《上海市政府》，第 390 页。

⑥ 到 1929 年 1 月借款 80,000 元；到了 1929 年 5 月，上升到 83,000 元。同上，第 390 页。

⑦ 《上海特别市公安局业务纪要》，民国十六年八月至十七年七月，纪事，第 39 页。1928 年一个中国警士的工资是 328 元，教师为 1,120 元，市立医院护士为 1,680 元，外国警士为 3,500 元，外国教师为 5,000 元。《密勒氏评论报》，1928 年 12 月 23 日。

⑧ 《上海市公安局业务报告》，第三卷，第 121—123 页，以及第四卷，第 75 页。

⑨ 《上海市公安局业务报告》，第四卷，第 74 页。

见惯。① 据一名公共租界巡捕的评论，轻易就开枪，反映了欧洲巡捕对中国人生命的轻视。

> 上海的巡捕在人群拥挤的街道开火，这种对中国人命的草菅是世界上其他地方所没有的。说得更明确一些，上海的巡捕中没人会想向一群在上海的外国人开枪，但当这群人是中国人的时候，他就会毫不犹豫地这样做。②

每一个公共租界巡捕房的警察都配带手枪，常常是一把科尔特 380 半自动手枪，他们有时奉命在出勤时也要打开枪的保险。③

中国的警察在巡逻时，经常有遇到武装强盗的危险，所以也全副武装。④ 困难在于认出疑犯。"最危险和最成功的强盗往往穿着做工考究的丝绸长袍"，看起来像"上流的中国绅士"。而且，他们的长袖子能够使他们拿起手枪扣动扳机时不被发现。晚上如果听到哨声，每个人都会带着手枪奔向哨响的地方；如果他看到强盗逃跑，他能够确定他们准会见到他就开火，而他也会站出来还击。⑤ 在这种情况下，误伤者的比例会高于平时。⑥

---

① 例如，在 1929 年 3 月 18 日，在公共租界巡捕与抢匪在该市的一个最拥挤的地方交火的时候，有几个旁观者被流弹打伤。"在任何其他国家，警察都将停止履行责职，因为这是屠杀。"《密勒氏评论报》，1929 年 3 月 23 日，第 132 页；亦见 1935 年 4 月 13 日，第 225 页。

② 《密勒氏评论报》，1929 年 3 月 23 日，第 132 页。

③ 但是，双动自动枪出现以前，枪膛都是空的。警察被指示要在他拔出枪时才装上子弹。《东方事务》5.2，第 68 页："在上海，所有的警察……都武装值勤，当有案情发生时，会毫不犹豫地开枪。"布希勒：《中国的警察》，第 255 页。

④ 《上海特别市公安局业务纪要》，民国十六年八月至十七年七月，纪事，第 55 页；布鲁斯：《上海租界》，第 133 页。

⑤ 伯涅：《上海公共租界警务处》，第 31 页。

⑥ 钱生可编：《上海黑幕汇编》，卷一，第 1 页。在《上海特别市公安局业务纪要》（民国十六年八月至十七年七月）的正文前的材料中有 66 名在值勤中被杀的公安局警察的名单；《上海市公安局业务报告》，第三卷，表 61；第四卷，表 67，及第五卷，表 221。几乎是在同一时期，公共租界巡捕房华捕队中有 8 人被抢匪杀害，其他 17 名也受了伤。伯恩：《公共租界巡捕房》，第 32 页。亦见派尔《上海传奇》第 13 页；卡尼：《眼睛发亮的洋鬼子：忆上海（1933—1939）》，第 16 页。

这种危险的工作条件肯定是人员更替率较高的原因之一。虽然警察当局提出警察服务5年以后，他们的孩子读公立小学的学费就可以豁免的优惠条件，但是巡警和办公室的工作人员还是不断辞职和被辞退。① 1930年，公安局局长估计平均每月有100名警察离职或退休。②

第二节　不同的政治威胁

在这种情况下，中国警察打击一般刑事犯罪的能力大大地削弱了。但是公安局不仅要面对公众要求降低犯罪率的压力，而且它还要接受来自南京政府接二连三、得寸进尺的要求，使其活动扩大到政治领域，取缔不同政见的出版物，逮捕共产党、汪精卫的改组派以及桂系分子等蒋政权的"反动派"。这些代表蒋介石发布到公安局的命令，也以由上海临时法院提出要求的方式传达到了公共租界的巡捕房。③

第一次正式向公共租界巡捕房提出在政治事件上进行合作的要求是在1929年2月20日。那天，临时法院向公共租界巡捕房罪案侦查总部提供了2份文件。第一份文件来自上海市政府，时间是2月4日，其中谈到了一条由蒋介石签署的国民政府的命令，即要求取缔"反动派"共产党期刊《血潮》，这份期刊是由位于牯岭路142号的立群书店出版的。第二份文件也是国民政府的一个命令，涉及一些蒋介石在2月9日点到的关于要求"改组国民党"的社论。据称，这些社论刊登在决斗社的杂志《决斗》期刊上（该社于1928年初春成立于上海，倾向于汪精卫领导的中国国民党改组同志会），"荒诞不经，必须予以取缔"。中国政府还要求上海临时法院查封决斗社的可能位于广东路的活动场所。④ 公共租界巡捕房答应依从上两项要求。这就是说，他们的罪案

---

① 《上海市公安局业务报告》，第四卷，第52页，第67页。
② 《上海市公安局业务报告》，第三卷，第153—154页。
③ 上海公共租界警务处档案，D-57。
④ 上海公共租界警务处档案，D-57，1929年2月20日。

侦查总部不仅会尽力搜寻共产党的书店，而且还要着手侦查桂系支持的反对蒋介石的改组派，而它对英国利益几乎毫无损害，与陈果夫、陈立夫联系密切的、好斗的年轻知识分子领导的正统的国民党地方党部的利害关系完全不同。① 这两个协查都未取得大的成果。②

虽然这些协查未能使公共租界巡捕房和公安局之间产生直接联系，但9个月之后这种联系产生了。这两个警察机构在1929年11月2日的侦查合作中第一次被拉到了一起，拉到一起的原因就是反共、反改组派，即中国当局提供有关共产党活动的有价值的线索以换取有助于对付国民党内部和桂系中蒋的敌人的情报。在一份由两部分情报构成的报告书中，袁良局长提供了黄惠平的地址，并解释说，黄是前任上海国民党党部的秘书，被桂系改组派买通，诱使国民党员从事反动活动。不久，临时法院的院长何世桢就要求公共租界警务处长下令对改组派"严访密查，一律拘捕"。③ 袁良局长报告书的第二部分叙述了共产党要在11月7日举行游行以纪念布尔什维克革命胜利12周年的计划，估计将有300多名失业工人会被共产党的区委员会派往小沙渡路（今西康路）、劳勃生路（今长寿路）、曹家渡、浦东和闸北去煽动一次总罢工。同时，在各个教育机构的共产党支部的成员也准备动员学生声援。因此，公安局请公共租界巡捕房的合作，以制止这些游行。④

公共租界巡捕房对这一要求的回答是迅速而直接的。负责罪案侦查总部的

---

① 这3名主要的地方领导人是潘公展、吴开先和王延松，分别从圣约翰大学、上海政法大学和上海商学院毕业。安克强：《上海市政府》，第61—62页。安克强：《1927—1937年的上海》，第56页。这时，公共租界巡捕房的警官还对市党部十分敌视。当袁良上校努力让公共租界巡捕房给吴开先发放一个在公共租界通用的手枪许可证的时候，他被粗暴地断然拒绝，理由是吴"并不比国民党［原文如此］的其他成员好到哪里，而国民党的政策总是对租界当局挑衅和敌对的"。上海公共租界警务处档案，D-1194，1930年4月25日。

② 上海公共租界警务处档案，D-57，1929年2月23日。

③ 上海公共租界警务处档案，D-702，1929年11月27日。何法官于11月26日写信给公共租界巡捕房，引用了国民党中央委员会的公文，抨击改组派篡党夺权的"反党"活动，称全国军政机关皆应严密禁止"反党分子"的印制宣传品，惩治造谣者。

④ 上海公共租界警务处档案，D-623，1929年11月2日。

副处长 R. C. 艾尔斯告诉他手下的人警惕共产党的活动。① 这之后不久，当何法官奉中央政府命令，来文要求取缔"反动政党"之时，公共租界巡捕房罪案侦查总部负责人回信写道：

> 11月26日来文收悉。请求公共租界警务处取缔惯于编造诽谤国民政府谣言的反动派活动并禁止此类反动政党所制文字宣传品的散发，均已在注意之中。专此奉复。②

很明显，就罪案侦查总部而言，由中国警方提供的关于公共租界内共产党行动的消息，不仅导致了反对双方共同敌人的搜捕行动，而且也为双方在镇压改组派的行动中的合作提供了诱因。毕竟，公共租界巡捕房的特务股对所有有关共产党影响大学生的事件都是极端敏感的。③ 对共产党在上海大学校园里的活动哪怕有最微小的疑点也足以招致罪案侦查总部的一次大规模搜查。④

公共租界巡捕房对于制止共产党宣传品的散布仍然常抓不懈，到1930年，它向邮电局派出了邮件检查员，以确保邮件不被用来进行宣传颠覆政府的观点。⑤ 其他不说，在这一年的上海，成立了有自己的杂志和读者俱乐部的中国左翼作家联盟，成立了从事出版和发行左翼文学作品的书店联合会，成立了由田汉领导的中国左翼戏剧家联盟，成立了为工人和学生创办学校的中国社会科学家联盟，成立了中国左翼文化联盟。⑥ 公共租界警务处最主要是害怕所有这些反对帝国主义的宣传会引起游行和激起反帝情感的爆发，特别是在5月初这一段有许多激进的周年纪念日需要举行纪念活动的日子里。

---

① 上海公共租界警务处档案，D-623，1929年11月2日。
② 上海公共租界警务处档案，D-702，1929年11月28日。
③ 见华志坚：《二十世纪中国的学生抗议：上海的看法》。
④ 上海公共租界警务处档案，D-825，1929年12月31日。
⑤ 革命者因此试图以伪造的印刷信封或变换笔迹书写地址的信封以避开邮政检查员的注意，防止其浏览信件内容。上海公共租界警务处档案，D-1791/6，1934年5月4日。
⑥ 伊罗生编：《国民党反动统治的五年》，第73—75页。

第三节　用新的警务合作来控制异己

1930年4月7日，罪案侦查总部接到了华界公安局的警告，共产党将在3天后举行游行。游行从五一劳动节开始，可能有法租界的大夏大学的学生和西侨区的反帝同盟成员、艺术学校学生和青年团员，公共租界的自由同盟、总工会以及杨树浦棉纱厂的工人、闸北的童子军的代表和浦东农民团体的代表。结果，袁良上校、贾尔德少校、费沃利上尉在公共租界工部局的办公室里举行了一次特别会议，协调上海华界、公共租界和法租界的警务力量，以防范5月1日的激进的游行活动。①

4月29日上午，公共租界巡捕房先发制人，突然搜查了在租界内的10个有嫌疑的共产党据点。其中的5个据点，包括1所中学，没有找到疑点。位于白克路（今凤阳路）386号的第6个地点，正在举行会议的9人被捕。第7、8、9个地点藏有共产党的文学作品。② 第10个突然搜捕的地点位于东鸭绿路（今周家嘴路）866号，那儿是上海电力公司工人俱乐部所在地。在那巡捕搜到了700份共产党的报纸（《上海报》和《红旗报》），以及1架印刷机，并逮捕了16人。③ 这16人中的4人被确认为只是当地居民而被释放，其余12人被拘留：1名叫徐阿三的失业屠夫，10名公用事业公司的雇员，1名叫王立生的32岁的失业的当铺服务员，他当时正睡在一张盖有共产党报纸的桌子上。一

---

① 由罗伯逊签名的，1930年4月27日的罪案侦查总部办公室的便条。上海公共租界警务处档案，D-1216，1930年4月30日。伊罗生编：《国民党反动统治的五年》，第10—11页。陆军准将E. B. 麦克诺顿总董、费信惇执行董事、万国商团司令官H. B. 奥彭·帕尔默上校也参加了这次会议。

② 在威妥玛路（今怀德路）1066号，警察没收了1,500册共产党的小册子，300份共产党的快报（《上海报》）和1封电车职工俱乐部的信。在爱文义路（今北京西路）228号，大量的共产党文学宣传品和一家较小的印刷厂被查封，1人被逮捕；在白克路（今凤阳路）102号，1人被捕，一大筐中文和英文的共产党的小册子被没收。上海公共租界警务处档案，D-1210，1930年4月29日。

③ 上海公共租界警务处档案，D-1210，1930年4月29日。

名电力公司的工人将该俱乐部的主席和副主席的名字告诉了巡捕，公共租界巡捕房抓到了该会的副主席，同时得到了现在和以前是该团体成员的 90 人名单，这份名单还送到该公司的英国经理那里"以供参考"。①

在东鸭绿路被捕的 12 人，第二天在位于哈尔滨路的高级法院的分部前的初审听证会上被同时传讯。龙华军事当局的代表和一名告密者出席了这个听证会，告密者指认王立生就是被华界警方所通缉的犯人的化名。3 名中国法官以王立生持有他睡在上面的共产党的文学作品的罪名，判他入狱 2 年，而在另一个听证会之后，他被引渡给了警备司令部的代表。②

当国民党的革命派最初掌权的时候，租界当局并没有批准引渡的要求。③ 1927 年 9 月和 10 月，上海警备司令部曾要求引渡在租界监狱里的 2,000 到 3,000 名中国犯人，表面上说这是为了共同努力来腾出空间拘押更多的恶棍，以清除上海的犯罪分子。这一要求被不容置疑地拒绝了。④ 1928 年元旦的时候，当工部局宣布，以后要与国民政府保持更密切的关系，政策开始发生了改变。⑤

现在，鸭绿路的案子好像开了一个先例，即如果有人被控私藏有共产党的宣传品，就可以被上海警备司令部引渡。⑥ 但是，这一原则在不到 2 个月以后

---

① 主席是吴福福，副主席是陆云生。该公司的经理是泰勒先生。上海公共租界警务处档案，D-1210，1930 年 8 月 19 日。

② 这 12 人中，9 人被处以 4 个月监禁，3 人被判 2 年徒刑。引渡听证会在 1930 年 5 月 30 日召开。王先生被中国人指控犯了政治罪，于 1930 年 11 月 7 日被交给租界当局审讯，而在第二次申请时，他被交给淞沪军事当局的代表。他后来的命运没人知道。同上，1931 年 8 月 19 日。

③ 另一方面看，这也是事实。在国民党掌权之前，中国当局（当时是孙传芳的政府）也不经常接受公共租界巡捕房的引渡要求，如 1925 年 2 月内外棉纱厂罢工领导人孙良惠的案子。上海公共租界警务处档案，D-6023，1925 年 3 月 31 日。

④ 《密勒氏评论报》，1927 年 9 月 17 日和 1927 年 10 月 29 日。

⑤ 伊罗生编：《国民党反动统治的五年》，第 10 页。

⑥ 中国起诉人不能逮捕居住在租界内的中国人。他们必须请求公共租界巡捕房实行逮捕。但是，工部局不愿正式引渡中国犯人，除非举行过一个有工部局出席的初级听证会。霍塞：《出卖上海滩》，第 247 页。

就受到了挑战。当时,江西当局给上海宪兵队发出一份紧急逮捕令,要求其逮捕4名共产党嫌疑犯,他们的名字是在审问在该省被捕的另外一名共产党员的时候得到的。上海警备司令部将逮捕令交给公安局,公安局要求公共租界巡捕房协助逮捕,而这些嫌疑人被证明没有牵连入案。公安局要求引渡,但是当这一案件到了上海特区法院尹法官的面前的时候,工部局代理律师保罗·Y. 鲁争辩说:"公安局并不是法庭,淞沪警备司令部也不是,他们在此案中绝对没有审判权。"鲁认为,被告不应该引渡,除非2个有相等的司法权力的法庭,才能受理引渡申请。在此案中,应是江西高级法院,而不是公安局或警备司令部来提出申请。尹法官答应考虑这件事。①

1930年的最后几个月,是右翼恐怖重新席卷中国的时期。② 在北平国立大学,60名学生因试图成立社会科学同盟支部而入狱。在天津也有十几人因同样的原因被捕。汉口的屠杀持续不断。广东禁止所有报纸刊登有关青年人被捕和处死的消息。10月份,四川军事当局以每个人头50元悬赏捉拿共产党,并且给士兵和警察格杀勿论的权力。结果,在以后的2个月,在那个省的较大的城市中,有2,000名男女被屠杀,其中主要是学生。③

在此期间,公安局一如既往地着重取缔"反革命"的印刷品。④ 新成立的市府新闻检查局开始负责审查期刊上数以千计的可疑文章。⑤ 在使"久已深入

---

① 这2个主要的嫌疑犯是王仲铃和杨印先。上海公共租界警务处档案,D-7873,1930年6月17日。

② 《上海市公安局业务报告》,第三卷,第8—51页,第119页。亨特:《1930—1936年间上海中国左翼作家联盟》,第111页。

③ 伊罗生编:《国民党反动统治的五年》,第75—76页。

④ 1929年公安局取缔了1,876种宣传品(484种是根据中央政府的命令,1,392种是他们自己的规定)。在后者当中,564种被列入"反动"一类,793种是共产党的,24种是改组派的,9种是国家主义的,2种是无政府主义的。《上海市公安局业务报告》,第三卷,表77。

⑤ 《上海市公安局业务报告》,第四卷,第120页。在1930年7月—1931年6月这一段时期,上海的华界警察共禁止了442种"反动的",2,320种共产主义的,3种无政府主义的,23种改组派的,8种国家主义的出版物。同上,表83。

人心的邪说"销声匿迹的努力中,公安局不断向公共租界巡捕房提出合作的要求。① 1930年10月2日,袁良局长写信给贾尔德处长,列出了8种"反革命"和共产党的报纸的名称,其中包括由警备司令部的邮政检察员指出的《中华苏维埃周报》,并且请求贾尔德对它们发出严厉取缔的指示。② 贾尔德很明显地依从了,而且在以后的几个星期中又加上了其他的书刊名称。③

在1930—1931年的冬天,这种合作与日俱增。例如1930年11月7日,闸北公安局对位于临平路9号的仁基印刷公司进行了一次较大规模的突击搜查,《红旗日报》就是在那里印出的。印版被搜走,13人被捕,并且被公安局讯问。④ 利用在这次搜捕中所获得的信息,中国警方在公共租界巡捕房的可靠支持下,突击搜查和关闭了大约20个印刷或出售带有"嫌疑的"书名的图书的书店。这些名字如《唯物主义哲学》《唯物主义与宗教》《唯物主义纲要》《苏维埃农民》和《妇女》。⑤ 换句话说,到1931年1月,公共租界罪案侦查总部已开始依从于一种惯例,即根据淞沪警备司令部和公安局的要求为基础,发放不具名的逮捕令,以搜查怀疑出售"反革命"书籍的书店,并逮捕售书者,而不论是否能发现其他旁证。⑥

公共租界警务处不仅依从公安局和警备司令部搜查书店和任意逮捕的要求,他们还在租界里主动逮捕有共产党嫌疑的人,更有甚者,还与公安局充分沟通案情。⑦ 例如在1931年2月10日,上海特区法院院长杨肇炯通知公共租

---

① 《上海市公安局业务报告》,第四卷,第77—78页。
② 《革命工人》、《红色海员》(全国海员联合会宣传委员会出版)、《评论周报》(在学校和书店流传的《海光》的副刊)、《中国苏维埃画报》、《红旗》、《海光》、《东方》和《大风》。上海公共租界警务处档案,D-1639,1930年10月8日。
③ 上海公共租界警务处档案,D-1639,1930年12月8日,1930年12月15日。
④ 《申报》,1930年12月9日,第11版。
⑤ 上海公共租界警务处档案,D-7873,1927年4月14日和后来的。亦见伊罗生编:《国民党反动统治的五年》,第76页。
⑥ 警察搜查这些书店的档案很多,店主的被捕和对他们背景的调查,都有详细记录,多达124页以上。上海公共租界警务处档案,D-1939。
⑦ 上海公共租界警务处档案,D-2033,1931年3月2日。

界巡捕房说,国民党中央宣传局有充分的理由认为,位于康脑脱路(今康定路)东端的华兴书店是共产党的一个主要宣传机构,它已经出版了许多列宁的著作。① 杨院长列出了一张在该书店中发现的37本书名的单子,其中有3本列宁的著作和许多研究苏联、印度和朝鲜共产主义运动的书籍。杨院长要求公共租界巡捕房采取"必要的行动"。② 公共租界巡捕房还查封了福州路上的7家书店,并且授权逮捕和引渡了一两家书店的职员和代理经理。③

这些突击搜查与公共租界巡捕房特务股的逮捕恰好相一致,1931年1月15日,莫斯科的政策有了转变。④ 英国情报局根据"一个非常可靠的来源"得知,苏联政府此后将投入大量经费用于颠覆活动,培育一些国家的对于"所谓的"帝国主义国家的敌对情绪和活动。警察们估计,这种政策的转变将使苏维埃分子把他们的大部分精力放在收回租界和废除治外法权的要求上。各种反帝国主义同盟、被压迫人民团体和其他一些伪装的"爱国组织"都将成为这一煽动的工具。⑤ 2天以后,即1月17日,36名共产党员,其中有7名女党员,在东方饭店举行了秘密集会。公共租界巡捕房特务股在这些革命者还没来得及逃散之前突袭了这一饭店。⑥ 所有这36人都被捕了,移交给了国民党,国民党将他们关押在龙华警备司令部。3个星期以后,在2月7日的晚上,27名共产党嫌疑人(有3名女人)被拉出去枪毙了。当时在上海的报纸上没有一点有关这次行刑的报道,直到4月25日,革命烈士的死讯才在一家由左翼作

---

① 中央宣传部报告中有一段这样写道:"因此,除提请政治会议指令上海的军警机构、上海特别区法院查封上述书店并指示各国民党党部、宣传部门和邮件检查员取缔和没收此类反动作品外,我们亦须指示上海的军警机构以及上海特别区法院对查封上述书店协商办法。"上海公共租界警务处档案,D-2048,1931年2月18日。

② 上海公共租界警务处档案,D-2048,1931年2月18日。

③ 上海公共租界警务处档案,D-1939,第62—67、71页。

④ 它们也与对全日本帝国内的激进的台湾活动家加强镇压的政策在时间上相一致。费克斯:《脱离活动:二十世纪三十年代台湾的精英活动》,第6页。

⑤ 上海公共租界警务处档案,D-516,1931年6月15日。

⑥ 传言是中国共产党内由"回国的布尔什维克"所支持的一个派系向警察透露了消息。我无法从今天美国中央情报局开放的有关公共租界警务处的档案中证实这一谣言。

家联盟特为创办的《前哨》杂志上披露出来。①

第四节　警务分歧的合法性问题

在此期间，被这些搜查和逮捕的合法性问题困扰着的工部局代理律师保罗·Y.鲁继续向上海特区法院提出抗议，认为由巡捕房以一份不具名字的逮捕令去逮捕无辜的百姓，只是为了获取有嫌疑的共产党员的行踪是违反中国司法程序的。而且，这些逮捕令的指控并不是由租界巡捕房提出的，而是由租界外的当局比如公安局提出的。逮捕令上并没有被指控者的名字，只要是书店的负责人都可以抓起来，被公安局的侦探带走，而不论他是否和共产党人串通。② 公共租界巡捕房对鲁律师引经据典的反对充耳不闻，我行我素，虽然巡捕房的警官对这种武断的逮捕也表示了不安。

> 我们在执行这类逮捕令的时候可谓困难重重，因为那上面没有名字或与名字相关的线索，我们没有办法确定哪一个人是我们要找的……同样，公安局的侦探对于他们要找的人也一无所知，更别提他的住址了。③

这种不明确增加了问题的严重性，使得任何嫌疑人，特别是学生，如果他们被移交到国民党的宪兵和警察手中，就难免被拷打甚或处死。④

---

① 18 年后，胜利的共产党人挖出了烈士的遗骸。对残存的遗骸解剖表明有些人是被活埋的，而其中一名被杀妇女已怀孕。他们的遗骸被移葬到上海烈士陵园。亨特：《1930—1936 年间上海中国左翼作家联盟》，第 145—147 页；史景迁：《天安门：知识分子与中国革命（1895—1980）》，第 192—194 页。

② "搜捕上海赤色分子"，上海公共租界警务处档案，D-1939。开庭会议在 2 月 3 日举行。

③ 探员穆尔 1932 年 4 月 27 日的报告。在一名公安局警官的陪同下，特务股的成员企图在九华丝绸商店逮捕 2 名共产党嫌疑人。2 名店员当时不在店里，而上海特区法院的逮捕令因此作废收回。上海公共租界警务处档案，D-3578，1932 年 4 月 28 日。

④ 法租界巡捕房也肯定实施刑讯，审问者把犯人的下颚脱臼或打断骨头，切下手指，或用电刑逼人招供，俄国巡捕闲着无事时还常常"以此为乐"。伊罗生编：《国民党反动统治的五年》，第 15—16 页。

这不是说公共租界巡捕房的监狱看守就不虐待囚犯。① 一名因涉嫌绑架而被公共租界巡捕房逮捕的妇女说,她和 12 个男人和另 1 名妇女被硬推进了一间拘留所。男人们都挨了打。巡捕把小便和大便硬塞进了她的鼻孔。她被转移到巡捕房监狱以后,看到那里的生活条件非常可怕,床上满是臭虫和虱子,饭桶用作便盆,等等。② 3 天以后,当她被带到了公安局,遭遇更惨。她进了一个房间,新的监狱看守一句话没说就打了她。然后她坐了老虎凳。"他们把膝盖下面的韧带朝相反方向拉。"当她醒过来的时候,看到周围全是因伤痛而抽泣的犯人。"一整天,我只听见铁镣声、呻吟声、看守拷打和威胁的声音。这个地方是屠杀民众的最高机关,所以他们有权杀死任何他们想杀的人,我们常常能够听到在不远的地方杀死犯人的枪声。"③

负责公共租界巡捕房的英国警官明明知道这种野蛮行为的存在,还是加强了与公安局的合作行动。在那个特殊时期,在镇压共产党的活动方面,他们有他们自己想要与中国警方合作的迫不得已的原因,即他们受到了英国和美国军人手中的传单的刺激。这些传单鼓动这些水兵和战士来支持中国的红军,因为它是"中国工人、农民和革命群众的武装力量"。

你的理想是什么?你是帮助统治阶级、资本家和帝国主义者来屠杀你的阶级兄弟和中国红军,还是支持他们?请仔细考虑一下吧。你也像中国的工农一样,深受你们的统治阶级的压迫……不要再做资本家和帝国主义的走狗了。你们是人。努力学学怎样做一个真正的人吧。④

---

① 1932 年 12 月,27 名外国人正式指控在公共租界厦门路监狱的警官和警士用木棍殴打犯人,并用 7 种不同的方式折磨犯人。《密勒氏评论报》,1932 年 12 月 24 日第 151—152 页,1929 年 9 月 19 日,第 257—258 页。

② 南京国民党中央党部秘书处敦促中国外交部向外国驻沪领事机构提出抗议,抗议租界警察习以为常地虐待犯人。《密勒氏评论报》,1930 年 5 月 7 日第 180 页。

③ 伊罗生编:《国民党反动统治的五年》,第 38 页。正规的江苏第二监狱的条件相对较好。徐蕙芳、刘清於:《上海女性犯的社会分析》,第 72、80—81 页。1930 年 10 月 15 日,公安局长袁良命令属下各分局打扫所管牢狱,保持公共卫生。《申报》,1930 年 10 月 15 日,第 16 页。

④ 上海公共租界警务处档案,D-2302 附件,1931 年 4 月 29 日。

租界巡捕房认为，这是共产党5月大游行的准备工作的一部分。尽管他们经过一段时间加紧追查，但没有找到这些传单来源的线索。①

同时，在1931年4月28日，公安局长陈希曾通知公共租界警务处长，要他"采取预防措施，以防止共产党在5月份的各个纪念日实行其罢工等计划"②。帮办处长、特务股负责人吉文斯于1931年4月30日回复陈局长，表示将"关注"此事并致以"感谢"。③5月间，公共租界巡捕房照例将巡捕从交通岗位上抽回，把他们作为后备队留在警察局和营房里；让高级警官不断在他们的管区里开警车和摩托车巡逻；让各级警察注意枪械的使用；取消了月例假；宣布驱散所有集会（必要时可使用充电警棍）和逮捕任何抵抗者的指示。④公共租界巡捕房与法租界的巡捕和公安局一起，共同起获了上百万份传单和小册子。这被"认为是防止上海一年一度的五卅运动纪念日出现骚乱的最重要行动之一"⑤。

一年一度令警察担心的"五月纪念日"，在1931年，像去年一样平息了，就在这一年里，公共租界巡捕房和华界公安局之间的工作关系经历了一次重大的转变。⑥

不仅双方经常地热情地充分地合作突击搜查书店，而且公共租界巡捕房还会一概接受由公安局或警备司令部经由上海市特别区法院发出的没有名字或无限制的逮捕令，然后以微不足道的证据逮捕共产党嫌疑人。⑦到了1931年6月5日，该法院甚至转来省政府发出的一份共产党嫌疑人名单，要求特务

---

① 上海公共租界警务处档案，D-2302附件，1931年4月29日。
② 译件，上海公共租界警务处档案，D-2303，1931年5月1日。
③ 上海公共租界警务处档案，D-2303，1931年5月1日。
④ 上海公共租界警务处档案，D-7333，1936年6月6日。
⑤ 《上海泰晤士报》，1931年5月31日，被伊罗生编的《国民党反动统治的五年》所引用，第11页。
⑥ 1930—1931警务年度，有110起结社案和320起集会案。《上海市公安局业务报告》，第四卷，第80页。
⑦ 到1931年8月，公安局的日程上每天列有派往公共租界巡捕房的协查"共匪"组织的特务名单。《上海市公安局业务报告》，第五卷，第6页。

股"最好命令各个巡捕房去逮捕这些［25］人","逮捕以后,将他们带到法院来"①。

虽然公共租界巡捕房和公安局之间的合作越来越常规化,但是比起公开的煽动和宣传来,公共租界巡捕房更关心秘密颠覆活动。在公安局方面,即使示威游行在1931年6月以后已经显著减少了,仍在为"反革命"印刷品而担忧,继续要求保持对月复一月的"国际赤色日"的高度警觉。② 公共租界巡捕房当然没有打算改变它与公安局合作的政策,但是至少它的警官们开始对他们在各种搜查中没收的"有共产党特征"的著作的真实性产生了一丝疑问,开始关心这种由普通的犯罪调查向政治侦查转向的原因。③ 他们阅读了一些他们在一次突袭书店行动中搜获的材料,包括列宁的《唯物主义和经验批判主义》的时候,侦探们总结说,这样的著作没有危害"国家内部安全"的内容。④ 那以后,公共租界巡捕房不再那么轻信公安局的某某材料是"共产党的"之类的一面之词,虽然它没有公开对大上海市政府所提供的"共产党组织"的名单的可信性及其进行取缔的请求表示置疑。⑤

---

① 杨肇炯院长致公共租界警务处长第6950号专函,转发江苏省政府第679号文,上海公共租界警务处档案,D-2459,1931年6月5日。专函中有25人的姓名,年纪从25岁到40岁,大多数为江阴人,身份是"红十四军领导人""江阴第一支队队长""中共江阴市委委员"等等,还附有特征的描述(如高个子、体格健壮、学生模样等)。法租界巡捕也执行由江苏高等法院发出的搜查令。上海公共租界警务处档案,D-3922,1932年8月10日。

② 1931年7月,一共有72种"反动"邮件,包括50种共产党的出版物被没收。《上海市公安局业务报告》,第五卷,第52—53页。

③ 1931—1932警务年度,公安局公布了969种"反动派的"、共产党的和"国家主义的"书名,《上海市公安局业务报告》,第五卷,表221。

④ 上海公共租界警务处档案,D-2665,1931年8月31日,1931年9月5日。除了列宁的《唯物主义和经验批判主义:对一种反动哲学的批判》(纽约,1927年)外,还包括下列书目:孚勒普·密勒的《列宁与甘地》(苏黎世,1927年);卡尔·考茨基的《农业问题》(斯图加特,1902年);伦纳德·沃尔夫:《帝国主义与文明》(伦敦,1928年);S. 斯捷潘涅克［S. M. 克拉夫钦斯基］的《地下俄国:来自生活的革命画像和速写》(伦敦,1883年),以及利昂·托洛茨基的《我的自传》。

⑤ 上海公共租界警务处档案,D-3922,1932年10月18日。

第五节　公安局工作重心的转移

公安局对于"反革命"宣传品的执着使其不断从其他的警务岗位上抽调警力。根据它的记录，1930—1931 警务年度中，公安局对 123 个不同的地点派出了便衣，进行先发制人的搜捕，没收了 1,471 套诸如传单等准备在示威游行时散发的印刷品。常规警务工作要继续应付上海不断增长的犯罪率，但是越来越多的警力被投入到对付"红队"的行动中去了。①

作为这种不断增加的对政治责任的执着的结果，上海市公安局工作重心显然发生了转移。普通刑事案件继续发生，甚至增加了，但是越来越多的时间却花在了查获共产党"反动派"和与阴谋活动做斗争上。在 1927 到 1932 年间，共有 686 件案子涉及共产党，988 件案子属于破获或"揭发阴谋活动"。② 但是这类政治案件的时间分布并不均等，这反映了公安局使命感的转移。官方的 1927—1930 年警事大事记中反映出了那一时期的社会进取精神，充满了交通现代化、道德复兴和城市进步的记载。而 1930—1931 年的警事大事记的重点则截然不同，不仅几乎没有刑事破案记载，而且几乎所有记录不是关于政治镇压，就是有关日常人事调动和行政变化。警察作为革命的社会活动者的自觉意识明显衰退了。③

说几乎没有罪案被系统地记录下来，这当然不是真的。犯罪报告相当标准规范，统计细致——甚至是强制的，每天更新。④ 罪犯籍贯大多数是江苏和浙

---

① 《上海市公安局业务报告》，第四卷，第 77—78 页。
② 上海市年鉴委员会编：《上海市年鉴》，F-58-59。在上海 1930—1931 警务年度，有 8 起绑架案，27 人被捕；280 起抢劫案，有 173 人被捕的记录。还有 1,411 起毒品案，474 起赌博案。《上海市公安局业务报告》，第四卷，第 106 页。
③ 《上海市公安局业务报告》，第四卷，第 1—22 页。
④ 勤务股设计了一份报告的标准格式。记录路线、调查时间及派出所、犯罪情况、罪犯人数等。表格格式见《上海特别市公安局业务纪要》，纪事，第 58—59 页。

江。① 按年龄组分析，大约10人中有4个在21—30岁组。② 按职业分类：工人占43%，失业者占42%，商人和小贩占9%，农民占4%，社会闲杂人员占2%。③

因此，虽然较多的注意力被放在了所谓的政治阴谋活动中，但犯罪率的稳定增长还是被记录下来了。在1929—1930年和1931—1932年之间，公安局准备提交初审法院预审的案件增加了81%（见表3）。这些案件中的十有八九是男人做的，而妇女主要是因触犯风化、毒品和卖淫等有关刑律而被捕的（见表4和表5）。虽然非法斗殴、包庇重罪犯、制造伪钞、伪造签名、贩卖毒品和杀人这些违法案件的增长率低于平均增长率，甚至有所降低，但像赌博、卖淫、偷窃、擅自占用土地和勒索的案件（所有这些犯罪都是相对较轻，几乎不需要花多少时间来侦查和处理的案件），则出现了高于平均水平的增长。④ 换句话说，正如被提交审讯的案件一样，犯罪率在这两年里几乎增长了一倍，而这些相对来说显而易见的犯罪案件的大量增加，只会引起穿制服的警察的注意，而不会引起那些转移到政治上来的侦缉队的注意：

犯罪调查与政治警务之间的矛盾没有逃过当时人的眼睛。这在公共租界巡捕房罪案侦查总部的例子中可以最明显地看到。像通常一样，早在1928年12月，在公共租界巡捕房和公安局开始朝着政治合作的方向犹豫地走出第一步之后不久，《密勒氏评论报》就这一问题提请公众注意：

---

① 在1930—1931警务年度，大多数预审罪犯是江苏人（男2,950人，女350人），浙江人（男2,115人，女206人），安徽人（男609人，女408人），福建人（男530人，女116人），山东人（男460人，女63人），广东人（男216人，女51人）和河南人（男140人，女29人）。其他各省男女人数都不超过100。《上海市公安局业务报告》，第五卷，表221。

② 1931—1932年，犯人中21—30岁年龄组为38%，31—40岁年龄组在30%，41—50岁年龄组占18%，21岁以下或50岁以上两个年龄组共占14%。《上海市公安局业务报告》，第五卷，表221。

③ 《上海市公安局业务报告》，第五卷，表221。

④ 《上海市公安局业务报告》，第五卷，表221。偷钱包案件似乎急剧地上升。《警卫报》，1929年1月10日，第22版。

"罪案侦查总部",顾名思义,应该是一个仅限于从事调查与刑事有关案件的纯粹的警察调查机构。如果英国人想要在世界上这块地方维持一个政治情报和宣传机构的话,那是英国政府的事,它花的钱应该由英国政府来付,而不是由工部局来付。①

不过,到了1931年末,合作迅速转变为勾结。由于牛兰和顾顺章案件的轰动效应,公众对有关上海警察的政治使命的疑虑到这时已有所减轻。将重点放在打击国际和国内的共产党,而不是地方犯罪的正确性,被这两个反间谍案件证实了。

但是,更成问题的是,蒋介石政权认定国家的最大敌人是共产党,而不是潜在的日本侵略。从反对共产党这一战略重点出发,上海警务的结构发生了一些重要的变化。与反共毫不相干的是,公安局决定把残存的城市民团的控制权归入市政府机构,这不仅意味着警察军事化的进一步加强,而且也是对马路商界联合会的自治及其同盟者的又一打击。

1929年9月,中央政府决定全中国的地方民团都应由县政府或市政府管理。② 9月12日,这一命令在上海颁布,同时还宣布了淞沪警备司令熊式辉的通告,保卫团的领导权应移交给公安局。③ 上海保卫团团长姚文楠与公安局长袁良的关系很差,立刻反对这一安排。国民党地方党部与保卫团、马路商界联合会举行联席会议④,选举国民党党员姜怀素为主席,并全体通过拒绝将保卫团移交的决定,理由是它是自愿军而不是警察力量。联席会议认为,应由地方

---

① 《密勒氏评论报》,1928年12月29日,第189页。

② 同时,国民党中央命令内政部直接掌管南京首都警察部门。科曼:《国民政府的城市权力与民众参与》,第5页。

③ 熊在1928年1月被任命为代理警备司令,但他没有参加北伐。他在1929年被重新任命为警备司令,并一直服务到1931年他调任江西省政府主席的时候。《中国名人录》,第5版,第91页。

④ 公共租界马路商界联合会成立于1920年,由不能参加商会的小商人组成,是上海所有商人组织中最激进的一个。小科布尔:《上海资本家与国民政府(1927—1937)》,第22页。

名流来领导保卫团，同时指责袁良在道德和政治上的腐败。①

这一由国民党党部和商人联合指责的个人的腐败，可能是指袁良插手了王延松的案子，这个案子在保卫团移交的命令宣布的当天是头条新闻。王是国民党第六区有名望的党员，他和张包氏［音］在1929年9月12日上午一起到公安局的时候被捕。张包氏是位将军的遗孀，这位将军在和一名英国士兵打架的时候被杀。这个案子牵涉了错综复杂的利益关系。以一伙牟取私利的国民党政治代表为一方（王延松、张红奎［音］、沈廷奎、江如之、张连恩［音］等是国民党第六区的党员），张夫人的两个通州同乡（杨桂唐［音］、崔文俊）为另一方。两方都帮助张夫人提出反对公共租界的申诉。9月6日，上海市政府外务办公室付给张包氏5,000元作为赔偿费，这使得两群人因这一战利品发生争吵。王延松最终迫使张夫人将大部分现金给了他，并揣入自己的腰包。当那两个通州人反对的时候，王到公安局去控告这两个"小流氓"是骗子。公安局没有理由怀疑一个国民党重要人物的话，很快逮捕了通州人。但是，当张夫人被叫来证实这件事的时候，她却证明这两人是无罪的，同时控告王和他的同伙勒索。袁良上校因此发布了对王延松的逮捕令，而当王到公安局总部企图蒙混过关的时候，袁良逮捕了这个国民党的领导人。② 地方党部迅速提出了抗议，但是袁良上校置之不理，到了9月20日，王延松还在拘捕中。

至此，这件案子已造成了袁良上校与国民党上海市党部之间的很大裂痕，袁良的职位也将因此不保，城市民团的去向问题更是雪上加霜。③ 不过，以后的两天里，经上海电报局长陈希曾的调解，达成了一个协议。陈希曾是陈果夫

---

① 安克强：《上海市政府》，第82—83页。
② 上海公共租界警务处档案，D-521，1929年9月13日、9月16日、9月23日。
③ 英方罪案侦查总部的负责人于此事做了边注："这一逮捕据说是国民党攻击袁良的真正动因。如果袁良赢了，对地方政府来说是件好事，但国民党势力在南京施加影响加以反对。"同上，1929年9月23日。

和陈立夫的同乡、堂房兄弟，后来继袁良上校当上了公安局长。① 9月22日，王延松被释放了，而英国情报部门研判事态认为："作为大上海市政府和国民党之间友好关系重建的结果，公安局局长袁良上校丢掉职位的危险眼下看来过去了。"②

虽然王延松案件的解决使袁良和国民党党部之间的紧张关系有所缓解，但是彼此关于保卫团的控制权的冲突仍在继续着。③ 民团不理会将权力交给公安局的一次又一次的命令。张群（张岳军）市长声称，民团的重建是为了更有效率，表示他还准备进行协商。④

作为一种结果，从1911年以来一直掌握民团的有影响的商人们——虞洽卿、王彬彦、顾馨一——派南市和闸北保卫团团长叶惠钧和王晓籁代表他们与市长办公室的人协商。⑤ 经过双方一个月的谈判，一个由5个地方知名人士、1位国民党代表和包括袁良在内的3名市政府成员组成的保卫团整理委员会成立了。⑥ 政府最强烈的反对者，包括保卫团团长姚文楠本人，不在这一委员会中。⑦

---

① 1929年陈希曾33岁。他是吴兴（浙江湖州）人，陈其美的侄子。从黄埔军校毕业以后，他在黄埔担任专职军官，然后任国民革命军总司令部的秘书和后方总司令部政治事务部的负责人以及广东电报管理局的监督（电报管理局也有收集情报的职能）。后来他成为蒋介石侍从室的主任。徐铸成：《杜月笙正传》，第49页；安克强：《上海市政府》，第434、446页；《上海市公安局业务报告》，第四卷，通讯。

② 上海公共租界警务处档案，D－521，1929年10月15日。

③ 安克强：《上海市政府》，第83页。

④ 张群既是蒋介石的密友和军校的同班同学，也是虞洽卿的老朋友。当张群破产的时候，虞帮他还清债务。1919年他离开上海去广东担任孙中山顾问的时候，虞又同青帮老大黄金荣一起解囊相助。上海公共租界警务处档案中的罪案侦查总部的蒋介石传记，D－529，1929年9月25日。

⑤ 总的来说，张群比他的前任更愿意与地方资产阶级的代表打交道，他根据1928年市政法律批准终止自治的市民议会。安克强：《上海市政府》，第80—81页。

⑥ 地方名流是虞洽卿、王晓籁、叶惠钧、王彬彦和姚慕莲。王延松代表国民党，除了袁良，李英石和孙葆容也代表市政府。

⑦ 安克强：《上海市政府》，第83—84页。

市政府只与城市商人精英中的"负责任"的分子打交道的战略取得了成效。1930年1月,整理委员会宣布将保卫团的控制权交给保卫团管理委员会的决定。① 在这最后一步实现之前,又经过了一年时间的谈判,管理委员会最终还是接管了权力。该委员会有公安局长(那时是陈希曾)、孙葆容、罗京友[音](代表市政府)、虞洽卿、王晓籁、叶惠钧、姚慕莲和王彬彦。② 2年后,1933年,吴铁城市长将城市商团变为一支辅助的武装力量,完全整合到了公安局的地方警察机构中去了。③

第六节　日本人的到来

1931年2月3日,陈希曾继袁良上校任公安局长。④ 他是陈氏兄弟的追随者、CC系的成员,因而有可能和陈氏兄弟建立的党的反谍报组织有所联系,对公安局执着于"赤色分子"也有一定的影响。⑤ 但是从1931年的夏末到秋天,这位警察头子再也无法全神贯注于国内的颠覆活动了,因为日本人越来越难以应付了。

20世纪20年代是英国和日本的关系在上海发生转变的年代,因为日本的人数和实力在上海的增长损害了英国的利益。1890年时,有800名日本人在

---

① 4个月以后,在1930年5月20日,国民政府将所有的"特别市"都改成普通市,直接处于行政院的领导之下。

② 《密勒氏评论报》,1931年3月7日,第500页。

③ 安克强:《上海市政府》,第84页。

④ 《上海市公安局业务报告》,第四卷,第1页。袁良在1930年12月底离开了一个月,但在1月10日返回,以监督"冬防"。1931年2月2日,他请求辞职,第二天便接到了去日本学习警务行政的命令。他在公安局长之位近20个月了。袁实际上继续任职到2月6日,然后陈于2月11日接任。《申报》1930年12月31日第14页,1931年1月11日第18页,1931年2月4日第13页,1931年2月7日第13页。陈在1931年3月2日正式宣誓就任以后,带来了许多新人。有206名局本部的新职员是在1929年7月—1931年6月警务年度任命的。安克强:《上海市政府》,第175—176页。

⑤ 徐铸成:《杜月笙正传》,第49页。

上海；30年以后，1920年就达到了1万人。① 到1931年，日本每年运到上海的棉纱达124,000包。他们在上海设有32家棉纺织厂，投资额达100万日元以上，这些厂的生产效率和设备超过了在这座城市中22家华资纱厂和5家英资纱厂的总和。② 长江流域曾是英国独占的势力范围，现在在这一地区，日本商人控制着钢铁厂、铁路、1家地产投资公司、1家造纸厂、1家机器工厂和为24个城市供电的电厂。③ 27艘大大小小的日本轮船将长江各口岸与上海连接起来，大的轮船公司在上海都设有总办事处。在那些年里，日本公司还买下了3块码头空地（1块在杨树浦，2块在浦东），日资银行的数量也在稳步增加。④ 到1930年，在虹口的日本社区人口总数已达3万，几乎是上海英国侨民的3倍。⑤

当中日关系恶化的时候，上海市公安局发现这个大的日本社区往往不断惹是生非。在与日本皇家海军、海军陆战队、陆军和领事警察发生争执时，"警权"常常受到破坏。⑥ 那些居住于"小东京"的日本浪人的频繁滋事，也十分棘手。⑦ 因为随商人和银行家到来的还有帮会分子、"押苦札"成员以及军火

---

① "他们乘着日本船不声不响地到来了，还带来了姣好的妻子、梳妆整齐的孩子。他们在租界北部安家，那里有日本人自己的商店、饭店和学校。他们几乎从不走到外国人生活和工作的苏州河南岸去，除非是为了做生意。"卡尼：《眼睛发亮的洋鬼子：忆上海（1933—1939）》，第126—127页。

② 韩起澜：《1919—1949年间上海的棉纺厂女工》，第72页。

③ 1931年英国人在上海的商业投资据估计价值1,300万英镑。戴维森·豪思顿：《黄浦江：上海的故事》，第192页。

④ 霍塞：《出卖上海滩》，第191—193页。

⑤ 韩起澜：《1919—1949年间上海的棉纺厂女工》，第22页。

⑥ 《上海市公安局业务报告》，第五卷，第202页。

⑦ 当对付浪人的时候，公共租界巡捕房的监察怀疑警队中日本巡捕的公正性。见今村对日本红衣保卫团的报告的底部边注，上海公共租界警务处档案，D-3969，1932年10月18日。

和毒品贩子。① 日本的领事警察在村井长官的领导下，早在 1926 年就宣称已经清除了小东京下层的黑社会分子。② 但事实上，上海的日本警察和他们在日本的同行一样，与那些流氓帮会"押苦札"保持着密切的关系，都有极端的民族主义和右翼思想。③"押苦札"中还有一些属于下等日本人的台湾人、朝鲜人，在窦乐安路（今多伦路）一带的妓院里当保镖或给日本水手和海军当汉语翻译④，在赫司克尔路（今中州路）的上海大戏院后面的赌场当赌台管理员和发牌者，据说还有的充当日本宪兵的打手。⑤ 在 1931 年九一八事变以后，虹口的日本居民中的一些极端民族主义分子频繁地和闸北的中国警察争吵，向公安局的人寻衅。⑥

而警方要控制愤怒的上海市民困难更大。从五卅运动开始的反日同盟，在 1931 年 6 月长江大水灾、宁粤分裂和万宝山事件发生后又重新开始了他们的活动。

1928 年 4 月，日本政府出兵山东，5 月 7 日与国民党军队在济南发生

---

① "押苦札"（yakusa）一词源出赌博，在日本的纸牌游戏"花札"（Hanafuda）中最坏的一手牌是由 8（ya）、9（ku）和 3（za）的总和组成的 20 之数。"押苦札"一般译为"博徒"，但"押苦札"并不仅仅是个"赌徒"，他还是一个以虚拟的父子关系或结盟兄弟关系结成的帮会成员。[校注：yakusa，中文通译作"流氓"，此处译为"押苦札"，既顾及日语发音、语源（赌徒押错牌之意），同时指特定的帮会成员，而与一般流氓相区别。]

② 《密勒氏评论报》，1926 年 3 月 27 日，第 102 页。同一年，村井长官被下浮解沫接任。

③ 艾姆斯：《日本的警察与社区》，第 122 页。

④ 渡边报告，"最近的日本海军陆战队的行动"，上海公共租界警务处档案，D-3969，1932 年 9 月 12 日。朝鲜帮会分子在华北统治了由日本人开创的毒品交通线，台湾帮会分子在南方也是如此。帕尔西宁、迈尔，《国际麻醉品贩卖》，第 44 页。现在，在日本西部近 70%的帮会分子都处于"部落民"（流浪）状态，异族的朝鲜人和中国人也有少数加入帮会的。艾姆斯：《日本的警察与社区》，第 112—113 页。

⑤ 渡边报告，"最近的日本海军陆战队的活动"，第 1—2 页。第二份渡边报告："传闻中的'红衣团'与'日本警卫团'组织"，上海公共租界警务处档案，D-3969，1932 年 10 月 18 日，第 1 页。

⑥ 《上海市公安局业务报告》，第五卷，第 12、14、62 页。1931 年 10 月 23 日，日本人开枪击伤中国警察。

冲突，从而激起了1928—1929年的反日情绪高涨。1931年7月2日，中国农民在吉林万宝山区某一地块的耕种权问题与朝鲜农民发生冲突，消息传到上海，这种一度消退的反日情绪在当地华人社会中又复苏了。①

从东北传来的消息说，有中国人被假扮成日本警察的朝鲜人杀害。② 一个由包括上海商会在内的各地方组织组成的、由虞洽卿领导的反日抵货运动在7月13日开始推行，朝鲜独立党地方支部也表示支持，指责攻击中国人的日本唆使者。③ 抵制日货运动开始后3个星期里，抗议者登上小船，沿黄浦江而行，一路没收日本人的棉纱、棉布等日货。④ 在8月初，国民党开始在地方电台上播放反日言论；8月10日，2名穿制服的日本海军军官在华德路的一家工厂的墙上撕反日宣传海报时被中国工人揍了一顿。⑤

换句话说，九一八事变的消息传到上海之前，中国人民的反日怒火已经燃烧了几个星期了。1931年9月19日，30所当地大学的代表迅速集中在上海沪江大学，组成了反日救国联合会，组织宣传队动员民众支持爱国运动。⑥ 2天以后，37个中学代表成立了一个同样的联合会，鼓动其成员"停课来进行宣传"。⑦ 这个委员会贴海报、发传单、在街上演讲、演出反日戏剧，并组织了一系列群众集会。联合会活动的高潮是举行了由20万人参加的上海市民大会，

---

① 上海公共租界警务处档案，D-2588/8，1931年7月23日。

② 上海公共租界警务处档案，D-2588/8，1931年7月23日。

③ 上海公共租界警务处档案，D-2588，1931年7月7日和1931年7月20日。在上海有朝鲜的临时政府，总部位于白来尼蒙马浪路（今马当路）普庆里1号。同上，1931年7月22日。有关朝鲜民族主义的反日活动家，包括1932年4月的暗杀，见上海市年鉴委员会编：《上海市年鉴》，H-11-12。

④ 上海公共租界警务处档案，D-2588/6，1931年8月6日。

⑤ 上海公共租界警务处档案，D-2588/9，1931年8月14日和D-2588/12，1931年8月20日。有关上海商人对反日的抵货运动的支持，见1931年7月27日，7月28日《大美晚报》第4页和第14页对虞洽卿的采访。

⑥ 国民党市党部立刻组织由领导人和中国商会成员领导的抗日会，企图通过这个组织对这一新成立的青年团体进行控制。华志坚：《上海的学生抗议》，第5章，第19页。

⑦ 华志坚：《上海的学生抗议》，第20页。

要求政府日军不退则宣战，对日经济绝交，拥护军政统一。①

抵制日货运动对上海的日本人社区的压力是空前的。1930 年，上海进口总值的 29% 来自日本，到了 1931 年 12 月，已减少到 3%。在上海，超过 125 家的日本工厂停工，90% 的工厂完全关闭，另 9 家日本的棉厂一个月以后也关门了。在上海的日侨组织了自己的"现状委员会"，要求日本政府"采取坚决措施惩罚中国人的强硬态度"。1931 年 10 月 10 日，日本首相重光葵来华，警告南京政府，应该对控制抵货运动和保护日侨的生命财产负起责任。中国政府针锋相对地做了回答。②

日本进攻上海迫在眉睫的消息不胫而走，张群市长 2 次颁布了戒严令，并命令公安局追查谣言的来源。③ 10 月 16 日，陈希曾告诉各警区负责人：从国家的高度上看，治安现在已变成了牵涉国家外交的大问题，他命令他们采取特别措施，以防止可能给日本提供扩大侵略的借口的事件发生。④ 同时，市长尽量劝阻上海的学生继续罢课，但是并未成功。⑤ 有 1 万余名学生上街游行示威，与日本宪兵的暴力冲突时有发生。在天津，中国警察曾与日本海军陆战队发生过武装冲突，当局越来越担心在上海发生同样的挑衅事件。闸北建立了一

---

① 华志坚：《上海的学生抗议》，第 22 页。岛田俊彦：《敌对的扩大：1931—1932》，第 305 页。满洲事变的暴行以及它所带来的耻辱是难以想象的。日本征服了中国 1/5 的领土，包括中国一半的铁路、4/5 的钢铁产量、1/10 的海关收入。柯伟林：《德国与中华民国》，第 86 页。

② 岛田俊彦：《敌对的扩大：1931—1932》，第 305—306 页。

③ 安克强：《上海市政府》，第 96—97 页。根据情报报告，中国共产党打算在 10 月 10 日就此事发难，但是，便衣警察的出动以及没收"反动"邮件的行动再一次使局面转危为安。《上海市公安局业务报告》，第五卷，第 65 页。

④ 《上海市公安局业务报告》，第五卷，第 71、236 页。随着上海华界政府的国家化，上海警察机构也由城市化而至于国家化。1930 年以后，特别市市长都由南京的行政院院长提名与任命。他名义上是所有市行政机关的首脑，而他的命令无须经市议会的同意。对他权力的唯一约束就是投指责票，但那实际上是不可能实现的，就是出现这种情况，也要提交行政院最后裁决。安克强：《上海市政府》，第 47—48 页。

⑤ 11 月 7 日发生了另一件较大的"赤党"事件，警察局再一次派出了便衣特务，以监视战略要点，如电话局和交通枢纽。《上海市公安局业务报告》，第 16 页。11 月 13 日，公安局收到了国民党关于学生政治活动的报告。《上海市公安局业务报告》，第 60 页。

个特别联络处,因为在那发生冲突的危险最大。①

1931年的秋天和初冬,上海局势空前紧张,可谓风声鹤唳。共产党重新走上街头,推翻电车,高喊口号,与警察做斗争。② 学生游行示威继续高涨,要求有力回击日本的侵略,反对蒋政府的谨小慎微的外交政策。成千上万的学生从上海和其他城市涌向南京,围住政府办公大楼,并威胁要实行暴动。③ 1931年12月8日,警察和国民党暴徒冲击了一个西门的群众集会,抓了一名学生,狠打了另一名。第二天,上海的学生包围了市政府大厅整整一夜,并冲击了国民党市党部。④

12月10日,他们自设法庭,审问和拷打了1名公安局的便衣。他们还发布了一份逮捕令,要逮捕公安局长。⑤ 当天下午,上海市长张群提出辞呈,而又一次掀起的游行示威浪潮促成了国民政府主席蒋介石的下野和他12天以后的退隐家乡。⑥

第七节 政府的混乱

国民党广东地方实力派迅速上台,孙中山的儿子孙科接掌了国民政府的领

---

① 安克强:《上海市政府》,第100—103页。
② 法捕房每日情况报告,上海公共租界警务处档案,D-2880,1931年11月11日。
③ 《大陆报》,1931年12月9日第2版。
④ 华志坚、刘心勇:《学生生活与学生抗议:1919—1949年的上海》,第5页;安克强:《1927—1937年的上海》,第93—95页。
⑤ "学生游行示威",《字林西报》,1931年12月16日,第4版;《上海市公安局业务报告》,第五卷,第238页;沈怡:《上海市工务局之十年》,第1部分,第18页。
⑥ "学生游行示威",《字林西报》,1931年12月16日,第4页;亦见《字林西报》,1931年1月13日,第48页;王敏等编:《上海学生运动大事记》,第140页。蒋介石和夫人秘密地飞往宁波,于是又开车到奉化。《密勒氏评论报》,1931年12月26日,第107—108页。

导权。① 政局变动很快波及上海公安局和警备司令部。公安局长陈希曾因12月9日事件颇受指责，因而离职，而淞沪警备司令和蒋介石的嫡系熊式辉也辞职了。孙科政府调来蒋光鼐和蔡廷锴将军领导的十九路军的33,500名南方士兵取代了熊式辉和他的手下。② 身经百战的蔡将军在他最终倒向粤方之前，几乎与每个国民党派系都有些瓜葛。③

1932年1月初，下野的蒋介石重新上台。就南京方面而言，当时局势的转变的关键是财政。

粤方十分自信，认为老人应该让位给具有更高理想的"新鲜血液"。但粤方当政才几个星期，就已发现它正面临着一个并非理想的、而是险象环生的处境，那就是政府开支是其收入的3倍，正处于破产的边缘，它的支持者无法解决财政困难，而能够解决财政困难的人却正是它的支持者所强烈反对的。④

将1月9日—16日这一星期多的大部分时间都花在上海的孙科在1月12日承认，南京政府的月收入仅有600万元，而支出却达2,200万元。因此，他和同僚开始寄希望于蒋介石与汪精卫（汪说他在上海患了糖尿病，但他在12月初召集改组派开了一次会）、胡汉民（他一直待在香港，据估计是为治好他的高血压）重新掌权，这3人有可能劝说上海的资本家帮助政府走出困境。⑤ 同一天，孙科派国防部长何应钦将军和立法院院长张继去奉化，请求蒋

---

① 蒋继续掌握着中央的财政和军事权力。他在1932年3月18日重新正式回到办公室，而汪精卫为行政院长。到了10月，汪只得被迫"离任"去了欧洲。柯伟林：《德国与中华民国》，第88—89页。

② 岛田俊彦：《敌对的扩大：1931—1932》，第308页。熊名义上被一名广东的军官戴戟所取代。安克强：《上海市政府》，第105页。

③ 冯齐：《上海与外界》，第240—241页。十九路军于1930年，在反对冯玉祥和阎锡山的战役中，从第十六师和第六十一师中组成。那时该军总指挥是蒋光鼐，蔡廷锴任军长。包华德编：《中华民国传记辞典（五卷）》，第三卷，第291页。

④ 《密勒氏评论报》，1931年12月26日，第107—108页；1932年1月16日，第201页。汪精卫的改组派在大世界娱乐中心聚会。

⑤ 伊罗生编：《国民党反动统治的五年》，第101页。

重回南京。当他们转达这一请求的时候,这位总司令坐在那儿,毫无表情。①

蒋介石不愿意很快出山的一个原因是关于对上海军队控制权的分歧,这是诸多引爆中日冲突的热点中的热点。蒋想让他的亲信来控制这一地区。但十九路军拒绝离开上海,除非他们拿到返家费。② 于是,就拿市长的职位来求得妥协:当张岳军接奉中央政府通知,市长一职由吴铁城接任,他愉快地移交了办公室。③ 吴铁城是军官,也是警务专家,又是蒋介石的亲信;作为广东人,孙科也能接受。④ 1932年1月7日,新市长在枫林桥的市政府办公厅宣誓就职,任命温应星接任公安局长,他担任这一职务一直到1932年9月3日。⑤

温应星,1887年出生于广东新宁,时年45岁。在上海南洋公学工程学系毕业以后,他进入弗吉尼亚军事学院,1904年毕业后,又进入西点军校,在那儿他也获得了工程学学位。1910年任广东陆军学堂的教导员,参加了辛亥革命,升任沪军都督府的参谋长和孙中山的秘书。1923年,官至北京政府陆军准将和满洲特区警务长。此后,曾任清华学院院长和国民党财政部的高级官员、军警学校监督。九一八事变时,温应星正负责中央军事学院的宪兵和警察部门。⑥ 温局长个子不高、精力充沛,秃顶,偏爱蝶形领结,可能具备担任上海市公安局长这一新职位的极强能力,但是在公众的眼里,他对他的广东老朋友们太忠诚了。⑦ 温应星一当上局长,公安局的重要职位上广东人就由4名增加到了40名。这些人中的许多人都与温同姓,他们中的6人甚至与他同是应

---

① 《密勒氏评论报》,1931年1月16日第201页。
② 冯齐:《上海与外界》,第242—243页。
③ 吴铁城是广东警察的第三代长官。高:《广东警政》,第672页。
④ 安克强:《上海市政府》,第111页。
⑤ 沈怡:《上海市工务局之十年》,第1部分,第18页。
⑥ 《上海市公安局业务报告》,第五卷,第257页;安克强:《上海市政府》,第464页。宪兵教练所在1929年由谷正伦正式建立,他名义上是该所的第一任所长。但是,谷将对该校的管理交到了温的手中,因为后者早年有为北洋政府训练警察的经验。卓建安:《谷正伦与国民党宪兵》,第229页。
⑦ 见《上海市公安局业务报告》,第五卷,扉页照片。

字辈。① 这种明显的裙带关系很快就使这位新局长臭名昭著。②

但是，由于中日关系危机的增加，公众的注意力很快就转移了。正如很多中国人所忧虑的，日本似乎铁了心一定要使中国"殖民地化"。③ 另一方面，在中国的日侨也往往不断地被当地人的轻视、嘲讽所冒犯。1月9日，上海的日侨被《民国日报》上的一篇报道前天一名朝鲜刺客想要天皇性命的文章所激怒。作者写道："可惜，子弹只击中了一辆随行的车子。"为了平息日本人的愤怒，吴市长不得不再三道歉并惩罚了文章的作者。④

第二天，1932年1月10日，南市西门公共体育场召开的悼念去年12月17日在南京反日游行中被杀学生杨桐恒的爱国集会，变成了一场和公共租界巡捕房的冲突。⑤ 成千上万的高中生和大学生聚集在他们死去的同志的棺材和肖像前。⑥ 法租界和公共租界的巡捕、便衣两面拦堵，于是游行队伍穿过外国租界前进，高喊着打倒侵略东北的日本帝国主义的"共产党的"口号，要求释放被孙科政府关押的同胞。⑦

警察"看到这些民众群情激昂，同仇敌忾"，迫于群众压力，不得不释放了一名他们刚抓的人。当游行队伍大胆地沿着南京路行进的时候，他们还不敢干预。但当游行队伍要过虹口桥的时候，公共租界巡捕房的后备队突然挥动警

---

① 安克强：《上海市政府》，第176、177、376页。
② 《申报》1931年1月7日，第18页；1932年9月4日，第17页。
③ 文新新闻部编：《上海的烽火》，第1页。
④ 岛田俊彦：《敌对的扩大：1931—1932》，第306—307页。
⑤ 《字林西报》，1932年1月13日，第48页。
⑥ 这次集会由南京十二月十七日惨案支援委员会与上海抗日民众救国会召集，有来自中国公学（吴淞）和西区劳工联合会（白利南路［今长宁路］445号）的代表参加。上海公共租界警务处档案，D-3088，1932年1月14日。
⑦ 《申报》1932年1月11日，上海社会科学院编：《"九·一八"—"一·二八"上海军民抗日运动史料》，第83页。

棍向游行人群发起进攻。示威者四处逃散,只落下那些受伤的人在后面。①

紧张的气氛不断加剧,领事当局建议日本侨民为了他们自己的安全离开中国。② 1月18日,更多的暴力事件出现了。③ 5名日本日莲宗僧人在马玉山路(今双阳路)上遭暴力袭击,1名僧人被杀,2名受重伤。日本特务田中隆吉少佐为把外国的视线从刚建立了新傀儡政权的伪满洲引开,秘密策划了这起袭击事件。之所以选择在那一地点进行袭击,是因为它靠近三友实业社毛巾厂,该社的反日工人武装十分出名。在第二天一个大雨滂沱的夜晚,一个由田中隆吉少佐控制的日本青年同志会向三友实业社毛巾厂发起了进攻,并在仓库放了火。这些年轻人在放火以后的1月20日凌晨的几个小时里,与公共租界巡捕房发生了冲突。当天下午,公共租界的巡捕又与另一群多达千余的日本侨民发生了冲突,这些日本人当时正前往日本领事、陆军和海军当局,要求进行军事干涉。④

三天以后,1月23日,正当公安局尽力阻止一次列宁纪念会变为反日骚乱的时候,日本总领事向吴铁城市长发出了最后通牒,要求他制止反日宣传、取缔抵货运动、解散抗日救国委员会、赔偿损失及惩办在1月18日事件中的肇事者。⑤ 就在市长收到这一最后通牒的时候,停泊在黄浦江上的日本军舰由2艘增加到了11艘,还有13艘战舰正从日本开来,由日本海军司令盐泽幸一

---

① 上海公共租界警务处档案,D-3088,1932年1月13日。《密勒氏评论报》,1938年1月26日,第348页。真正的警察后备队被称作"警察特别部队",它们的司令官很多年都是查尔斯·A.斯图亚特,一位与地方烟草工业有联系的美国市民。《密勒氏评论报》,1932年3月5日,第30页。
② 安克强:《上海市政府》,第361页。
③ 何理:《抗日战争史》,第4页。
④ 岛田俊彦:《敌对的扩大:1931—1932》,第307—308页;"中华民国外交问题研究会"编:《日军侵犯上海与进攻华北》,第5—6页。
⑤ 《上海市公安局业务报告》,第五卷,第78页。

少将指挥。① 舰队停靠在虹口码头,码头有一条地下暗道通往庞大的由钢筋水泥建成的日军司令部和江湾路军械库。②

第八节　对日立场的选择

这样,吴铁城发现自己处于日本帝国主义与中国民族主义夹击而进退两难的境地。他请示南京,国民政府也同样左右为难。外交部长陈友仁主张宣战,孙科犹豫不决,陈就辞职了。孙科追陈到上海,打算将他拉回政府,但当这一努力失败后,他也在1月25日递交了辞呈,留下了一个群龙无首的政府。③

1932年1月27日,日本总领事再次重申其包括要求解散抗日救国委员会在内的最后通牒,限于次日下午6点以前答复。吴铁城明白时间紧迫,在他与他的那些上海资产阶级中的支持者商量之后,他决定宁可冒着爆发起义和罢工的危险,也不愿在上海与日本开战。1月27日午夜,根据他的命令,公安局查封了抗日救国会各个场所,驱逐了它的成员。④ 由于受到恐吓或被取代,吴市长的反对者国民党市党部保持缄默,因此,这个城市的所有政治主动权几乎都牢牢地控制在市政府和它的领导手中。⑤ 第二天,1月28日下午3点,吴铁城正式通知日本总领事,市政府已完全接受了日方的要求。⑥

---

① 《上海市公安局业务报告》,第五卷,第117页。岛田俊彦:《敌对的扩大:1931—1932》,第308页;霍塞:《出卖上海滩》,第202—203页。日本人声称在1月28日,中国武装便衣队和正规军袭击了日本的水手。《上海事变》,第3—5页。

② 霍塞:《出卖上海滩》,第290—291页。一年前,日本海军曾雇用一家中国建筑公司开始修建钢筋水泥结构的营房。日本人甚至没有要求过建筑许可,更不必说给市政工程局一个说法了。而后来中方承包商的营业执照就被吊销了。杜月笙要求吴市长重新发放执照,经过一段僵局之后,吴铁城同意让营造商更换店号重新登记。沈怡:《上海市工务局之十年》,第2部分,第26页。

③ 安克强:《上海市政府》,第115页。

④ "中华民国外交问题研究会"编:《日军侵犯上海与进攻华北》,第20页。

⑤ 安克强:《1927—1937年的上海》,第97页。

⑥ 安克强:《1927—1937年的上海》,第116—117页。

但此时，日本已经在行动了。① 同一天，盐泽少将通知上海防卫委员会的英国人说，日本将在 1 月 29 日采取行动。工部局总董宣布公共租界于 1 月 28 日下午 4 点钟实行戒严。② 晚上 8 点半，盐泽少将发布了 2 项声明：（1）中国军队须退出闸北，（2）禁止公共集会。晚上 9 点，468 名日本海军陆战队员从军舰摆渡上岸，与 1,365 名已先期上岸的队员会合。③ 夜间 11 点 25 分，盐泽少将通知公安局，要求所有中国军队从闸北撤退，撤走所有诸如沙袋之类的路障等"敌对的防御工事"。5 分钟以后，日本海军陆战队开始向各指定地点行动。④

十九路军约有 33,000 人，一部分已离开闸北，大多数还等待着地方商人做出安排，给他们以返家费。当日本要侵犯上海华界已十分确定的时候，公共租界的国际部队建立了一条环形防线，而蔡廷锴领导的中国军队开始让士兵穿着平民服装，让他们潜入虹口。⑤ 其他十九路军士兵在正好位于虹口与闸北交界的北站一带布防，用沙袋设置路障。⑥

在盐泽少将提出要求 20 分钟后，午夜 11 点 45 分，400 名日本海军陆战队员登上了江湾军械库门前的 18 辆军用卡车，在门前观看的日侨不断发出的"万岁"的欢呼声中，在装甲车的护送下出发了。⑦ 海军陆战队到达北站时，

---

① "中华民国外交问题研究会"编：《日军侵犯上海与进攻华北》，第 23 页。

② 防卫委员会成立于 1950 年。（校注：应为 1954 年 11 月 17 日，由列强驻沪部队司令官组成。）委员会在 1931 年 12 月 18 日开会，分配给日本一个新的防御区域，延伸到华界内 640 米直到北四川路以西。中国人并没有得到这种分配的通知，这是英国方面不可原谅的政治大错。岛田俊彦：《敌对的扩大：1931—1932》，第 309 页。

③ 日本人通常有 6,000 名士兵和 3,000 名后备役军人驻扎在上海，但因为在满洲的战争，仍感人手不足。

④ 岛田俊彦：《敌对的扩大：1931—1932》，第 308—310 页。

⑤ 戴维森·豪思顿：《黄浦江：上海的故事》，第 141 页。安徽帮首领王亚樵也率领"敢死队"配合军队作战。蔡少卿：《中国秘密社会》，第 337 页。

⑥ 冯齐：《上海与外界》，第 242—243 页；霍塞：《出卖上海滩》，第 204 页。

⑦ 日本的海军上将辩解道："帝国海军对有许多日本国民居住的闸北的形势感到非常焦虑，已（原文如此）决定派出部队到这个地方维持秩序。"霍塞：《出卖上海滩》，第 203—204 页。

枪声响了起来，中方声称日本人先开了枪，而日方也称是中国人先开了枪。① 虽然，日本海军陆战队在最初推进顺利，日本的司令官还宣称，在 4 小时之内占领华界。② 但是，当上空的飞机向少将的旗舰报告部队进展情况时，那些陆战队员还被阻拦在离攻占目标 500 码的地方。③

1 月 29 日上午，从航空母舰"能登吕"号起飞的飞机在房顶上盘旋，从 300 英尺的高度投下炸弹，对北站进行轰炸。④

> 整个上海都被闸北的 20 到 30 码的冲天火光完全照亮了，很远就可以听到火焰呼呼的燃烧声。正从闸北涌向租界避难的难民说，闸北多达 20 万人口遭到屠杀，已经死亡和正在死亡的人数成千上万。目击者描述了医疗站附近的场景，在那儿堆着许多中弹的妇女、儿童和婴儿的尸体。⑤

闸北的许多地方，包括大多数大工厂和商务印书馆的现代印刷厂，都成了一片废墟。⑥ 那些从炸弹和炮火下逃生的人们不得不听任日本海军陆战队和他们的辅助人员——后备役自卫队的残酷勒索。⑦ 由于受到虐待和恐吓，当苏州河北岸的战斗还在进行的时候，有 23 万以上的难民渡过苏州河，到租界避难。⑧

但是，中国的防线一直坚守着。⑨ 在战争的前 10 天，日军在上海不到

---

① "中华民国外交问题研究会"编：《日军侵犯上海与进攻华北》，第 24—26 页。
② 齐锡生：《战争中的国民党中国：1937—1945 年间的军事失败和政治崩溃》，第 46 页。
③ 冯齐：《上海与外界》，第 244 页。
④ 岛田俊彦：《敌对的扩大：1931—1932》，第 310 页。
⑤ 美国记者招待会，引自共产国际编：《地狱上海》，第 5 页。
⑥ 商务印书馆收藏的 268,000 种中文和 80,000 种西文的珍贵图书都被彻底毁掉了。安克强：《上海市政府》，第 368 页。
⑦ 同上，第 118 页。
⑧ 伍德海编：《中国年鉴（1933）》，第 672 页。中国市政府在内地建立了难民营，并同航运与铁路公司达成协议，减免资费输送难民。总共有 137,000 人被送回他们的家乡或居住在远离战争的地带；其中，17,605 名难民是被免费运送的。社会局也建立了机构给每个穷人发了 20 元钱。同上，第 121 页。
⑨ "中华民国外交问题研究会"编：《日军侵犯上海与进攻华北》，第 28 页。

3,000人,到2月15日,植田谦吉陆军中将的日军第九师增援部队才到达上海①,但仍未打破僵局。直到日军进攻5个星期以后,闸北北站还在守军手中。日本人又从海上派来了两个师,僵局才被打破。②

当然,上海市政府不得不放弃已被付之一炬的闸北,但吴铁城市长——当战争爆发的时候,他已整整一个月没在市长办公室了——在联社的外衣下,尽力组织了一个临时指挥部。联社成员都是原秘书处和其他市政府机构的成员,在他们看来,他们组成了一个精英集团以渡过这一危急关头。③ 由于职员尽心尽职,市长能集中精力投入到宣传工作中去。在秘书长俞鸿钧和一位经验丰富的新闻记者张廷荣的帮助下,市长每天召开记者招待会,这对于动员国际抗日主张起了不小的作用。④ 毋庸说,国内的抗日舆论已经很高涨了。对于许多人,特别是学生和"小市民"来说,国家危亡已迫在眉睫。日军在1932年1月28日轰炸闸北以后,"跳舞的女孩从我们的电影院消失了,而我们在充满勇气的新的道路上出发了"。⑤

除了动员公众的抗日舆论外,市政府还得到了完全自发行动起来的民众团体的帮助,建立了难民集中营。这些团体包括商会、慈善机构、宗教团体、红十字会、万字会等等。⑥ 其中有些团体在1928—1930年的华北大饥荒救济中,在募捐方面积累了大量的经验。当时,仅河南、陕西和甘肃就有650万人饿死。在那场危机中,上海的慈善家们组织车队沿南京路游行,在百货公司门前设立"功德箱",在橱窗里陈列遭受饥荒的人们的照片,在寺庙里募集"宝塔

---

① 至于日本海军与陆军之间的竞争,致使增援力量不能更早派来的情况,见岛田俊彦:《敌对的扩大:1931—1932》,第310—311页。

② 霍塞:《出卖上海滩》第207—208页。

③ 在战争持续阶段,市政管理部门的所有成员每月领取50元生活费。

④ 沈怡:《上海市工务局之十年》,第2部分,第25页。

⑤ 考夫曼:《电影"马路天使":对隐藏的不同政见者的研究》,第2页。

⑥ 由上海高层人士建立的、俞鸿钧和潘公展等市府官员领导的上海战区难民临时救济会,为救济30多个难民营共募集到了236,000元。安克强:《上海市政府》,第119、364页;安克强:《1927—1937年的上海》,第110—111页。

捐"，从那些热心公益，并具有国民责任感的百姓那里，募集慈善捐款。① 救济组织在 1931 年夏天那场洪灾中，也开始熟悉了避难所的工作。当时，长江水位高出南京大堤 20 英尺，有 25 万人受淹或受伤。② 但 1932 年 1—2 月间，救济的规划和距离截然不同。政府将所有学校和给养都交给救济难民组织处理，由公安局维持到 3 月初已容纳了 3 万名从闸北来的 70 个难民营的治安。社会局组织募集和发放衣服、被子和器皿；卫生部门给 20 多万人做预防注射，以防止天花、脑膜炎和霍乱。③ 甚至教育局也发挥了重要作用，它组织战争难民中的儿童和成年人上课，其中有些人在正常情况下没有受教育的机会。④

同时，战争是激烈的。霍塞描写了街道与胡同战后的惨景：

> 狗和老鼠在欢庆它们自己的假日，成群的野狗和老鼠都在当街啃吃死尸。从战争开始起，由日本人完全"控制"的地区里边到处起火。工部局警察已撤到苏州河南岸，虽然虹口在形式上还是租界的一部分。眼下，它看起来正处于蓬路（今塘沽路）上的日本人俱乐部的控制下，日本的店主、银行职员和文员到那里去领枪支，变成了浪人。恐怖笼罩着苏州河的北岸。⑤

中国的维持会也组织了起来，当然和日本人召集来的人一样激情昂扬。⑥ 青帮头子杜月笙派出别动队去伏击日本巡逻队，而中国的民兵甚至能给

---

① 1929 年 1 月，36 家商店答应将它们一个星期总收入的 5% 捐献给由上海总商会组织的饥荒救济活动。上海的黄包车夫们也从他们的工资中捐出了 100 多元。到年底有 20,000 名难民靠"宝塔捐"维持生计。曹志涟：《1928—1930 年的灾荒和城市觉醒》，第 20—23 页。

② 有 2,000 多万人口受灾。那年夏天，汉江、黄河和长江都发了大水，淹没了 7 万多平方公里的土地。凯德林：《决堤：回忆旧上海》，第 269 页。

③ 在急救中心，那 2 个月里只有 400 人死去，有近 9 万人接受了治疗。伊罗生编：《国民党反动统治的五年》，第 101 页。

④ 安克强：《上海市政府》，第 121—123、310—331 页。

⑤ 霍塞：《出卖上海滩》第 209 页。

⑥ 日本海军司令指责公安局的警戒范围，指控它放弃了它在闸北的职责。安克强：《上海市政府》，第 361—362 页。

河里的日本船只以一定的打击和破坏。① 霍塞以恐怖的、亲临现场似的语调,这样描写日本浪人对中国人所施的暴行②:

> 不,当他们手中拿着黑色的毛瑟枪从狭窄的街道神气活现地走过的时候,你一定不会认出谁是佐藤先生,谁是加藤先生。当他们闯入中国人的店里和屋里,拖出两个发抖的苦力,残忍地枪杀他们的时候,你也不会认出他们。你不可能认出数以千计的拿着手枪、老式的刀剑、棒球棍甚至普通的手杖当作武器的佐藤们和加藤们。他们是日本志士,是"浪人"。③

同时,中国的警察开始忙于对付那些抢劫者,他们常常被当作蓄意进入战区"捣乱"并为日本人工作的"汉奸"。④ 在何应钦将军致电市政府,通知有日本人派出 200 名从苏北和安徽来的汉奸特务之后,公安局和宪兵队逮捕了不少特务,并将他们公开处死,以便让"民众"知道叛国的下场。⑤ 警察继续竭尽全力防止"反动分子""利用这一机会实行暴动"。⑥ 在公安局内部,甚至有与不安分的军官相勾结的阴谋活动,他们决定利用治理混乱的机会,计划在

---

① 青红帮的领袖也成立了上海市民行动委员会以提供战争救援。杜月笙本人给十九路军提供军火和买坦克的钱。在史量才被戴笠的手下刺杀以后,杜成为上海地方协会会长。包华德编:《中华民国传记辞典(五卷)》,第三卷,第 329 页;马歇尔:《民国时期的鸦片与帮会政治(1927—1945)》,第 33 页。

② A. T. 斯蒂尔目睹了这些人——店主、职员和园丁——同样的残暴,他们都是后备役军人。他们手持斧头、大棒,不过多数配带左轮手枪,在日军的后方像宪兵一样指挥交通、守卫路障、搜查房屋和围捕"可疑"分子。对中国人来说,浪人的特别臂章"变成了日本人最原始本性的象征"。斯蒂尔:《1932 年的上海与满洲:一个战地记者的记录》第 8 页。

③ 霍塞:《出卖上海滩》第 208 页。

④ 主人已经逃离的私人住宅必须保护起来,以防止偷盗者和抢劫者。《上海市公安局业务报告》,第五卷,第 84—85 页。

⑤ 《上海市公安局业务报告》,第五卷,第 54 页。例如,2 月 23 日,警察逮捕了一名叫唐永山的汉奸,是日本间谍。依据戒严法他被判处死刑,被警察当众执行。见《上海市公安局业务报告》,第五卷,第 214 页的照片。

⑥ 《上海市公安局业务报告》,第五卷,第 82 页。

1932年3月13日早些时候发动军事政变，占领南市和浦东地区。①

第九节　抗日的情报工作

中国人尽了最大的努力来获得敌人军事计划的情报。在上海专司监听的短波电台和设在茶楼和旅馆房间的情报站激增。例如，淞沪警备司令部的侦缉队就在西藏路上的一品香旅社设立了据点。②他们租的房间表面上是作为一个休闲俱乐部的场所，为军事人员"公务之余"，提供女人和赌台。而真正目的是从前线官员那里收集情报，所以不断有各界人士在那里来来往往。警备司令部情报站的存在，自然逃不过于公共租界里的秘密无所不知的巡捕房刑事督察长谭绍良的眼睛。③

一天晚上，谭督察像往常一样，顺便来到那里，与值班警官闲谈。那天晚上的值班警官名叫陆元华［音］。当谭问他是否有什么消息要报告的时候，陆为了显示自己消息灵通，便编造了一个故事，说南京新派了一团战士到前线去，现正住在闸北的湖州会馆里。第二天的凌晨，日本轰炸机便穿过曙光，从天而降，彻底炸毁了会馆及附近民房。④

国民党情报局的官员被这一轰炸袭击激怒了。为什么日本人会大费周章地来轰炸那个已被遗弃、用来寄放尸体（包括被杀的顾顺章的亲属们的遗体）

---

① 1932年3月12日，保卫团第八中队队长盛泽球带着公安局的一群人与公共租界巡捕房的警官们一起搜查了南京路大东旅社的第29和34号房间。他们逮捕了9人。这次密谋的另一名重要领导人——一位名叫姜明杰［音］的军官后来也被逮捕了，并奉南京军事法庭命令处死。《上海市公安局业务报告》，第213页。关于这次逮捕的详细完整的记录和有关这次奇特的密谋的简报汇编见上海公共租界警务处档案，D-3369，特别是1932年4月20日的"戈尔德秘密报告"。

② 一品香是在上海的四川人的同乡会馆或省宾馆。它由两名四川绅士谢无量和曾统一主管。四川军阀的上海代表周迅予在那里设立了办公室。周也秘密地为戴笠工作。沈醉：《军统内幕》，第46—47页。

③ 翟为民：《上海租界两监管遇刺内幕》。

④ 翟为民：《上海租界两监管遇刺内幕》。

的会馆呢？当陆元华报告了他和谭绍良的谈话以后，安全官员的疑云顿消，监视人员很快就发现了这个著名督察长已被敌人买通了。公共租界巡捕房特务股的最重要的、中立的谭绍良警官已被日本人收买，充当间谍了。①

中国军事情报官员对这事权衡利弊，考虑再三。除非谭绍良闭嘴，否则他将继续给日本提供有价值的军事情报，但是他又是国民党特务机关和公共租界巡捕房在打击国内共产党方面的主要联系人。为了蒋介石的安内攘外政策，这些秘密军人是否应该将谭的变节秘而不宣？国民党军事情报官员请示他们在洛阳的上司。当时南京因处于日本炮舰的威胁之下，蒋介石临时迁都洛阳。洛阳的答复十分明确：以反共为重，暂不揭露谭。②

同时，战斗在闸北激烈地进行着，十九路军的火车站英勇保卫战赢得了全国爱国的人们的支持。③ 2月18日，英国公使迈尔斯·兰普森爵士为十九路军和日军第九师的代表安排了一次会见。日军命令中国人退出公共租界边界以外20公里，中方拒绝接受这一最后通牒。2月20日，植田将军在江湾地区信心十足地进攻蔡廷锴的阵地。中方顽强而英勇地反击，坚守阵地达2天，直到日军在2月22日转攻该地区的北部。植田将军在那儿也没占到便宜，北翼部队只是击退了中方在2月23日的一次反攻。④

代替盐泽担任第三舰队司令的海军上将野村吉三郎，急电日本：

> 如非予敌以致命打击，蒋介石将派援兵，其名望亦将与胜利之消息俱增，最终导致两国战争。有鉴于此，请速遣精锐之师以结束战事，是为至要。⑤

---

① 翟为民：《上海租界两监管遇刺内幕》。
② 翟为民：《上海租界两监管遇刺内幕》。
③ 有1,200万多元的捐款踊跃捐来，大多数来自海外广东社区的华侨。安克强：《上海市政府》，第362页。
④ 岛田俊彦：《敌对的扩大：1931—1932》，第312—313页。
⑤ 岛田俊彦：《敌对的扩大：1931—1932》，第313页。

2月23日，日本内阁接到了天皇批准派遣第十一和十四师到上海的谕旨。① 3月1日，日本军队已增至近9万人，改由白川义则大将指挥。② 3月2日，在日军第九和第十一师形成合围之前，十九路军开始总撤退。1932年3月3日下午2点，日军方面宣布休战。③ 日本帝国最终以优势兵力和武器，取得了上海战役的胜利，但这种胜利是在中国十九路军在第八十七和八十八师的配合下，将裕仁天皇的陆军和海军阻拦了35天之后才取得的。1932年上海战役的教训足以证明：如果中国士兵有较好的武器，指挥得力，他们是能够勇敢、出色地作战的。④ 但是，他们在抵抗中，平民和士兵伤亡的代价是极其巨大的，这也包括日军撤走后，恢复这一残破不堪的城市的治安的代价。

---

① 岛田俊彦：《敌对的扩大：1931—1932》，第313—314页。
② 岛田俊彦：《敌对的扩大：1931—1932》，第367页；冯齐：《上海与外界》，第246页；博伊尔：《1937—1945年间战争中的中国与日本》，第28—29页。
③ "中华民国外交问题研究会"编：《日军侵犯上海与进攻华北》，第48页。
④ 斯蒂尔：《1932年的上海与满洲：一个战地记者的记录》，第8—9页。

第十一章
日本入侵对上海警务的影响

> 我看到了日本人发动的最后一次空袭……我见到一架飞机向一座3层楼房猛扑过去,它的宽阔的阳台上挤满了士兵。第一次击穿了房顶;又另外两次轰击南墙,墙倒在平台上。天空中到处都是飞机,一会儿俯冲,一会儿拉起,烟尘蔽日。终于,日本海军陆战队从他们待了5个星期之久的老地方推进了,涌进了火车站的大院;而十九路军余部逐屋退守,终于沿着铁轨撤退,渐渐地放弃了这个地区。早些时候开始的大火越烧越旺,整个闸北的大部分地区都成了一片火海。这仿佛是为上海最初的抗日希望举行了一次惨痛的火葬礼。
>
> 冯齐:《上海与外界》

尽管中国守军十分英勇,以伤亡14,000人的代价,造成了侵略者4,000人的伤亡,日军最终还是占据了北站。① 那儿已是一片废墟。1932年3月5日,中日双方接受国联调解进行停战谈判的时候,闸北"仍然余烟未尽,散发着尸体腐败的恶臭"。②

在一个国际委员会的监督之下,中日双方于3月24日在上海开始了正

---

① 霍塞:《出卖上海滩》,第214页。这种统计是各不相同的,但在中国军队中可能有4,200人死亡,9,800人受伤。在闸北、江湾和吴淞有6,000多居民被杀,1万多人失踪。安克强:《上海市政府》,第363页;怀特:《近代上海历史发展过程中的非政府至上主义》,第45页。

② 霍塞:《出卖上海滩》,第214—215页。顺便提一下,在这场大火中,作家巴金丢掉了他的小说《新生》的初稿。巴金:《春天里的秋天和其他故事》,第141页。国联的决议在3月4日通过。

式会谈。① 中国的策略是尽量将停战谈判从上海转移到日内瓦，在那里国联的国际委员会（所谓的十九国委员会）将会介入。中国人相信，通过强调中国在上海已经对日本做了多大让步，可以赢得委员会的同情和支持。他们也相信，他们可以利用公共租界外国当局的尴尬处境，因为正是公共租界防卫委员会邀请日本海军来守卫包括一部分华界在内的地区的。一旦战事发生，外国当局既无能力阻止日军夺取由他们的守卫区域内公共租界工部局的权力，也无能力阻止日军在华界的军事行动。但是，现在战事结束了，中国人需要外国的支持，特别是英国的支持来阻止日本将他们已在事实上围出的地带变为合法，即由国际共管这一"中立"地带，中国的民政和军事官员不得进入。②

中国的策略成功了。4月11日，国民政府代表要求召集十九国委员会。这就将谈判转移到了日内瓦，4月19日，委员会采纳了停战谈判的解决方案。日军认为这是对它最高指挥权的一种侵犯，威胁说日本将退出国联。最后达成一项协议，国联委员会要求中日双方考虑先启动撤退侵犯军队程序。这又将谈判转回了上海。4月29日，日本驻沪领事馆为庆祝天皇生日举行宴会，一名朝鲜恐怖分子引爆了一枚炸弹，炸死了白川将军，炸伤了几名其他官员，几乎使谈判成了泡影。③ 但当时，撤军程序已经启动。第二十四混合旅和第十一师已返回日本，而第十四师已被派往满洲。结果，日本皇家海军提出要求中国军队远离浦东的时候，中国拒绝接受，并得到了英国的支持，在上海的日

---

① 日方代表为植田将军，中方代表为郭泰祺。郭是宾夕法尼亚大学毕业生，正担任外交部的政治次长，并刚刚被提名为圣詹姆斯法院的部长。郭被那些学生"爱国者"认作姑息者，他们向他的脸上扔铜板，甚至用一个茶杯几乎砸瞎了他的眼睛。停战协定不得不于5月5日在他疗伤的医院里签订。包华德编：《中华民国传记辞典（五卷）》，第二卷，第279页；冯齐：《上海与外界》，第250—251页；岛田俊彦：《敌对的扩大：1931—1932》，第316—317页。

② 洛克伍德：《1924—1934年的上海公共租界》，第1043页；岛田俊彦：《敌对的扩大：1931—1932》，第317页。

③ 野村海军上将、植田将军、村井总领事和重光首相都受了伤。

本海军军官别无选择，只能让步。停战协定在 1932 年 5 月 5 日签署。① 据一位战时记者报道："中国政府只争取到了保留非军事区内的警权，才算挽回了一点面子。"②

第一节　日本人控制上海

不过，日本尽力给南京当局强加一种中立立场，南京政府最终不得不于 1934 年答应，节制在上海某些地区的驻军，每次有部队通过这些地区的时候都须通知日方。③ 作为交换，大上海还保留在中国人的手中，在日本撤走除常规警备部队外所有在沪陆军和海军时，由中国组织保安队以维持治安。④ 虽然让中国军队远离上海有损中国主权，但是国民政府确实觉得这可以让日本不再对江南地区实施进一步的进攻，而使蒋介石的军事力量得以腾出手来进行——一旦 1932 年 5 月 5 日"停战协定"签字——第四次反共"围剿"。⑤ 同时，停战协定的条款规定日本在 1932 年 5 月 16 日从过苏州河的公共租界的西部地区撤军。⑥

---

① 岛田俊彦：《敌对的扩大：1931—1932》，第 317—318 页。
② 斯蒂尔：《1932 年的上海与满洲：一个战地记者的记录》第 12 页。
③ "日本陆军心有不甘。当 1937 年另一个机会刚一出现，更多的部队涌入上海，重占上海。"岛田俊彦：《敌对的扩大：1931—1932》，第 319 页。
④ 霍塞：《出卖上海滩》，第 213 页。
⑤ 博伊尔：《1937—1945 年间战争中的中国与日本》，第 29 页。在"上海的一·二八事件中，共产党加强了他们在江西北部各县的活动，并试图夺取该省南部的赣州"。魏：《中国的反革命：江西苏维埃时期的国民党》，第 47 页。国民党政权将 1932 年上海战役看成是一种胜利，并从中总结出："城市斗争比野外战斗更可取，因为这可以压制日本在火力、灵活性和后勤工作上的优势。"这就是蒋介石在 1937 年 8 月选择将他的精锐部队送往上海的一个原因，蒋介石因此损失了 30 万人。齐锡生：《战争中的国民党中国：1937—1945 年间的军事失败和政治崩溃》，第 46 页。
⑥ 如果你从苏州河沿着租界的边界向北走，并以虚线延伸到铁路，那么铁路以北的地区还在日本人手里，正如那条虚线以东直到北站的地区一样。麦根路以南仅稍微几码的地方，另一条线延伸到铁路，在这条边界以内的地区，军队将撤离。其余的地方还在日本人手中。上海公共租界警务处档案的地图，D‐3648，1932 年 5 月 18 日。

但是在这一过程的前3个月，日本用壕沟封锁了华界的这一地区——有6万到7万名日军占据了47座公共的和私人的建筑、所有残存的市政府和行政机构的房屋以及110所中、小学校。① 虽然他们否认他们建立了傀儡政府，但他们确实建立了联合警察队伍在闸北地区巡逻。据他们自己的记载：

> 日本当局既没打算也没支持在闸北建立一个政治的或行政的类似政府的机构，日本占领军的行为只限于军事上所必需。同时，考虑到为确保治安和维持交通，警察队伍迫切需要重建。②

这个傀儡警察队伍最初打算取名为华警队，由前任闸北商团团长和闸北商会会员王彬彦来领导。③ 王拒绝了日本人利用自己的商团首领的名望，日本人因此组织了闸北市民维持会——这是一个"以前闸北区臭名昭著的坏分子"的乌合之众，其中有鸦片贩子、军火走私贩，还有原公安局侦缉队的便衣，他们所要干的就是将沦陷的闸北变成鸦片馆和赌场老板们的天堂。④

可笑的是，闸北市民维持会，亦名上海北区市民维持会，是以清理街道的理由登台的。3月24日，日军雇用了150名中国苦力清扫从苏州河一直到北站的街道。他们由中国苏北帮的工头监督着，每小时付酬5角，这笔钱由闸北街道商贩2元月捐的基金中支取。这一行动由一个名为"大日本新政治事务所"的机构负责管理，它设在民立路66号原市财政局闸北分所。这个由日本士兵把守的傀儡"市政机构"，到4月1日以后，就由中国汉奸们运作了。⑤ 其主要头目如下：

---

① 最初9万人的部队中有2万人已被运到东北去"平定"满洲。安克强：《上海市政府》，第367页。

② 法国情报局报告的译件，上海公共租界警务处档案，D-3445，1932年4月19日。

③ 安克强：《上海市政府》，第125页。

④ 谭绍良督察秘密报告，上海公共租界警务处档案，D-3445，1932年4月19日。引自1932年4月27日的《新晚报》上的一篇译文。同上，D-3445，1932年4月27日。

⑤ 1932年4月5日的《新晚报》上的一篇译文。上海公共租界警务处档案，D-3445，1932年4月19日。亦见同一卷宗中谭绍良4月5日报告。尽管他为日本人秘密服务，谭绍良仍然是罪案侦查总部最可靠的政治情报分析家之一。

胡立夫，主任。今年45岁或52岁，曾在小沙渡路上开过一家皮革厂，南京路522号的乌龙浴室的老板。由于大多数在上海的浴室老板都是长江以北（"江北""苏北"）的人，被上海人轻蔑地称为"江北人"，胡立夫也被看作是苏北人。实际上，胡是安徽人。他的好朋友鸦片走私贩阿根（见下文）"据说与在虹口靠贩卖吗啡为生的日本痞子深相勾结"。①

王度，庶务主任。王来自阜宁，为横滨正金银行工作，会讲日语。②

常玉清，警务主任。又名常国清，在公共租界巡捕的报告里被称为"臭名昭著的江北流氓"，大约40岁左右。他开了一家浴室，位于西藏路260号的大观园浴室。最初他是一个码头苦力，有一群地痞跟着他。他一度在福州路上有一家戏院，曾牵涉一件恐吓信案子而被捕。他任苏北旅沪同乡会会长，也是"一家戏院的业主和上海最著名的流氓头子"顾四的好朋友。③ 顾四，就是苏北帮的头子顾竹轩。④

程阿昌，交通监察。又名程希之、程阿根和飞龙阿根，曾是爱多亚路浙江路口的飞龙出租车行的老板。宁波人，大约45岁，原先是一名汽车司机。"1920年到1924年间，他从浏河向法租界走私鸦片发了财，之后在湖北路、慕尔鸣路（今茂名北路）和爱多亚路上开了出租车行，还在愚园路上造了房子和一家工厂。"⑤ 1924年何丰林将军发出逮捕令，指控他犯了武装抢劫鸦片船货物的罪行。他躲了起来，但他的两家车行被法庭下

---

① 谭绍良报告，"市民维持会"，上海公共租界警务处档案，D-3445，1932年4月8日，第1—2页。亦见法国情报局报告，"维持会动态"，1932年4月7日，D-3445，1932年4月19日；韩起澜：《上海的移民文化：对一个苏北人的研究》，第10页。

② 谭绍良报告，"市民维持会"，第4页；1932年4月5日《新晚报》上的一篇译文，上海公共租界警务处档案，D-3445，1932年4月5日。

③ 谭绍良报告，"市民维持会"，第2页。

④ 上海公共租界警务处档案，D-3445，1932年4月7日；法国情报局报告，"维持会动态"。

⑤ 谭绍良报告，"市民维持会"，第3页。

令查封了。最后，程贿赂了何将军，他的汽车房可以重新开张了。但是，当日本人发动进攻时，他的车行又关闭了。"他与公共租界和法租界里的白相人为伍①，据说他还买了葡萄牙国籍。②

姚志图，总探长。又名姚阿生、姚子都和姚五，江北人，年纪40岁左右。1907年，进公共租界巡捕房当巡捕。后来，成为罪案侦查总部的华人探长。"1928年2月9日，因涉嫌勾结犯罪分子而被停职。1929年4月，又因他与武装强盗相勾结，发出了逮捕令，此令至今还保留在上海特别区法院的档案里。"③

李飞，警务督察长。又名李鹏飞、天津二宝，自然是天津人。原来在歌厅里卖艺，是有名的强盗头子季云卿的徒弟。1927年他充当杨晓天将军的首席保镖；杨退休后，他又在领事馆路209号的轮盘赌场里当赌台管理员。李飞是个出了名的军火、毒品走私贩。④

抬出这些恶棍充当傀儡以组建闸北维持会的目的，在商店橱窗里贴出的告示上说得冠冕堂皇："鉴于中日战事所造成［闸北］之秩序混乱，特组成胡立夫为首、王度为副之市民维持会，以制裁违法分子，保一方之平安。"⑤ 为了支付这支由已应征的20—25名身穿卡其黄制服的警员和40名男女侦探组成的小小的警察队伍的开支，维持会提出征收搬运许可证费、车辆牌照费和货物销

---

① 谭绍良报告，"市民维持会"，第3页。

② 法国情报局报告，"维持会动态"。亦见韩起澜，《政治偏见：民国时期的苏北人》第267页。

③ 谭绍良报告，"市民维持会"，第2—3页。亦见上海市巡捕房1932年4月5日的情况报告，上海公共租界警务处档案，D-3445，1932年4月6日；韩起澜，《苏北人在上海：1850~1980》，第26页。

④ 谭绍良报告，"市民维持会"，第4页；上海公共租界警务处档案，D-3445，1932年4月7日。

⑤ 引用D. S. 戈尔德给特务股的报告，上海公共租界警务处档案，D-3445，1932年4月7日。

售费。①

但是，这种按货值征收 10% 的搬运许可证费和征收 2 元的牌照费，对这些帮会头子和以前的警察来说实在是小零头。维持会的支持者们对于获得经营鸦片馆和赌场的执照更感兴趣。有 3 个出名的家伙与这个勾当有关：顾竹轩，他的兄弟顾松茂和魏忠修［音］。顾竹轩，"苏北皇帝"，是上海有名的"江北帮"头子。顾松茂，人称"顾三"，是他的兄弟，原来是个黄包车夫，做过星星黄包车行的工头，是"一位闸北江淮戏院的老板，一个白相人"②。魏忠修也是江北人，"以前是公安局的探长，现在是杜月笙的徒弟，在法租界鸦片帮里做事"③。

毋庸置疑，当时一般民众都愿意相信，与闸北的日本占领军相勾结的主要是"江北卖国贼"：也就是长江以北的人，苏北人。④ 甚至外国人也有这样的看法，有一位公共租界的英国侦探在他对伪警察的秘密报告中写道："据报，在办公部门［在傀儡机构中］工作的人员中不是全部也是大多数，都是江北的游氓阶级，谁也不会相信，他们的管理能对人口稠密的闸北地区起什么补救作用。"⑤

实际上，维持会确实做出了提供社会福利的姿态。4 月 7 日，当闸北西部几乎 1/4 的小商店重新开业，500 多名黄包车夫找到工作的时候，上海北区市

---

① 日本人没有允诺给侦探和警察的每月薪金（分别为每月 30—40 元和 18 元）以财政上的支持。实际上，警察所得到的工资与街道清洁工一样（每天 5 角），而调查员或侦探根本拿不到工资。D. S. 戈尔德给特务股的报告，上海公共租界警务处档案，D-3445，1932 年 4 月 7 日。法国情报局报告，"维持会动态"。戈尔德的线人是"年通运"［音］，他的身份是伪机构社会局的局长。这可以参考一个叫作"申乔生"的人，他是《上海时报》的排字工人，后来为中国律师金里仁做翻译，该律师是黄金荣的徒弟。谭绍良报告，"市民维持会"，第 3—4 页。

② 谭绍良报告，"市民维持会"，第 4—5 页。

③ 谭绍良报告，"市民维持会"，第 5 页。

④ 韩起澜：《政治偏见：民国时期的苏北人》第 267 页；韩起澜：《苏北人在上海：1850~1980》第 26 页。

⑤ D. S. 戈尔德给特务股的报告，上海公共租界警务处档案，D-3445，1932 年 4 月 7 日。

民维持会在交通路重开施粥站,为大约300名穷人提供食物。① 但同一天,吴市长的市政府命令公安局逮捕那些"勾结别国人"、操纵维持会的"败类"。②

维持会的支持者为获得建立鸦片馆和赌场的机会所付出的代价就是,露骨地支持日本占领军。一群为伪警察工作的女便衣在麦根路(今西苏州路)桥的北端,替日本海军搜中国女行人的身。男便衣中的30人被派到闸北各个路口,对进入这一地区的人搜身,或者检查运出这一地区的货物有无占领当局发放的特别许可证。③ 到4月10日,伪警察的人数已增加到110名,这些卖国贼在虬江路上原公安局第五区派出所所在地建立了一个区办公所。据公共租界的调查员报告,区长也是个"江北流氓"。④

但是,即使顾竹轩本人觉得自己被认为是一个卖国贼是件令人不安的事,但回报是有利可图的。⑤ 据一名公共租界的秘密侦探报告,这些流氓已在兆丰路(今高阳路)开了20多家"高级烟馆",它们正对着德润路(今安丘路)118号的一家大赌馆。另两家大的鸦片馆也在物华路上开张了:其中的一家刚从法租界迁到这里,另一家由一个姓张的人经营,他的内弟是葡萄牙人⑥,他通过位于元芳路(今商丘路)125号,受伪侦缉队华人探长——原公共租界的华人探长姚志图——保护的同泰行来贩卖鸦片。姚志图也是江北同乡会的会长,他每天下午都"由四个日本兵保护",到烟馆和赌场走一圈。⑦

鸦片烟馆突然兴旺的一个原因是,伪警察每天只对每支烟枪征收5角捐。

---

① 施粥处以前由闸北慈善机构会掌握。谭绍良报告,"市民维持会",第1页。
② 1932年4月7日《新晚报》上一篇声明的译文,上海公共租界警务处档案,D-3445,1932年4月7日。
③ 谭绍良报告,"市民维持会",第1页。
④ 上海公共租界警务处档案,D-3445,1932年4月11日。
⑤ 顾顺章在《新晚报》上登了一篇广告,宣布《大美晚报》上报道的他与维持会有联系是失实的。上海公共租界警务处档案的附件,D-3445,1932年4月7日。
⑥ 此人可能就是陈阿昌。
⑦ 这个侦探的身份是"公共租界巡捕房的'额外华探副探长'(ex-CDSI)"。1932年5月5日秘密线人的报告,同上,D-3445,1932年5月27日。亦见安克强:《上海市政府》,第125—126页。

许多吸鸦片者从法租界和公共租界跑到闸北来，少花些钱就能过一下烟瘾，结果当地的房租猛涨起来。实际上，所有这些非法勾当如此赢利，连一再与法国当局商量有关赌博和鸦片事宜的杜月笙也在考虑，如果法租界里干不下去，就将"赌场、鸦片行和烟馆"迁到闸北。①

杜月笙是在费沃利总监和柯格霖总领事的保护下，开始统制法租界的赌博和毒品这些非法勾当的。② 大约在"四一二"政变一年以后，青帮头子得到了一些广东投资者的帮助，在法租界里开了4家赌场。他们衣冠楚楚地经营赌场，赌场里有全副武装的"保镖"监视，防止流氓骚扰顾客，赌场还给顾客提供免费的食物、饮料，甚至是女人和毒品。赌馆每天照例付保护费2,500元，由杜月笙亲自秘密地将它们交给最高当局。③

在以后的两年里，事情变得对杜月笙比较有利，他因在1931年戒掉了自己的鸦片瘾而远近闻名。④ 据公共租界巡捕房档案里的一份秘密备忘录记载：

> 1930年和1931年是杜月笙在法租界的统治最辉煌的时代，他经常被租界里的有钱人请去解决由分配遗产、离婚等引起的纠纷。他通过处理此类案子，使自己成了暴发户。⑤

但是，比处理离婚和财产纠纷更重要的是杜月笙作为劳工调停人的角色。杜对1928年12月罢工和1930年6—8月法国电车电灯公司的罢工的调解，使他获得了对法电工会的控制权，也使得柯格霖总领事答应由青帮控制的纳税华

---

① 可能是正探长瑟古德在1932年5月2日写的报告。上海公共租界警务处档案，D-3445，1932年5月27日。一名秘密警察线人5月5日的报告称5个鸦片烟馆已从法租界迁到闸北。至于他们的姓名和他们行动的详细情况，亦见该报告。

② 马歇尔：《民国时期的鸦片与帮会政治（1927—1945）》，第33页。

③ "杜本人（杜月笙）以一种老练的方式进行贿赂，接着法国巡捕房和法国领事馆的中国人和外国高级官员都急于讨好他，结果他在法租界的影响极大地提高了。"《杜月笙（镛）先生备忘录》，上海公共租界警务处档案，D-9319，1939年，第4—5页。

④ 亚当斯：《中国：亚洲有利可图的灾难的历史背景》，第381页。

⑤ 《杜月笙（镛）先生备忘录》，特务股秘密备忘录，上海公共租界警务处档案，D-9319，1939年，第5页。

人会向临时委员会推举华董。纳税华人会在 1930 年 11 月 8 日召开会议，正式认可了 5 名现任的华董（当然包括杜本人），并向公董局的各委员会推举了 9 名特别顾问。杜月笙现在控制着公董局临时委员会，完全占了绅董派的上风，支配着法租界的行政。①

1931 年 6 月 9 日，杜月笙为了庆祝他的统治和声誉日隆，举行了一个隆重而体面的游行来纪念他家的祠堂在浦东落成。蒋介石让军队和地方的政府官员，以及这一地区的所有国民党党部给这个帮会头子、慈善家致电祝贺。参加游行的有成千上万的青帮徒众、商人、政府官员、英国警察、安南巡捕和中国步兵。他们整齐地从杜月笙华格臬路上的宅第列队出发，经过重兵把守的街道，游行队伍由张群市长带领，前列高举张学良、孔祥熙博士和蒋介石送来的恭贺匾额。②

第二节　将杜月笙赶出法租界

杜月笙在中国的影响是毫无疑问的，但他的势力范围还未及于国外。巴黎当局意识到在上海的事情是错误的，在那儿整个法租界好像已经交给了中国的流氓。③ 在河内的殖民政府中有人——可能是一个不满的立法机关成员已经对这种腐败进行了指责。④ 于是，来自巴黎的强大压力推动柯格霖与英国人一起在 1930—1931 年冬天开始了清除赌博公害的行动。1931 年夏天和初秋，这种

---

① 马丁：《"与魔鬼订约"：1925—1935 年青帮和法租界当局的关系》，第 24—25、27—28 页。"据称，法租界的黑道坐大，事实上组成了一个实际上控制这一地区的超级政府。"《密勒氏评论报》，1931 年 7 月 18 日，第 246 页。

② 潘翎：《寻找旧上海》，第 3—4 页；伊罗生编：《国民党反动统治的五年》，第 97 页。

③ 法国当局派了新任公使奥古斯特·魏尔登调查 1930 年中期上海的形势。他的结论是，柯格霖和费利沃与流氓联系太密切，不能靠他们清除这种局面。马丁：《"与魔鬼订约"：1925—1935 年青帮和法租界当局的关系》，第 28 页。

④ 雅克·勒克吕也是一名左派分子，他到上海在"东方巴黎"教法语，并对他所见到的警察部队的腐败感到恐惧。他的一个表兄是参议员，他给表兄写了一份关于法租界科西嘉警察的腐败情况的详细报告。范里高、考福：《康生与中国秘密特务 (1927—1987)》，第 95—96 页。

压力不断增加，当时上海有一本存在时间不长的法文杂志叫作《真相》，每星期都对法租界警务总监在取缔赌博行动中故意拖拉发表长篇文章进行抨击。① 很明显，就是在这种压力下，费沃利上尉才于1931年9月16日宣布他将对青帮的赌场进行一次清除："至本周末，法租界将不再有一家中国的或外国的赌馆。"② 这纯粹是一种宣传花招，因为费沃利上尉只关闭了10家小赌场，而对杜的赌馆根本未动一根毫毛。③

但是，1月28日同日本的战事开始以后，法国远东舰队司令、海军中将赫尔宣布了戒严令，禁止赌博和吸毒。当1,000多名杜月笙手下的徒众，以法国巡捕房提供的武器全副武装，戴着三色袖章集合起来，支持总领事柯格霖的时候，海军中将赫尔将这些人赶出了街道。柯格霖马上要求杜月笙从他在1932年2月15日取得控制权的公董局临时委员会退出；而在这一辞职宣布之前，柯格霖本人也被解除了职务，由法国驻天津总领事梅理霭接任。费沃利上尉也不得不辞职，让位给天津法租界巡捕房总监法伯尔。④

梅理霭总领事和法伯尔总监，加上巡视员罗伯特·乔布的支持，据说是不可能被腐蚀的。⑤ 虽然，据猜测杜月笙曾试图在法国贿赂巴黎官员，以求得他

---

① 这份杂志由德斯特雷斯，一名有激进倾向的法国律师出版，他最后于9月15日之后离开上海。《密勒氏评论报》，1931年11月21日，第465页。

② 《密勒氏评论报》，1931年9月19日，第84页。

③ 有证据表明，1931年7月清洁工的罢工是由杜月笙煽动的，以恫吓那些威胁要关闭他的赌场的法国官员。马丁：《"与魔鬼订约"：1925—1935年青帮和法租界当局的关系》，第29—30页。1931年9月，有这样的猜疑，即进行使法租界警察感到痛苦的"道德运动"，是因为担心出席太平洋会议的中国代表对法租界的情况进行轰动性的揭露，以支持中国收回外国租界的要求。《密勒氏评论报》，1931年9月26日，第124页。

④ 马丁：《"与魔鬼订约"：1925—1935年青帮和法租界当局的关系》，第30—31页。

⑤ 当珍珠港事件后日本人侵入法租界时，法伯尔没有先期与罗伯特·乔布和其他24名警察一起去伦敦参加自由法国运动，他无法应付局面，用手枪对准头部，饮弹而死。范里高、考福：《康生与中国秘密特务（1927—1987）》，第102页。

的事业顺利，但在那里他实在是鞭长莫及。① 他在法租界的非法勾当显然依赖于柯格霖和费沃利的个人庇护，现在他们和他一起失势了。1932年2月中旬，杜在他位于华格臬路上的豪宅为乔治·马里耶哈尔特举行宴会。马里耶是雪铁龙汽车公司组织的重走中国丝绸之路的汽车远征队的领队，他们在2月12日到达了北平。赴宴的客人中，就有以前的总领事柯格霖和总监费沃利。那天下午上的菜中有一道是用宁波蘑菇做的，而那些品尝了这道菜的人中有4个很快就死去了：柯格霖总领事、A. 马卡迪耶上校（法国驻沪陆军司令）、M. 迪帕克·德·马尔索利斯和哈尔特。哈尔特在他肺炎发作之前，于1932年3月16日到达香港，死在了浅水湾饭店。费沃利虽然病得很厉害，但他还是从那次鸿门宴中幸存了下来，并且回到了法国，享用在上海摘的果实，远离杜月笙的谋杀范围。②

虽然这些死亡和生病可以归咎于无意的食物中毒，但上海充满了有关杜月笙报复的流言蜚语；而这一毒蘑菇案件很快成为这个神秘的敲诈勒索者的全部传说中的一部分。③ 没有证据可以证明这一谋杀的谣言。但梅理霭总领事还是因马卡迪耶和柯格霖"在为租界服务的过程中为法国而死"而称赞他们。④

1932年3月14日，梅理霭在公董局临时委员会就职演说中，宣誓在法租界内重建一个好政府，自改组警务处始。法伯尔总监解雇了大量腐败的警察，精心挑选了新的警官。在警务处内部一系列的命令得到加强，建立了新的部

---

① 谣言是杜月笙正派一名中国代表去巴黎，以贿赂法国政府。1932年4月中旬，郑毓秀和孔祥熙夫人去巴黎进行游说。顾维钧夫人也向北平的公使魏尔登施加影响。范里高、考福：《康生与中国秘密特务（1927—1987）》，第102页；马丁：《"与魔鬼订约"：1925—1935年青帮和法租界当局的关系》，第32页。

② 马丁：《"与魔鬼订约"：1925—1935年青帮和法租界当局的关系》，第32页。范里高、考福：《康生与中国秘密特务（1927—1987）》，第101—102页。

③ 坎布雷：《通往上海之路：亚洲的白奴交易》，第182—183页。

④ 马丁：《"与魔鬼订约"：1925—1935年青帮和法租界当局的关系》，第32页中引用了梅理霭的这句话："... morts pour France au service de notre concession。"

门，达到了自第一次世界大战以来警务处的最佳纪律和控制状态。①

在加强他们对罪恶（麻醉品、赌博、卖淫）制裁力度的同时（见图6），法租界警务处开始了要杜月笙将三鑫公司迁出法租界的谈判。杜尽力与梅理霭和法伯尔通融，既向他们行贿，又以行刺相威胁。最后，杜月笙终于明白，按照宗主国法国政府的决定而发布的禁止赌博活动的命令是不能改变的。当然，出路还是有的，就是将他的赌馆移到闸北，在那儿，日本人似乎能够容忍一个在伪警察统治之下的、为非法行当开绿灯的城区。

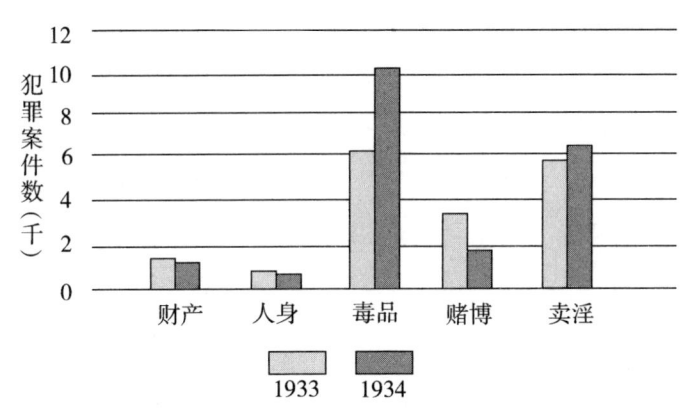

图6：法租界的犯罪（1933—1934）

资料来源：《上海市年鉴》1935，L30 - 33。

但是，那种选择有失面子，当杜月笙在上海落败之时，面子对他来说尤为重要。他所控制的广东人赌场老板们筹措了400万元，请他去谈判，以取消法租界禁赌命令。但是当那种前景变得暗淡的时候，杜月笙决定将钱用于建造中汇大楼，把他在4年前成立的银行迁入其中，把资本投入到较为合法的企业中。赌场老板不敢对此表示异议，而他们紧接着就在一个为期5年、每年分期

---

① 马丁：《"与魔鬼订约"：1925—1935年青帮和法租界当局的关系》，第32—33页。每个巡捕的"惩罚"的详细记录都分别存档。1988年9月，我有幸第一次在参观上海市档案馆内部库藏的时候，浏览了这些档案。

付款的工程中得到了完全的回报。①

另一条出路是同华界当局联合,对法国施加压力,以帮助杜建立新的毒品市场。有一些小的工厂——通常仅仅是一个单间,仅够容纳一间实验室——分散在法租界内,在那儿加工产地在四川东部的未经加工过的吗啡,然后由中国的、日本的、德国的和俄国的化学家提炼成吗啡和海洛因。② 1931年,国民党政府再次企图推行合法的鸦片公卖,如果能够与杜月笙达成协议的话,那么这些提炼者就可以在法租界以外的大上海落脚了。③

这个最终结果是在同日本的战事结束以后达成的。杜通过号召法商电车工会在当年夏天举行罢工的手段,尽力迫使梅理霭总领事与吴铁城市长会面。他们两人最终同意,即杜可以将他的毒品工厂转移到南市。法国同意将鸦片运出租界。到1932年底,三鑫公司解散了,毒品事业由杨虎指挥的上海保安队下的特别服务处负责。④ 根据公共租界的报告:

> [杜月笙]明白武装保护对运输鸦片的必要性,成功地使杨虎将军被任命为上海保安队队长。保安队设立了一个"特别服务处",由该处接管了已"结束"的三鑫公司的事务。但是,1932年12月,这个特别服务处

---

① 《杜月笙(镛)先生备忘录》,特务股秘密备忘录,上海公共租界警务处档案,D-9319,1939年。

② 鑫记公司由臭名昭著的吗啡商行姚桂记经营,商行设在敏体尼路(今西藏南路),在方浜路外的安纳金路(今东台路)上和圣母院路(今瑞金路)与辣斐德路(今复兴中路)拐角处设有工厂,在爱多亚路(今延安东路)的东方印刷大楼设有货栈。1931年3月16日总领事琴金士致华盛顿国务卿的备忘录。国务院十进位档案893,#114 麻醉剂/208,1。

③ 1931年,伍连德博士(1912年和1918年海牙鸦片会议上的中国代表、国际检疫组织的前任首脑)认为,政府控制的垄断——即对瘾君子合法登记——是制止鸦片泛滥唯一可行的办法,正如日本在台湾所证明的。他至少在1920年就指出了这个观点。宋子文支持这个观点,他热衷于鸦片公卖所具有的巨大税源,于1931年实施垄断,但很快因舆论的抨击而放弃了。李义庭:《中国的禁烟》,第18—19、66—67页;马歇尔:《民国时期的鸦片与帮会政治(1927—1945)》,第20—21页。

④ 马歇尔:《民国时期的鸦片与帮会政治(1927—1945)》,第33—34页。马丁:《"与魔鬼订约":1925—1935年青帮和法租界当局的关系》,第32页。

奉吴铁城市长的命令并入公安局。①

众所周知，这个安排与蒋介石和杜月笙之间的"交易"（见第八章）如出一辙，根据那一交易，杜同意组织反共恐怖活动，以交换蒋承认他在长江流域的毒品垄断。②

第三节　伪警察的终结

同时，闸北的卖国贼对他们自己的声名狼藉越来越感到不安："由于意识到了他们的名声不利于他们顺利地从事闸北的管理工作，上海北区市民维持会的最初发起者，正在考虑改组维持会的必要性。"③ 维持会的领导人胡立夫，据说正在不断向一群较有声望的上海人发出邀请，让他们来加入维持会，其中包括王彬彦、范回春（远东娱乐场的最大股东和流氓头子黄金荣的好朋友）、史量才（《申报》的发行人）、李述一（天津三井株式会社的买办）。④

此时，公众已对"这些卖国贼的恶劣手段如此不满"，以至于日本人在4月10日决定按照美国和英国领事馆的要求解散维持会，英美人士曾告发这些投机家进行勒索。⑤ 但是，胡立夫及其同伙继续受到日本的暗中支持，5天以后，他们重新组织了闸北难民救济会，又名闸北自治协进会，它的办公室由日

---

① 《杜月笙（镛）先生备忘录》，特务股秘密备忘录，上海公共租界警务处档案，D-9319，1939，第5—6页。

② 伊罗生编：《国民党反动统治的五年》，第96页；马丁：《"与魔鬼订约"：1925—1935年青帮和法租界当局的关系》，第32页。

③ 1932年4月5日，谭绍良督察长报告，上海公共租界警务处档案，D-3445，1932年4月19日。

④ 范回春最初也是鸦片走私贩。上海公共租界警务处档案，D-3445，1932年4月19日。

⑤ 《新晚报》上的一篇译文，在上海公共租界警务处档案，D-3445，1932年4月27日。

本海军陆战队保卫,位于靠近民立路的原公安局第五区公署。① 在维持会的支持下,非法买卖继续繁荣:3家更大的赌馆开张了,其中最大的一家,大丽公司俱乐部,可以为它的顾客提供鸦片、赌博和妓女——为了这一特权,该俱乐部每天向政府交付300元钱。闸北自治协进会也打算征税、发行彩票、发妓女执照、实行鸦片公卖。而日本人认为,在闸北,除了日本军队自己操纵的当局之外,不能有其他当局。②

不过,即使当中日开始准备停战谈判的时候,胡立夫及其同伙仍以难民救济会为掩护,继续在育才路211号举行秘密会议,计划扩展他们的傀儡统治。③ 4月28日,胡立夫主持了一个会议,会上通过了7项方案,勾画出了一个从自卫队发展成一个调查情报机关的完整方案。④ 2天以后,难民救济会(它的成员名单仍然在公共租界的秘密机关保密)再一次开会,通过4项在日本军警保护下规范妓院和鸦片烟馆的行动方案。⑤

但是,又过了几天之后,停战协定签署了,伪警察的日子也就屈指可数了。⑥ 赌博——特别是位于德润路118号的较大的大丽赌场——变得如此明目张胆,以至于公共租界觉得有必要与日本讨论一下对这一非法行径的处置。5月19日,公共租界的中川总探长给日本领事馆打了个电话,并会见了领事警察司法处的长官奥村警督。但是,日方考虑到"他们即将从上海撤退和为撤离所做的必要安排的工作压力",拒绝采取行动。⑦ 既然1932年的战事已经结

---

① 报纸在4月18日报道,旧的维持会已解散,"伪政府"的新行政机构已在民立路66号成立。《东方时报》的专电,夹在上海公共租界警务处档案中,D-3445,1932年4月19日。亦见安克强:《上海市政府》,第126、366页。

② 《新晚报》上的一篇译文,上海公共租界警务处档案,D-3445,1932年4月27日。探目戈尔德报告,同上,1932年4月29日。

③ 这个委员会在公共租界巡捕房,也被称作"上海北区难民安置委员会"。

④ 探目戈尔德报告,上海公共租界警务处档案,D-3445,1932年4月29日。

⑤ 探目戈尔德报告,以"6号线人"收集的情报为依据,同上,1932年5月2日。

⑥ 但是,正如我们将看到的,所有这些不过是1937年以后事态演变的一次精心的彩排。

⑦ 上海公共租界警务处档案,D-3445,1932年5月27日。

束，对闸北新一轮非法勾当浪潮的控制工作只能等到中国警权恢复以后。

第四节 中国警权的恢复

中国人已经开始为恢复他们在闸北的行政机构做准备，这意味着要重新组织警力来恢复法律和秩序，并对付那些肯定为数不少的与日本的军人和平民发生的可能的敌对冲突。① 在谈判中，日本人反对中国恢复旧的公安局，因为日本人同他们曾发生过激烈的冲突。国民政府的警察顾问纳粹鲁道夫·穆克博士提出了一个解决方案，即"成立一个特别办公机构，雇用外国人（欧洲人）为其成员，以处理那些牵涉外国人的案子"②。

虽然温局长反对这一建议，但是他已同意穆克博士的第二条建议，即上海公安局从北平征募500名警察。③ 警官们被派到以前的首都征募警察，而北平的职业警官来上海担任闸北公安局的重要职务。④ 到5月中旬，将有448名北平警察在总队长卢箓将军指挥下重新占领闸北地区，而位于临平路118号的警署将处于北平警察吴廷勋督察的指挥之下。⑤

5月2日，"一旦日本人撤出闸北和吴淞，为了恢复这些地区的警政"，公安局组成了一个包括王致京［音］（第二区长官）、卢英（侦探长）和洪启博

---

① 上海公共租界警务处档案，D-3445，1932年9月17日和D-3969，1932年9月12日。
② 谭绍良督察长报告，上海公共租界警务处档案，D-3433，1932年4月1日。穆克博士将要来上海与温应星将军讨论警察重组办法。他被认为是名纳粹，上海公共租界警务处档案，D-4724，1933年5月7日和1933年4月10日。
③ 谭绍良督察长报告，上海公共租界警务处档案，D-3433，1932年4月1日。
④ 见总队长卢箓，新闸北公安局的负责长官的照片，在《上海泰晤士报》周日副刊，1932年5月29日携他的妻子到北平。上海公共租界警务处档案中的复印件，D-3648，1932年5月30日。
⑤ 1932年5月16日法租界警务处情报报告，上海公共租界警务处档案，D-3648，1932年5月18日。位于临平路118号的派出所是第五区分局第3派出所。吴督察指挥100名便衣和6名侦探。同上，1932年6月12日。卢箓的副手是张文杰，总教练是马鸿儒，2支警察部队的司令是刘万钧和阎永。法租界警务处情报报告，1932年5月16日，同上，1932年5月18日。

士（外交部秘书）在内的 10 人委员会。日本领事馆拒绝正式允许王致京代表委员会进入闸北视察，但是公安局的警官们还是非正式地视察了那一地区，并且向委员会提供了在战争地区重组警察部队和重建新局所需人员的大致数目。① 这一情报现在变得更加必不可少了，因为日本人在 5 月 5 日的协定中加入了一条，要求中国人建立保安团确保闸北居民的安全。②

温应星局长作为共同委员会的一员，监督日本的撤离，但他是以公安局长的身份接受日本军队将于 5 月 16 日撤退的通知的。③ 公安局建议用 750 名警察来维持撤离地区的治安——闸北的那一部分地区北至铁路线，西面和南面至苏州河，东至从苏州河至海宁路及迤北铁路的闸北租界。④

1932 年 5 月 14 日，温应星致函公共租界警务处长贾尔德通知他的计划，声明那些武装值勤的警察队伍从南市出发，需经由西藏路穿过法租界和公共租界。⑤ 第二天上午，即 5 月 15 日，一支包括 448 名北平警察在内，配带手枪和毛瑟枪的 750 名警察队伍从昆山乘船到达南市外滩。他们被安顿在龙华路 676 号的钱业公会。那天下午，他们接受了吴铁城市长、俞鸿钧秘书长和温应星局长的检阅。⑥

5 月 16 日上午 7 点 30 分，第一批队伍穿过外国租界。这 10 辆装满了装备和全副武装的警察的轻型装备汽车没有按照公共租界巡捕房指定的另一条路线

---

① 谭绍良报告，上海公共租界警务处档案，D-3589，1932 年 5 月 2 日。

② 安克强：《上海市政府》，第 125 页。

③ 安克强：《上海市政府》，第 367 页。

④ 该地区东面的袋状地区同包括火车站和该地区北面的铁路沿线一样，仍由日本管辖。法国情报局报告，在上海公共租界警务处档案中，D-3648，1932 年 5 月 18 日。"日本防区在 1932 年以后变成了一块准合法飞地之内的一块准合法飞地。"救火站建立起来了，营业执照也发放了——都是日本人做的。"工部局对日本防区没有控制权。这种新的管理由日本的地方海军司令负责，而不是由东京。"怀特：《近代上海历史发展过程中的非政府至上主义》，第 46 页。

⑤ 外交部秘书洪启亲自送去的信。译文在上海公共租界警务处档案，D-3648，1932 年 5 月 18 日。

⑥ 北平警察被编组成 2 支队伍，每支队伍有 2 个分队，每分队 112 人。3 个分队以步枪武装，还有 1 个手枪分队。法租界警务处情报报告，1932 年 5 月 16 日，同上。

行进。当中国车队越过麦根桥进入闸北以后,日本人已在上午 8 点撤走了在桥上站岗的海军陆战队。另外 2 支中国轻型汽车队也在那天上午由警察护送从新闸站出发了。①

同时,负责公安局后备部队的警官黄明拜访了共和路上原为警士教练所的日本第五海军陆战队指挥部。日本人与黄明换文之后,听任中国人收回他们的警察岗位,有一名当地警察和一名北平警察在交通要道上持枪站岗。当天上午 10 点,当架着机关枪的摩托车巡逻队在这些街道上巡逻的时候,公安局的 7 个重新办公的机构开始发放调查表格了(见表 6)。② 下午,150 名街道清洁工开始清除瓦砾、移走尸体和喷洒消毒剂。当夜幕降临的时候,中国的戒严令已经在闸北的大部分地区生效了。③ 一月之中,1,700 名工人已喷洒了超过 11 吨多的石灰以防止大规模的流行病,另有 3 个连的 360 名武装警官和警士到第五区值勤,而苏州河以西和淞沪铁路以东的那个区由较高级警官指挥 100 名武装警察警卫。④

中国警权在日本人撤退之后在闸北恢复的成功令人印象深刻,这种成功不小程度上是由于北平来的警察部队——就像 1927 年的保定警官那样——的支援,制止了当地伪警察队伍而取得的。但是,他们进入的这个华界城区现在已是满目疮痍。那些空旷的街道在傍晚昏暗的光线中到处都是硕大的老鼠。有 12,000 多座房屋、4,000 家商店、240 所学校和 600 家工厂被毁;大多数学校、市政机构和派出所成了一片废墟。⑤ 仅在闸北,就有 85%的居民逃难了;而居

---

① 公共租界巡捕房估计有大约 900 名中国警察通过了租界。其他的资料估计为 750 人。上海公共租界警务处档案,D-3648,1932 年 5 月 18 日。
② 见《上海市公安局业务报告》,第五卷,第 92 页,户口调查记录。
③ 法租界警务处情报报告,上海公共租界警务处档案,D-3648,1932 年 5 月 19 日。
④ 温应星致贾尔德,同上,1932 年 5 月 19 日和 1932 年 6 月 17 日;安克强:《上海市政府》,第 129 页。
⑤ 安克强:《上海市政府》,第 128 页。

住在交战地区的已注册的 801,839 人中，有 54 万人迁走了。①

1—2 月的战争给了在上海的西方和日本商人一次严重的经济打击。由于仓库和所藏货物被毁，上海的贸易一败涂地。欧洲和美国到上海的轮班取消了，而在其他港口卸货。工业生产停滞，20 万工人失业。② 日本损失达 1,800 万英镑，3 万名日本居民中有一半已经回国了。③

对中国市政府而言，1932 年在闸北的战争作为经济上的灾难，使得国民党的城市现代化计划瞬间陷于瘫痪。④ 停战协定签订以后，原来的居民开始返回被毁的家园，在这块曾是"奔霆飞熛歼人子，败井颓垣剩饿鸠"⑤ 的土地上，成千上万的棚户在一夜之间涌了出来。⑥ 但是，比较"一·二八"事变发生前 6 个月和发生后 6 个月的华界人口登记数（包括棚户居民），人口还是明显下降了 43%（见表 7）。⑦ 华界在商务上的损失尤为严重。⑧ 有 1/3 以上在华界注册的珠宝店和食品店倒闭了，有一半的当铺和旅店不复存在了。其他日常生活福利设施也受到损坏：剧院和电影院等华界娱乐设施中，110 家中有 60

---

① 安克强：《上海市政府》，第 368 页。1932 年 6 月，有 158,593 个整户，143,045 个副户和 1,486,267 个单身（男 854,068 人，女 632,199 人），加上 9,967 名外国人向华界警察登记。《上海市公安局业务报告》，第五卷，第 221 页。

② "苏州河两岸工业区的所有华资工厂大都被毁坏了。上海电力公司的工业电力销售量在 1932 年从 506,000,000 千瓦时下降到 452,000,000 千瓦时。"奥察德：《上海》，第 27 页。部分是因为引燃了日本和中国纺织厂之间价格战争的抵制运动，部分是因为长江的水灾，中国的棉纺织业在这几年受到了沉重打击。到 1933 年中，上海 31 家华资工厂有 12 家停产。韩起澜：《1919—1949 年间上海的棉纺厂女工》，第 23—24 页。

③ 霍塞：《出卖上海滩》，第 214—215 页。

④ 市政府估计中国的城市遭受的损失总计达 15 亿元（370,000,000 金圆）。安克强：《上海市政府》，第 128 页。亦见王业键：《上海钱庄的兴衰》，第 131 页。

⑤ 鲁迅：《题三义塔》。

⑥ 市政府不得不命令公安局采取行动以阻止一个大贫民窟的增加。安克强：《上海市政府》，第 131 页。

⑦ 根据公安局统计，1932 年 6 月上海的总人口为 2,938,909。其中包括公共租界的 36,471 名外国人和 972,397 名中国人，法租界的 12,922 名外国人和 421,885 名中国人。《上海市公安局业务报告》，第五卷，表 221。

⑧ 安克强：《上海市政府》，第 115—116 页。

家已不再重新登记，可能是因为歇业或已被破坏（见表8）。

城市还是得到了恢复。随着难民重返闸北和虹口，弹洞填平了，房屋重建了，远洋客轮再次驶向了黄浦江。① 但市政府的财政状况仍极度困难。② 每个月的收入仅达10万元，只及战前该市收入的1/6。③

不过，不断有闸北的商人代表要求市政府完全免税。1932年6月21日，市政府宣布豁免该年前6个月的房捐，车捐自6月份起征收，而船捐、交易等税自发生后起征收。对于商会提出的豁免捐税的要求，秘书长俞鸿钧回答道，市政府收入已经损失很大，某些捐税也确有必要。实际上，俞先生坚持应征收房捐并且获得成功。市政府确实付出了15万元建设补助费，加入由地方维持会提供的30万元捐款之中。它还规定在交战地区再免征3个月房捐。但那年7月，它很快就开始对不动产征税，试图改善市政府的300万元的财政赤字。④

来自其他渠道的救济款有国民政府的50万元，省政府的15万元和地方维持会的30万元。⑤ 但是新的开支很快吞噬了这些钱款，其中包括付给5月5日协定所规定的代替淞沪警备司令部的保安团的开支。因为尽管吴铁城市长向国民政府请求帮助，但南京拒绝给这支需由上海市支付工资、武器和服装的警察组成的队伍以起码的资助。⑥

1932年6月市政府宣布成立保安队，分为2个团，每团1,500人，配备精良武器，将分布于整个大上海，也包括边远的市区在内。⑦ 他们"装备精良，

---

① 霍塞：《出卖上海滩》，第220页。
② 财政局在闸北的所有建筑都被毁了，它的册籍也完全散失了。它直到1932年7月才开始工作。安克强：《上海市政府》，第132页。据估计，由于日本人的轰炸，仅在闸北一地所遭受的损失总计就达132,488,751元。吴淞的损失为16,743,096元。伍德海编：《中国年鉴（1933）》，第671页。
③ 通常，市政府房捐占40%，马赛捐占30%，车船、码头等捐占30%。在5月撤军撤退之后，政府在交战地区的捐税收入寥寥无几。安克强：《上海市政府》，第363页。
④ 安克强：《上海市政府》，第135—137、197、201页。
⑤ 安克强：《上海市政府》，第370页。
⑥ 安克强：《上海市政府》，第200页。每年市政预算中增加的这笔额外支出达150万元。
⑦ 《中国事务：中国每周要闻》，1932年6月30日，第48—49页。

配置完善，一旦有事，可以迅速集中，随时可以对付强盗或此类不法分子。这些不法分子因最近上海及其附近的战争而剧增"①。上海保安队的核心来自北平的专业警察，他们后来组建为第一步兵团第二营。另外招募受过军事和警务训练的人来充实，并组成一支由步枪手和机枪手组成的、由骑警连、摩托队和装甲车队配合的特警部队。② 实际上，这些应募者的主要来源是正规的宪兵队员，后来他们构成了第二步兵团主体。③

上海市保安队最终于1932年7月5日建成，成为一支具有威慑力的军队。由黄明上校任团长的第一步兵团有3个营、4个连，每连有124名警察。④ 第二团也有3,000人，由已从江北剿匪回到松江的宪兵第六团改组而成。⑤ 整个部队于7月5日由上海市长和他的副手温应星局长完全控制，出人预料地加强了他们的权力。⑥ 到1932年12月的6个月之内，吴铁城市长和公安局长掌握了近4,000名装备自动化武器和重机枪的士兵，他们驻扎在城市四周的寺院和会馆里（见附录二）。⑦

由于上海受到如此严重的破坏，其恢复可以说是个奇迹。正如一位历史学家所言，日本人在1932年对上海的进攻表明，"在最困难的条件下，市政府可以成功地解决一大堆问题"。⑧ 在公安局看来，1—5月的危机是对他们能力的严峻考验。在他们自己的记录中，华界警察为自己同那些想利用混乱来"破坏

---

① 《中国事务：中国每周要闻》，1932年6月30日，第47—48页。
② 《中国事务：中国每周要闻》，1932年6月30日，第48页。
③ 安克强：《上海市政府》，第383页。
④ 第一营由公安局的后备队人员组成，第二营由北平警察组成，第三营仍由江声涛指挥。上海公共租界警务处档案，D-3648，1932年7月27日。
⑤ 由于害怕外国列强的反对，国民政府在宣布正规军队正式合并之前犹豫不决。
⑥ 对吴铁城而言，这项任命并不陌生。1926年他曾指挥过宪兵队的前身蒋介石总司令部警卫队。
⑦ 上海公共租界警务处档案，D-3648，1932年7月27日和1932年12月30日。
⑧ 安克强：《上海市政府》，第138页。

公共秩序"的"赤色分子"四处活动进行斗争的能力表示庆贺。① 这表明了他们对抓共产党人的一贯热衷,因为对于基本犯罪的打击方面,1931年7月—1932年6月的警务记录是最不光彩的一年。这一警务年度犯罪率上升了80%多(见表3)。当伪警察廉价地纵容赌博和卖淫行为时,公安局的成员,正如温应星局长坦率地报告的那样,成了十九路军战士的后援,随时随地履行职责,情况相对较好。② 而当战事结束,十九路军和警备司令部撤走了,公安局发现它自己比以前更军事化了,正扮演着比宪兵(它在1931年被蒋介石大规模地扩充)、从北平引进的为恢复闸北秩序的专业警察以及新成立的准军事保安队还次要的角色。③

虽然存在着某些相似之处,但是,这一新的军事化的警察队伍并不是倒退到了北伐刚刚结束的时候,那时上海的民警不得不接受北方警察。第一,市长和公安局长行政地位之于地方利益有了显著的加强。1931年12月,国民党市党部因在市政大厅前面绑架学生而声名狼藉,这次危机所产生的一个意外结果是市政府与国民党市党部关系的逆转。国民党市党部在社会局新局长吴醒亚的指挥下改组,吴和陈氏兄弟有交往,并被南京专门委派来控制市党部。④ 新的执行委员会由控制党务机构的老成员和来自市政府的俞鸿钧等较温和的新成员组成。从此以后,国民党市党部不再插手市政府的行政事务。⑤

---

① 《上海市公安局业务报告》,第五卷,第221页。在那个警务年度,有158名共产党员在72件不同的案子中被捕。

② 《上海市公安局业务报告》,第五卷,第3页。

③ 蒋介石在1926年6月于广东从黄埔军校的警卫连中组成了宪兵,隶属何应钦的第一军。1931年,蒋介石命令谷正伦在南京组建宪兵司令部,任命他为司令,将宪兵交通队并入这支部队。在谷一直到1940年的任期内,宪兵增加到19个团和2个营,宪兵学院也成立了。卓建安:《谷正伦与国民党宪兵》,第225、228页。

④ 吴醒亚当了3年的局长,直到1935年。由于在1927—1931年及1936—1937年担任局长的潘公展也被确认为陈氏兄弟的成员,该局在同时代人看来是一个CC系的堡垒。陈:《中国劳工组织》,第10页。吴醒亚也被认为是蒋介石总司令在上海的情报机关的首脑。法租界警务处报告,"蓝衣社的活动",1933年8月3日。上海公共租界警务处档案,D-4685,1933年8月26日。

⑤ 安克强:《上海市政府》,第74—75、138、327页。

市政府之于地方名流的地位也得到了加强。在民兵问题上帮助调解以达成协议的上海商人和市民领袖被市长任命为临时市政委员会的成员。① 即使这没有根本改变市政权力的分配，却给了江浙财阀在市政府中一个新而不太正规的角色。但是天平很明显倾斜到了吴铁城市长和温应星局长这一边，这种情况的出现，只是因为地方名流已经明白了他们同中央任命的、与国民政府体制相联系的市长支持下的市政集权的警察当局相对抗的局限性。②

总而言之，在上海市公安局存在的最初 5 年中，其作用的种种变化突出了唯一的、最重要的一点：以牺牲市民社会为代价，换取行政当局的强大。城市自治，而不是城市民主，还是占了上风。③

---

① 该委员会分 8 个组，分部门研究计划。公共安全组有 2 名委员：杜月笙和王晓籁。安克强：《上海市政府》，第 351 页。

② 安克强：《上海市政府》，第 90、100、139 页。不用说，上海华界警察队伍尚未全国性地中央集权化。在国家集权的警察结构中，由单一的中心按照常规在全国的范围内对次一级的机构实行它的运作指挥，比如像法国、意大利、爱尔兰或苏联。相反的模式可以在高度分权制度的国家见到，如美国，在美国没人知道究竟全国有多少警力。贝利：《警察模式》，第 55—63 页；余叔平［音］：《警察建制问题》，第 17 页。

③ 在这方面，可参见科曼的观点，即"中央政府越是插手城市的事务以实现它自己的目标，它就越损害了城市的权威和它自己最终的利益"。科曼：《国民政府的城市权力与民众参与》，第 5 页。

第十二章
第二次机会：吴铁城市长当政

尽管有这些不利条件，但大多数上海的观察家都赞同，在这短暂的 8 年里，中国人在市政府现代化的进程中取得了明显的进步。华界的居民已受益于治安、卫生、公共设施和交通设施的改善。已有实例表明受过良好训练的中国官员在不受到政治压力的情况下能够很有效地工作。中国城市官员和外国当局之间的关系也有了一定的改善。中国大上海市政的发展已取得了超出许多外国人可以相信的进步。

小威廉·约翰斯通：《上海问题》

"一·二八"事变以后，重建闸北的需要似乎给上海提供了建立开明的市政管理的第二次机会。由于闸北被日本人破坏的地区有迅速恢复的迹象，许多人都大胆地相信，在军事压力下，在同一行政机构合作的城市领导人能够实现新的政治目标。上海的第四任也是 1937 年中日战争前的最后一任市长吴铁城将军的到任，也萌发了政治的复苏和城市现代化的希望。吴将军一到任，特别是在与日本的危机在 1932 年 5 月解决以后，市政府的权威和活力呈现出一派生机。除秘书长俞鸿钧以外，秘书处的所有成员更换了，卫生和公共事务处以外的所有部门，都任命了新的领导。[①] 7 名领导人中大多数来自沿海地区，5 个出生在广东，2 个来自安徽，这都是吴得以步步高升的地方。他们年纪较轻，平均 40 岁，有过数年的密切交往，几乎都受过大学教育。而新近改组的国民党市党部的 5 名领导人都从上海的同一所法律学校毕业，而且可能还是

[①] 安克强：《上海市政府》，第 112 页。

同届。①

根据大家所说，这群律师、军官、工程师和政治家密切合作，共同分享他们在旧的废墟上建设一个新上海的技术专长和政治热情。② 吴市长甚至将这一段重建时期说成是上海的转折点，一个新的"中国复兴"即将出现的时期。③ 他对他的市民讲，"如果你允许我带着你的思想进入一个理想境界，你可以在你的头脑中画出一幅城市的蓝图，一个乌托邦，那是世界上最先进的、最受人欢迎的市政的形象，……这就是我们想看到的大上海"。④

第一节 对上海未来的种种幻想

但是在那个时代的人看来，上海实际上还好像是两个城市："地狱上面的天堂。"⑤ 在1932年破坏之后并且考虑到了吴铁城的建立一种新的、甚至更好的文明秩序的许诺，《新中华》的编辑们看到了这个世界名列第六位的大都市作为"国际帝国主义对华经商的大本营"，不断地"繁荣与欧化"的一面；但是他们也看到了底下的一面：忍饥挨饿和无家可归的城市平民不断增加，他们就住在那些富有和悠闲的富翁周围。⑥ 正如当整个商业都破产了而这个城市还享受着大量的进出口贸易一样，这些"主人"，上流社会的中国人，每天都要经过那些在死亡的边缘上的"奴隶"，在街道中渐渐枯萎的中国人身边。⑦

---

① 白吉尔等：《民国时期上海精英问题讨论文集（1911—1949）》，第908—909页。
② 见沈怡：《上海市工务局之十年》。
③ 麦克弗森：《设计中国城市的未来》，第48页。
④ 吴铁城：《大上海重视社会重复、福利：通向成功的良好开端》，引自安克强《上海市政府》的扉页。
⑤ 钱洪涛写道："上海是装饰的天堂。正面有着高大的洋房，热闹的市街。反面同时有着犯罪事件，饥饿的惨剧！"新中华杂志社编：《上海的将来》，第6页。
⑥ "上海除了是一个对比悬殊的城市而外，就什么都不是了。"盖姆威尔：《中国的门户：上海概貌》，第53—54页。
⑦ 新中华杂志社编：《上海的将来》，第1页。

20世纪30年代早期，乐天派们把他们对未来的希望建立于一种政治和技术的自然进化的基础上。结果杂文家陆壎希望：

> 将来上海的外侨将一批一批地遣送回国，所谓租界，当然收回。……现在租界上的一切恶魔，自然也肃清无余。

> 将来，上海的建筑当划分若干区……每区各以宽大的马路为界限，像树木的年轮般一层一层地包围着。这样，我们可以知道最中心是行政区，外层是医院、学校、体育场、娱乐场所……等等，再外是商业区，最外是工业区。如此，上海像了一个城堡，四周都被工厂的烟囱所围绕着，向内一层层的划分着各种职业上的区域。除了划分界限的马路外，还有几条以行政区为出发点直达边境的大马路。所有在马路上来往的都是汽车……

> ……每一个家庭——自然以一夫一妻为单位——都得自备一辆汽车，……把一切日用的设备都在最简单的条件之下装置着，于是就把它当作完完全全的一个家。我们可以称它为家庭汽车。有了这样的家庭汽车，上海市民的住与行都可以很顺利地解决了。因为，它日间可以随意行驶，晚上只消在较为幽静的地方停下，不是就可以过夜么？这时的上海，一切都上了正轨，很有秩序地前进着，决不怕会有意外的。①

通过模仿来嘲弄这种乌托邦的幻想并不困难。铭三写道，上海的将来将是"进化"的，"满街尽是名流、闻人、大亨、绅士、慈善家和租界才子以及洋大人和洋太太等"。年轻男女一律"魔登化"：

> 魔仆（Modern Boy）一律穿洋装，留着两绺"考尔门"胡子；魔鸽（Modern Girl）一律烫发，穿高脚皮鞋，并且男女见面，全讲洋话。②

> 闸北、杨树浦、徐家汇一带的草棚，完全拆除，改造作电影院、跳舞场、咖啡馆、酒排间、大饭店、西洋按摩院、东洋艺伎馆、巴黎美容院、

---

① 新中华杂志社编：《上海的将来》，第5—6页。
② 新中华杂志社编：《上海的将来》，第2页。

>俄罗斯大菜馆……
>
>>弄堂房子一律是十层楼，中西合璧式……①
>>
>>马路上划满了蛛网式的汽车线……
>>
>>黄包车、马车、脚踏车、电车，全遭淘汰。行人代步，限乘汽车。……
>>
>>十字街头遍设富丽堂皇的广告牌，写大英、大美、大日本、大法兰西等国出品的字样。
>>
>>……棺材店且有买一送一的豪举。……
>>
>>各学校大门口一律悬彩色布景，装年红灯（Neon Light）举行春秋二季大减价……②

铭三的讽刺中的无忧无虑是一种例外。那些描写上海和它的将来的人中更为典型的是冷静稳重的记者杨远生，他忧郁地描写道：

>你不看那平坦的马路和摩天大楼，不都是劳动者血汗的堆积吗？上海的安宁和秩序，不都是建筑在巡捕的枪棍和帝国主义者军舰大炮上面的吗？你不看群众们新旧的创痕和未干的血迹吗？③ 上海的神秘与紧张，不都是建筑在堕落的生活与享乐的追逐上面的吗？你不看妓女的妖艳，舞场的淫靡，按摩院的流行，……和一切引诱力之伸张与扩大吗？

中国人民能够起来并摧毁帝国主义统治中国的堡垒，但肯定"是要经过斗

---

① 考虑到上海的住房危机，这是一种自我解嘲。1937 年上海市政委会的特别住房委员会宣布"整个上海的产业工人都不能以他们的收入维生"。它报告说，"可能没有一个产业工人的家庭是住房宽裕的"。《密勒氏评论报》，1937 年 8 月 4 日，第 35 页。钱锺书在 1939 年秋天发表的《围城》中写道："房子比职业更难找。……上海仿佛希望每个新来的人都像只戴壳的蜗牛，随身带着宿舍。"钱锺书：《围城》，第 327 页。

② 新中华杂志社编：《上海的将来》，第 2—3 页。

③ 1925 年，公共租界巡捕房的警察向示威学生开枪酿成五卅惨案后，这血淋淋的一幕印在了知识分子的意识之中。"血曾经淌在这块地方，总有渗入这块土里的吧……血灌溉着，血滋润着，将会看到血的花开在这里，血的果结在这里。"叶圣陶：《五月三十一日急雨中》，第 215 页。亦见孔如轲：《上海，1925 年》，第 16—17 页。

争、流血与破坏的"①。

杨一波这样写道：

> 倘若照威尔斯（H. G. Wells）在不久以前所说的预言实现的话，上海将来一定要成为中国大众与帝国主义者争夺与苦战的中心，在争夺的过程中，上海将要遭受莫大的破坏，其程度自然要较之"一·二八"事件所受的创伤胜过百倍，……中国大众争夺上海，是必然的要经过这一斗争过程的。

> 上海是一个沸腾着的上海，你不看几个月以前的事实吧，黄浦江的怒潮，曾经涌上岸来，把重要的马路都淹没了。这正象征了中国大众争取上海的一幕啊！……我希望冲毁这旧的上海！爆裂这帝国主义统治东方的堡垒！埋葬了那些吸血鬼的黄金美梦！怒吼吧！上海！上海在不久的将来，终于会有怒吼的一天。②

虽然具有突出的卡夫卡风格，但较少启示论的是刘梦飞对上海未来的预言，即那时不再有"主人"和"奴隶"之间的差别③，"高等华人"和"马路瘪三"——或被刘称为"黑虫"之间的差别。穷人们可以从他们的老鼠洞出来，乔迁至"安乐公"的"高楼大厦"，而"安乐公们"将乘飞机逃到"火星"去度寓公生活。虹口的东洋兵营将被推毁，外国银行将被"黑虫"们

---

① 新中华杂志社编：《上海的将来》，第9—10页。竹友预言道，如果中国人收回租界，帝国主义者"必然出死力来保守其既得的利益。到他们不能保守时，必然要毁灭上海，使中国人接收不到甚么。反正死的是中国的民众，毁的是中国的东西。我恐怕那时的惨酷，要更甚于'一·二八'时的闸北"。

② 新中华杂志社编：《上海的将来》，第10—11页。

③ 1935年12月1日，上海市巡捕房号码为3067的汽车司机杜中福［音］报告说，两名英国警官，欧内斯特·威廉、彼得斯探目（后来《上海警察》的作者）和艾尔弗雷德·威·贾德试用巡长将一名生重病的48岁的中国乞丐毛阿飘或毛腾飘头朝下地扔进了虹口河里。这名乞丐被拖上来后，因溺水而新患的肺炎死于圣卢克医院。这两名警官因谋杀而被审判，并被一个由12名英国人组成的陪审团在1936年2月11日宣布无罪。《密勒氏评论报》，1936年2月20日，第172、175—177页。

"受盘"。"黑虫"们也能够拥有纺织厂和报纸。老人统治集团将为道德的丧失和社会混乱的出现而悲痛。"实用主义"的博士也将叹息痛恨于"人权",而"行为主义"的心理学博士也为不能"实验""黑虫"们的心理而感到遗憾。不过,"虽然胜利是终属于'黑虫'们的,但也要靠着'黑虫'们的努力!"①

第二节 精英的联合统治

吴铁城市长和他的改革专家在心中还有一种设想。他们的大上海计划既不是将该城市的权力交给人民大众来掌握,也不是通过公众选举让中产阶级参政,而是由吴市长挑选在上海的财阀——宁波的金融巨子们——组成常设的委员会和理事会进行合作。在与日本的战事结束以后,经与前任张群商量过后,吴铁城寻求大多住在公共租界和法租界的江浙资产阶级的合作、支持和资助。他提出并获得授权提名组成临时市政委员会,委员可终身任职,这意味着在正式的市政委员会选举出来以前,该委员会不能被解散。②

这一由市长任命的新委员会引起了一些市府官员和许多大上海的中国市民的惊愕与反对。他们反对由住在租界的人来统治,要求扩大委员会,至少应包括闸北和南市的代表,更不必说由市政府管辖的其他城区了。他们没有得到答复。③ 相反,市长办公室开始重谈绅士家规的老调,即"地方自治"。正如30年前那样,只是在这种情况下,让地方名流参政无须任何理由就可以堵住别人的嘴。事实上,通过重新划分吴淞、青浦和宝山等区,与闸北和南市一起组成一个单独管理的、拥有494平方公里的总面积和1,655,070人的"华界"大上

---

① 新中华杂志社编:《上海的将来》,第5页。
② 安克强:《上海市政府》,第85页。新委员会由19人组成:7名银行家,包括杜月笙;6名金融家和商人,包括虞洽卿和王晓籁(他与蒋介石的关系极其密切);3名大学的管理者和教育家;1名出版商(不久就被刺杀的史良才);1名劳工的代表,1名党的代表。新中华杂志社编:《上海的将来》,第86页。
③ 新中华杂志社编:《上海的将来》,第85页。

海,"原有的"地方社区在行政上已不复存在了。①

同时,吴市长建立了一个叫作筹备自治委员会的新组织,几乎全部由市府行政官员组成,并由俞鸿钧秘书长领导。这些官员们一同起草了一个新计划,建立40个区公所,设1个区长、1个副区长和几个户籍警以调查区内人口。人口调查要在4个月之内完成,新年之后进行地方选举。这种粉饰门面并未阻止吴市长独裁倾向的发展。但是,由于缺乏经费,这些自上而下的"地方自治政府"计划落空了,选举也从未进行过。而且,市长临时设立的市政委员会变成了常设机构——至少直到5年以后日本进攻的时候。

由于得到了上海商界头面人物的支持,吴的集权改革压制了那些反对与租界里的权威人士合作的人,并且迎合了那些"老中国通",他们对吴流利的英语和同西方人的交际能力印象深刻,为他的夫人在海格路(今华山路)官邸设的高雅宴会所吸引。他们认为,亏得他,华界警察才"乐于制止意在冒犯或麻烦外国人的行为"②。

事实上,华界当局同上海的外国当局之间关系的转暖使解决伤脑筋的越界筑路问题朝好的方向发展成为可能。去年夏天,采取了第一个步骤,正是公共租界巡捕房与公安局在顾顺章叛变以后共同搜捕共产党人的时候。1931年7月24日,费信惇总领事照会江苏外事局,称工部局已指示工务处长哈珀"系统阐述关于越界筑路的具体建议,并邀请大上海市政府代表就这些建议进行磋商"。③ 工部局与上海特别市政府的磋商在一年以后,即中日战事结束之后,终于达成了一项可接受的协议。协议规定,大上海市政府须设立一警务机构,下设派出所管辖租界外道路区各段;该警务机构归公安局管辖,但工部局有权在突发事件时派出巡捕;工部局由中方市政府授权代表它并按它所定的税率征

---

① 程恺礼:《规划中国城市的未来:1927—1937年间的大上海计划》,第48页。这个人口数是1936年的,那时另有1,393,282名中国人居住在公共租界和法租界。

② 《东方事务》第七卷,第5期(1937年1月),第239—240页。

③ 上海市政府档案,1-5-526,第49页。

税,并负责道路维修、污水处理等事宜;公共设施属大上海市政府专有之权利。①

国民党把 1932 年 7 月的这个"权宜之计"的协议视为国家主权的巨大胜利。对于上海市党部执行委员会的成员来说,司法主权在界外道路上的确立是中国领土主权恢复的实例。但实际上治外法权并未废除,这个国民党非常珍视的这种独立的证物却在第二次世界大战时,由日本人给了汪精卫的伪政权。② 上海以外的城市,特别是那些有大的外国租界存在的城市都表示赞成。国立武汉大学的教授们还通过武汉市政府要求看看上海外交照会的副本,以便了解上海是如何"恢复越界筑路的管理权和行政权的"。③ 天津市政府也向上海索取这些解释上海如何恢复"警权和行政权"的文件。④

市长办公室只是高兴,却无以应对,因为即使是那个"权宜之计"的协议也由于日本的反对而没能实施。日本人在虹口北部也自行越界筑路。到了 1930 年,许多日本工厂和 5,690 名日本居民聚集在那里。而到了 1933 年,他们还在江湾路建立了一个兵营,同时还有海军和领事警察常川值勤。⑤ 日本当局因而觉得这个"权宜之计"的协议,尤其是有关公安局长领导下的联合警务机构的条文难以接受,他们要求联合警务机构的副处长和高级官员应是日本人。1933—1934 年的复杂的三方谈判未能打破僵局。英国和中国同意除了副处长以外,日本人可在高级官员中占多数。⑥ 1934 年 10 月,日本总

---

① 上海市政府档案,1-5-526,第 65 页。大约在 1931 年,外国的公用事业公司开始同华界市政府进行直接谈判。1935 年 1 月,上海电力公司沪西供电所取得给越界筑路地区供电的专有权。西利蒙:《中外冲突和上海租界的越界筑路》,第 18、24—25 页。

② 上海市政府档案,1932 年 10 月 13 日的文件,1-5-528,第 1—2 页。

③ 国立武汉大学致上海特别市函,1932 年 10 月 11 日,上海市政府档案,第 6 页。

④ 天津市致上海特别市函,1933 年 3 月 27 日,上海市政府档案,第 16—17 页。

⑤ 日本浪人在 1932 年 8 月,当一名汉奸的商店被炸以后,组织了虹口街道武装巡逻队。这些街道巡逻队与所谓的红衣团都完全是非法的,日本当局并不承认他们。渡边报告,"日本海军登陆队最近的行动",上海公共租界警务处档案,D-3969,1932 年 9 月 12 日,第 1 页。

⑥ 西利蒙:《中外冲突和上海租界的越界筑路》,第 28—36 页;洛克伍德:《1924—1934 年的上海公共租界》,第 1043 页。

领事提出了一项反提案，即工部局（他的同胞们在其中的声音已经越来越大）有权任命副处长和 2 名帮办处长中的 1 名，而拥有治外法权的外国人由该副处长管辖。① 当日本人坚持要吴市长同时同意 2 项协议的时候，他自然全都拒绝了。②

日本对"权宜之计"的协议的阻挠意味着在 1932 年 7 月以后的 5 年里，租界当局同中国人在上海西部的司法冲突将持续不断。工部局和特别市政府为征税权而争执，公共租界巡捕房和公安局却为某些道路附近摊贩的营业执照发放权而争吵。③

这些问题既牵涉警权问题，又与经费不足有关，特别是在 1936—1937 年的困难的冬天，整个世界都陷入经济大萧条。公共租界巡捕房 1929 年出卖电力厂所得的 8,100 万元准备金维持已有多年。为了避免来年的财政赤字，工部局曾于 1936 年试图将地税从 14% 增加到 16%，但是日本纳税人强烈反对。④ 由于公共租界的净负债——它以价值为 6,700 万元的地产和工部局所有的建筑为担保——在 1936 年 6 月已达 39,692,284 元，工部局除了再动用电厂准备金 200 万元来维持预算平衡外别无选择。1937 年的预算依然如此，又要动用急剧减少的准备金 325 万元。因此，在 1936 年 11 月末，工部局采取了特别措施压缩开支，包括缩减警务支出 8% 并削减各种名目的警务津贴。⑤

公安局虽然没有如此窘迫，但它在 1936—1937 年的预算支出为 3,463,670 元，也被缩减了 5%。⑥ 不过，无论在管辖的地域还是在人口上，它所需要的

---

① 上海市政府档案，1-5-529，第 3—15 页。1933 年 7 月以后，日本人开始要求在公共租界警务处中有更多的代表，包括任命 1 名日本的副处长和 2 名额外帮办处长。《密勒氏评论报》，1933 年 7 月 15 日，第 275 页。
② 西利蒙：《中外冲突和上海租界的越界筑路》，第 39—40 页。
③ 西利蒙：《中外冲突和上海租界的越界筑路》，第 13—14、19、53 页。
④ 《上海工部局公报》，第 85 页；《密勒氏评论报》，1936 年 11 月 28 日，第 437 页。
⑤ 《密勒氏评论报》，1936 年 11 月 28 日，第 437 页；1936 年 12 月 12 日，第 68 页。
⑥ 安克强：《上海市政府》，第 198 页。完成江湾宏伟的新城市中心的建设，其花费是相当可观的。《密勒氏评论报》，1936 年 9 月 19 日，第 75 页。

开支也比公共租界巡捕房要高得多（见图7）。在上海华界的警察支出中，人均支出实际上普遍地低于中国的其他大城市（见图8），这有助于说明上海犯罪率上升的原因。公安局将其警权延伸至上海西部，不仅需要罚款、执照等短期收入的新财源，而且要保证所增加的巡警和装备的长期支出。

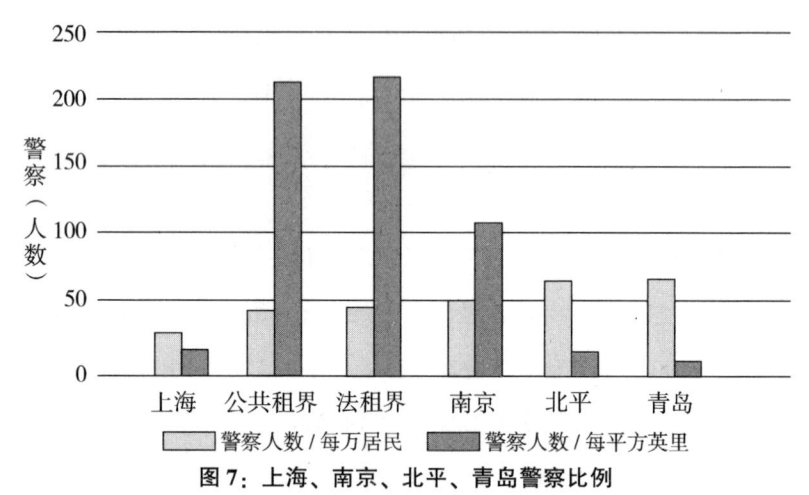

图7：上海、南京、北平、青岛警察比例

资料来源：上海市档案，敌伪12660 DEPT895. 24，15。

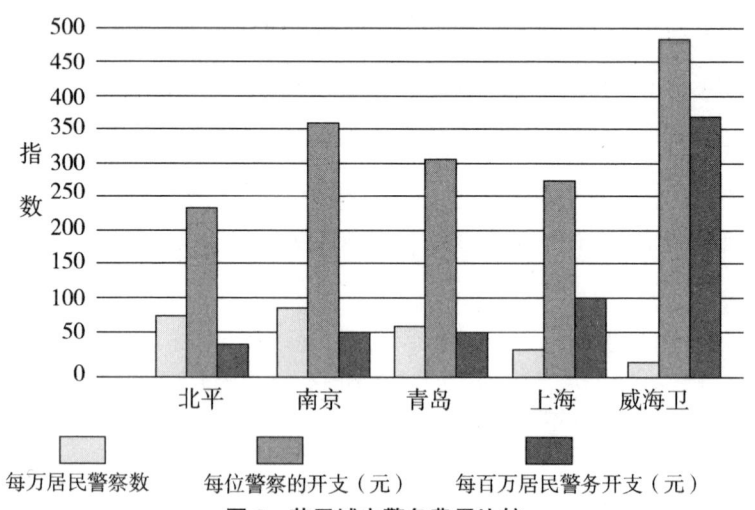

图8：若干城市警务费用比较

资料来源：中国第二历史档案馆，12（6）-21952-1935。

第三节　反共合作

因而，对这两个警察队伍来说，相互间的竞争和在交界处的摩擦都是得不偿失的。所以，在1932年7月以后的5年里，吴铁城与租界当局都感到有就共同关心的有关中心城区的治安和政治稳定进行更广泛合作的需要。合作之开始，公共租界警务处的领导人十分赞同，同国际共产主义做斗争，与维持治安一样，是他们的基本职责之一。英国情报处成员H.斯戴普托在他1935年写给吉文斯处长的信中说：

> 广义地说，共产国际就是对抗国际法律和秩序的非法阴谋活动的渊薮。而警察就是要维护这种法律和秩序，从地区乃至于国际，而且在我看来，如果当地警察无论由什么渠道得到有关共产国际间谍在这儿存在的消息，却没有尽最大努力去弄清这些人的一举一动，都是一种很大的遗憾。①

这样，与法租界和华界警察一起担负的同国际共产主义做斗争的职责顺理成章地演变为帮助国民党当局摧毁国内共产党人的一种义务。②

这种合作很有必要。尽管顾顺章叛变后，中国共产党在城市的组织受到学生打击，但其在九一八事变到"一·二八"事变期间仍一度活跃。首先，周恩来担任了总书记的职务，这一职务自从向忠发被处死以后就一直空着。③ 九一八事变后，中国共产党制定的任务是在逆境中开展群众工作，为工人的日常利益而斗争，加强和统一赤色工会，在"黄色工会"中建立共产党支部，在

---

① 威罗贝：《上海阴谋：左尔格间谍网》，第13页所引1935年1月19日的信，上海警察卷宗。

② 3支警察部队在1933年9—10月联合起来以驱逐马莱爵士与世界反战同盟的其他领导人，这一同盟曾设法在上海召开了一次大会。上海法租界，237/S，第41—42页。

③ 1932年5月5日前不久，陈绍禹代替了周，周回到了"中国格伯乌首脑"的位置，"原因不详"。上海法租界，237/S，第36页。

工人中加强宣传。有关中共宣传的档案卷宗是共产党活跃的明证。1931年8月，中共的宣传部门由于受到破坏，尚未恢复，所以几乎没有在上海散发过任何宣传品。但是到了9月份，在公众抗议日本入侵满洲的运动中，上海警察没收了66种共产党的宣传品。① 这些宣传工作有的直接针对在上海的外国军队，包括日本。② 例如，1932年4月，警察发现在安南军营中有以法语和英语印刷的反帝传单。③ 当公共租界巡捕和法租界巡捕搜查中共驻沪外军宣传委员会工作站的时候，他们还发现了有关国民党在1932年6月16—17日在庐山举行的军事会议的极端详细的会议记录。中共特务显然混入了由负责镇压红军的蒋的军队司令官参加的绝密会议，并送回了最具敏感性质的有关国民党军事和政治计划的绝密情报。④

这种发现自然在警察官员们的眼中强化了国际共产主义者向西方帝国主义发动进攻同国内的中国共产党反抗国民党的起义之间的联系，使得合作越发显得合乎情理。结果，从1932年5月到1933年10月，法租界情报机构参与了16次对付共产党人的联合行动，为取得重大成功而暗中欢呼。⑤ 这些行动有：在公共租界内对在沪革命外国士兵委员会的办公室进行侦查，该会在1931年6月被毁后重建；对共青团中央办公机构的侦查；对驻沪外军宣传委员会工作站

---

① 上海法租界，237/S，第33页。

② 这是在1931年9月之后东亚同文书院的学生中成立的日本共产党支部所进行的。该支部在1933年3月被日本领事当局破坏。上海法租界，237/S，第35—36页。

③ 上海法租界，237/S，第36页。

④ 上海法租界，237/S，第52—53页。

⑤ 至于反共的公共租界巡捕房—公安局的联合行动在这时的很好例证，见翟造散［音］案，上海公共租界警务处档案，D-4131，1932年10月10日。至于公共租界巡捕房—法租界巡捕房不太有效的合作，见D. S. 莫尔报告，同上，D-4003，1932年9月20日。共产党青年团受到了沉重的打击。同上，D-3388，1932年3月18日、24日、26日、29日，1932年6月24日。在这件事中，在3月17日到22日被捕的共产党嫌疑人是张光贞［音］（一名19岁的湖南学生，据说是中国左翼作家联盟的主要成员）、张宗顺［音］、纪楚叔［音］和张云卿［音］。(校注：根据当时中共地下党的活动特点，这些名字当均为化名。当时的中共中央委员中也无"张静兰"，故这些被捕者的真实姓名，需要中共党史资料的进一步刊布。)

的侦查。① 还有13次非常重要的逮捕，包括中国共产党第一任总书记陈独秀和他的组织中的8名成员（1932年10月15日在公共租界被捕）、中共中央委员张静兰［音］（1932年11月20日在公共租界被捕）和中共政治保卫局第二科科长陈赓（1933年3月2日在公共租界被捕）。②

共产党的反应是加强自身的纪律约束和惩处。1932年和1933年中共红队（"打狗队"）加快了对为南京工作的脱党分子的打击。这一运动既是为了摧毁共产党的敌人，也是为了恐吓那些"不坚定"的党员，但它实际上日益与中共党内的派系斗争纠缠在一起。特别是在陈绍禹（王明）接管中央之后，将许多以求自卫的党员赶到了国民党一边。③ 同时，政府改变了它惯有的政策，从处死被逮捕的共产党员转变为建议他们投降并为了"国家的健康"一同合作。④ 许多人这样做了，共产党员如黄平、胡中和、孙际明、王云程、徐炳根（中央委员）、李平［音］（《红旗》的编辑）、卢福坦（化名李玉凤［音］，政治局委员）、汪盛荻（化名邵奇伟［音］和陈匡［音］，上海中国工人红色总同盟书记）以及17名其他成员在1933年3月公开宣布加入国民党，并反对共产党中央委员会的做法。⑤ 当然，在所有叛徒中最臭名昭著的是顾顺章，他躲在哪里是高度机密。作为一名被保护的有用的证人，他被秘密地留在首都，还

---

① 分别在1932年10月15日，11月18日和1933年4月7日，宣传鼓动委员会取代了大约2年前被破坏的外国革命战士团体。

② 1932年9月法租界巡捕房也逮捕了2名印度支那共产党的领导人。上海法租界，237/S，第41—42页。（校注：陈赓系于该月24日被捕。在租界巡捕房工作的地下党人在记录、抄写文件时，也有改变姓名的拼音字母的情况，如下文的陈赓，陈赓因叛徒指认而被捕，未使用化名，故巡捕房文件中仅改为发音相近的Chen Gang。即使追查，可以笔误搪塞。）

③ 上海法租界，237/S，第40—41页。内姆·威尔士和基马·圣：《主义之歌》，第265—266页；托马斯：《劳工与中国革命：中国共产主义的阶级策略和矛盾（1928—1948）》，第41—42页。

④ 1932年5月中旬，国民党中央执行委员会宣传部给所有中国报纸都发了一道秘密命令，规定不许报道处死共产党员的消息，因为国外对此有很坏的宣传。伊罗生编：《国民党反动统治的五年》，第20—21页。

⑤ 上海法租界，237/S，第39—40页。

与一名南京裁缝的漂亮女儿结了婚,同他的儿子阿胜团聚了。①

顾顺章的徒弟马绍武也叛变了,他以前是中共中央的特派员。像顾一样,马绍武在充当国民党秘密特务后,帮助国民党特务科逮捕或"策反"了许多党员。他和另一名擅长安全工作的叛徒黄永华被国民党专门派到上海"去搜寻共产党员"——一项他们热情执行的任务,尽管他们的身份是公安局特务组的侦探,但对守法公众却毫不尊重。②

1933年5月14日,警察人员搜查了昆山路上的一座公寓,逮捕了左翼作家丁玲、她的丈夫冯达和一位不知名的共产党朋友,他们从公众的视线中悄然消逝了。保护人权委员会秘书长杨杏佛指责这一绑架,但政府不予理睬,杨本人不久就被戴笠的行动队员刺杀。③ 但是,丁玲被绑架时,有一名目击者看到了汽车牌照号码:4223。这是一辆属于大上海特别市政府的汽车牌照,在丁玲消失的那天晚上,这辆车曾被马绍武侦探办过手续后开走。④ 在丁玲被绑架的那天的一个月以后,马绍武的车停在了福州路外的"甜心"歌厅门前。他钻出车门时,有几个人冲出小巷向他开枪。马侦探还没来得及拔出手枪就中弹而死了——公众猜测,他是共产党报复行动的一个牺牲品。在有许多官员出席的葬礼上,文鸿恩局长赞扬了马的热情和能力。⑤ 与马一起叛变的黄永华接任公安局特务组主任,他继续打击共产党人。但是,1933年8月23日晚11点15分,在拜访了在新新旅馆的朋友之后,黄督察和保镖登上电梯时,有2名刺客

---

① 李天民:《周恩来评传》,第107页。

② 上海法租界,237/S,第55页。黄永华原名姜懿章[音]。如皋(江苏)人,在南京中学毕业。投降国民党以后,他任蒋介石武汉行营军法处审判部干事。《密勒氏评论报》,1933年9月2日,第29页。

③ 杨杏佛在1933年6月18日被戴笠军事情报局的代理人刺杀。这个暗杀小组由行动小组组长赵立俊领导,他还带领着李阿大、过得诚和施芸之。刺客们——他们起誓"不成功则成仁"——隐藏在亚尔培路上的中央研究院的国际出版部的货运大门口。当杨杏佛的车停在门前的时候,刺客们走向前并开了枪。杨中了10枪。章微寒:《戴笠与"军统局"》,第132页;沈醉:《我所知道的戴笠》,第9页。

④ 《密勒氏评论报》,1933年6月24日,第147页。

⑤ 《密勒氏评论报》,1933年6月24日,第147页。

向他们连射4枪后安然逃逸了。①

马和黄的遇刺震惊了公众，也使苏州河两岸的警察警惕起来，因为它们的目标如此直接地针对安全部门，更为密切的合作显得十分必要，尤其是在法租界警务处与国民党秘密部门之间。9月11日，公安局另一名秘密人员被刺，接着，在公共租界警察所里发现炸弹，陈立夫的副手徐恩曾和西方的警察遂达成协议：在中方，徐被授权可派其秘密特务潜伏到两个租界内；同时，法国和英、美答应一起对红队采取大规模行动。1933年11月7日，华界警察在巡捕房的帮助下，在公共租界逮捕了5名全副武装的红队分子。审讯证明这些人曾参加过6次刺杀，包括刺杀马绍武和黄永华。从这些犯人和其他被拘留在公共租界的红队成员那儿得来的进一步消息，使公共租界巡捕房和公安局特务有机会在1934年5—6月逮捕和"策反"康生的2名下属李士群（化名斯拉温）和丁默邨，并关闭了联系莫斯科与上海共产党人的中央通讯部（没收了7台无线电发报机）。② 第二年，戴笠有1名特务在医院病床上被谋杀以后，军统特务和法租界巡捕在福煦路上的一家银楼里逮捕了4名"打狗队"残余分子，并最终对他们执行枪决。③

1933年8月28日，在特别市政府举行的"总理纪念周"仪式上，吴铁城市长在提到在执行任务中被杀的公安局警察时，特别赞颂了马绍武和黄永华。吴市长说：不过，他们的牺牲在过去的一年左右，给上海带来了相对的和平和秩序，其原因有二。第一是上海人认识到，"上海市的安危，与全国民族的安危有密切的联系"；第二是在肃清反动分子危险分子方面，"公共租界法租界

---

① 《密勒氏评论报》，1933年9月2日，第29页；上海法租界，237/S，第55页。
② 上海法租界文件，237/S，第55页；范里高、考福：《康生与中国秘密特务（1927—1987）》，第106、109页。
③ 3男1女被捕，缴获6把手枪和弹药。其中一个男的就是去医院开枪的人。戴笠想亲自审问共产党的特务，但法租界警务当局以案件发生在法租界，要先行审讯。戴笠同意以后，法国审讯员审出这些人是专门制裁共产党内叛徒的"打狗队"的主要成员，不搞暗杀国民党上层分子的活动，罪犯被交给了警备司令部中戴笠的手下。最终，他们被引渡到南京处了死刑。沈醉：《军统内幕》，第64页。

捕房与公安局通力合作"。吴市长最后赞扬了"尽忠职守"的公安局职员,他们"不顾一切利害……来尽忠他们各自的职务",以遏制抢劫和共党。①

第四节　压制反日抗议

合作的政策与将激进主义列入重罪,继续成为在吴铁城任市长期间的第二任公安局长文鸿恩上校领导下的公安局工作计划的特色。像他的前任(他因一个合伙人的违法行为而辞职)一样,文上校也是广东人。文鸿恩从云南陆军讲武学校毕业以后,曾任广东省讨贼军总指挥部参谋,后在国民革命军中任团长。1929年在他作为一个陆军师的师长的任期结束之后,文被派往欧洲学习、训练3年,主要在法国。1932年9月4日就任上海公安局局长时,文恰在不惑之年②,抵制日货运动仍在继续,"救国"示威自春天起就持续不断,而公安局也不断加以镇压。③最大的一次进攻是在7月17日闸北恢复以后进行的。中国当局冲击了由反帝组织代表参加的集会。会议是由共产党渗入的上海民众反对上海停战协定支援东北义勇军联合会召集,在劳勃生路(今长寿路)的共和大戏院举行的。公安局拘留了这一组织的93名成员,而4天以后,它又要求公共租界巡捕房协助,逮捕了有窝藏共产党员嫌疑的11个上海不同组织的成员。④

所有上海当局都害怕1932年9月18日——九一八事变周年纪念日"共产党可能起义",特别是有传闻,日本打算在9月18日前一两天签订条约承认伪

---

① 《字林西报》,1933年8月29日。

② 安克强:《上海市政府》,第437—438、463页。

③ 例如,1932年3月,公共租界巡捕房和公安局就预先阻止了一起由中国妇女抗日救国会在劳勃生路川村纪念碑附近举行的激进的示威运动。2名"学生模样"的男子和9名妇女被捕。上海公共租界警务处档案,D-3314,1932年3月8日。亦见上海公共租界警务处档案,D-3312,1932年3月8日。这个组织亦名上海妇女反帝同盟,设在劳勃生路1266号的光华小学内。被捕的11人中,有5人因藏有共产党的书刊被判入狱。"据报告,该组织此后停止了活动。"上海公共租界警务处档案,D-3922,1932年8月10日。有关抵制日货运动的一系列事件和违警记录,见上海公共租界警务处档案,D-3753。

④ 上海公共租界警务处档案,D-3922,1932年8月10日。

满洲国。9月15日，文上校写信给公共租界警务处长贾尔德："鉴于日本承认[伪满洲国]将激怒爱国民众，有为反动派系所利用之患，我已更改本局辖区实施戒严的日期为9月17日至9月19日。"① 同一天，即9月15日晚上7点30分，一群聚集在光华电影院外面的人被公共租界巡捕驱散；几个游行者的组织沿着马尼拉路和爱多亚路进入法租界，在那儿政治股的侦探逮捕了5名带着"共产党传单"和一面写着"上海反帝同盟东区委员会"旗帜的示威者。② 接着又发生了一些事件。例如，一个多小时以后，更多的示威者聚集在大世界周围，高喊"打倒帝国主义！支持中国共产党"，有4名示威者被捕。③

9月18日，所有的上海警察当局，包括日本的领事警察，都处于紧急待命状态。在森严的戒备下，只发生了一个事件：20名"工人和学生阶级"的成员试图在南京路和陕西路的角落举行示威，只喊了几句"共产党的口号"，进一步的活动就被赶来的公共租界巡捕打断了。日本人大大松了一口气。海军陆战队司令杉板鉴派了一名中尉作为日本海军情报机构与公共租界巡捕房特务股的联络人，并向督察长吉文斯表示："感谢在过去的几天里，工部局巡捕房给予日本驻军的支持。"而另一名日本发言人告诉新闻界说："在最近的地方历史上，还未曾有过为维护这个城市的和平与秩序，各国的当局进行如此有效的合作。"④

由于自身合法利益的原因，合作政策也在上海市公安局内部得到发展。我们将会看到，整个1933年和1934年公安局都继续致力于制止上海学生、平民和工人进行抵制运动、游行示威和罢工，是为了使日本找不到借口再次进行毁灭性的军事进攻，从而将吴铁城市长在市政管理上的成就毁于一旦。⑤

---

① 上海公共租界警务处档案，D-4003，1932年9月17日。
② 法国每日情报报告，上海公共租界警务处档案，D-4003，1932年9月19日。
③ 被逮捕者包括来自江阴、苏州和常州的5名工人；1名来自四川的失业工人，1名红十字会雇员，1名来自宁波的木匠，1名来自四川的纺织工人的工头和1名来自仪征的失业人员。他们的平均年龄是25岁。上海公共租界警务处档案，D-4003，1932年9月19日。
④ 上海公共租界警务处档案，D-4003，1932年9月19日。
⑤ 关于抵制运动，见上海公共租界警务处档案，D-3753。

第五篇

新市政秩序的局限

第十三章
新生活运动与民族救亡运动

> 上海警察必须集中训练,因为从前警察与平民间并无太大区别。他们无精打采、无动于衷、冷漠无情、驼背弓腰、瘸腿蹒跚地巡来逛去。他们并不适合做现代警察。而且,他们心里并不满足于所得报酬,更热衷于与恶人联络,以进行腐败活动。……我们必须设法消除这种不合理的行为。……他们必须有体魄、有能力、有革命军人的正义性。唯有如此,我们才能执行法律和移风易俗。
>
> 蔡劲军将军,1936 年

上海公安局的领导们并非空穴来风地确信,共产党打着爱国主义的幌子,利用反对日本侵略的民族救亡运动以达到他们自己的目的。① 1933 年,在上海的中共中央迁到了苏区,第二年,江苏和上海的地下党组织几乎被彻底铲除。共产党员个人和左翼知识分子将他们的注意力转向由无党派的"社会名流"所领导的民族救亡运动,并以"统一战线"取代已经失败的对抗政策。② 1934 年秋,文(鸿恩)上校死后,蔡劲军接任上海市公安局局长,他告诫他的属下:"青年学生……其爱国热忱,固足爱护!然侦探其内幕,则复杂异常,实有种种背境在。主要原因,系江西、四川等残余匪共,自去岁经国军追剿合击之后,立足无地,遂东窜西逃,或假托救国口号以掩护,企谋不轨。"③

---

① 民族救亡运动的外延之广可以从讽刺作家铭三对上海的未来完全寄托于"救国"的描写中加以证明:"要人们天天在别墅里开会,讨论救国方案,报馆天天出救国专刊,无线电天天播送救国名论,各大学院且添设救国课,讲授救国学。"新中华杂志社编:《上海的将来》,第 3 页。

② 孙隆基:《1927—1937 年的上海知识分子团体:一个研究笔记》,第 18—19 页。

③ 中国第二历史档案馆,12(5)/718,1936 年 2 月 29 日,《警察月刊》,第 14 页。

作为吴铁城的第三任警察局长，蔡劲军中将也是广东（海南）人。蔡在吴铁城创办的广东警卫军讲武堂学习时开始其军旅生涯，他将自己视作吴市长终身的学生。当警卫军讲武堂并入黄埔军校后，蔡作为国民党的学员继续学业，为黄埔一期毕业生。在德国、意大利和苏联进行短期军事学学习后，蔡被任命为北伐军参谋部第一处处长，后来又被任命为南昌行营总务局长。蔡将军瘦高个儿，神态严肃，刚过40岁，他于1935年2月24日抵达上海，5月1日，正式就职。直到1937年11月，他一直担任上海市公安局局长。①

第一节 警察改革的复兴

蔡将军就职之时，恰逢警政改革第二次浪潮和新生活运动的高潮。这第二次浪潮在文鸿恩上校1934年任期的最后数月已经掀起，这显然反映了吴铁城市长的信念，即强有力的警察体系对于国家"富强"至关重要，必须以两个强大的"警察国家"——德国和日本为榜样。

> 这两个国家依靠他们强大的警察建立了安定的社会和富强的国家。我们国家作为一个民族太过贫弱。我们的社会也不太稳定。与德国和日本相比，我们更需要警察。②

中国民众最弱点在于他们缺乏"自治力"和"组织力"。如果中国想要"复兴"并变得"富强"，这些弱点必须消除。③ 警察毕竟是"亲民之官"，因而"指导"民众赢得"自治力"与"组织力"，是他们的神圣职责。④

---

① 《密勒氏评论报》，1935年3月2日；安克强：《上海市政府》，第438、443页；中国第二历史档案馆藏有一张蔡的戎装照片，12（5）/716，1935年3月30日，《警察月刊》。
② 吴铁城1935年3月11日对警士教练所第18期毕业生的讲演，中国第二历史档案馆，1935年3月30日，《警察月刊》，第3页。
③ 注意下面的文言措辞与蓝衣社的十分相似。
④ 吴铁城1935年3月11日对警士训练所第18期毕业班的讲演，1935年3月30日，《警察月刊》，第3页。

鉴于在这样一座内部文化迥异的城市中维持公共秩序困难重重，吴市长命令公安局通过2种途径提高警察个人的素质，一是严格警士教练所的入学考试，二是从北平招募学生。1934年10月8日，吴铁城在淞沪警备司令部召集警士教练所全部员警训话，授权他们派遣4人为招考委员，于10月31日前往北平招收250名学生（见图9）。① 得到北平市市长的允许，732名应征者前来登记，并于1935年1月5日接受考试。2月3日，前250名经南京南下，进入上海公安局警士教练所的训练班，期满后分拨各局所服务。②

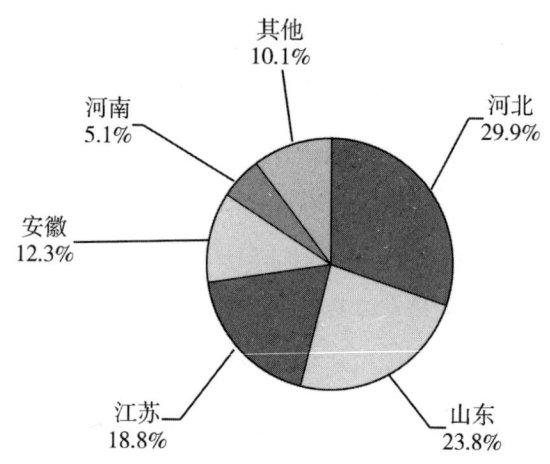

图9：上海市公安局员警籍贯示意图（1934年）

资料来源：上海市档案馆。

同时公安局为了不再使用工部局巡捕房的验枪人员，开始训练自己的验枪专家③；制定新的警服条例，要求穿着"民族服装"和中山装④；并装备了2辆各价值10,000元的救火车⑤；依照吴市长的命令，在市中心和银行职员宿舍

---

① 即便是吴铁城以广东人为自豪，也有从北方招募警察用于上海的传统观念。
② 《上海市年鉴》（1936），F-72。
③ 一名公安局的警官于1934年11月，被派往工部局巡捕房接受训练，他的训练结束后，公安局于1935年成立了验枪组。
④ 《上海市年鉴》（1936），F-72。始于1935年1月1日。
⑤ 《上海市年鉴》（1936），F-72。吴市长感到公安局应该对消防承担更多直接的责任。同上，F-72。

附近设立了新式的报警亭（"像法租界中的'警察岗亭'"）①；在高校附近和居住人口与警察数比例悬殊的地区设立派出所，以保证学生和附近居民的安全②；建立了侦缉总队和隶属于各分局和警察所的侦缉分队。③

蔡劲军决心继续深化这些改革，首先是扩大按科学的西式方法训练警察的计划，以准备应付像 1932 年入侵那样的突发事件。④ 尽管原先存在着浮夸，还是有约不到 1/4 的在职警察确实接受了训练，主要因为他们在受雇之时要接受短期的基础训练。蔡局长在吴市长批准提高工资以吸引高素质人员后，还为那些非毕业于正规警校的员警组织了 4 期特别训练班。⑤ 蔡明白，尽管经过 30 年的现代训练，中国警察仍然令民众"忌怕厌恶"。蔡公开将他的办公室职员划分为 3 个等级，称职能干者为 A 等，老弱者为 C 等。⑥ C 等立即就被炒了鱿鱼，而且将来只有 A 等的投考者才能进入警校学习。⑦ 在与各分局长逐一讨论训练计划时，蔡强调上海警察队伍的训练不应仅仅注重于警察理论与技能，还

---

① 训令，中国第二历史档案馆，12（5）/715，1934 年 11 月 2 日，《警察月刊》，第 35—36 页。在原始文件中"报警亭"用的是英文"Police box"。

② 训令，中国第二历史档案馆，12（5）/715，1934 年 11 月 2 日，《警察月刊》，第 36 页。

③ 《上海市年鉴》，F-71。1934 年 9 月，"区"和"所"分别更名为"分局"和"警察所"。《上海市年鉴》，F-76。

④ 美国的影响力继续强化。比如说，《警察月刊》全文刊登了钱德乐《警察手册》的译文，并建议照搬沃尔默犯罪学研究的调查问卷。中国第二历史档案馆，12（5）/715，1934 年 11 月 2 日，《警察月刊》，第 3—6 页；12（5）/719，1936 年 3 月 31 日，《警察月刊》，第 11—18 页。

⑤ 蔡通过给那些报酬非常之低的探员增加工资以提高处理重要案件的侦缉队的能力，并重新分配他们承办的案件，以减轻工作过量的压力，专门为探员们安排特别训练班，提高他们的"道德与技能"。《上海市年鉴》（1936），F-76。蔡还安排有一项为期 4 个月的训练课程，以训练女警。同上，F-77。

⑥ 在同一份警察公报中登载的蔡局长有关教育的训令文章中描述这是令人"忌怕厌恶"的。《警察与人民》，中国第二历史档案馆，12（5）/718，1936 年 2 月 29 日，《警察月刊》，第 39 页。

⑦ 在被辞退时，他们的照片得以保留并存入档案，使得他们再也不能混入应征名单。

应重视通信、防火、防空和防暴等常识。① 在会见警校学生时，蔡将军向他们训话：

> 要把你们重行训练起来，要你们重新做人，痛改前非，好好地受训，然后再派回去服务。从此以后，倘若再有贪污或敲诈老百姓的警察，我一定要送警备司令部去惩治。②

从南昌剿共"前线"一回来，蔡将军以军人对这个城市的纸醉金迷、中外混杂和世风日下的厌恶，着手处理上海"维持社会秩序"的问题。在1935年3月1日就职演说上，这位新局长就宣布，"我们最重要的工作就是"通过新生活运动"转移风气"以"防患于未然"。③ 1936年1月他又告诫他手下的警察要做4项工作，首先就是竭尽全力推动这一运动。④

第二节　新生活运动

一方面是推进警察的社会行为，另一方面是训练民众习惯，二者一样，不

---

① 这些内容的每一项都有详细涉及，并于1937年被汇编成册，即《警察参事汇编》，于上海档案馆缩微胶卷中发现了蔡局长漂亮的手迹，No. 敌伪12660 DEPT 895.24，文件21。亦见于中国第二历史档案馆，12（5）/718，1936年2月19日，《警察月刊》，第17页。人们普遍相信1936年乃是一个"危机之年"，而警察应该时刻准备着抵御空袭、反对间谍、与军队各部保持联络和监视民间的电台等等，杨正安：《战时警察的任务》，同上，12（5）/717，1936年1月31日，《警察月刊》，第5—10页。

② 蔡劲军：《警察必须彻底忠诚并致力于进步》，在上海警士教练所的演讲。中国第二历史档案馆，12（5）/718，1936年2月29日，《警察月刊》，第9页。

③ 蔡劲军的就职演说，1935年3月1日，中国第二历史档案馆，12（5）/716，1936年2月29日，《警察月刊》，第5页。

④ 中国第二历史档案馆，12（5）/717，1936年1月31日，《警察月刊》，15页。另外3项任务是厉行禁烟、调查户口和训练警察。同上，第12页。蔡将军经常以这样的方式对那些辖区警长对他禁烟和推行新生活运动的命令"阳奉阴违"表示愤怒。见中国第二历史档案馆，12（5）/718，1936年2月29日，《警察月刊》，第19页。

仅影响到公安局，也影响到新生活运动。① 1934年2月，蒋介石总司令和江西省主席熊式辉在南昌正式发起了新生活运动。正如我们所见，公安局对民众风气的关注，早在此前很久就已经加强了。② 1932年日军入侵后，上海市公安局继续关注本地公众的身心健康和风俗的改善与控制。③ 当1934年4月8日，国民党市党部将国家的新生活运动带入上海时，引起的反应自然是欢欣鼓舞的。上海各界举行了一系列会议，如4月11日，商人在总商会开会，12日农民在苏淞中学开会，13日政府与国民党干部开会，等等。④ 截至4月11日，已有5,000余人为上海新生活运动促进会签名。当天下午的集会通过了一系列决议，包括要求教育局命令本地学校教唱一支由蒋介石作词的新生活歌。⑤ 4月12、13和14日，促进会在吴淞游乐场组织宣传会，接着举行了灯火游行。⑥

这些早期活动的高潮乃是新生活运动第一周周末在河南北路中国商会举行的集会。当时中国巡警维持着正常秩序，而公安局的队伍就不仅仅扮演这一角色了，有300余人做听众聆听国民党人鼓吹新生活运动是中华民族革新唯一途径的讲演，报以齐声高呼口号，还有许多人参加了接着举行的6,000人的灯火游行，其中包括500名保安团成员，300名公安局警察，100名宪兵。游行开

---

① 蔡劲军在"训练"的标题之下包含了警察教育与公众革新。1936年2月17日于孙中山纪念会上的讲话，中国第二历史档案馆，12 (5)/718，1936年2月29日，《警察月刊》，第15页。

② 熊式辉与复兴计划委员会的成员们于2月15日拟定该运动计划。在得到杨永泰的赞同后，蒋在南昌该委员会的一次会议上对此表示支持。蒋介石于2月19日，在一次包括142个团体近10万人参加的公众集会上发表演说，以发起这一运动。魏：《中国的反革命：江西苏维埃时期的国民党》，第76—78页。

③ 训令，中国第二历史档案馆，12 (5)/715，1934年11月2日，《警察月刊》，第31、37页；12 (5)/715，1936年1月21日，《警察月刊》，第28页。

④ 当地的国民党党部和其他政治组织被认为会实施某些卫生条规。《申报》，1934年4月11日，上海公共租界警察处档案译件，D-5729，1934年4月12日。总商会集会最后流产，对各类商业团体发出240份通知后，仅有15人出席。上海公共租界警务处档案，D-5729，1934年4月12日。

⑤ 上海公共租界警务处档案，D-5729，1934年4月12日。

⑥ 上海公共租界警务处档案，D-5729/1，1934年4月17日。

始于下午 6 时，穿过南市，晚上 10 点 10 分在西门结束。①

政府与政党所发起的运动继续努力通过职业、劳工和商会组织进行，并将上海新生活运动的中心设在江湾的市政府大厅中。② 4 月 17 日，促进会的 11 名成员在祁齐路（今岳阳路）的办公室碰头，决定地方党政军和其他群众组织成立分支机构，并在江湾、吴淞地区成立实验区，以期统一推行新生活运动。③ 两天后，本地报纸报道，有越来越多的民众加入这些分会。④

该运动具有象征意义的举措是把江湾作为新的市政中心。市政厅于 1933 年 10 月竣工并举行了落成典礼，旋即，除财政局、公用事业局和公安局外，所有的市政机构均由老城区迁至新的中心。更多的建筑相继拔地而起。1934 年 12 月 1 日，图书馆与博物馆同时奠基，同时市立运动场、体育馆和游泳池破土动工——所有这些建筑赶在了 1935 年 8 月的第六届全国运动会之前竣工。⑤ 1937 年月 7 月 10 日为上海市政府成立 10 周年的纪念日，新的市中心成了举行这一市政府纪念大会的最佳场所。成千上万人前往江湾参加庆祝活动。谁也没想到，这个在引发中日战争的卢沟桥事变爆发 3 天之后举行的庆典，却嘲弄人似的成了这座城市大发展时代的尾声，而非序曲。⑥ 然而在 1934 年，江湾的市政中心还未竣工，还无法为新生活运动举行这样盛大而正式的庆典。众所周知，这一运动不是民众自发的，而是一场自上而下，由职业团体、教育机构和其他一些受国民党控制的市政团体组织的运动。⑦

由特别市保安处国民党党部所做的宣传规定了新生活运动的基本理论。它称，在目前，其他国家认为中国人是"野蛮"人，是一个缺乏科学与文明意

---

① 上海公共租界警务处档案，D-5729/1，1934 年 4 月 17 日。
② 有关此中心的设计与建设情况见郑祖安：《国民党政府"大上海计划"始末》，第 212 页。
③ 新生活运动促进会社教分会成立。上海公共租界警务处档案，D-5729，1934 年 4 月 19 日。
④ 上海公共租界警务处档案，和 D-5729/3，1934 年 4 月 23 日。
⑤ 安克强：《上海市政府》，第 250—215 页。
⑥ 安克强：《上海市政府》，第 323 页。
⑦ 上海公共租界警务处档案，D-5729，1934 年 4 月 3 日，1934 年 5 月 1 日。

识的落后民族。在"培养科学人才"上的失败在于中国不够关注文明的基本精神。相反，日本人则能够在保有他们的"大和魂"的同时效法西方，在明治维新之后使他们的国家现代化。

> 老实说，我国从清末曾国藩时代，已努力于科学人才的培养了。数十年来，依然故我。何以不能救国？无他，忘掉精神培养。①

作为主席，蒋介石已经阐明，"剿灭共匪"必须多方入手方可奏效。就像治病一样，对于病痛要兼顾病人的精神与身体状况，全面观察，辨症施治。这正是蒋介石推行新生活运动的原因。② 1934年5月，运动继续推行，尽管到该月月底，已经变得举步维艰和偏离正轨。③ 有关新生活的集会仍层出不穷，但是不少集会给人留下了越来越马虎敷衍和散漫不堪的印象。④

这并不是说新生活运动作为由国民党所领导和由警方运作的实践，在上海市民日常生活中不再是重要现象。只要看一看南京内政部的档案，就可以发现，新生活运动的指导员们是如何巨细靡遗地统治着民众的一举一动：从豆腐坊的经营到老百姓衣帽架的尺寸。⑤ 但是新生活运动虽然可以全面地规范民众的行为，他们却可能无法真正深入触及每个人的政治觉悟。比如，1935年2月21—23日，当上海保安处想要庆祝蒋介石南昌讲话一周年时，他们所能想到的最好的办法就是清扫马路和收集垃圾的"清洁"活动。⑥

大众对新生活运动越漠不关心，像蓝衣社之类的右翼团体就越以更大的热情推进运动。蒋介石的狂热追随者的组织核心是激进的秘密组织——成立于

---

① 《上海市年鉴》（1936），B-104-5。
② 《上海市年鉴》（1936），B-104-5。新生活运动也成为当局长期努力的一部分——以积极的文化对抗"消极"的激进主义文化。比如1930年，政府筹划在上海开办一家国家主义书社，以"不迁就年轻人的口味，而给年轻人以有益的书籍"。伊罗生编：《国民党反动统治的五年》，第76页。
③ 上海公共租界警务处档案，D-5729，1934年5月9日；1934年5月10日。
④ 上海公共租界警务处档案，1934年5月14日。
⑤ 新运总会会刊，中国第二历史档案馆，3/681，1934年8—12月，1—13副本。
⑥ 《上海市年鉴》，B-104-5。

1932年3月的力行社。① 由力行社的中坚（均为黄埔军校学生）所派生出来的两个最为重要的激进组织是复兴社和中国文化学会，分别成立于1933年6月和12月。围绕新生活运动协调这些组织的行动，被视作蓝衣社的一大重要职责。②

如果复兴社卓有成效，那么新生活运动就可能"使举国气象一新，凡奢风、贪风、惰风、欺风、诈风、赌风、淫风，以及数千年来封建士大夫等好逸恶劳之风气，再无法生存。……人人以致知力行为荣，糜费钻营为耻，旨在复兴我固有的日新又新之创造民族精神，为庄敬自强之奋斗，恢复了自鸦片战败后之民族生存发展信心，实为实行民族主义，恢复我固有民族地位之起步"③。

第三节　民族复兴与法西斯

相应地，中国文化学会的根本宗旨在于通过改造民众的心灵和思想达到全民一致，以"革新生活"。其努力之精髓是将"军事化"计划由新生活运动促进会推广至普通大众。该组织推行了许多备受争议和骚扰民众的新生活运动的措施，如禁止吸烟、跳舞和穿着某些西式服装。④ 结果，蓝衣社招怨于洋人，尤其是美国传教士，由于它已经背离了新生活试验的初衷，而变成了法西斯主义统治的运动。⑤

---

① 干国勋：《关于所谓"复兴社"的真情实况》，第38页。"力行"典出《中庸》："子曰：好学近乎知，力行近乎仁，知耻近乎勇。"《中庸》，卷之十，右第二十章，理雅各：《中国经典》卷一，第407页。
② 干国勋：《关于所谓"复兴社"的真情实况》，第38页。
③ 干国勋：《关于所谓"复兴社"的真情实况》，第81页。
④ 布顿：《蒋介石的结拜兄弟》，第310页。
⑤ "委员长发起运动后不久，一群黄埔法西斯分子（蓝衣社）试图将此次运动用于政治颠覆目的，是他们，而不是委员长，为运动设下了诸如禁止吸烟、跳舞、穿衣、烫发等诸如此类的陷阱。"关于这方面，受过美国教育的传教士、新西兰人谢福德（G. W. Shepherd）认为是"将该运动从法西斯的支配下解救出来"。见"中国的'新生活运动'的政治内涵"，南京来信，473号，1937年5月21日，见美国国务院有关中国内部事务文件，1937年6月19日。

蓝衣社成立于上海。① 1932年1月，力行社筹备处就着手在那里组建一个组织，以控制学生运动。② 2年后，根据日方报道，蓝衣社在上海举行了一次执行委员会会议。③ 会议形成了一整套宗旨，制定了章程，并且确定了社员的规则和种类。日方称蓝衣社的宗旨包括宣称"为实行专制统治，应采纳法西斯主义"。为"实现新的社会秩序和尽快使法西斯成为国家的根本"，蓝衣社根据需要着手收集情报、进行宣传和实施活动。④

与此同时，萧作霖——中国文化学会书记长（该社名义上由蒋介石担任主席）从南昌抵沪，在刘炳藜（《前途》杂志的编辑）、倪文亚和其他一些当地的蓝衣社员的帮助下打算开创该新学会的分会。⑤ 据萧作霖自己说，中国文化学会是在复兴社的"法西斯宣传运动"达到"高潮"时成立的，当时蓝衣社吸引的追随者和对上海公众舆论的影响都达到了顶点。⑥ 中国文化学会在环龙路50号的书店和印刷厂开张后，开始定期出版书籍，如青年丛书、军事丛书、民主丛书等等。学社还出版了一批由吴寿彭领导的南昌总社翻译的著作。⑦

萧作霖同时将《青年与战争》杂志的编辑部与复兴社的"机关"报《中国革命》一起迁至上海。中国文化学会还支持艺术类月刊《中国文学》和文学杂志《文化情报》的出版发行。⑧

复兴社希望能够通过中国文化学会发起一场"文化运动"，使蓝衣社的知识分子可以实施对广大读者的思想与行为的控制，以领导一场民族复兴运动。这一计划以复兴社月刊《前途》专论的形式提了出来，吴铁城、刘炳藜、贺

---

① 日本人对于蓝衣社和青帮之间的亲密联系了如指掌。山本实彦：《中国》，第144—145页。感谢傅佛果（Joshua Fogel）教授向我介绍了这本书。
② 邓元忠：《三民主义力行社史》，第111页。
③ 会议于1934年1月7日举行。
④ 《大阪每日新闻》和《东京日日新闻号外：中国事变》，1937年10月20日，第29页。
⑤ 萧作霖：《复兴社述略》，第39页。
⑥ 萧作霖：《复兴社述略》，第42—43页。
⑦ 萧作霖：《复兴社述略》，第38页。
⑧ 《中国文学》的前身是在南昌出版的《流露》。萧作霖：《复兴社述略》，第39—40页。

衷寒等人就此纷纷在该刊撰文，诸如"中国历史上的文化统制""统制文化以救亡图存"等。① 所有这些文章中都充斥着一个简单的概念"统制"，令人隐约感到复兴社无论怎样都应统制这个国家的精神生活，而特别强调蓝衣社应在当时中国主要的文化中心——也许是上海，领导一场新的思想运动。②

其中有些观点与公安局领导人不谋而合，这并不奇怪：共同的术语和相似的用语都强烈地表明警方的高官们要么本身就是蓝衣社员，要么就是与这种文学、文化统治和道德复兴的观念亦步亦趋。③

陈果夫、陈立夫及其CC系深知该运动是对他们的政治特权的挑战，并准备应战。复兴社刚成立中国文化学会，CC系就组织了中国文化建设协会。1934年萧作霖在上海成立中国文化学会分社后，陈立夫紧随其后，在爱麦虞限路（今绍兴路）45号成立了中国文化建设协会上海分会，旨在与萧作霖一方竞争对文化和文学界"名流学者"的控制。④ CC系还组织了一个"特殊团体"，其任务是"调查中国知识界的政治倾向"。⑤ 这一"特殊团体"后来网罗了《晨报》编辑王新命、商会月报编委会主席何炳松、在南京的中央大学政治系教授武堉干、复旦大学法律系主任孙寒冰、中央大学社会学系主任黄文山、北平大学新闻系教授陶希圣、复旦大学教育系主任章益、暨南大学法律系

---

① 此专号为该月刊第2年的第8号，出版于1934年。
② 萧作霖：《复兴社述略》，第41—42页。
③ 比如说曾显华的《怎么样才能复兴中华民族》中就强调"竭尽努力"以治愈中国人的"疾病"。中国第二历史档案馆，12（5）/716，1935年3月30日，《警察月刊》，第30页。亦参见该杂志第18—19页中有关内政部长和警察们有关新生活运动的工作的记载。
④ 萧作霖：《复兴社述略》，第56页。《北平晨报》，日期不详，译自特务股报告，1933年6月29日，上海公共租界警务处档案，D-4685，第2页；"中国的法西斯或蓝衣社"，特务股秘密备忘录，1934年11月23日，上海公共租界警务处档案，D-4685，第3页。"蓝衣社开始实行统治，并通过在学校、大学中安插指导员，在报社安置编辑和助理编辑，在社会团体中安排秘书等，在当地的教育界、出版界和其他的社会组织中实施控制或取得立足之地。"《蓝衣社备忘录》。特务股秘密备忘录，1940年12月9日，上海公共租界警务处档案，D-4685，第7页。
⑤ 《北平晨报》，第2页。

教授陈高佣、《文化建设月刊》编辑樊仲云和中央大学政治学系教授萨孟武。①

CC 系这一意在竞争的文化协会的形成给吴铁城市长和大学校长们出了一道事实上很尴尬的难题，因为他们已经加入了复兴社的筹备委员会。他们和一批知名教授们迅速地采取了最为安全的措施——两个学会都参加。然而，蓝衣社的中国文化学会更擅长于在上海的大学生中赢得支持，尤其是在大的专业院校中。② 比如在暨南大学，蓝衣社就能够将大多数学生积极分子网罗进来，因为中国文化学会的骨干们自己以前多是军校学生，他们能够更有效地组织和训练他们的支持者。③ 当 CC 系的支持者们试图反击时，便发生了火并：中华文化学社的干部干脆把中华文化建设协会的成员抓起来，关在校园中，令党部的社会局局长吴醒亚和教育局局长潘公展等一筹莫展。④ 直到吴铁城市长出面调停，将复兴社员们请到谈判桌边，这些被关的学生才被释放。⑤

上海的蓝衣社员们还擅长于组织在当地和临近城市（如杭州）中的警察和军队官兵中的支持者。上海分社成立后不久，他们就建立了中华文化学社杭

---

① 王新命，浙江人，曾任在吴淞的中国政治学院新闻系教授。何炳松曾任光华大学和大夏大学历史系教授。武堉干曾是暨南大学政治系教授，为上海市政府参议会参事。孙寒冰除了任系主任之外，还是福州路 254 号黎明书社的主编。黄文山来自江苏，曾是光华大学社会学教授。樊仲云，江苏人，曾是中国公学的一位系主任。萨孟武早些时候是复旦大学政治学教授。《蓝衣社备忘录》，特务股秘密备忘录，1940 年 12 月 9 日，上海公共租界警务处档案，D-4685，第 2—4 页。

② 根据上海警方报告，"1933 年，蓝衣社组织了名为文化促进学会的学生组织，其目的在于更直接地控制学生，但同时又能隐藏自己与学生运动的关联"。上海公共租界警务处档案，D-4685，1936 年 1 月 27 日。

③ 据称暨南大学校长郑洪年在 1933 年初就已加入了"法西斯党"。节录自法租界警察每日情报，1933 年 8 月 12 日。上海公共租界警务处档案，D-4685，1933 年 8 月 26 日。

④ 萧作霖：《复兴社述略》，第 56 页。警方的情报将"法西斯党"的影响与 1933 年由教育部长解聘具有自由信仰的大学教员与"党化"运动联系起来。如在暨南大学中，他们声称有 1/4 的教授被解聘。"中国的法西斯或蓝衣社"，特务股秘密备忘录，1934 年 11 月 23 日，上海公共租界警务处档案，D-4685，第 3 页。

⑤ 萧作霖：《复兴社述略》，第 56 页。

州分社,由浙江大学和其他一些当地的院校学生组织的文化前卫队也成立了。①

虽然由于蓝衣社组织了文化前卫队这类组织以网罗学生中的支持者,通过基层党员在警务系统扩大组织,CC系无法与之竞争,但是陈氏兄弟可以凭借蒋介石本人的计划,指定由他们自己负责知识分子工作,并且限制蓝衣社及其各种分支机构在军队中的督导工作。在组织群众受挫之后,陈立夫走了高层路线,说服蒋于1934年6月间下令解散中国文化学会,恰于此时,在官方的公安局的支持之下,新生活运动在上海萌发。②

但是,蓝衣社仍继续或明或暗地对上海的公众文化施加新生活准则的影响。在去年,蓝衣社员们就已经着手抨击左翼电影了。30年代最重要的2家电影公司之一,联华公司的创始人与蓝衣社关系密切,试图打破持续到1936年的左翼剧作家团体对电影制片厂的统治。③ 1933年,由中共地下党领导的艺华电影公司受到一群自称"影界铲共同志会"的人的攻击,该会实际上是蓝衣社的发明。除了袭击异己的制片厂和建立他们自己的电影公司(新华),蓝衣社还发出警告:"影界铲共同志会"还将"清洗"由左翼电影组成的"文化界"。④ 一脉相承地采取挑剔手段的国民党审查员在1934—1935年间封杀了83

---

① 在成立庆典上——庆典于剑与大刀之前举行,象征着这一团队的"铁血"精神,来自中央航空学校和浙江警官学校的学生等身着制服,列队整齐、庄严。参加观礼的大学生和中学生共千余人,目睹这些新队员们在未加装饰的刀剑前宣誓,为当时场面的井然有序和庄严所深深感染。萧作霖:《复兴社述略》,第40—41页。

② 萧作霖:《复兴社述略》,第42页。上海市公安局各区、警局于1934年6月29日,在南市的中华路公安局召开联席会议,新生活运动促进协会上海公安局分会成立。上海公共租界警务处档案,D-5729,1934年7月30日。

③ 联华公司的创始人为罗明佑。另一家重要的电影公司是明星公司(成立于1922年),明星公司的《歌女红牡丹》是中国的第一部有声电影,1931年上映。明星公司为影业工会所控制,其领导者夏衍领导着制片厂中主要的写作队伍。克拉克:《中国电影:1949年以来的文化和政治》,第10—11页。

④ 克拉克:《中国电影:1949年以来的文化和政治》,第11—12页。

部电影剧本，查封了14家电影制片厂。①

左派尽全力反击。或贿赂检查员，或使用笔名，或故意插入枯燥乏味的情节以使审查员厌烦，使影片得以通过审查。同时，电影制片人还要应付公共租界和法租界的审查，这两个租界分别有17家和8家电影院。1937年一年间，我们有可靠的数据表明，公共租界和法租界巡捕审查了451部长片、932部短片和269部新闻片，有132部影片在删去了有争议的部分之后得以通过。② 然而，由于导演的足智多谋和审查制度的错综复杂，许多批评犀利的电影得以上映。《马路天使》于1937年7月在上海上映，正是日本入侵的前一个月。③

当然，对电影业的摧残，构成了审查制度强化的一部分，深刻地影响到了上海中国居民的文化生活，他们中已形成了约有30万人的读报队伍。④ 1934年2月，国民党在上海下令禁书149本，还禁止76本杂志发行，包括《北斗》和《文学月刊》。⑤ 这一年中有2,709起公安局案件是有关禁止"反动作品"的，至少25家书店被威胁封店，因为他们出售鲁迅、郭沫若、茅盾和巴金的作品。⑥ 1934年6月，新生活运动方兴未艾之时，一项强制要求出版商在书刊

---

① 考夫曼：《电影"马路天使"：对隐藏的不同政见者的研究》，第2—3页；亨特：《1930—1936年间上海中国左翼作家联盟》，第262页。

② 《工部局报告》，第95页。

③ 考夫曼：《电影"马路天使"：对隐藏的不同政见者的研究》，第1页。（译者注：原文作"夏衍的《马路天使》"，误，该影片系袁牧之编导。）

④ 1934年，据报道，下列报纸的发行量为：《申报》，15万份（40%在上海，60%在外地城市）；《新闻报》，15万份（40%，60%）；《时报》，9.4万份（47%，53%）；《时事新报》，9万份（60%，40%）。其他在上海出版的报纸的发行量均低于5万份，接近于1万或2万份。《上海市年鉴》，V-7。

⑤ 1934年，在上海有212份杂志出版：29份普通，5份妇女，3份青年，12份儿童，3份出版业，6份国际，3份法律，1份警察，1份社会学，7份教育学，1份航空学，10份经济学，5份交通，17份工业，6份自然科学，6份工程学和建筑学，8份电信，1份化学工业，2份农业，21份药学，18份印刷，1份戏剧，10份电影，4份摄影，2份音乐，1份历史和29份文学。《上海市年鉴》（1935），T-17。

⑥ 《上海市年鉴》（1935），F-67。

付印之前，将所有稿件提交特别审查委员会审查的法律出台。① 国民党的审查制度的主要目标在于共产主义和界定非常模糊的"民族救亡"类出版物。② 公安局频繁要求工部局巡捕房协助搜查此类资料，但是巡捕房自身没有感到搜捕共产党宣传活动者的迫切性。③

1935年7月22日，根据中国特区法院发出的搜捕令，工部局巡捕房积极参与一系列搜捕共产党的各级组织的行动。虽然所捕获的24人中大多数都否认是中共党员，声称他们才刚到上海不久，但是查封"共产党宣传品和文件"，已使工部局巡捕房毫无顾忌，听任江苏省高级法院第二分院拘留了他们，并以共产党嫌疑对他们进行起诉。④

一般说来，工部局巡捕房在与公安局联合搜捕共产党嫌疑人时行动迅速⑤，但对"反动宣传品"和无疑是"民族救亡"宣传品的突击搜查，热情稍减。1937年4月2日，特务股会同公安局和华界社会局持特区法庭签署的搜查许可令搜查了3家在公共租界内的书店。唯一搜到的材料就是一些救国会的出版物，比如《国难新闻》，只关涉中日争端的事态。英方最终决定将救国会的材料送交国民党党部检查，但是没有捕人，至少有一份许可令没有使用就退还中方了。⑥

---

① 亨特：《1930—1936年间上海中国左翼作家联盟》，第265—266、273页。

② 1933年10月30日，国民党教育部发布密令——关于遍及全国的无产阶级文学艺术的威胁。该密令引发了对蒋介石称之为"乱萌"的攻击。亨特：《1930—1936年间上海中国左翼作家联盟》，第263—264页。

③ 典型的做法是，江苏省法院的法官根据上海市公安局的请求，签发搜捕令，然后将搜捕令转交工部局巡捕房，并标有"据此搜查并没收反动出版物"字样。上海公共租界警务处档案，D-7855，1937年4月6日。

④ 上海公共租界警务处档案，D-6864，1935年7月25日。

⑤ 比如，1936年5月3日，济南惨案一周年纪念日，上海的作家们一方面要求降半旗，另一方面又特别警惕"反动分子"（比如共产党）。《中央日报》，1936年5月4日。

⑥ 上海公共租界警务处档案，D-7855，1937年4月6日。

第四节　安内攘外

公共租界当局不愿意迫害救国的爱国志士，因为伴随日本帝国主义军队入侵华北，南京政权麻木不仁地固守着"攘外必先安内"的政策，爱国主义和激进主义之间的界限日益模糊不清。① 逐渐地，新生活运动在这一白热化的民族矛盾面前日益苍白无力，尤其是在 1935 年爆发的"一二·九"运动之后。次年 11 月又发生了触犯众怒的暴行——中国警察逮捕了 7 名救国会的领袖，包括记者邹韬奋，示威运动非常激烈，大多数的上海人都反对政府"攘外必先安内"的政策。② 上海的国民党政府在爱国示威面前左右为难，出版物中越来越多地呼吁蒋政权搁置与共产党的争斗，共同抗日。③

由政府或政党所组织的节日庆祝构成了反集会的措施之一，以加强在新市政秩序中政府自身的形象。比如说，1936 年 5 月 3 日国民党上海市党部通告各社会团体：

> 5 月 5 日为我革命政府成立周年纪念日，地方党部拟于该日上午 10 时举行各界代表大会，以资庆祝。各政府机关、社会团体、学校和市党部各级组织须派 3 名代表参加此次庆典。该日应升国旗，还应分别举行庆祝会，以庆祝此纪念日。④

---

① 然而，当共产党于 1936 年 8 月 25 日向国民党提出结束内战，进行抗日之后，中央政府认可了一份由 66 位北平的知识分子们提出的强烈的爱国宣言，而蒋介石也开始使用"民族救亡"这样的提法。罗辛格：《中国的战时政治：1937—1944》，第 19 页。

② 《密勒氏评论报》，1937 年 6 月 19 日，第 81 页。

③ 这些示威运动常是自发进行的。1937 年 7 月 9 日，7 名中国店员和学徒在外滩公园一场"民族救亡歌曲"演唱会上被捕，"演唱会是由公园中其他一些同游者唱起来的，在那里由中国老百姓不时地举办。……所唱的歌曲没有公园内任何一个团体的人组织，但只要一首歌唱完，就会被旁边的人接下去唱另一首歌，歌声此起彼伏"。上海公共租界警务处档案，D-7999，1937 年 7 月 13 日。

④ 《中国中央每日新闻》，1936 年 6 月 1 日，译自上海公共租界警务处档案，D-7333，1936 年 5 月 4 日。

这次和其他的庆典集会综合排演均归淞沪警备司令部掌管，1936 年 4 月底，他们"为在即将来临的 5 月份维持各区的治安"而召开了一次公安局、保安团和商团官员会议。① 他们的非常预防措施经证明是有效的：这个革命的月份中，没有发生重大的破坏事件。官方组织的庆典虽如期举行，比如五卅学校的师生们在烈士墓前集会，由国民党领导人王晓籁献祭，但似乎缺乏亮点和流于程式。看来政府虽能召集参加者，却无力唤起人们的激情。②

西安事变——蒋介石被要求建立抗日联共统一战线的支持者们绑架，一夜之间改变了这种麻木不仁。③ 蒋介石于 1936 年圣诞节获释后，公众中产生了巨大的、坚定的、自发的对委员长的支持浪潮。在上海，当地的一些商人和职业团体申请批准在 12 月 26 日在商会举行一次集会，其规模和程序与 2 年前的新生活运动大同小异。国民党市党部意识到局势大变，但是市党部领导人吴开先拒绝了他们的请求，相反决定于 12 月 28 日在大众娱乐场举行群众集会。④ 第二天早晨，地方群众团体的 20 名代表在南市的国民党市党部举行会议，商议筹划群众大会。所有本地院校均接到社会局通知，12 月 28 日下午学生停课。地方组织成员和大学生们被通知准备出席群众大会，每人要带一面小国旗。与此同时，江湾、吴淞和浦东也举行群众集会，公安局和商团负责在所有这些集会区域维持治安。⑤

1936 年 12 月 28 日下午 2 点 15 分，盛大的集会在南市公共体育场举行，出席者达 15 万之众。⑥ 集会开幕式是在军乐队伴奏之下齐唱国民党党歌，向国旗、党旗和孙中山肖像鞠躬，向西安事变中被杀害的同志默哀 3 分钟和大声

---

① 《中国中央每日新闻》，1936 年 4 月 16 日，附于上海公共租界警务处档案，D - 7333，1936 年 4 月 26 日。
② 上海公共租界警务处档案，D - 7333，1936 年 6 月 1 日。
③ 法姆：《上海的收获：在华三年战争日记》，第 12 页。
④ 上海公共租界警务处档案，D - 7675A，1936 年 12 月 29 日。
⑤ 上海公共租界警务处档案，D - 7675A，1936 年 12 月 29 日。
⑥ 这是《上海泰晤士报》的估计，1936 年 12 月 29 日，同上。警方估计集会者达 3 万，多为学生。

朗读总理遗嘱，然后是主席团成员向听众做报告，吴开先做演讲，当地社会团体的代表们也做了简短的发言。集会通过决议，致电蒋总司令，欢迎他回到南京。大会于下午2点45分结束，"随后无数群众组成了长长的游行队伍，高呼口号，在鼓乐声的伴奏下游行，所有要道的交通中断数小时"。《上海泰晤士报》称之为"近年来上海之最为盛大和多彩的游行"，描述了游行队伍如何在公安局和淞沪警备部队的军乐队的带领之下步行近4个小时直到南市西门，同时有2架由中国航空俱乐部包租的飞机沿路撒下写满拥蒋口号的五彩传单。①

1936年12月为庆祝蒋介石西安被囚获释的集会，是一次由国民党领导、市府筹划，在上海举行的反示威的最为成功的例证。这次集会模仿激进的政治集会却意在取而代之或与之竞争，它表明了政治动员是如何创造了某种特定的市民文化观念的。② 如果我们特别地将此次集会与帝国体系崩坏之前中国城市中任何形式的城市活动加以比较的话，我们会明白，这种新的市民文化与19世纪城镇中的礼拜仪式和宗教庆典何等迥异。③ 然而，中华民国的城市市民文化的生命力令人生疑——至少当它发生于上海时如此。在那里，市民文化建立在两种矛盾之上。首先，城市的统治者们希望培养民众的"自治力"，但强化自治力与市政机关想塑造臣民而非公民的初衷不相符。第二，市政府需要爱国集会时的自发参与和支持，但这又与其对秩序和治安的要求相冲突。④

---

① 上海公共租界警务处档案，D-7675A，1936年12月29日。类似的集会在浦东、江湾和吴淞也有举行，分别有4,000、5,000和3,000人参加，并进行了游行。

② 然而，可以说，这时有关城市道德秩序的公民理念与本世纪初美国的进步改革并不相仿。见圣路易斯·帕琴特（St. Louis Pageant）和马斯克（Masque）对1914年的分析，见伯耶：《1820—1920年间美国城市民众和伦理道德》，第256—260页。

③ 罗威廉《汉口：1796—1895年一个中国城市的冲突和社区》第207页中谈到，19世纪90年代中期以前，汉口从未出现过集会示威，这一点值得注意。亦见曼素恩：《1750—1950年间的地方商人和中国官僚机构》，第70—93页；伊懋可：《市镇与河道：1480—1910年间的上海乡镇》，第441—473页。

④ "南京解决重建问题的途径主要在于国家社会主义和官僚机构；精力集中于政府活动，而忽视了已经在1919—1927年间证明其价值的政党、群众运动或公众舆论的广泛的政治潜力。"凯文迪：《国民党的"新中国"》，第172页。

第十四章
警察国家化和犯罪受尊敬

> 警察要明了他在国家的地位比军队更重要。军队只是对外,在国际上保护国家;警察却是对内,要在国内维持社会的秩序,保护百姓的生命财产。否则社会秩序不能维持,百姓的生命财产没有保护,国家就要纷乱了。
>
> 蒋介石,1936 年

20 世纪 30 年代的上海,交织着两大显著的变化。首先,源于蒋介石对警察国家化的努力,国家目标和地方现实所形成的一系列复杂的革新产生了。其次,由于上海流氓们的努力,他们开始变得受人尊敬,并融入了中产阶级社会,而促成了警察的更加地方化。这两者的交融在上海产生了新的社会氛围,使得警察与罪犯、爱国主义与恐怖主义之间的界限难以分清。

1928 年,国民政府开始着手旨在建立统一的国家警察体系的 9 年计划的第一步。警务专家全国委员会成立,由 4 名京畿官员和 8 名各省官员组成,内政部警政司长任主席。① 第二年公布的条例要求对所有警官和新警员进行统一教育,在浙江、江苏、广东、江西、湖北、陕西、山东、云南、河北、甘肃、察哈尔、青海、福建和广西等省设立警校。同时,中央政府宣布全国的民团都应置于直接对内政部负责的各县、市政府领导之下,而国民党中央下令内政部直接掌管南京的首都警察局。② 1931 年 1 月,内政部在南京召开第一次全国内政会议,讨论警务行政。1932 年 12 月又召开了第二次会议,与会的有来自各

---

① 余秀豪:《现代中国的警察》,第 30 页。
② 科曼:《国民政府的城市权力与民众参与》,第 5 页。

省市的百余名代表，他们提议在全国范围内引进警察退休金制度、使用新式武器、聘用女警和统一指纹体系。①

在所有由国民政府组建的省立警官学校中，浙江省警官学校公认最佳。它由朱家骅创立，朱曾担任中山大学教务长，1927年，被任命为新独立的浙江省的内政厅长。② 1934年，该校在蒋介石眼中成为同类学校中的模范。③ 按照军事化路线，该校拥有多名受过外国训练的警务专家（包括毕业自伯克利的奥古斯特·沃尔默［August Vollmer］的学生酆裕坤和余秀豪），他们依照国外最新的警察训练方法，在学校课程中加入了辩论学。④ 1934年9月，南京国立警察学校和中央军事学校合并后，浙江警官学校成为"该领域最主要的国立警官学校"，可以面向全国招生，包括选拔一部分通过体能与智力的组合测试（如美国军队的基本测试）后的各地的警士。⑤

第一节　地方统治与国家警察体系

翌年，蒋介石决定将浙江警校与江苏警校合并，在南京成立为新的中央警官学校。蒋建立一所中央警官训练学校的决心源于他作为国家缔造者的深谋远虑，他认为，除了军队之外，全国性的警察体系能够整合其他的地方治安体系，并能与军队携手成为他的政权的左膀右臂。⑥

---

① 余秀豪：《现代中国的警察》，第33—34页。
② 章微寒：《戴笠与"军统局"》，第86页。
③ 余秀豪致沃尔默，1934年7月25日和1934年11月13日。
④ 余秀豪致沃尔默，1934年5月25日和1935年1月2日。在伯克利的班克罗夫特图书馆中藏有余秀豪写的一份打印的18页小册子，名为《美国警察制度》。上有书写给沃尔默的英文信："敬呈主任：此系学生赶写出来的系列小册子之一，今年夏天在庐山的警长集训中使用。问夫人和全家好。秀豪，1935年6月23日。"
⑤ 余秀豪致沃尔默，1934年9月10日。
⑥ 余秀豪引用蒋曾经说过的："立国必得先成立警察。"余秀豪：《警察手册》，第1页。亦见余秀豪《现代中国的警察》第38—39页中所引蒋的话。有关民国的建立，见裴宜理：《1880—1980中国的群体暴力》，第430页。

1936年5月，蒋召集10省地方高级行政人员会议，讨论地方警察与公安问题。① 此次会议是在中央政府官员和地方首长对于是否维持保安队或保安团长期争论不休的背景下召开的。② 地方官员自然倾向于保留由他们自己拨饷和控制的地方民团。浙江省主席黄绍竑甚至提议同时废除警察队伍，而将他们的经费全部用于保甲和民团体系。③ 中央政府的代表反对保安队，建议成立由新的国民政府领导和训练的警察部门——虽然仍由地方财政拨款。在听取双方的争执之后，蒋介石决定支持警察国家化。④

袁理事适时地批准了一项提议：要求各省根据警政司在沃尔默的学生酆裕坤指导下制订的原则，提出警察改革的计划。⑤ 酆宣称到1936年底保安队将要消失，而3年内他们的职责将逐渐由正规的警察所替代。保安队解散后，其资金和武器应移交县警署，各县警署在工资、职位和训练上应尽可能地保持一致。为了提高地方警察队伍的素质，警政司计划在省城和各市对所有新招募的警员提供训练课程，而高级警官将在新的中央警官学校接受进修训练。毋庸多言，这也是警察队伍全国性合并的下一步。⑥

在1936年的新的地方警察规章中最为重要的一条是第八款，规定各县均应成立独立于常设地方政府和前保安团的警察局。该局的所有重要警务均需得到省政府的许可，同时它也必须向地方长官负责，地方长官拥有他自己独立的

---

① 余秀豪：《现代中国的警察》，第36页。
② 何启登：《当前之警政机构问题》，第18页。
③ 《戴雨农先生年谱》，第31—32页。保甲制度于1932年在全国范围内下令实行。除了每百户建立户籍记录之外，还支持保长组织自卫队以维持法律与秩序。邦吉等编：《中国：一个国家的研究》，第441页。
④ 余秀豪致沃尔默，1936年8月6日；《戴雨农先生年谱》，第32页。
⑤ 酆裕坤致沃尔默，1936年11月7日。亦参见谭绍良督察的报告，上海公共租界警务处档案，D-7675A，1937年2月4日。
⑥ 余秀豪：《现代中国的警察》，第41—42页。在农村的穷乡僻壤，无力供养正规警察，执法任务就落到了原来的连坐互保的保甲制度上。余秀豪致沃尔默，1937年5月14日。6周前余写道："有关将我国各地所有保安队改编为警察的计划已经制订，中央警官学校忙于准备在3年期间大规模地给予他们必要的补充性警务训练。"同上，1937年3月24日。

"警佐"。① 虽然在常设行政管理体系中分离出权力产生了一定的问题，但是新的警局结构仍然是有效地将地方警察队伍整合入中央政府总的统治链条的重要的第一步。②

但是这还只是最初的大致计划，蒋介石纵向合并的想法——全国性地将警察体系中央化，与太过庞杂、联系薄弱、安置非正式的各县警察队伍之间存在鸿沟。事实上，农村的派出所与警卫股之下的保长并无太大区别，而县长手下的警佐通常还只是非正式的私人幕僚，就像是曾国藩时代的"幕友"。③

处于国民政府直接控制之下的城市的警察队伍与蒋介石的理想较为接近，但是他们还不是中央集权的国家体系的组成部分。没有统一的警务行政条例，没有巡警的规章制度，没有双边通信协议。蒋介石决心支持国家警察以替代地方民团之后，高级警官们在南京开会，一致认为除了首都的警察队伍之外，所有其他的警队都已置于地方行政机构的控制之下。因此，与会的警察首脑们决定此时要实现国家"统一"，最好办法就是组织中国警察协进会。④ 此协进会于1937年6月更名为中国警察学会，它至少能够使警官之间保持更紧密的联系，有助于实现程序标准化和保持职业标准的统一。⑤

第二节　对上海的影响

1935—1937年间，南京正式推行全国警务行政中央集权化，对上海市公

---

① 依照1936年的行政改革，省长希望任命特别行政督察指导县长的工作，并将省府的权力范围扩展至警务。蒋作宾：《内政部的成绩》，第60页。

② 新的地方警察局和县署间的关系产生了问题。警察局是完全地分离出来，还是特设警佐而并入县署呢？1939年10月，国防委员会下令两者必须保持分离，但是最终裁决权归于警佐。换言之，县长在他的辖区内拥有最终的警务裁决权。何启登：《当前之警政机构问题》，第19页。

③ 何启登：《当前之警政机构问题》，第18—19页。

④ 这些警监是王固磐（南京市警察厅长）、李国俊（南京市警监）、赵龙文（浙江警官学校校长）、李士珍（南京警官训练学校校长）、李松风（内政部警政厅长）和戴笠（蒋的特务机关的头子）。

⑤ 《戴雨农先生年谱》，第32—33页；《密勒氏评论报》，1937年7月3日，第180页。

安局的运作产生了微妙的却清晰可辨的影响。内政部下令各地警察区、所改制为总局下的直属分局后,上海市公安局适时地改变了名称,并增设了街道"警察所",完整地保留了新近革新的派出所体系。① 同时,新设的分局虽仍置于蔡劲军将军的管辖之下,但已进入了更为中央集权化的指挥链之中。1935 年之前,在北部的新闸局、北市局和在中心城区的江湾、吴淞和真如的所有警务都归于设在闸北长安路上的特别分科统领。作为特别市北区的一个二级管理机关,该分科拥有自己的武器库和拘留所。1935 年 5 月 9 日,蔡局长下令所有比违警案件更为严重的违法案件,都应归于新成立的上海市警察局——设在原上海县衙门管辖,分科撤销了装备,关门了。②

在上海实现指挥集权化不仅迎合了蔡将军的军人习性,而且符合早在 1936 年时就已发端的对警务活动军事化的强化。这一方面提高了警队处理严重事件的准军事化能力,诸如市民暴乱(公安局处理这项工作的能力也许远胜于普通的执法行为),另一方面也是为战时做准备。③ 1 月,公安局开始在空袭警报、通讯、射击、伪装和防空武器的射击方面训练防空骨干。④ 次月,进一步筹划警方的国防准备,包括电信训练。⑤ 与此同时,南京政府密令吴市长继续围绕上海市从北部的吴淞直到南部的龙华秘密修建以房屋或是寺院为掩护的碉堡群。⑥ 中央政府也同意向上海市公安局拨款 113,732 元,以购置 1 艘武装

---

① 《上海市年鉴》,F-59。

② 此后被拘留于警察北局的犯人,一天 3 次由警车押至总局。《上海市年鉴》,F-72。新的警察局总部于 1933 年动工,1935 年 5 月 5 日竣工,耗资 12 万元,是日,蔡局长始迁居于此。《上海市年鉴》(1937),F-76。

③ 有关"重大案件"见威尔森:《警察行为的多样性》,第 79 页。

④ 设有为期 1 个月的训练课程。《上海市年鉴》(1937),F-76-77。

⑤ 中国第二历史档案馆档案,12(5)/718,1936 年 2 月 29 日,《警察月刊》,第 9—21 页。1937 年 6 月 1 日,法租界和公共租界的巡捕房之间建立了电传联系。《工部局报告》,第 79 页。

⑥ 在南京政府的命令之下此项工作得以开展,它显示上海市的筹建者们是如何用这种方法伪装碉堡的;但是资金来源于市政府投资,导致有能力修筑的堑壕的数量相当有限。这意味着每一地下掩体之间的距离相当遥远。沈怡:《上海市工务局之十年》,第 3 部分,第 83 页。

水上巡逻艇和 12 辆六轮武装卡车。①

在此期间，上海的警察与军队开始经常性地在该市的城市庆祝集会中扮演主角。比如说，在纪念特别市成立 10 周年的专刊的中心插页中，14 页中只有一张照片不是表现警察、准军事机构或部队风采的。1937 年 4 月 10 日，吴铁城市长离开上海赴任广东省主席时，有 2 张插图照片展现的是他正受到公共租界洋捕与华捕、上海的侨民义勇队的祝贺；还有吴市长检阅法国驻军、检阅华界南京公安局和保安团的照片。7 张记录公共租界侨民义勇队年度检阅的照片，他们身着打褶的苏格兰裙，佩着自动枪，列成轻骑兵方队。甚至有 1 张照片拍的是新上任的意大利公使邱列诺·克罗（Giuliano Cora）于 4 月 2 日抵达时受到法西斯式仪仗队的欢迎。②

蔡将军对"军事化"的偏好延伸至他的侦缉队，使它有意无意地被特务头子戴笠纳入中央政府的军统情报系统。1933 年，蔡的前任文鸿恩和他的侦缉总队长卢英不愿与戴笠和军统上海区合作。③ 而后，戴笠命令上海区一组组长陈志强运用其在青帮中的关系，建立与军事秘密机关和公安局侦缉队探长们个人的联系。④

一组，亦称南市组，就设在南市蓬莱路，其主要职责在于关注老城厢的动态。陈志强利用他与流氓的关系开展特务活动，并通过他在警局和政府中的关系保护因为卷入毒品交易而落难的帮会朋友。通过帮会撮合，陈志强又与法租界巡捕房建立了特别联系。他最高级别的线人是范广珍——华人侦缉队长，正是范将杜月笙介绍给戴笠的。范声称他与军统合作，提供了有价值的情报；但

---

① 上海警政设备计划与预算。中国第二历史档案馆档案，12/5683，1937 年 1 月 16 日。亦参见中国第二历史档案馆档案，12（6）/5693/1937，内政部：本部，上海警政。内政部于 1937 年 5 月 22 日批准了此项要求。

② 《中华民国前十年》，第 42—43 页。

③ 戴笠多次游说卢英加入军统，以实现对此位侦缉总队长的控制，但是卢总是不肯参加。沈醉：《军统内幕》，第 49 页。(确切地说，戴笠的特务机构此时尚未正式命名为"军统"，但我想使用此正式称呼，以简化对此军事秘密警察的界定。)

④ 陈志强在进入黄埔三期之前是上海滩上的一个流氓。沈醉：《军统内幕》，第 37—38 页。

是戴笠也看到比起中国秘密警察来，范更效忠于法国殖民政权。一旦对范施加太大的压力，他就会感到不得不牺牲他的中方关系，以维持与他的外国主子的供养关系。因此，戴笠的人只在迫切需要之时才求助于范：偶尔要求由他带入黑社会，或是上海区在法租界进行绑架活动的时候叫他暗中去掩护一下。①

由于范广珍并不可靠，戴笠确信有必要安插一些他绝对可以信任的人进入法租界华人侦缉队中。戴看中了他的黄埔同期同学阮兆辉，阮最初的职务是在南京的军统总处的交通员。贿赂范广珍500元后，戴笠设法让阮当上了正式探员。结果，陈志强和其他一些军统上海区的头目们可以确保每天接触有关在法租界觅求庇护所的共产党嫌疑人的情报，还可利用阮保护军统那些会因拐骗和暗杀而被捕的特务。②

陈志强还与一些华界警察局的成员保持着紧密的联系，其中包括多名分局长和公安局的侦缉总队长。③ 但只要文鸿恩仍是公安局长，国民政府的军统特务机关就无法与上海市公安局建立正式的联系。但是，蔡劲军将军被证明更愿意与戴笠和军统局合作。逐渐地，他允许军统特务在警士教练所任职。最后戴笠让他的手下陈志强担任了公安局的督导长，同时另2名特务官员担任了上海警校的指导员。④

虽然如此，直到1935年，军统在上海任何地区都仍缺少直接的警察管辖权，如果特务机关想要逮捕或审问嫌疑犯，就不得不非法绑架该人，并将其秘密解往南京。国民政府的特务行动在上海基础薄弱的情况，一直到蒋介石谨慎

---

① 沈醉：《军统内幕》，第45页。上海区处于余乐醒的领导之下。当1932年秋余接管上海区时，该区已经扩大，并添加了一个特别行动组：华东区行动组。该特别行动组最初由近20名惯于偷盗和杀人的暴徒和黑帮成员组成，由赵理君统领，赵对于严刑拷打和暗杀的偏好后来也导致了他自己的灭亡。赵的领导暗杀行为归南京总处直接指挥，该办公室亦负责行动组的人事和经费。然而，该地区的绑架和秘密逮捕是由独立于南京的华东区长领导。同上，第38、147页；章微寒：《戴笠与"军统局"》，第132页。

② 沈醉：《军统内幕》，第46页。

③ 沈醉：《军统内幕》，第48—49页；沈醉：《我所知道的戴笠》，第10页。

④ 沈醉：《军统内幕》，第49页。

地授权军统执掌上海的两大执法机关——淞沪警备司令部侦察大队和京沪杭甬铁路局警察总署以后，才有所改观。①

第三节　建立秘密警察

1935年初，蒋总司令就授权戴笠亲自执掌淞沪警备司令部侦察大队。该大队位于南市方斜路白云观，军统上海区区长吴乃宪被任命为大队长。② 原则上，在上海地区的所有宪兵探员现在都已归军统指挥。然而实际上，吴区长只能在上层指挥侦察大队。为了取得行动指挥权，特务头子需要将自己的特务人员安插至稽查员职位以掌握大队的中层领导。这在翁光辉继吴乃宪任大队长之后才得以实现。③ 翁于1932年时曾任军统上海区第一任区长，因为曾想越过戴笠本人而将一份有价值的情报直接上报蒋介石而失宠。④ 此番重新受宠，翁光辉带来了4名军统高级特务任督察：沈醉、程慕颐、林之江和倪永潮。但是力量仍显单薄。他们试图将警备司令部侦察大队改造为政治的和准军事化的秘密警察队伍的计划很快就遭遇到两大障碍：副大队长的顽固抵制，不愿合作的稽查员仍大有人在。⑤

解决第一个问题的办法是限制、排挤副大队长，并取代他。⑥ 宪兵稽查员

---

① 沈醉：《军统内幕》，第43页。

② 沈醉：《军统内幕》。上海本地人称白云观为"茅山殿"。同上，第71页。

③ 翁光辉，浙江人，黄埔三期毕业后成为海军的一名情报人员，在北伐时期曾任舰长。沈醉：《军统内幕》，第37—38页。

④ 1932年，法租界巡捕房突袭了中共地下党在上海的一个联络点，抓获一名江西的红军中的中共情报员。范广珍探长将此案的一份副本交给了军统上海区区长翁光辉，翁决定将此情报直接呈递蒋介石，想攫取头功，于是他搭乘一艘兵舰直驶九江。当戴笠听到此风声后，带着一支特务别动队从南京直飞九江，截获翁光辉。翁意外地免于一死——虽然他暂时被撤了职。沈醉：《我所知道的戴笠》，第15—16页。

⑤ 沈醉：《军统内幕》，第51—52页。

⑥ 沈醉：《军统内幕》。王兆槐一直担任大队长，直到日本人将国民政府赶出上海，王是恒社成员，也是杜月笙的门生，徐铸成：《杜月笙正传》，第99页。

中的老人马是另一种类型的问题。依他们所受的训练和看法,他们应主要致力于维护地方的法律与秩序。想要将侦察队变成一个恐怖和高压的工具,用非法的绑架取代合法的逮捕,把合理审讯的程序变为严刑拷打的伎俩,对他们是一种亵渎。后来,军统自己也感到要进行刑事侦查,但当沈醉向戴笠汇报他们需要更多关注于解决重案时,戴笠突然发问:"你以为我们要掌握这个机关是专门去替人家抓小偷扒手的吗?"①

然而稽查员们并非轻易就能解雇或取代的。他们中许多人都与法租界和工部局巡捕房的侦探建立了紧密的工作联系。这使得军统在公共租界逮捕疑犯变得容易得多,但也使上海区的特务们不得不提防因为突然清除他们在军警中的老朋友、老相识而引起外国租界中的巡捕们的猜忌和敌意。

因此,决定在剔除侦察队的官员时步骤必须十分缓慢,并要尽所有可能使得以前的稽查员愿意使自己成为上海区的一员。王兆槐接管侦察队之后,逐渐地,从特务机关的军统分子中调入了约12名新稽查员,同时前侦察队中一定数量的稽查员,如朱永新和王开明被招至军统麾下。鉴于稽查员们已被渗透,而且猜疑亦已缓解,宪兵侦察队已经转变成为彻头彻尾的秘密警察,成了军统上海区总部的外围组织。无论上海区什么时候想要将绑架变成逮捕,只要宪兵侦察队要求警备司令签署一纸逮捕令即可。现在,权力之伞同时庇护着违法与合法了。

偶尔,当案件明显冤枉,为表示公道,秘密警察会将其移交军法处或是警备司令部的军事法庭。军法处长陆京士乃是杜月笙的门生,与侦察大队长王兆槐私交甚笃。当秘密警察感到犯人在押期间已经快要被折磨至死,不得不将其释放时,他们也送给军法处交保释放。陆京士乐于应承,但他的下属经常抱怨他们替上海区秘密警察"扛木梢"(译者注:上海话为"替人背黑锅"的意思)。无论如何,戴笠的人已经无可置疑、完全地拥有了逮捕权,这使他们在实际上取代了上海特别市公安局的权威,在南京的直接控制之下的军统迅速地

---

① 沈醉:《军统内幕》,第117页。

在这一地区扎下根，大权在握的军统上海区，变成了令人恐怖的洪水猛兽。现在，他们可以肆无忌惮地监禁、拷打政治犯了。①

第四节　上海区的扩张

戴笠接管上海的铁路警察，采取了与控制警备司令部侦察队一样的方法，1935年秋他任命吴乃宪为京沪杭甬铁路局警察总署长。这是一重要的行政职位，吴的警备司令部侦察大队长的职务移交给翁光辉，其上海区区长之职移交给王新衡。② 不久后，轮船招商局警卫稽查室也为戴笠的人所接管，戴直接从南京派人任此要职。从此以后，军统的特务旅行时可免费乘坐车船，而且任何时候要将特务机关的犯人从上海押往首都，上海区的特务都能从铁路警察处得到完全的支持与援助，会为他们的秘密差事在卧铺车中划出特别车厢。③

攫取侦察大队和把持铁路警察极大地提高了军统上海区的职责与权限，上海区在其精力充沛的新区长王新衡的领导之下繁荣了起来。王是宁波人，是一名曾在莫斯科中山大学学习过的前共产党员，他与旅沪宁波商人的关系很多。④ 他与上海的黑社会也关系密切，是杜月笙的密友，还是青帮组织的恒社座上宾。有赖于这些关系，王为特务机关织就了一张更为广阔的关系网，他在留苏学生、商人、工人领袖、帮会成员、上海邮电工会、作家和艺人等等之中招兵买马。新的秘密分组在虹口、闸北和沪南纷纷开张。约12家独立的站点都归属于军统调查组。还有一个大功率的无线电台，形成了中央通讯网络。而且，上海区的成员增了5倍，从100人扩至500人，他们在总部或基层日夜不

---

① 沈醉：《军统内幕》，第43、52、74页。

② 沈醉：《军统内幕》，第43页。秦承志成为军统区书记。

③ 苏州站警务段长韩尚英负责从军统上海区办公室协助转运犯人，许多犯人受到刑讯。沈醉：《军统内幕》，第43—44、52页。

④ 王新衡根据译自俄文的资料编成了2本重要军统训练教材。"中央调查统计局"编：《有关顾顺章等破案经过》。国民党"中央调查统计局"档案，276/7435/59400，第4页。

停地工作。①

戴笠任命像王新衡这样一名共产党的"自首分子"或称叛徒来掌管军统上海区，表明这名特务头子相信，没有比一名前共产党员更合适从事地下工作了。在这方面，王只是许多共产党叛徒中的一名，像梁干乔、谢力功、叶道信、陆海防和程一鸣等在30年代都成了军统的高级特务。② 这与中统的工作形成了鲜明的对比。在中统，陈立夫强调在思想意识上忠诚于三民主义的人应占主导地位，而共产党的叛徒只能当作顾问，而不能让他们独当一面。所以前上海共产党中央红队领导人顾顺章在中统并无实职，他手下也没人。③ 时间长了，顾难免感到困惑、不安和沮丧。④

也许因为军统好像比中统更能给他加官晋职，顾顺章秘密为戴笠效力。除此之外，顾还向军统头子泄露他从俄国学来的所有有关特务活动的情况。⑤ 前军统的官员们相信，他的情报对戴笠来说是如此地有价值，以致使顾送了自己的命。投靠军统不久，这个共产党的高级叛徒顾顺章被杀了。军统认为，顾顺章是被陈立夫处死的，陈永远不会原谅这个将自己的技能提供给戴笠的叛徒，他要防止其他特务专家隐藏共产党的秘密。⑥

---

① 沈醉：《军统内幕》，第44页。王新衡直到对日开战前夕一直是上海区区长，后来由周伟龙继任。

② 沈醉：《我所知道的戴笠》，第8页。

③ 顾也没有机会自杀。陈立夫认为这使得他越来越不安。陈立夫接受本书作者访问，台北，1988年9月15日。

④ 在一份顾的心理记录中，中统分析家们断定作为由"格伯乌"训练出来的前共产党员，顾也不能接受国民政府特务机关忘我战斗的"无名英雄"的理念。"中央调查统计局"编：《中共特务部部长顾顺章之自首及其予中共之打击》，国民党"中央调查统计局"档案，276/7435a/19930，第22页。有关"无名英雄"之概念，见叶文心：《戴笠与刘戈青事迹：抗日战争时期中国情报系统中的英雄主义》，第559页。

⑤ 这些知识写成了一本书——《特工理论和技术》，该书成为国民党特务机关的训练教材。"中央调查统计局"编：《有关顾顺章等破案经过》，国民党"中央调查统计局"档案，276/7435/59400，第4页。

⑥ 章微寒：《戴笠与"军统局"》，第87—88页。这在陈蔚如的书中也有暗示，见《我的特务生涯》，第188页。

陈立夫对此断然否认，他告诉笔者，顾顺章是个杀人狂，所以才被处死了。① 根据最近公开的中统局档案，事情的真相是：陈立夫发现了这个叛徒要为"另一特务组织"工作的打算，而且"顾顺章的阴谋败露"。更有甚者，1936年春，顾决定与共产党秘密接触。②

　　不久之后，中统特务搜查了中共在上海的一个地下站，自然也起获了一些文件。文件中提到一名中统内的高级特务，也许是一名叛徒向中共提供情报的证据。顾顺章被怀疑是这个叛徒，但是中统头子徐恩曾坚持不能动顾，因为证据还不够充分，还因为在中统的五六十名前共产党的叛徒都将顾视为他们的头领。一名新近捕获的共产党员提供了更多的控罪证据，徐恩曾私下警告顾顺章，要他改弦易辙，但没有逮捕这个前红队领导人。③

　　然而最后，一个名叫林金生的20来岁的自首人员——顾顺章曾亲自训练过的前共产党的情报人员——向徐恩曾报告，顾正计划暗杀"特务机关工作的负责人"，然后逃往仍留在江西山区的苏维埃政府。当然这名"负责人"就是陈立夫，他立即召集高级特务与顾问开会，顾顺章也来了。这次会议名义上是做工作汇报。但是轮到郭德基——他带人掘了顾顺章家人的尸骨——发言时，这名特务头子突然站起来，要求顾向他的军统同志们坦白立场。顾顺章涨红了脸，对郭德基做了一个无礼动作，拔出手枪，往桌上一拍，挑衅地说："你敢碰它吗？"这时郭德基命令林金生进来，站到顾顺章的面前，这名年轻的前共产党员一五一十说出了暗杀计划。顾的气焰被彻底扑灭了，他畏缩和沮丧地承认了他的罪行。这样，只需办最后一道手续，由"负责人"陈立夫将此谋叛行为报告"最高当局"蒋介石，将顾顺章移交江苏保安司令部，由机枪班秘

---

① 陈立夫接受本书作者访问，台北，1988年9月15日。

② "中央调查统计局"编：《中共特务部部长顾顺章之自首及其予中共之打击》，第22页。但是值得注意的是有些线索表明顾毙命于1935年，陈蔚如：《我的特务生涯》，第188页；王健民：《中国共产党史》第二卷（江西时期），第149页。

③ "中央调查统计局"编：《中共特务部部长顾顺章之自首及其予中共之打击》，第23页；徐恩曾：《我和共产党战争的回忆》，国民党"中央调查统计局"档案，6002，第21b页。

密处决。①

第五节 对罪犯的尊敬

在这些事件中贯穿着一条复杂的线索，将公安机关与戴笠和陈立夫的秘密警察重新串在了一起。这是一条线，它与另一条线交织起来，构成了最强有力的核心交汇点，这条联系犯罪的线索主要是由杜月笙织就的。

在这方面，有两个不同的过程，1932—1937 年这 5 年与国民党在上海统治的最初 5 年截然不同。第一个过程，在城市的金融界头面人物从政为官和银行被政府接管的进程中，"上流"士绅与流氓分子融合起来了（见附录三）。② 这一融合由于蒋介石对于流氓的信任而加速进行。③ 比如说，1931 年，蒋介石将自己的手书"文行忠信"题匾赠予黄金荣，挂在上海西南郊漕河泾新近落成的黄家花园。④

第二个过程，进一步将流氓与上流社会整合起来：即促使犯罪官方化和政府犯罪化的官方毒品专卖的建立与运作。

1932 年发生的两个事件使杜月笙在这些发展中的作用更突出了。一是

---

① "中央调查统计局"编：《中共特务部部长顾顺章之自首及其予中共之打击》，第 23—24 页；徐恩曾：《我和共产党战争的回忆》，第 21b—22a 页。共产党向顾讨还了血债，归功于周恩来的遥控。天网恢恢，疏而不漏，对周而言，真是如愿以偿，于此无须谦让。另一方面，国民党并不希望因为如实记录此事，而惊吓了自首者或准备自首者。可现在已时过境迁，这无疑就是作者能够获准查阅在中央调查局尘封多年的档案的原因之一。

② 安克强提出了一个重要观点：1932 年，大银行家们摇身一变成了市参议会议员，变为准官僚。1935 年银行体系的改革完成了这一转变。安克强：《上海市政府》，第 87 页。

③ 1932 年 4 月，蒋介石邀请青帮三巨头杜月笙、黄金荣和张啸林出席在洛阳的全国反共紧急会议，以示对他们的尊重。马歇尔：《民国时期的鸦片与帮会政治（1927—1945）》，第 32 页。

④ "文行忠信"典出《论语·述而》："子以四教：文、行、忠、信。"此厅因以"四教"名之：1931 年，"先生在漕河泾新建之四教厅落成，蒋委员长亲颁题词曰'文行忠信'，迄今厅前有碑屹然，先生引为殊荣。与黄园毗接，疏泉叠石，树木蒔花，倍显幽致，是为先生怡情悦性、弟子辈趋聆教益之胜处"。引自戚再玉编：《上海时人志》，第 165 页。黄家花园现为桂林公园。

"杜先生"第一次进入市政会。① 这个老流氓现在可以与吴铁城任命的银行家、企业家和政界大亨称兄道弟了，这是融合过程的很好例证。二是12月恒社的成立，该社的宗旨是所谓"进德修业，服务社会，效忠国家"。② 1929年以来，上海成立了若干社团，使青帮的演进进入了一个新阶段，它们的头子改头换面，成了国民党在上海的头面人物，备受尊敬。恒社便是其中之一。青帮的传统仍然保留（虽然其仪式已有改动），但是已经有了一系列的依附性的外围组织，有点像蓝衣社力行社下的"先锋团"。上海的帮会成员纷纷组织社团，并非为了掩护其秘密活动，而是获取社会尊敬；为他们的门生中注入"新血"；用一种组织形式将先生和门生的纽带关系扩大到这座城市的不同的社会层面；并将这些社会的、经济的和政治的关系都融铸于一个组织之中。③

从最简单的层面看，恒社的成立就是杜月笙对日益增多的，聚集于华格臬路杜宅希望成为他的门生的买办、官僚、政客、军官、知识分子、商人、实业家和工会活动家们的回应。

其他社团也是如此，在政府合法注册。黄金荣的荣社容纳了一批中产阶级商人、掮客、娱乐业人员（例如剧场、游乐场、舞厅和饭店的职员）和探员等，换言之，就是他的固定客户。④ 但是，这些人与普通的青帮有着关键性的区别：这些社团旨在排斥无业的帮会成员或是流氓之类，而吸收较高层次的成员。帮会头子张镜湖在青帮内有徒众3,000余人，但其中仅有200人被允许加入他的仁社，入社条件中规定军人必须是少校以上，官员必须有确定的官职，商人要有一定的社会声望等等。⑤

---

① 戚再玉编：《上海时人志》，第87—88页。
② 江绍贞：《杜月笙》，引自李新、孙思白编：《民国人物传》，第一册，第316页。亦参见潘翎：《寻找旧上海》，第76页。
③ 苏智良：《上海帮会史概述》，第7页。
④ 王仰清、许映湖：《上海清洪帮概述》，第64页。
⑤ 仁社的成员包括社会名流韩复榘、蒋鼎文、朱绍良、陈光甫和钱新之。苏智良：《上海帮会史概述》，第7页。

在另一稍显复杂的层面看来，帮会头子们在其发迹之时，常常在珠宝店、茶馆这样的场所与黑社会关系人物如店员、罪犯和警察碰头，与之相比较，帮会社团还是一种"令人尊敬"的形式。恒社和仁社的活动完全是公开的。韬朋路（今通北路）1535号的仁社俱乐部中常能见到华探长、公安局第一分局局长与前通州镇守使、前淞沪警备司令。位于白来尼蒙马浪路39号的仁社社部，吴市长的私人秘书与淞沪警备司令部军事法庭军法处长陆京士勾肩搭背，总工会主席朱学范则与宪兵队侦察大队长王兆槐称兄道弟。①

社团的模式扩展到了各个专门的职业群体，使这些社团最终染上了鲜明的职业团体色彩。② 比如杨虎将军在法租界巡捕房政务处华人督察长的帮助下，曾想在海员和书店店员中招募会员，组成兴中社，但是他未能从法租界当局那里获得批准。另一方面，杜月笙和张啸林于1936年组织了生活互助社，最初由国民党上海市党部的党员管理，社址位于蒲柏路（今太仓路西段）434号。1937年3月，该社转而成立沪东司机委员会，组织出租车和公交公司司机加入。工部局巡捕房对该委员会特别关注，该社"对本地青帮大头子杜月笙先生惟命是从，大多数发起人都是他的门生……在地方党部和其他政府机关中任职"③。

这种组织之所以引起公共租界当局的注意，不仅因为它成为流氓控制城市经济中重要交通部门的私人工具，还因为在日本的威胁日益增长的形势下，它使上海的小市民、工人与城市上层人物甚至是国民政府的联合初露端倪。而日本人自己很快就看穿了在每个青帮成员幕后的蓝衣社，他们的记者在1937年3月10日丝毫不差地报道，杜月笙已经成立生活互助社，"以组织小汽车、公共汽车和有轨电车的司机，以防止他们在战时为敌方工作"④。

---

① 徐铸成：《杜月笙正传》，第99页。
② 比如说黄金荣的荣社到20世纪40年代末已经与国民政府警察局的探员队伍建立了格外紧密的联系。王仰清、许映湖：《上海清洪帮概述》，第64页。
③ 上海公共租界警务处档案，S-1特务股7870，1937年5月11日。
④ 附录，上海公共租界警务处档案，S-1特务股7870，1937年5月11日。

第六节　犯罪行为与爱国主义混淆

　　1932 年以后，杜月笙于黑白两道相兼的闻人身份之外，又披上了爱国主义者的外衣，迅速地拓展他的活动，当时有许多机会让他向公众展示对国家的忠诚和对蒋介石的个人效忠。比如，1933 年蒋介石号召全国购买彩票，为买军用飞机筹措资金，杜月笙与戴笠一起组织起"大运公司"，表面上是代表政府出售彩票，但也用来运销毒品。杜月笙将他自己应得的那份酬劳资助戴笠（戴、杜与杨虎三人在 1927 年已结为拜把兄弟）的秘密行动，如 1933 年 6 月 18 日暗杀中国民权保障同盟总干事杨杏佛。[①]

　　1933 年 8 月 12 日，《小公报》记者宣称已经掌握了蓝衣社的暗杀计划，该社已经训练好特务以打击蒋介石的政敌。

　　　　他们从庐山返回上海等待蒋介石将军的命令后，该会在本地的暗杀组成员日益活跃。对特务人员的严格训练正在该会总部紧锣密鼓进行着，所有各区执行任务的杀手的选拔工作业已展开。[②]

　　此项用心良苦的计划招募了 57 名特务，在戴笠和赵永兴领导下分成 14 个组：6 个组在法租界、5 个组在公共租界、3 个组游移于整个华界。[③] 这些恐怖分子据说怀揣手枪，化装成黄包车苦力、算命先生、沿街小贩和其他一些城市底层的人员。他们的任务是找到总司令黑名单上对象的行踪，并当场将他们

[①] 江绍贞：《杜月笙》，第 316 页；章微寒：《戴笠与"军统局"》，第 92、132 页；沈醉：《我所知道的戴笠》，第 9 页；麦金农夫妇：《史沫特莱：一个美国激进分子的生平和时代》，第 368 页。

[②] 《小公报》，1933 年 8 月 12 日，引自上海公共租界警务处档案，D‑4685，1933 年 8 月 14 日。

[③] 赵永兴也许是赵立俊（译者注：根据沈醉的回忆，赵立俊，真名赵理君）的化名。每一组在街头的据点也有规定。引自上海公共租界警务处档案，D‑4685，1933 年 8 月 14 日。

处死。①

不论引人关注的流言蜚语中的刺激性描写是否真实,但人们确实担心,下一个当局的主要对手又要被戴笠的人除掉了。不管舆论的反对,蒋介石在接到报告之后,还是下令筹划谋杀民权保障同盟的第二号领导人:上海首屈一指的日报《申报》的编辑史量才。②

史量才因为在他的报纸上大声斥责政府暗杀杨杏佛,鼓吹坚决抵抗日本侵略而博得公众的有力支持,还因为他反对镇压大、中学生,与教育部长朱家骅背道而驰,而招怨于蒋介石。③ 这3个因素合在一起,尤其是《申报》将国内迫害自由人权人士和对日绥靖等联系起来分析,格外引人注目,直接触怒了蒋介石。④ 在1933年秋天或是初冬,蒋介石要求戴笠着手准备暗杀史量才,史当时在上海担任着一个十分显要的职务:上海市临时参议会议长。⑤

戴笠最初打算在上海对史下手,但是这位大胆的编辑住在公共租界里,那里的警察保护是难以应付的。这个秘密警察头子只得等待,直到1934年10月,史终于离开了公共租界,携家眷前往杭州西湖度假。戴笠迅速出动。一支以赵立俊为首、王克全为副的6人行动小组被派往杭州。暗杀的要求电达赵龙文,赵是浙江省会杭州警察局长,也是朱家骅部长的亲信。特务处的一名司机驾驶一辆黑色别克敞篷车从南京的军统总部直驶浙江警官学校,在那里轿车换

---

① 引自上海公共租界警务处档案,D-4685,1933年8月14日。
② 章微寒:《戴笠与"军统局"》,第133页。
③ 朱家骅30年代成立浙江警官学校,并在名义上领导中统,策划政府推行"党化"教育。他在中央大学镇压学潮,随即就招致史量才的《申报》的攻击,矛头直指蒋介石的"攘外必先安内",拒绝建立抗日统一战线的政策。《申报》主编黎烈文的这些抨击,刊登在《自由谈》专栏上,激怒了蒋介石和他的支持者们。当吴醒亚执掌市党部社会局并成为右翼青年运动领袖之后,责令开除黎烈文,但史量才拒绝了。叶文心:《被疏远的学术:中华民国的文化和政治(1919—1935)》,第173—176页;亦见文新新闻部编:《上海的烽火》,第2页。
④ 有一次史量才对蒋介石说,他有70万读者,委员长有70万人的军队。"若你我合作,何事不成!"根据马丁的说法,史量才的被谋杀"表明南京政府容纳资产阶级的局限性"。马丁:《1927—1937年间上海的青帮与国民党政治》,第43页。
⑤ 章微寒:《戴笠与"军统局"》,第133页。

上了盐业银行汽车的牌照。①

1934年11月14日,史量才和他的家人度假结束,打算乘车返回他们在上海的寓所。史量才一行——他的妻子沈秋水、儿子史咏赓、外甥女沈丽娟和儿子的同学邓祖询取道沪杭公路。当小车驶近博爱镇——离海宁县翁家埠不远,他们看到有一辆车横在公路上,当史的司机减速时,那辆车的车门打开了,杀手们跳了出来并开枪射击。在第一阵弹雨中,司机和那位同学被射死。其他人试图逃到路边一块地里,史夫人被击中受了伤,外甥女沈丽娟也是如此。儿子史咏赓逃到了安全地带。但史量才被当场击毙,尸体被抛入一个干涸的水塘内。虽然警报十分及时,但警察局长赵龙文提前召集浒墅和小河警察分驻所的汽车检查站人员举行会议,牵制了所有的机动警力,使杀手未遇拦阻便径直窜回江苏境内。此时戴笠已经获悉任务成功完成,因为赵局长已经通过戴的妻兄毛宗亮拍发电报到军统,报告"一部二十四史,已在杭州购得"。②

不知何故,在他们整个计划中,蒋介石和戴笠都未能预见到残暴杀害、杀伤史量才及其家人会引发巨大的骚动。③ 社会名人纷纷表达对恐怖行为的义愤,上海市临时参议会全体成员集体辞职以示抗议。④ 他们的辞呈被市政府退回,但是南京不得不做出一些姿态以安抚民众中高涨的敌对情绪。蒋介石向史量才的家属发了慰问唁电,同时责成浙江省政府主席鲁涤平专门负责侦破此大案。赵龙文悬赏10,000元提供有助捕获杀手的情报者,但是他自己却为了躲避公众对他的谴责,于1937年5月随孔祥熙前往伦敦,出席乔治六世的加冕庆典。⑤ 由于该案无法告破,鲁涤平辞去省政府主席之职,也是题中应有之

---

① 章微寒:《戴笠与"军统局"》,第133页;经盛鸿:《民国暗杀要案》,第225页。
② 章微寒:《戴笠与"军统局"》,第134页;沈醉:《我所知道的戴笠》,第9页。
③ 小科布尔:《极端爱国者与秘密特务:华北的蓝衣社和日本特务》,第16页。
④ 安克强:《上海市政府》,第90—91页。
⑤ 赵龙文还代表中国出席了国际警察委员会会议。他的亲信们希望他回国后能够接管中国警察学会。余秀豪致沃尔默,1937年5月14日。

义。鲁后来担任军事参议院的议长,但是直到不久后他因病辞世仍蒙此羞。①

史量才案直接受益者之一乃是杜月笙。史量才死后,杜接替了市临时参议会议长之职。同时杜还担任中国红十字会副会长、中国通商银行董事长和上海禁烟局长。② 初看起来似乎令人难以置信,上海最大的毒品贩子同时又是该市禁烟机关的要员。这一悖论的解释只能是蒋介石自己决心利用全国性的禁烟运动建立他自己的鸦片垄断,从长远来看,这样巨大的政府犯罪行为和厚颜无耻地暗杀杨杏佛和史量才一样,都会损害蒋家王朝。③ 将鸦片合法化的决定直接导致了"党国道德之堕落"——至少在某些当时人眼中如此。④

---

① 章微寒:《戴笠与"军统局"》,第 134 页。
② 麦丹西:《宣传与实践:1927—1945 年间中国官方参与的鸦片贸易》,第 16 页。
③ 但是梯利误解了阿瑟·斯丁康伯(Arhur Stinchcombe)愤世嫉俗但又恰如其分的评论。阿瑟认为,合法性不仅依赖于众多的被统治者的赞同,而且有赖于其他握有实权并行使权力的人士的承认。梯利:《作为有组织犯罪的战争发动与国家创建》,第 171 页。
④ 马寅初语,引自邹韬奋:《小言论》,第 6 页。

第十五章
政治罪犯化

（蒋介石想）依靠牢牢控制鸦片运输，以加强国民政府对于那些心怀叵测的省份的政治控制力。……如果不能从鸦片税收中分得一杯羹，任何地方政府都难以生存；如果中央政府能够控制某省的鸦片供应，那么这个省就甭想成功地反抗。

美国武官约瑟夫·史迪威

在 20 世纪早期，国际毒品交易的发展有 3 个关键性的年代。正如我们在第三章中已经谈到的，首先是 1907 年中英协定规定，禁止英国鸦片输入中国和限制中国国内的鸦片生产。合法鸦片的缺乏产生了对走私鸦片、吗啡和海洛因的需求——由日本和欧洲的不法奸商从合法的制药厂购得麻醉品，然后将它们走私运往中国。①

其次是，由于国联提出要求，到 1932 年，要将欧洲合法的（毒品）工厂数目削减为 1928 年的一半，加剧了从 1927 年开始的欧洲毒源危机。结果，欧洲的不法商人开始在土耳其和保加利亚寻觅新的毒源，他们在索菲亚周围的海洛因工厂进口足够的酸酐，能双倍地满足全球的合法需求。②

最后一个至关重要的年代是在国际政坛命令保加利亚政府关闭其海洛因工厂之后。虽然波斯鸦片多少弥补了一些缺额，中国和日本政府在 20 世纪 30 年代都决定允许毒品工厂和不法商贩扩大他们的经营范围，以东亚的麻醉剂替代

---

① 帕西能、梅耶：《二十世纪早期国际毒品交易：非法工业的发展》，第 52 页。
② 帕西能、梅耶：《二十世纪早期国际毒品交易：非法工业的发展》，第 19—21 页。

欧洲的、中东的毒品。① 20 年代最成功的欧洲毒品贩子埃利·里奥帕勒斯（Eli Liopoulos）对这些剧烈的变化有过精练的概括，他将这些转变的原因归结为世界性的经济危机和相应的银价下降（见附录三）。②

因为大萧条，尤其是因为银价的下跌，无法进口欧洲或土耳其的（毒品），中国业者无力支付能够吸引欧洲生产商的价格。结果，远东的商人只得采用中国土烟作为原料，在中国设厂生产毒品。如果有人说中国能够在短期内向欧洲和美国输出品质可与欧洲生产的相匹敌的毒品，这丝毫不会出人意料。③

里奥帕勒斯极具预见性：1933 年在旧金山被捕的毒犯供出与中国的联系，后来还揭出了中国驻旧金山的总领事，几乎导致对他贩运毒品罪的控告。④

第一节　蒋介石的毒品政策

至少在表面上，中国政府继续积极推行禁止鸦片交易的运动。1932 年 6 月 18 日，当局重申，如果官员无视禁烟法令，将严厉惩处。"故此命令，所有地方长官今后务必遵守和切实执行各项有关禁烟之法令，切不可视为具文而束之高阁。"⑤ 当年，据当局报告，共查获了 30,719,925 盎司鸦片、157,472 盎

---

① 帕西能、梅耶：《二十世纪早期国际毒品交易：非法工业的发展》，第 28—29、53 页。

② 埃利·里奥帕勒斯来自比雷埃夫斯（希腊东南部港市——校者）的一个著名商人家族。他在中国的主要联系人是约翰·伏雅志（John Voyatzis），一名在天津的法租界的希腊毒品贩子。里奥帕勒斯在巴黎犯事后，于 1931 年被逐出法国。帕西能、梅耶：《二十世纪早期国际毒品交易：非法工业的发展》，第 21—22、26 页。

③ 帕西能、梅耶：《二十世纪早期国际毒品交易：非法工业的发展》，第 28 页。

④ 《密勒氏评论报》，1933 年 7 月 8 日，第 225 页；1937 年 7 月 24 日，第 264 页。有关中方与卢西安诺（Luciano）垄断组织的联系，见马歇尔：《民国时期的鸦片与帮会政治（1927—1945）》，第 28—30 页。亦参见帕西能、梅耶：《二十世纪早期国际毒品交易：非法工业的发展》，第 37 页。

⑤ 《中国事务：中国每周要闻》，1932 年 6 月 30 日，第 3—4 期，第 46—47 页。

司吗啡、360,425 盎司海洛因和 12,578,995 盎司其他"效力很大的毒品"①。

但是同一时间,公共租界警务处督察员艾尔斯(Aiers)的例行报告却这样说:

> 通过大量船只成功运来的鸦片被分销至法租界的多家联合企业中。这些企业通常会报告负责监督和鉴别鸦片的茅章顺(Mau Zang Sung),茅从中抽取每盎司 8/10 分的佣金。然后再取出他自己的一份,其余由其他帮会成员瓜分。茅章顺是杜月笙的徒弟和助手。②

鸦片走私贩们经营着外滩码头,开始时向"老公司"支付保护费。"老公司"运行顺利,直到谋求工部局巡捕房的华探们保护的代价变得过于昂贵,"老公司"才决定尝试内河运输。他们贿赂了江苏省水上警察,以允许他们的毒品运输船在远离外滩的码头靠岸。由此留下来的空缺迅速地被 2 名工部局巡捕房华探经营的"新公司"填补,他们声称每月都要贿赂警队其他成员,同时还要向"流氓"付钱,再由他们报告杜月笙。③

在 1932 年,多少有些空喊禁烟的政府与藐视禁烟法令的租界华捕并无芥蒂。1933—1934 年间有所变化,在财政部长宋子文领导下,一面加强禁止吸食鸦片,一面建立对毒品运销控制的政府垄断。④

1933 年 1 月,宋部长使汉口特税局直属于蒋的总司令部,次月,将禁烟的全部权力集中到蒋介石任主席的军事委员会。⑤ 1933 年 5 月,蒋介石下令,在汉口建立一个总仓库储存收缴的鸦片。该仓库由一名大鸦片贩子经营,前上

---

① 《中国事务:中国每周要闻》,1932 年 6 月 30 日,第 3—4 期,第 107 页。

② 上海公共租界警务处档案,D-4009,1932 年 9 月 14 日,第 3 页。

③ "以后出现警方的行动在某种程度上迫使〔老公司〕放弃陆路运输而采取水路运输……江苏水巡警察在内河的所作所为也难以信赖,而且也每月从烟帮或从杜月笙处收受陋规。"同上,第 3—4 页。

④ 宋子文重新出任财政部长,可以视为他与杜月笙之间部分的妥协。在这场"运动"期间,孔得到了杜控制的上海总工会、纳税华人会和上海市民联合会的支持。马歇尔:《民国时期的鸦片与帮会政治(1927—1945)》,第 46 页。

⑤ 田弘茂:《国民党中国的政府和政治(1927—1937)》,第 24 页。

海公安局长陈希曾、湖北公安局长和当地蓝衣社头子监督。蒋介石计划垄断鸦片收购和现有湖北的 48 家分销商经营许可证的发放。经营方法与以前相同,但现在政府可以从利润中分得一大杯羹了。①

对控制鸦片贸易这两方面的努力似乎应该是相辅相成的。也就是说,瘾君子们会被迫登记,他们的吸食量将被政府控制而逐渐减少,而政府则成为全国唯一的鸦片供应商。1933 年 11 月 1 日,《申报》刊载了一条由蒋的总司令部颁发的命令,呼吁取缔未经授权的鸦片贸易。该公告承认,政府在江西"剿共"的军费大部分源于鸦片税收。南京控制之下的 10 省禁烟局的鸦片税收此后须缴入农业银行,由南昌行营用于"剿共"。换言之,南京政府决心建立鸦片垄断:向有执照的吸毒者出售毒品以获取额外收入,同时,禁烟局在宪兵支持下,切断非法毒源。②

> 由于政府已经能够将鸦片从其产地省份转运至长江流域的一些置于政府监管之下的港口,因此能够垄断大量土烟的运销。到 1937 年,至少已控制有 400 万烟民,在这期间,没人能逃避政府征收的烟税。1934—1937 年的纯利润肯定远远超过 5 亿元。③

1933 年间每月的鸦片税收相当于 3,000 万元,成为政府的常规收入的补充部分,继续实行垄断的压力实质上是无法抵御的。④ 然而正如政策评论家马寅初所指出的:"鸦片公卖之收入不可希冀,其后患将无穷。"⑤

正如我们所看到的,在上海,自从杜月笙将其活动范围移出法租界后,虽

---

① 马歇尔:《民国时期的鸦片与帮会政治 (1927—1945)》,第 21 页。1932 年汉口特税局在鸦片运输中收缴 1,600 万元以上的鸦片。
② 马歇尔:《民国时期的鸦片与帮会政治 (1927—1945)》,第 21—22 页。
③ 麦瑞:《日本和鸦片威胁》,第 33 页。
④ 麦瑞:《日本和鸦片威胁》,第 33 页;马歇尔:《民国时期的鸦片与帮会政治 (1927—1945)》,第 21 页。
⑤ 马寅初语,引自邹韬奋:《小言论》,第 6 页。

然蒋介石已经认可了杜在长江下游三角洲的毒品垄断，他的三鑫公司还是解散了。① 1932 年 7 月，财政部推出了一项在江苏公卖鸦片的计划，江苏省政府授权于 9 月 1 日拍卖没收的毒品。杜月笙与省政府代表协商，并努力确保其在上海的鸦片垄断。这是一次汉口会议之后达成的国家层面的交易，在那次会议上，他允诺直接向财政部支付 300 万元，以作为政府对从四川沿江而下的船只提供保护的交换。②

有赖南京财政部的庇护，杜月笙在南市重开三鑫公司，再操旧业，俨然"上海滩首屈一指的鸦片经销公司和供货商"。为了得到即刻有效的公司执照以经销鸦片，并有权保护贩子商人，据说作为交换，三鑫公司每月要向中国地方政府和中央政府交纳约 20 万元。这样，青帮完全切断了与法租界原有的瓜葛，把鸦片经销生意的中心直接放在了南市。③

第二节　蒋政府中的两面派

毒品贸易的另外部分是将鸦片、吗啡原料掺入吗啡的乙酰替代品、红丸（吗啡和马钱子碱）和海洛因。就如中国和日本产的生鸦片于 30 年代替代了中东的毒源一样，东亚的提炼工厂也代替了早期的欧洲毒品进口。现在置于蒋介石直接军事控制之下的南京政府禁烟局已经开始着手将大量查没的鸦片交给杜月笙提纯为海洛因。④ 按照工部局巡捕房情报人员的报告，现在蒋介石授权

---

① 马歇尔：《民国时期的鸦片与帮会政治（1927—1945）》，第 33—34 页；《杜月笙（镛）先生备忘录》，特务股秘密备忘录，1939 年，上海公共租界警务处档案，D-9319；马丁：《"与魔鬼订约"：1925—1935 年青帮和法租界当局的关系》，第 29、32 页；伊罗生编：《国民党反动统治的五年》，第 96 页。

② 上海公共租界警务处档案，D-5645，1933 年 11 月 25 日。

③ 上海公共租界警务处档案，D-5645，1933 年 11 月 25 日。

④ 1933 年，南京的军队从十九路军中查获几百吨波斯鸦片。其中大多数都交给杜月笙将其制成海洛因。马歇尔：《民国时期的鸦片与帮会政治（1927—1945）》，第 33 页；麦丹西：《宣传与实践：1927—1945 年间中国官方参与的鸦片贸易》，第 15 页。

杜月笙将国民党禁烟局缴获的船运鸦片提纯为吗啡或海洛因，表面上是销售于医务用途，但是所获利润是"为了用于蓝衣社"。①

> 在华界外滩的吗啡工厂已经存在六个多月了，在杜月笙的要求下，通过前任公安局长黄振兴已经从蒋介石处得到了经营此工厂的许可……据传闻，吴铁城市长许诺对继续经营毒品工厂不予过问。②

"协记"作为一家特别子公司成立，以经营在南市的多家毒品工厂。自然，协记得到了地方最高长官的支持。工部局巡捕房的密探报告，该公司属于杜月笙、张啸林、工部局巡捕房助理督察长陆连奎、市长吴铁城和宋子文。为了安全经营该工厂，杜月笙和宋子文"积极钻营，以使吴铁城市长坐上淞沪警备司令的交椅"③。

截至1933年11月17日清晨，杜月笙可在6个月的期限内，将鸦片或生吗啡提纯为吗啡、海洛因和红丸。这期间，他在南市太平弄104号的工厂得到了中国政府的全面保护，而每天所获的5万美元的利润中很大部分应用来支付蒋的军费开支。④

杜月笙看到了从此计划中获取更大利润的可能性——这种利润足以支付他为了维持垄断权而允诺交给蒋的军队的巨额费用。他已经欠了蒋政府近百万元的债了。考虑到他可以蒙骗蒋，佯称当地毒品价格下降而拖延处理南京搜缴的鸦片，杜月笙与天津市警察局长、张学良的弟弟张学铭一起安排了一次秘密交易。从张学铭在天津的仓库运来大量的吗啡，在南市的工厂将其提纯，以代替由蒋介石手下掌握的边际利润低得多的毒源。根据工部局巡捕房的报告，吴

---

① 《杜月笙（镛）先生备忘录》，特务股秘密备忘录，上海公共租界警务处档案，D-9319，1939年9月1日，第6页。
② 上海公共租界警务处档案，D-5645，1933年11月30日。
③ 上海公共租界警务处档案，D-5645，1933年11月25日。
④ 上海公共租界警务处档案，D-5645，1933年11月25日。

铁城市长每天收到1万元，而"对这一诡计视而不见"。①

6个月迅速流逝，随后，吴市长因以当地市场毒品价格下降为由，向蒋介石申请放宽11月17日的截止日期，展延提纯期以提高利润。蒋批准了这一申请，但到中秋时分，他收到了关于这一骗局的情报——也许是从戴笠和黄金荣处。②

蒋介石已经因为犯罪圈中公开议论他的政府通过宋子文和吴铁城与黑社会在毒品的非法交易中关系密切而恼火，更为这种两面派行为所激怒，特别是为这个上海利益集团提供保护伞的是他自己的妻兄和他的一名亲信。所以，委员长决定从外地调军队介入。随着原定的最后期限的临近，蒋从南京的中央宪兵队第一团派一营504人突袭协记工厂。11月17日午夜，最后期限过去不到24小时，宪兵将把守工厂入口的4名公安局警官缴械、摄影，并没收了他们的警徽。还逮捕了在提炼工厂内的19名"同住者"，起获价值约500万元的吗啡和红丸。③ 4名警官被移送上海公安局第一区，其余被捕者拘留于龙华警备司令部。④

突袭的消息一传到杜月笙耳中（他认为可能是本地贪心不足的官员所为），杜便向淞沪警备司令部的副官长上校温建刚施压，温下令释放3名被捕者，其中1名是杜自己的侄子。该命令盖上了上海市市长吴铁城将军的大印。11月19日，温上校前往龙华宪兵队，要求与被捕者见面。当这一要求被拒绝之后，这位副官长悻悻而去，再回来时带着淞沪警备司令部的8名武装宪兵，要求见囚犯，而囚犯此时已经解往其他地方。温上校空着手离开了龙华兵营。

---

① 《杜月笙（镛）先生备忘录》，特务股秘密备忘录，上海公共租界警务处档案，D-9319，1939年9月1日，第6页。

② 上海公共租界警务处档案，D-5645，1933年11月30日。沈醉后来指控戴笠插手温建刚之死。沈醉：《我所知道的戴笠》，第19页。

③ 据估计这批毒品的价值超过该数字60万元。上海公共租界警务处档案，D-5645，1933年11月30日。

④ 上海公共租界警务处档案，1933年11月23日。

而争吵的消息立刻就由南京的宪兵总部报告给了在南昌的蒋介石。由蒋的代表下令，宪兵拘留了温副官长，逮捕了淞沪警备司令部参谋长江群［音］将军，并将吴铁城市长监视了起来。①

蒋介石大怒，要求他们亲自给他一个解释。1933年11月23日，吴铁城、杜月笙和张啸林乘飞机从虹桥机场直飞蒋在南昌的行辕。② 此番面蒋一定是又紧张又困难。吴铁城怎么可以授权他自己的副官长，试图从蒋介石的宪兵手中探视并想释放帮会成员和流氓呢？吴铁城别无选择，只得牺牲他的副官以平息蒋的怒火。公共租界警务处的报告中谈道："市长为自己开脱，说他对吗啡工厂之事一无所知，而他有一方印戳通常都是保管在他的副官处长手中，以备办公室之用，而且可以在他不知情的情况下使用之。"③

蒋介石接受了吴的替罪羊策略。当11月26日吴铁城、杜月笙和张啸林飞回上海后，42名中央宪兵队员坐火车将在龙华的21名犯人（19名在突袭中抓获的，再加上温建刚上校和江群将军）押往南昌。当犯人押至蒋的行辕之后，2名军官曾受审，然后按委员长之令均被枪毙。④ 次日，吴市长向南京发了一份电报，提出辞去大上海市长与淞沪警备司令之职。⑤ 国民政府中欢迎吴铁城辞职的大有人在，他们正觊觎着市长的宝座。⑥ 但是宋子文另有想法，只因吴铁城与粤系关系密切，在福建省想从国民政府中分裂出去的关头，正需寻求粤

---

① 上海公共租界警务处档案，1933年11月30日。亦参见马歇尔：《民国时期的鸦片与帮会政治（1927—1945）》，第34页。

② 上海公共租界警务处档案，D-5645，1933年11月25日。

③ 《杜月笙（镛）先生备忘录》，特务股秘密备忘录，上海公共租界警务处档案，D-9319，1939年9月1日，第7页。

④ 上海公共租界警务处档案，D-5645，1933年11月29日、1933年12月4日、1933年12月11日、1933年12月14日。1933年12月12日，徐进原接手参谋长一职，而甘海赖成为副官长。

⑤ 上海公共租界警务处档案，D-5645，1933年11月28日。

⑥ 这些人中包括杨永泰（蒋的秘书）、吴醒亚（社会局局长）和朱家骅（交通部长）。上海公共租界警务处档案，D-5645，1933年12月10日、1933年12月17日。

方的支持。①

第三节　福建叛乱与吴市长的去留

11月初,李济深和陈铭枢带领十九路军——当然是最具影响力的粤方军队——发起在福建建立独立政府的运动,并致力于推翻蒋介石。许多观察家相信,只要福建军队不开赴潮州,广东的政治领袖们就会保持中立。而且福建方面的先遣部队第五十六师在刘和鼎率领之下,已经结集在闽浙边界栖霞关下的蒲城。叛乱对于蒋的统治权力构成了极为严重的威胁,而且上海的政治观察家们推测,蒋不愿意在这样的紧要关头与吴铁城和他的粤方同仁交恶,虽然南京内部宣称他们已经收买了分裂分子中关键的领导人,叛乱注定会失败。②

事实上这都靠军统局长戴笠。他派出了一队特务,由副局长郑介民带领前往蒲城以南约18公里的建瓯。这支队伍被称为策反组,在莫雄等人的带领下分成4个行动组,深入福建人民政府控制的地区,以招降纳叛。戴笠本人在沈醉陪同下,于紧临厦门的海岛胜地鼓浪屿建立他自己的指挥部,周旋于来海滩避暑的外交官、商人和传教士之中。策反组遵照戴笠的训示,试图争取叛军中的"师长",并成功地将叛军中2名关键性的军官争取了过来,他们是黄强参谋长和范汉杰参谋处长。③ 在起义最初的日子里,戴笠的人就掌握了敌军的密电码本,能从他们在鼓浪屿的总部侦听到十九路军的所有作战部署,戴笠还说服马尾驻军的团长,开放去福州的水路,使蒋介石的军队得以于1934年1月

---

① 上海公共租界警务处档案,D-5645,1933年11月23日。
② 上海公共租界警务处档案,D-5645,1933年11月30日。
③ 戴笠在对他的特务的训令中强调了解并操纵军官层中为重要首长的参谋官的重要性。正是这些充当机要秘书和参谋长的军统统治着中国。戴笠相信只要你掌握了这些人,那么其他一切事情都将迎刃而解:"上下通气,一通万通。"

轻而易举地占据了福州，迅速平息了叛乱。①

但是这些结果，在 11 月 27 日前，是无法预料的。在福建叛乱的形势下，吴铁城的去留需要三思而行，这促使蒋介石于 11 月 28 日退回了他的辞呈。② 在一场盛怒之后，蒋介石发现他派往看守协记公司吗啡仓库的中央宪兵队的军官，事实上监守自盗了价值20万元的毒品（4人逃脱，4人被抓并被处死），便同意生意照常恢复。③ 委员长与杜月笙谈成了一笔交易，归还了收缴的吗啡和红丸，三鑫公司鸦片公卖印花（在 11 月 18 日以后该印花已经从上海的市面上消失了）于 1933 年 12 月 2 日再次出现于当地的毒品货运中——由上海市公安局长文鸿恩直接控制下的禁烟局和特务团的20人看守。④

协记毒品案的沉浮反映出蒋介石对政府鸦片公卖的矛盾心理。一方面，他由衷地憎恶利用吗啡和红丸，⑤ 但另一方面，正如他的妻兄提醒他的，鸦片公卖为政府提供着巨大的税收——这些收入可以用来支付华中剿共战争的日益增长的费用。蒋介石与内敌的战争不能不使他权衡利弊，但为了取胜，牺牲个人名誉也在所不惜。这是一件典型的因利害关系而不了了之的案件，对此，蒋介石的政敌们私下里庆幸，但却公开地给予谴责。通过出售西方帝国主义强加于中国的"洋土"鸦片来支付军饷，使蒋介石对共产党人赢得了巨大的、具有决定意义的胜利。

蒋介石在良心上的自责难以消逝，这或许可以解释他对吴铁城在上海政府机关中一些贪污腐化事件的常常发怒。例如，1934 年 12 月，委员长再次对所描述的"上海市公安局机关中普遍的腐化"表示强烈不满，他将此归咎于吴

---

① 章微寒：《戴笠与"军统局"》，第 92—93 页；沈醉：《我所知道的戴笠》，第 16 页；沈醉、文强：《戴笠其人》，第 188 页。
② 上海公共租界警务处档案，D-5645，1933 年 11 月 29 日。
③ 上海公共租界警务处档案，D-5645，1933 年 12 月 1 日，1933 年 12 月 6 日和 1933 年 12 月 11 日。
④ 上海公共租界警务处档案，D-5645，1933 年 11 月 30 日，1933 年 12 月 4 日和 1933 年 12 月 11 日。
⑤ 上海公共租界警务处档案，D-5645，1933 年 11 月 28 日。

市长。在这一案件中，关巩——上海市公安局一区区长被确信曾潜入协记的吗啡仓库，并偷走了在去年的突袭中已经查封的一部分毒品。① 因为关巩是吴市长的小舅子，多数人都相信吴市长事先已经泄密给关巩，建议他躲起来或离开上海的故事。② 吴铁城不得不再次面见委员长，汇报他在这一事件中的角色，他的去留又成了问题。但是权衡利害，吴市长还是保住了官职。③

第四节 利用毒品与新生活运动："六年计划"

1934年2月国民党政府宣布新生活运动的同时，还宣布了禁烟的"六年计划"，即通过注册和发给许可证的办法以逐渐减少鸦片吸食者。作为新生活运动的一部分，禁烟运动把吸食鸦片等同于缺乏爱国心的行为，控诉日本鬼子散播海洛因、吗啡以使中国人民道德沦丧和麻木不仁，在崇信国家主义的年轻人中取得了一定进展。④ 但是国民政府于1940年前提出在中国消灭鸦片吸食者的"六年计划"，主要并非针对新的日产鸦片，而是因为军事委员会在长达4年反共"剿匪"战争中已在当地3省成功禁烟。1934年1月，国家禁烟委员会提请行政院，要求将禁烟工作移交至军事委员会委员长，由他组建一个由中央政府支持的新的中央禁烟委员会。⑤

"六年计划"的关键是在鸦片政府公卖的前提下，让吸食鸦片暂时合法，允许将鸦片出售给登记在册的吸毒者，条件是他们同意在指定期限内戒除毒瘾。只有这些正式登记的瘾君子才允许从总部设在汉口的各地禁烟局购得毒

---

① 关巩在1934年11月已经因为随意干涉工会运动，被中华海员工会国民党特别党部告到国民党中央委员会。上海公共租界警务处档案，D-5645，1934年12月12日。
② 上海公共租界警务处档案，D-5645，1934年12月4日。
③ 上海公共租界警务处档案，D-5645，1934年12月17日。
④ 麦瑞：《日本和鸦片威胁》，第27—28页。
⑤ 李义庭：《中国的禁烟》，第73—74页。

品。① 在册吸毒者中，45 岁以下者须于 1938 年底以前戒绝毒瘾，50 岁以下者限在 1939 年 6 月底，55 岁以下者为 1939 年底，60 岁以下者为 1940 年 6 月底。②

吸毒合法化的反对者将这一计划描述为将鸦片贸易转化为国家的常规预算项目，每年的此项税收收入到 1934 年已累计超过 1 亿元。③ 但是蒋介石——他自任国家禁烟委员会委员长，坚持这一新的垄断控制制度，同时辅以戒毒计划，以期彻底消除鸦片危害。甚至在那些所谓的边疆省份（陕西、云南、四川等），也要求于 1940 年前停止生产鸦片，并采用了特务的监视系统，威胁将这些抗命不遵的地方官员终身监禁或者处决。④

在第二年——1935 年间，为了追击长征中的共产党，蒋介石的军队进入贵州。蒋要将西南及其政治派系控制起来，他就必须捣毁他们的独立的鸦片垄断。结果，蒋利用了他在贵州用兵的机会，将原来由广西转运南方的贵州毒品改道，沿长江经汉口运至上海。贵州人李仲公在国军进入该省之后，被任命为省财政厅长，负责鸦片公卖；同时，杜月笙和他的鸦片联合王国获得将贵州鸦片出省运往汉口和上海的垄断权。⑤

蒋对贵州鸦片的改道，使得桂系转而将云南作为他们的替代毒源。作为报复，南京政府拟从云南修筑一条公路，连接尚未完工的粤汉铁路。但甚至在该公路于 1935 年秋通车以后，云南的鸦片商继续取道广西，因为那里的通过税

---

① 到 1935 年登记注册变成强制性，因为新刑法中对吸毒者和毒贩规定的惩罚更为严厉。王：《刑法修订本》，第 38 页。

② 实际上，许多吸毒者对登记抱有顾虑，害怕会遭公众歧视、被惩罚（如果前吸毒者再次开始吸毒，他们将立即被处决）和征税。《上海市年鉴》，F－76；亚当斯：《中国：亚洲有利可图的灾难的历史背景》，第 382 页；麦丹西：《宣传与实践：1927—1945 年间中国官方参与的鸦片贸易》，第 10—12 页。1936 年法律实施后，在华中和华北有近千名毒贩和没有希望戒毒的吸毒者被枪决。《警卫报》，1937 年 1 月 4 日，第 12 页。

③ 马歇尔：《民国时期的鸦片与帮会政治（1927—1945）》，第 34 页。

④ 《警卫报》6.9，1934 年 10 月 15 日；麦丹西：《宣传与实践：1927—1945 年间中国官方参与的鸦片贸易》，第 12—13 页。

⑤ 马歇尔：《民国时期的鸦片与帮会政治（1927—1945）》，第 22、34 页。

要低得多。尽管如此，广西政府还是陷入了经济窘境，而蒋通过他与杜月笙和上海的毒品利益集团所设计的专卖制度，无疑大大丰满了他自己的钱袋。①

在上海，对地方禁烟运动的控制，出现了相当数量的竞争对手。1934年新生活运动早期阶段，宋子文决定根据新近宣布的政府鸦片公卖政策，组织税警团，将上海的毒品市场置于警方控制之下。宋亲自负责上海的禁烟，招募了一支由数百名优秀警察组成的统一队伍，按他的命令行事。这是对青帮作为半合法包税商对毒品市场的私人控制的直接挑战。黑社会迅速给予还击。当宋子文在上海火车站候车时，有人向他开枪。宋的一名秘书倒地身亡。宋自己将他的白色巴拿马草帽——明显的目标，扔在一边，躲进一根钢梁后的人群中。② 此后不久，宋的鸦片警队解散，而蒋介石的秘书杨永泰与杜月笙达成新的协议，重新开张了南市的吗啡工厂。从此以后，杜的化学家们垄断了从重庆、宜昌和汉口沿长江运来的所有毒品原料的最后提纯过程。③

虽然有这些黑幕交易，但大上海的人们还是怀着极大的热情展开了禁烟运动，1934年11月对瘾君子开始实行强制登记。已知的吸毒者若未经登记，将课以50—300元法币的罚款，到11、12月间，有近16,000人在登记后，由公共健康官员送往3家有特殊设备的医院中的一家来接收他们。④ 采集指纹后，他们被强制戒毒，在发给戒烟执照后被释放。他们被要求6个月后回来再接受检查，重新发给第二份健康状况执照。⑤

然而在1935年的最初几个月，由于缺乏持续的调查、控制和激励，登记工作萎顿了下来。这又是一次由官方试图自上而下，通过惩罚的威慑而不是鼓励或思想工作发动的群众运动。（外国租界内的吸毒者极少前来注册，中国警

---

① 马歇尔：《民国时期的鸦片与帮会政治（1927—1945）》，第26—27页。
② 马歇尔：《民国时期的鸦片与帮会政治（1927—1945）》，第33页。苏伊斯：《鱼翅和小米》，第70页。
③ 马歇尔：《民国时期的鸦片与帮会政治（1927—1945）》，第34页。
④ 1934年一家戒毒所在龙华开办，以照管被军队逮捕来的吸毒者，1935年1月、5月，另两家戒毒所在闸北和南市开办。《上海市年鉴》，B-79；安克强：《上海市政府》，第291页。
⑤ 《上海市年鉴》，F73-76。

察在那里没有任何影响力。）1935年6月26日，上海市政府接到蒋介石的命令，下令以新的途径加强登记。蔡劲军局长将禁绝"鸦片毒魔"指定由新设的第四科负责，这是一个专门处理毒品问题的部门，由戴理真［音］任科长。① 登记队布置就绪，按月拨给他们经费，在9月13日—30日间，负责在他们辖区内调查和汇总吸毒者名单。吸毒者被告知最迟在该月月底前，自动前去注册，否则他们将面临的处罚是从罚款直至坐牢。②

政府在1934—1936年间对于禁烟运动的诚心与重视无可置疑。至1937年，全中国已有1,000余家戒烟医院或戒烟所，据一家上海的戒烟所声称，该院治愈的7,000余名病人已经出院。全国有400多万名吸毒者登记在册。在江苏，有2万人依照禁烟法被起诉，而1937年1月2日的最后期限之后，有2,000余名吸毒犯被处决。③ 1935年7月至1936年9月间，有43,020名吸毒者登记注册。④ 至此为止，在上海的4家戒毒中心共有床位550张，而一个戒毒过程大约需2周，这样仅可收治40%或者说16,500名吸毒者。⑤ 而且由于许多吸毒者未被告发或者宁愿搬入公共租界或法租界也不愿登记，故鸦片问题仍然存在。⑥

1936年4月，蒋的军事委员会为加快在上海的禁烟工作做出又一决定，

---

① 上海公共租界警务处档案，D-7138，1935年12月12日。
② 《上海市年鉴》，F73-74。
③ 麦瑞：《日本和鸦片威胁》，第32页。要求全国军民停止吸食鸦片的命令于1936年4月签发后，数十名上海市公安局的警官和巡警受到调查。然而，实际仅有2名警官被送往警备司令部，受到处罚。《上海市年鉴》（1937），F78-79。
④ 这些登记注册的人中80%为工人和无业游民。他们经常因毒瘾太大而无心饮食，但他们戒毒以后，不久即重复吸食，他们需要根本救济之法。这些前吸毒者被送到南通、铜山、盐城等县的工厂中工作。《上海市年鉴》，F81-82。
⑤ 《上海市年鉴》，F79-80。1935年7月至1936年12月31日间，送院戒绝烟民共达17,600人。大多数为自动投戒。同上，F80。
⑥ 《上海市年鉴》，F81。由于治外法权，在1934—1936年的禁毒运动期间，中国警察在查访租界内的毒品库、医院和医学院中碰到了极大的困难。比如说，超过90%的毒品公司都设在租界内。同上，F78。

指派马亮为特别顾问,与蔡劲军局长一起工作,军事委员会批准了一项计划:由公安局领导一场检举烈性毒品工作。换言之,禁烟运动已经决然地转化为由警方发起的告发运动。由上海市警察局拟订检举烈性毒品工作实施方案,规定检举程序,宣传、调查、缉捕三者同时进行。为了宣传,公安局使用了海报、传单、广播电台、电影剪辑、报纸公告、演讲队和各"民众教育馆",向大众宣传这次运动。为了调查,所有就地岗警都被要求开展户籍调查。为调查和取证,特种警队被派往各辖区和邻近的岗亭查看行动是否真正展开。而且,拜访烟馆,要求烟客们自动前去登记,并有信件寄往购买鸦片者的家中,等等。最后,挨家挨户地进行搜查,吸毒者被要求提供证据证明他自己已经登记。1936年5月10日至9月10日间,领照烟民共计24,144名人,有5,680人被送往戒烟医院。①

1936年10月28日,警备司令部召集上海所有禁烟单位开会。当局发现大多数的普通烟民都是工人或无业游民。登记站近来已经少有人问津,因此警队必须前往宣讲、劝告,尽一切可能让烟民自己走进戒毒所。同时,还要下更大力气逮捕毒品贩子——他们中许多人都是从天津运来鸦片在上海贩卖的日本或朝鲜浪人。②

第五节 毒品贸易中的日本人

1935年日军控制华北以后,天津成了毒品这一"特别交易"的中心,大量的波斯鸦片和提纯后的毒品从日本和伪满洲国流入。③ 生产、加工和将毒品

---

① 在这24,000人中,约3,000人为普通有业者,而21,000人为城市贫民。《上海市年鉴》,F78。

② 《上海市年鉴》,F79。与日常的贸易相同,在上海和天津之间存在着一个毒品"走廊"。参见梁元生:《津沪走廊:十九世纪末中国省际关系的个案研究》,第209—218页。

③ "1933年汉口日租界关于鸦片及其他毒品之报告",中国第二历史档案馆档案,12/370/1933,2a。亦参见《密勒氏评论报》,1937年6月26日;麦丹西:《宣传与实践:1927—1945年间中国官方参与的鸦片贸易》,第20—21页。

销给中国人，在日本及其傀儡伪满洲国已经形成了一个庞大的全国性产业，其毒品出口量从 1911 年的 2,498 公斤增至 1926 年的 35,930 公斤。① 1933 年以后，在日本军队的保护下，满洲的毒品贩子迅速越过长城四处散布，深入至华北各地，天津成为远东最大的毒品集散地。② 日本的鸦片交易一直蒙蔽着全世界，直到 1934 年美国将其曝光于日内瓦禁烟顾问委员会，谴责日本通过对满洲的鸦片垄断进行着世界上最大的、独一无二的非法毒品交易的勾当，在 1933 年 6 月到 1934 年 6 月间共聚敛了 1,000 万元的利润。③

毒品之"特别交易"由日本军队秘密发起，官方的入伍指南告诫关东军的士兵：

> 像日本人这样的高等人种对于吸食毒品不屑一顾。只有像支那人、欧洲人和东印度人这样的低级人种才会吸毒上瘾。这就是他们注定要变成我们的仆从，并最终灭绝的原因。④

要求日本的领事官员协助在华北禁止毒品交易于事无补，因为这些外交官在他们的军官面前毫无用处，后者根本不会因为"走私中国壮丁或让他们吸毒而破坏中国的财政"而有所收敛。⑤

到 1937 年时，日本保护下的毒品交易的规模令人惊愕。根据中国禁毒会对天津日租界的调查，该处有 248 家外国洋行贩卖吗啡和海洛因，有 137 家烟

---

① 李义庭：《中国的禁烟》，第 55 页。
② 伊洛：《日本在华北的"特种贸易"》，第 143 页。
③ 李义庭：《中国的禁烟》，第 53—54 页。该交易由财政部雇员尼克森（Nicholson）报告于美国政府，他在 1934 年报告说："在华北的日本军队如今公开参与此项非法交易。鸦片和海洛因在日本武装部队的保护下一车又一车地从热河运入。"引自帕西能、梅耶：《二十世纪早期国际毒品交易：非法工业的发展》，第 47 页。
④ 关东军入伍手册，引自麦丹西：《宣传与实践：1927—1945 年间中国官方参与的鸦片贸易》，第 19 页。日本军方与毒品交易的联系，见《警卫报》，1937 年 2 月 11 日，第 124 页。
⑤ 《警卫报》，1937 年 2 月 11 日，第 123 页。

店和烟馆，另外在紧靠租界边界的马路上还有烟店与烟馆。① 1937 年 2 月间，伍连德博士对天津地区做了为期 10 天的访问，他报告不法商人每日从北方的毒品加工厂带来毒品，廉价兜售，使越来越多上学的男孩、女孩染上了毒瘾。②

1935 年下半年，蒋介石政府试图与日本的毒品贩子竞争，在天津成立了禁烟委员会。1936 年 2 月 18 日，平津禁烟特派员公署成立，在其支持下，当地公卖机构计划在外国租界外开设 50 家分销店。③ 而这期间，"日本浪人的走私行动扩大到了上海"，而且不久他们公开与中国的海关监察员发生争执。不过，直到日本人真正占领该市之前，上海本地错综复杂的禁烟与售烟网络，仍然使从日本、朝鲜和中国台湾来的形形色色的日本"特务机关"及其"押苦札"成员难以大伸拳脚。④

实现对毒品交易统治的关键仍是中国政府的支持。在上海，这一支持是通过一家称为"特种物资协会"的公司（SGA）实现的。这家公司由在上海的所有大型毒品制造商和零售商组成，它对所有从汉口销往上海的鸦片每两（1.3 盎司）征税 10 分，用这些资金操纵上海所有毒品的生产、购买、运输、分配和销售。这笔钱也用于贿赂。在过去多年的运作过程中，这家公司每月都要贿赂公安局长 25 万元，再由他分给他的警官们。新任公安局长蔡劲军要求每月再加 10 万元，遭到鸦片商们的拒绝，蔡将军就将他们的烟馆关门 3 天。1935 年 5 月 5 日，杜月笙特意邀请蔡将军赴宴，代表鸦片商们与蔡谈判，达成了协议：此后每月的进贡增为 30 万元。第二天，鸦片烟馆便重新开张了。⑤ 公司

---

① 《密勒氏评论报》，1937 年 6 月 26 日，第 114 页。亦参见马歇尔：《民国时期的鸦片与帮会政治（1927—1945）》，第 24 页。

② "在从沈阳到北京的列车上的每名乘客，只要他想要，都可以自由携带一（袋）毒品。日方的保护使得这些人免受中国海关和警官的检查。"《警卫报》，1937 年 2 月 11 日，第 123 页。

③ 马歇尔：《民国时期的鸦片与帮会政治（1927—1945）》，第 22 页。

④ 《密勒氏评论报》，1937 年 4 月 1 日，第 3 页。

⑤ 这段叙述根据禁毒局的报告，引自马歇尔：《民国时期的鸦片与帮会政治（1927—1945）》，第 34 页。

的贿赂款还有利于向所有禁烟团体的领导职位安插其代表。这是促成杜月笙作为纳税华人会主席而成为上海禁烟委员会常委会的领导成员的原因之一。①

然而,问题在于,随着中国和日本间对鸦片交易竞争的升级,上海的稳定也岌岌可危了。1937年1月1日,蒋介石颁布新法令,严惩吸食精制烟膏。照工部局巡捕房的说法,这是中日鸦片交易控制战的爆发。②

毒品与间谍之间的关系也变得空前亲密。随着日本在华北势力的扩大,其特务机关与毒品之间可谓形影相随。1937年7月卢沟桥事变爆发,日本大举侵略中国后,他们就开始通过收买杜月笙的人或者安插自己的特务,接管了南方的毒品网。③

像伍连德博士这样要求毒品立法的善意的建议者,有理有据地主张政府公卖旨在使卫生机构能利用登记注册制度和戒毒所帮助吸毒者戒除毒瘾。像委员长的妻兄宋子文这样的政治"现实主义者",则可以强调由国家征收大宗个人税的重要性,否则它们将会落入帮会手中。而像蔡劲军局长这样的军警要人,又可以强调剥夺地方军阀和日本"特务机构"的这一有利可图的财源的紧迫性。但事实仍然是,当蒋介石和他的支持者们宣布将实行鸦片公卖时,并没有骗人,确实是"一石二鸟(一举两得)"之策:既补充军队军饷,又戒除吸毒者的毒瘾。④ 进步记者邹韬奋辛辣地写道:国家的戒烟所没有鸦片烟馆多。邹提醒蒋介石,孙中山曾经说过:"对鸦片之宣战,绝对不可妥协,更不可放弃,

---

① 麦瑞:《日本和鸦片威胁》,第34—36页;马歇尔:《民国时期的鸦片与帮会政治(1927—1945)》,第34页。

② 马歇尔:《民国时期的鸦片与帮会政治(1927—1945)》,第24—25页。

③ 杜月笙操纵下的鸦片与间谍的地下社会的最重要的人物之一是叶清和,又名叶保罗,福建烟帮的头子。虽然因为与日本的毒品交易他理应被国民政府处决,但1937年秋杜月笙给了国民政府军方一大笔钱之后,他实际上被秘密赦免。叶成了参与福州—厦门毒品交易的日本和中国台湾浪人的最重要的联系人。叶的弟弟叶清湖在香港为日本特务机关工作。马歇尔:《民国时期的鸦片与帮会政治(1927—1945)》,第39页。

④ 蒋介石和杜月笙将吸毒者注册和垄断鸦片销售扩大至公共租界的努力切中要害地抓住了征税这一环节,这使工部局巡捕房控制毒品交易变得不再可能。《密勒氏评论报》,1937年7月22日;麦瑞:《日本和鸦片威胁》,第35页。

苟负责之政府机关,为自身之私便及眼前之利益,倘对鸦片下旗息战,不问久暂,均属卖国行为。"①

即使上海市的警察队伍取得了极大的成绩,它也注定会遭到最严厉的谴责。② 也就是说,尽管在表面上警察使上海车水马龙的街道秩序有了很大改观(见图10),然而,1927年蒋介石总司令和黄郛市长曾经何等诚挚地许诺,要在这个城市铲除犯罪与腐化,公安局为不辜负此殷切希望的付出的所有努力,都被这暗中的毒品交易彻底损害了。③

(起)

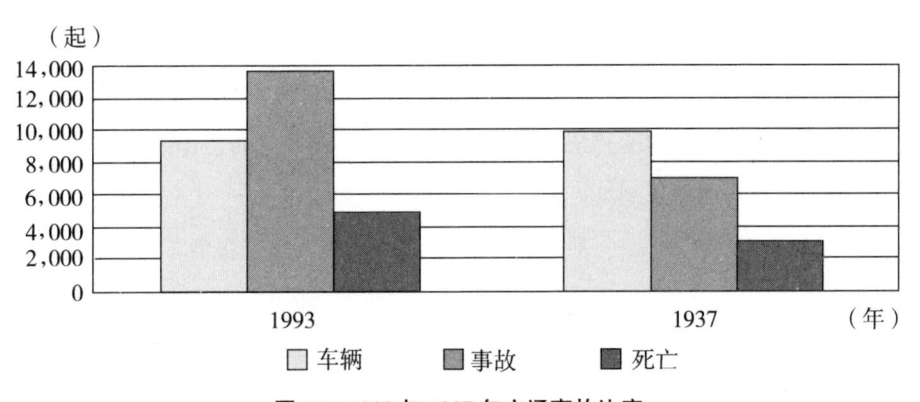

图10: 1933与1937年交通事故比率

资料来源:《上海公共租界工部局年报(1937)》,第80—84页。

---

① 邹韬奋:《小言论》,第294—295页。
② 根据工部局警务处1937年的报告,该年案件为915起,少于1936年。受审者被宣判有罪的比例却惊人地高达88.63%。失窃财物价值比去年增加了24.64%,但其中46%为白领犯罪。对人对物的严重侵害减少了。1937年间,在公共租界发生22起"真正"的谋杀案和5起武装绑架案。而且还有2,647起严重对物案件,包括464起武装抢劫。《工部局年报》,第85页。但直到现在历史学家获准使用上海市档案馆的法庭记录之后,也无法在针对财物的犯罪中,将为获取财物而盗窃和为生存而盗窃区别开来。帕尔马:《1780—1850年英格兰和爱尔兰的警察和抗议》,第78—81页。
③ 人们普遍相信,外国租界中的警察更热衷于抓琐细的交通违章中倒霉的驾驶员,而不愿制止真正的犯罪。《密勒氏评论报》1936年11月28日,第437页。

结束语
决　心

　　一个被炸飞了头的锡克警察手脚张开地躺在街角,仿佛要挡住涌来的车流。爆炸掀起的黄色烟尘缓慢升腾之后,在南京路上展现出一幅可怕的场面。汽车中燃烧着的火焰吞噬着车内满身窟窿的尸体。在华懋和汇中饭店门廊和附楼乱七八糟地堆着难民的尸体,蓝色的工作服被鲜血染红了。被毁坏的汽车四周远远地散落着头颅、手臂和腿脚。两座建筑物之间长长的人行道和车道上到处是尸体。

罗德斯·法姆:《上海的收获:在华三年战争日记》

　　1937年7月7日,中日军队在北平西面的卢沟桥发生武装冲突——这次事件引发了中国的全面抗日战争,并最终导致日机空袭珍珠港的美国舰队。蒋介石对这次新入侵的反应,与日本早先的对华挑衅有极大的不同。1937年7月17日,他向中国人民发表演说:

　　　　我们既是一个弱国,如果临到最后关头,便只有拼全民族的生命,以求国家生存。那时即再不容许我们中途妥协,须知中途妥协的条件便是整个投降,整个灭亡的条件。……若是彷徨不定,妄想苟安,便会陷民族于万劫不复之地。①

　　作为总司令,蒋介石能够依靠25万受过德国顾问训练的中央正规军和20万桂系的常备军。蒋介石发表上述演说后,日本帝国主义者就在天津地区集结

---

① 引自法姆:《上海的收获:在华三年战争日记》,第15页。(校注:据《申报》1937年7月20日第3页。)

了10万正规军，配备了数支轰炸机队、轻型坦克队和摩托运输队。① 更多的日本援军踏上征途。②

　　蒋介石出于两个原因希望战争从华北扩大到华东。首先，在上海地区，蒋介石的军队数量远远超过日军，蒋介石还记得1932年日军在闸北与十九路军巷战时遭受过很大困难。其次，尽管西方国家政府明显不愿介入中日战事，但如果日本的入侵如此接近上海的外资企业，也可能引起列强的干涉。因此，蒋介石命令淞沪地区司令官向闸北非军事区派出"保安队"。③

　　日本立即就此向当地政府表示抗议，但是蒋介石方面不顾日本的警告，着手在黄浦江口的吴淞设防。他们还在法租界外滩修建了一个筏堰，在江阴下游的长江段上弄沉了10艘轮船，以阻隔通往南京和武汉的长江航线。④ 这时日本军舰运来数以千计的援军在上海杨树浦上岸，汉口的日本领事也着手将日本平民从被确定为战区的地方疏散出来。⑤

　　与此同时，上海形形色色的官员、警察和控制着毒品交易的流氓也开始了地下战争。通过成立于1932年中日敌对时期的上海市民地方维持会，杜月笙成为具有代表性的组织抗日运动的领导人。显然是出于追求"爱国者的荣耀"，杜月笙大张声势地凿沉了他的大达轮船公司的几艘船，阻止日本军舰通过长江下游，他还公开向一位守卫上海的中国将军提供了他的防弹车。⑥ 同时，他暗中和蒋介石的秘密警察头子戴笠一起，为在注定是艰苦卓绝的上海战

---

① "我们必须记住，日本人事先并没有一个征服中国的详细计划。"李义庭：《1937—1941年间的华北日军：政治和经济控制的问题》，第41页。
② 法姆：《上海的收获：在华三年战争日记》，第14—15页。
③ 戴维森·豪思顿：《黄浦江：上海的故事》，第145页；怀特：《近代上海历史发展过程中的非政府至上主义》，第46—47页。
④ 戴维森·豪思顿：《黄浦江：上海的故事》，第145页。
⑤ 法姆：《上海的收获：在华三年战争日记》，第37页。
⑥ 包华德编：《中华民国传记辞典（五卷）》，第三卷，第329页；马歇尔：《鸦片与帮会政治》，第38页；司考特：《演员都是疯子：一个演员在中国的笔记》，第61页。

役期间组织地下抗日运动。①

卢沟桥事变后,戴笠立即就将注意力转到了上海。当时他在上海最重要的特务是警备司令部侦察队长、杜月笙恒社的成员王兆槐。② 当时上海区的绝大部分力量都用来打击共产党,极少收集日本方面的情报。沈醉是军统虹口行动组的组长,手中只有一个基本成员在东有恒路开家当铺。其他在"小东京"的情报人员都是双料特务,也当汉奸为日本情报官提供情报。军统通过了解日本方面布置给双料特务的任务来判断日方的意图,这样中方至少对日本的军事野心有所预料。但这一切都极为模糊——比如有特务报告说,一个日本特务在卢沟桥事变几天后喝醉了,说:"只要几天工夫,上海便是我们的了,那时你们的工作可要大大地忙起来。"③

8月9日,最严重的开战导火线点燃了。那天黄昏,日本海军陆战队大山勇夫中尉和一等兵斋藤要藏驾车闯入虹桥军用机场,越过了警戒线。④ 日本兵不听要他们停车的命令,保安队便向他们开火了。两个日本兵和一个中国哨兵被打死。⑤ 第二天,日本海军就占领了苏州河以北和闸北以东的虹口阵地。8月11日,日本第三舰队出现在黄浦江上,舰队旗舰"出云号"直接在公共租界边的江面上抛了锚。⑥ 它的后面,还停泊着26艘日本军舰,几千增援海军在黄浦江下游停泊的运输船上待命。日方要求所有中国军队退出上海30英里。但8月12日,精锐的第八十七和八十八师从南京到达江湾和闸北的阵地,上

---

① 徐铸成:《杜月笙正传》,第95页。
② 徐铸成:《杜月笙正传》,第99页。
③ 沈醉:《我所知道的戴笠》,第20页。
④ 何理:《抗日战争史》,第63页。
⑤ 何理:《抗日战争史》,第37—38页;戴维森·豪思顿:《黄浦江:上海的故事》,第146页。
⑥ 鲍格:《美国和1933—1938年远东危机:从满洲事变到中日不宣而战的初期》,第301—302页。

海集中了大约 45,000 人的中国军队①，而日本海军陆战队只有 3,500 名海军士兵。同一天，双方军队在自己阵地周围架起铁丝网，筑起了机枪掩体。②

1937 年 8 月 13 日，已经戒严 5 天的公共租界里的居民特别紧张。③ 当战争恐怖席卷整个上海时，通向爱多亚路和福煦路的各条马路都设起了路障，引起了 20 多分钟的交通阻塞。大雨倾泻在百货公司和游乐场被关闭的屋顶花园上，那天夜里大多数人难以入眠，有的人被闸北、虹口一带中日两军交战的枪炮声惊醒。④

战斗一直持续到 8 月 14 日早晨，据说中国方面已经下达了要求日军当天下午 4 点前撤退的最后通牒。星期六早晨首先在公共租界下出现暴雨似乎是自然的，但当闸北的战斗越来越激烈，来自虹口的难民涌入公共租界时，大雨变成了一场真正的动乱，伴随着强风横扫了南京路。⑤

中午，5 架中国空军轰炸机从低空掠过公共租界，向江边码头仓库投掷了几个小炸弹。投掷目标显然是日本旗舰"出云号"。当旗舰上的防空机枪瞄准飞机时，其中一架飞机投掷了一个 2,000 磅重的炸弹，但没有投中。⑥ 这颗炸弹划着弧线坠向南京路，掉在与外滩交接的华懋饭店和汇中饭店中间，难民们正蜷缩在门廊里躲避风雨。这次爆炸是毁灭性的。

这仿佛是一台巨大的割草机推入了难民群，把他们绞成了碎片。这儿躺着一个没了头的男人，那儿有一只婴儿的脚，穿着小小的红丝鞋，上面

---

① 这两个师由冯·弗兰肯豪森将军率领的德国军事顾问团训练，人数达 25,000 人。戴维森·豪思顿：《黄浦江：上海的故事》，第 146 页。

② 法姆：《上海的收获：在华三年战争日记》，第 38 页。

③ 超过 17,000 名的士兵和警察——包括各国的武装力量、上海义勇队、公共租界巡捕房和警察后备力量——共同保卫租界。

④ 法姆：《上海的收获：在华三年战争日记》，第 38 页；《密勒氏评论报》，1937 年 8 月 13 日，第 340 页。

⑤ 法姆：《上海的收获：在华三年战争日记》，第 38—39 页。

⑥ 冯齐看到两个"暗色圆柱物体"掉下，一个打中汇中饭店，另一个打中路对面的华懋饭店。冯齐：《上海与外界》，第 254 页。

绣着威武的龙。爆炸气浪横冲直撞，尸体遍地堆积。女人的手还紧紧抓着她们的钱包。一个男孩，被炸得贴在了墙上，和墙可怕地黏合在一起。①

炸弹当场炸死700多人，更多的人受重伤，四肢不全地倒在街上。②

在离法租界不远的爱多亚路和虞洽卿路的交叉路口，数千名好奇的人站在大世界游乐场（这里正在分米给一群难民）和一个由电影院改建成的棚子的外面，观看中国轰炸机飞向日军旗舰"出云号"。有一架飞机被日机射中，受伤的飞行员想飞回虹桥机场。由于飞机失去了高度，飞行员为了减轻重量，想把2个榴霰弹丢到跑马场里，但炸弹投近了300码，打中了交叉路口的游乐场。

第一枚炸弹在马路的沥青路面上爆炸了，第二枚炸弹，显然是在离地面数英尺的空中爆炸的。由于弹片的散落，人员死伤特别多，数十辆汽车挤成一团，车内的人们不是被碎片击伤，就是因车子油箱爆炸燃烧而被活活烧死。至于街上数百名行人，则被炸得血肉横飞。最惨不忍睹的场面是在"大世界游乐场"前面的广场，数千难民当时正簇拥在施粥站前。血肉模糊的尸体中有男人、女人，还有小孩，大部分人的衣服都被烧光。后来，尸体都被堆在这幢建筑物的旁边，其高度竟有5英尺。③

都说伤亡达3,000多人。④

"血腥星期六"——1937年8月14日——标志着上海开始第二次经受与日本进行战争的考验。起初，张发奎将军（浦东区）、陈诚将军（闸北—吴淞区）和杨虎将军（南市）指挥的国民党军队，在数量上远远超过躲在从闸北

---

① 冯齐：《上海与外界》，第255—256页。
② 南京路事件据官方统计死亡729人，受伤865人。冯齐：《上海与外界》，第256页；法姆：《上海的收获：在华三年战争日记》，第48页。
③ 鲍威尔：《鲍威尔对华回忆录》，第301页。
④ 一组统计数字说两个事件伤亡人数为死1,226人，伤1,578人。另一个数字是死1,226人，伤1,873人。有26名外国人遇难。《上海市公安局业务报告》，第77页；戴维森·豪思顿：《黄浦江：上海的故事》，第146—147页。

的商业区延伸到杨树浦工厂区3英里长的沙包掩体后面的3,500名日本海军陆战队。① 在此后10天里,日本海军士兵仅仅依靠军舰的炮火才免于被消灭。与此同时,中国军队在上海周边坚守着阵地,确保右翼,极力减少火力。尽管他们通常白天按兵不动,但他们"短兵相接的夜间刺杀技术",让日本海军付出了沉重代价。②"不让寸土,不埋死者。生蛆腐烂的尸体曝晒在8月的阳光下,死亡和燃烧的气味越过苏州河一直飘到租界里。"③

但是,随着中国难民继续逃出闸北,国民政府军队的指挥官们感到,他们对敌人此时的意图和军队动向所知甚少,日本海军增援部队在苏州河虹口码头登陆,并重新调配陆上兵力。戴笠作为军统头目,试图让配备无线电设备的情报人员潜入苏州河北岸被占领区,但由于特务与逃难的人群行走方向不同,很容易被日本人识破。④ 军统特务沈醉设法组织了一个8人小队,其中有他的兄弟,在虹口设立了一个情报站。但几天后,他们就被日本的反谍报人员跟踪,只得疏散。⑤

8月23日,在松井将军率领下的3万日本远征军在吴淞附近登陆。另外一支部队在杭州湾登陆,从日本用一艘船尾有门的登陆舰运来的能载30~50人、配备一门野战炮的浅水平底摩托艇出现在中国海面。这首先预示着日本已经率先使用海陆两栖战术。现在日本准备继续对上海的攻势了。⑥

尽管日本军队装备优良,训练有素,但上海的保卫者仍希望由正规战辅之

---

① 警察局长蔡劲军被派去帮助杨虎将军保卫南市。《密勒氏评论报》,1937年12月25日,第89页。

② "年轻的中国正规军掌握所有巷战的战术。站在我旁边的英国军官充分赞赏中国士兵作战的灵活、有效,他们的士气高昂与身材短小恰成对比。"同上,第50页。

③ 戴维森·豪思顿:《黄浦江:上海的故事》,第150页。

④ 沈醉:《我所知道的戴笠》,第20—21页。

⑤ 沈醉和一个名叫裘声呼的无线电谍报人员逃跑时,把无线电发报机藏在裘的1岁儿子的推车里,但他们非常害怕如此接近日军,因此沈醉拒绝返回敌占区。不久,在虹口地区就不存在任何军统人员了。沈醉:《军统内幕》第82页。

⑥ 戴维森·豪思顿:《黄浦江:上海的故事》,第151—154页。

游击战，通过浴血的街垒战争夺闸北。这看上去像某种民众战争，第三十二师、八十七师和八十八师沿街作战或者由城市里征募的民兵进行补充，或者通过青帮及其广泛的社会关系进行战争动员。①

最初，这些帮会成员——已经在日本军队试图缴获他们的鸦片存货时进行过抵抗——无论何时遭遇日本正规军，他们都在各处自发进行抵抗，还试图在黄浦江弄沉日本旗舰"出云号"的一只锚。② 但是，他们不久就演变成为更加正式的准军事组织，帮助第三十二师与日军作战，提供大小汽车、汽油、电气器材、无线电器材，甚至军用服装。③ 8月的最后两个星期和9月上旬，一些帮会成员在上海郊区和国民政府军队干部一起组成了一支别动队。④

根据公共租界警务处的情报，9月初，蒋介石的军事委员会决定组织一个"非常时期服务团"，处理叛徒和间谍问题。⑤ 上海原有一个"保安队"，但其主要任务是在1932年7月日本撤退后在上海特别市代行警察的职能。⑥ 现在为了抵抗日军，无论是在敌前还是在敌后，蒋介石决定创建城市游击力量。为此，军事委员会相应拨出50万元，由第八十七师师长王敬久指挥这支队伍。⑦

第一节　市民武装

王司令的"非常时期服务团"，其副司令是警察局长蔡劲军和杜月笙，杜月笙立即试图将这一组织用于私人目的。

---

① 蔡少卿：《中国秘密社会》，第336—337页。
② 沈醉：《我所知道的戴笠》，第22—23页。《密勒氏评论报》，1937年12月25日，第88—89页。
③ 蔡少卿：《中国秘密社会》，第338页。
④ 徐铸成：《杜月笙正传》，第95页。
⑤ 这也被称为"战时服务团"。上海公共租界工部局年度报告，第93页。
⑥ 上海公共租界警务处档案，D-3648，1932年7月27日。
⑦ 他在江阴的指挥所曾经设立军官训练班训练从事情报工作的军校学生，也为特务部提供入门训练。上海公共租界警务处档案，D-8039，1937年9月10日。有关特务部训练机构与军统之间的联系，见徐铸成：《杜月笙正传》，第100页。

接受上级任命和指示后，王敬久将军和蔡劲军局长感到处在他们目前的地位，不便积极参与有关工作，因此他们把新单位的组织交给了副司令杜月笙先生。在这种情况下，杜先生发现有机会任用他自己手下作为各部门头目，他任命龙华军事法庭的审判长陆京士先生和朱学范先生（上海总工会主席）担任那些职务。①

不过，当杜月笙这个名单上报给军事委员会后，却遭到了拒绝，这令他极为生气，陆京士和朱学范也遭到了羞辱。②

由于这次否决，蔡将军插手进来，在"忠义会"帮助下，在新近易名的"上海市警察局"内设立了服务团团部，据工部局警务处的情报人员称，这支别动队由"黄埔军校生"组成，蒲封明［音］指挥。③ 蒲和蔡局长随即建立了两个团："防护团"和"特务团"。④

防护团在苏州河南北两岸的作用是不同的。在上海的苏州河北，尤其在虹口，他们组成了"上海袭击团"，该团主要由流氓和失业工人组成，他们拿着分到的毛瑟枪或手枪在战线后袭击日军。⑤ 罗德斯·法姆曾经匆忙又提心吊胆地去了一趟虹口，他称这些"中国狙击手让整个地区步步惊心"⑥。在苏州河南岸的南市，防护团主要由居民组成，他们被派去挖掘防空洞。南市每户每天

---

① "非常时期别动队报告"，见上海公共租界警务处档案，D-8039a，1937年9月23日。

② 上海公共租界警务处档案，D-8039a，1937年9月23日，第1—2页。

③ 1937年1月1日，公安局为了获得更具专业性，较少政治意味的公众形象，改名为"上海市警察局"。不久后，警察局宣布扩编至任用5,073个男女工作人员，为提高警察在城市人口中的比率，还计划从外地招收新学员。事实上战争停止后，警察局的确对来自河北、山东和湖南的另外3,000名警察学生候选人进行了选拔。上海市年鉴委员会编：《上海市年鉴》，F-76；《中央日报》，1936年12月17日，译自上海公共租界警务处档案，D-7479，1936年12月17日。

④ 上海公共租界警务处档案，D-7479，1936年12月17日，第2页。上海公共租界警务处档案，D-8039a，1937年9月10日。9月13日，酆裕坤（沃尔默以前的学生，现在是内务部警政司的长官，戴笠的人）来到上海，奖励蔡局长10,000元，表彰警方在前线英勇杀敌，在后方维持了秩序。上海公共租界警务处档案，D-8088，1937年9月17日。

⑤ 上海公共租界警务处档案，D-8039A，1937年9月10日。

⑥ 法姆：《上海的收获：在华三年战争日记》，第57页；日本人向法姆描述这些人是"便衣，屋顶游击队，非常危险"。

出一人为防护团工作，蔡局长的一个副官沈信富［音］在露香园路武安小学的办公室指挥他们。到 9 月有 300 多人被征募，挖好了 57 个避弹壕。①

特务团指挥所设在南市丽园路绍兴会馆中的一所私立学校中。② 特务团由蔡局长以前的刑事侦缉队督察刘槐指挥。他还有两个副手，一个是上海警察局警官陈半农，一个是做过公共汽车售票员的张国权。③ 特务团正式成员主要从失业工人中招募，许以月饷 9 元，在学校建造了可容纳 1,000 人的房子，为他们提供食宿。1937 年 9 月下旬，大约已有 400 人报名。④

特务团也有一个侦查组，30 人组成，由杨富林［音］负责。他们被安置在西门外西林路的精勤小学。他们中有一个名叫傅多马的小学校长，报告说，他曾被刘槐派去了解公共租界日本便衣特务的活动。他也曾被派去调查汉奸，如果获得足够证据，中国警方就会逮捕他们，再押送到特务团驻地做进一步审讯。⑤

戴笠无疑在蔡局长的两个团，尤其是特务团调查组中安插了自己的人。但是这个秘密特务头子还是把大部分注意力集中在遍布工会、商界和黑社会的杜月笙门徒的关系网上。很显然，正是戴笠在 9 月下旬和 10 月上旬，为了把帮会成员（其中部分是恒社成员）转变为准军事人员，说服蒋介石成立军事委

---

① "非常时期别动队报告"，上海公共租界警务处档案，D‑8039a，1937 年 9 月 23 日，第 3—4 页。

② 1937 年 9 月 11 日，公共租界警务处收到了来自法租界巡捕房的情报，别动队设在九江路 545 号。这也是《大公报》社的地址，与朱学范领导的上海总工会非常近。

③ 张国权曾经为中华公共汽车总公司工作，和一个名叫陈伯龙的警官住在南市老西门，陈伯龙可能就是文中提到的陈半农。1937 年 8 月 25 日公共租界巡捕房逮捕了张国权。他被交给中方后获释。"非常时期别动队报告"，上海公共租界警务处档案，D‑8039a，1937 年 9 月 23 日，第 2—3 页；上海公共租界警务处档案，D‑8039a，1937 年 9 月 28 日。

④ "非常时期别动队报告"，上海公共租界警务处档案，D‑8039a，1937 年 9 月 23 日，第 3—4 页。

⑤ 傅多马，27 岁，定海人，1937 年 8 月 20 日参加别动队。八一三事变发生后，他搬到已关闭的位于闸北长兴里的星光小学（他是该校校长）。1937 年 9 月 6 日，他被公共租界巡捕房逮捕。见上海公共租界警务处档案，D‑8039a，1937 年 9 月 10 日。

员会苏浙行动委员会，以此将受到羞辱的流氓和青帮成员拉回到军事委员会的轨道。①

蒋介石自任苏浙行动委员会主席，委员会其他成员包括杜月笙、黄金荣、王晓籁、虞洽卿、张啸林、杨虎、梅光培、项松坡和陆京士。戴笠担任书记长，在法租界山东路设立了办公室。委员会下设参谋处、政训处、情报处、训练处和总务处，由军统人员如陈旭东、汪祖华、谢力公和余乐醒等分任处长。②

委员会开始最主要的任务是训练干部和登记民兵。松江和青浦的特别训练班训练学生参加并领导行动支队。10月初，戴笠以委员会的名义组织了别动军总指挥部。指挥部下的淞沪别动纵队位于南市瞿溪路接近枫林桥的对面沈家宅1号。尽管别动队名义上以杜月笙为总指挥，但真正的指挥——据该队的一个成员说——是"蓝衣社头子"戴笠。③ 杜月笙的外务助手，来自山东的老青帮、军阀刘治陆担任别动军副总指挥也是有名无实。占据重要职位的都是戴笠的人：人事处长陈旭东，参谋长方超，周伟龙负责督导，周家礼及其后任谭良甫担任经理处长，周济文负责总务，余乐醒管理技术事务。余和谢力公一起负责松江和青浦的训练班。④ 所有来自地区指挥所的指挥官既是戴笠的军统人员也是恒社的骨干。⑤

这8,000民兵来自不同的小市民阶层，有来自上海店员协会的店员，帮会中的地痞流氓，败退下来的国民党士兵，日军进攻上海后由于工厂和商店关闭

---

① 万墨林：《沪上往事》，第一卷，第27页；徐铸成：《杜月笙正传》，第99页；沈醉：《我所知道的戴笠》，第21页；江绍贞：《杜月笙》，第316页。

② 沈醉：《我所知道的戴笠》，第21—22页。

③ 上海"别动队被捕人员"，匹特探长报告，1937年10月25日，上海公共租界警务处档案，D-8039a，第3页。

④ 章微寒：《戴笠与"军统局"》，第100—101页。

⑤ 徐铸成：《杜月笙正传》，第99—100页；"上海别动队被捕人员"，上海公共租界警务处档案，D-8039a，第2页。

而失业的工人，组织起来的工会成员。① 1937年2月初，上海曾组织过一个商团，当时中华总商会曾在报纸上刊登广告，为店员提供免费的市民训练课程。报名的年轻人中有一个21岁绍兴人陶敏州［音］。他在闸北训练了4个月（3~6月）。训练结束后陶又回到染色店当学徒，1937年8月战事爆发后，他参加了南市的维和军，9月初该团重组为陶一珊上校指挥的上海别动军第五支队，陶曾被南京方面任命为上海市民训练部主任，指挥部设在淞沪警备司令部。②

陶敏州后来从陶上校那里得到1支毛瑟枪、10发子弹和4个手榴弹。他住在申新棉纺织厂对面一所没有门牌号码的房子里，他的任务是在白利南路的路障前检查过往行人和车辆，确保没有汉奸进入华界。陶敏州的正式职务标在两个布章之中。一个证明他是上海别动队第06595号士兵，鼓励他"服从命令，遵守纪律，忠于职守，抗战到底"。另一个证明他曾加入苏浙行动委员会的别动队。1937年10月24日，陶敏州和一个同事试图检查一辆卡车，遭到工部局巡捕房的F. P. S. 史密斯警官的拦阻。当他们拔出毛瑟枪，史密斯抓住并逮捕了陶。另一个士兵逃走了。最后陶敏州被交送给了上海警备司令部。③

陶一珊上校的工商联队和其他几个民兵队一样，身着卡其制服，背着老式毛瑟枪。④ 第二支队驻扎在南市鲁班路的东亚体育学校，帮助警方维持该地区的治安。⑤ 不过，根据一个别动队成员恽蕙芳——这个被公共租界警务处熟知的"1932年的恐怖活动分子"称，他的支队（配备着毛瑟枪）的任务是找出

---

① 章微寒：《戴笠与"军统局"》，第100—101页。
② "上海别动队被捕人员"，上海公共租界警务处档案，D‐8039a，第1页；章微寒：《戴笠与"军统局"》，第102页；沈醉：《我所知道的戴笠》，第21—22页。
③ "上海别动队被捕人员"，上海公共租界警务处档案，D‐8039a，第3—4页；D‐8039k，1937年10月25日。
④ 上海公共租界警务处档案，D‐8039a，1937年9月10日。
⑤ 这种分法是2组各分成6个小组，每小组由20人组成。第二组6个小组中的2个分别在南市和闸北活动。后者驻扎在长乐里，由第八十七师军官王英期指挥。上海公共租界警务处档案，D‐8039a，1937年9月10日。

汉奸，把他们交给附近的警察局。①

第三支队由朱学范指挥，他是上海总工会主席，军事委员曾经否决对他的任命。该支队的任务是确保对工人的控制。② 其他工人队伍包括陆京士指挥的邮电工人队、海员队，还有装卸工人队。③

招募来的人中许多是失业的年轻人。林德富是一个18岁的小贩，宁波人，由于他试图招募男孩做"便衣侦探"，在跑马场路被公共租界巡捕逮捕。审讯中，林说他是被一个36岁的李姓报贩介绍到别动队的，李在九江路上大声招徕一群年轻人报名当民兵。他们的爱国心被激起，或者仅仅对他提供的机会感到好奇，林和大约40名年轻人跟着他到了在绍兴会馆的别动队。他们被告知，如果愿意接受军事训练，每天发给9元，外加2顿饭和提供住宿。如果不愿意就可以回家。大约有600人留了下来，这些"年轻力壮的青年"年龄都在18到36岁之间。④

尽管这些"勇敢的城里人"年轻力强，有爱国激情，在上海战事恶化时，也难以抵挡敌人。成千上万中国正规军在闸北火车站附近的战线上拉锯作战，机枪、迫击炮、手榴弹和炮弹相互对射。在争夺火车站的66天战斗中，闸北实际上已被炮火摧毁，日军死伤估计在2万人，中国军队的伤亡则数倍于此。⑤ 许多人目睹了这场屠杀——"数千吨的钢从空中、炮管、军舰像大雨一样倾泻到闸北，军事专家说，地球上没有一块土地遭受过如此集中的炮

---

① 上海公共租界警务处档案，D-8039a，1937年9月10日。（校注：恽蕙芳是"一·二八"抗战时的铁血除奸团团员。）
② "上海别动队被捕人员"，上海公共租界警务处档案，D-8039a，第2页。
③ 沈醉：《我所知道的戴笠》，第21—22页。
④ 上海公共租界警务处档案，D-8039a，1937年9月28日。
⑤ "屠杀是大规模的，河里到处浮着腐烂的尸体，喂肥了野狗。"戴维森·豪思顿：《黄浦江：上海的故事》，第154页。又见怀特：《近代上海历史发展过程中的非政府至上主义》，第48页。在整个战事中，有4万日军和25万到30万中国军队死伤。易劳逸：《矛盾关系面面观：1937—1945年战争中的走私、傀儡政权和暴行》，第293页。

火。"① ——别动队只是乌合之众,群众浪潮对抵抗日军几乎没有军事作用,因为到1937年11月8日,已有20万日军在上海战场。② 杜月笙在别动队里的助手陆京士和水祥云,一身闪亮的戎装,要守卫苏州河南岸梵王渡、曹家渡到日晖港地区。但日本海军陆战队发动进攻时,别动队一触即溃,逃之夭夭了。③

别动队中的大多数人随后退到苏皖边界,尤其是屯溪和歙县农村,在那儿他们有的流为像湖南惯匪陈士虎那样的军阀,有的成为"游而不击"的游击队,有的后来被重组为忠义救国军,最后由美军训练和武装,名义上由"战略情报办公室"指挥。④ 1938年2月1日,最后一支别动队从上海撤离,离开时,他们向新闻界发布了告别信,称"为了外国租界居民的安全",他们撤离出租界。⑤ 戴笠逃离上海经香港到达长沙,至此苏浙行动委员会完全解散。⑥

当日军杀入中国军队占领的华界后,最著名的抗日运动领袖都离开了上海。1937年11月俞鸿钧市长、宋子文、钱新之和王晓籁均秘密地前往香港。⑦ 11月23日,上海警察局局长蔡劲军也前往香港。⑧ 不久,杜月笙也去了香港。⑨

在日军沿长江进犯南京和武汉时,国民党的对策是用土地和人换取时间,

---

① 斯诺:《为亚洲而战》,第50页。
② 章微寒:《戴笠与"军统局"》,第103页。
③ 徐铸成:《杜月笙正传》,第100—101页。
④ 沈醉:《我所知道的戴笠》,第22—23页;迈尔斯:《另一种战争:二战期间美军海军和中国人创建的联合游击队的鲜为人知的故事》,各页。
⑤ 《大美晚报》,1938年2月1日,译自上海公共租界警务处档案,D-8039a,1938年2月4日。该报评论道:"大多数汉奸是别动队处死的。"
⑥ 章微寒:《戴笠与"军统局"》,第101页。
⑦ 徐铸成:《杜月笙正传》,第95页。
⑧ 12月谣传蔡劲军又到了上海,但他实际上是在汉口接受了蒋介石对他出色工作的嘉奖。《法租界巡捕房报告》,2157/S,1938年1月13日,上海公共租界警务处档案,D-8194,1938年1月18日。
⑨ 章微寒:《戴笠与"军统局"》,第147页。

国民党所能做的只有在上海进行报复。在此后几个月中，有几百个汉奸被杀。在那些被处死的臭名昭著的汉奸中，也有一些重要的华捕和帮会分子，他们控制着国民党最初与之斗争、最终与之合污的买办警察系统。第一个被杀的是公共租界警务处督察谭绍良，日本占领了大上海后，他已不再是一个重要的三重身份的人物。1938年5月，谭督察在他离开饭店时，被一队中国特务人员刺杀，6年前，正是在这家饭店，他开始了汉奸生涯。① 不久，青帮头子张啸林由于计划在日本人帮助下取代杜月笙控制毒品交易网，被戴笠手下杀死。② 最后，1938年8月18日，公共租界警务处华捕队队长，已经成为日本特务组织"宝贝"的陆连奎，在广东路中央旅社门口他的车里被3个枪手刺杀。③

陆连奎的死在上海的欧美人社会产生了极大的震动，他们曾经把他视为"上海警察史上最优秀的中国警察"。④ 陆探长是上海滩上风头最健的探长之一，他葬礼的奢华与之正相匹配。一英里长的送葬队伍——25年来最奢华的一次——花了一个小时才走完。陆连奎的尸体放在价值3,000元的楠木棺材里，他口中含着一颗价值10,000元的珍珠，手上戴着一只价值4,000元的玉手镯。载着棺材的灵车后面跟着16个华洋便衣警察，在走过"八英里送葬途中的每英寸土地"时，手枪片刻不敢离手。队列中有100多辆汽车和卡车，后面跟着中国乐队、道士、僧尼，一辆车载着探长的帽子，官员组成的队列中有警务处长包文和日本特任副处长赤木。100多万上海人目睹了葬礼，灵柩通过时，路旁围观的人是里三层、外三层。⑤

处于日军占领区的包围之中，外国租界变成了"孤岛上海"，对这次继

---

① 这就是一品香旅社。翟为民：《上海租界两监管遇刺内幕》，第二部分，第30页。
② 薛耕莘：《近代上海的流氓》，第55页；万墨林：《沪上往事》，第一卷，第21页。
③ 当时，人们认为陆是被日本特务杀死的。但国民党特务知道陆几乎每天都向日本海军陆战队报告，戴笠的军统或组织松散的蓝衣社是真正的杀手。翟为民：《上海租界两监管遇刺内幕》，第三部分；《密勒氏评论报》，1938年8月20日，第404页；8月27日，第432页；美国国务院有关中国内部事务文件，893.00PR/149，1938年8月，第18页。
④ 《密勒氏评论报》，1938年8月27日，第432页。
⑤ 《密勒氏评论报》，1938年8月27日，第432页。

1931年杜月笙庆典后最大规模的私人仪式,公众的热情是可以理解的。毕竟,上海仍是人们渴望的淘金之地、升阶之梯,这里的人们爱慕奢华虚荣,工于枉法徇私。陆探长利用了他与青帮的关系和湖州同乡,像模像样地当上了巡警,既照应各种财路,又混得显赫。①

第二节　一个时代的结束

国民党统治上海的 10 年最后竟以一个受贿警察的葬礼为终结,这是否很值得注意呢?蒋介石在 10 年前就职时说:"若上海特别市不能整理,则中国军事、经济、交通等,则不能有头绪。"② 这是否是一个没有实现的诺言?1927年上海特别市市长黄郛就职时,宣布国民党对上海成功的警务管理,将"让外国人失去他们统治的理由"③。这是否也是一个虚伪的承诺?中国人的确想恢复对上海外国租界行使主权,只是对日本占领者在 1943 年 1 月 9 日将上海交给汪精卫傀儡政府,才态度冷淡和暧昧起来。④

回顾过去,国民党选择了一个相当困难和充满敌意的环境来尝试上海的警务改革。上海的治外法权孕育了犯罪温床,反过来又使警察和帮会分子称兄道弟。上海是国际毒品交易的集散地,由此产生的巨额非法利润腐蚀了许多高级警官,损害了国民党的革命纯洁性。上海是中国共产党劳工运动的中心,这使上海市公安局将注意力过度集中在铲除"赤色分子"上,以至于忽视了恢复警权、防范非政治性犯罪等其他的任务。上海曾 2 次遭受来自日本帝国主义海军水陆两路的攻击,这严重损害了上海的政治组织,尤其是国民党的警务工作,迫使公安队伍将军事化置于正常执法之上。

---

① 翟为民:《上海租界两监管遇刺内幕》,第二部分,第 30 页。
② 《申报》,1927 年 7 月 8 日,第 13 页。
③ 《字林西报》,1927 年 7 月 9 日,第 48 页。
④ 其中部分原因是纳粹德国在斯大林格勒战役中失败,盟军正向所罗门群岛和北非推进,日本人急于在中国收买人心。怀特:《近代上海历史发展过程中的非政府至上主义》,第 50 页。

国民党一次又一次试图通过引入外地人，尤其是北方人来应付上海复杂的社会问题。的确，1937 年日本全面侵华战争开始，刚刚改名的上海警察局再次投入这项工作。而这一次，外地人仍然要么依靠内部关系，要么就使自己入乡随俗，这种风俗自身固有的腐蚀性正是中外文化不断糅合过程的负面反应，变成"上海人"。

在以后的 12 年中，上海的前景可谓变幻莫测：1937 年后，上海西部"歹土"的犯罪泛滥；40 年代初期政治谋杀的层出不穷；第二次世界大战期间，上海城市控制系统厉行的保甲制度、战争造成的食品短缺和轰炸；日本战败后短暂的安宁代之以国民党接收大员的加倍勒索；第二次世界大战结束后驻沪美军造成的娼妓业繁荣；1947 年上海的警察风潮；1948 年发生了学生抗议运动。① 1949 年 5 月 25 日，共产党占领了上海。

当时，已经有共产党干部打进了上海的警察队伍。② 这些地下党员在 14,000 名警察中人数虽然很少，但在人民解放军的接管专员接收上海警察机构的准备工作中发挥了重要作用。③ 5 月 25 日上午 10 时，国民党代理警察局长将福州路的警察局交给人民解放军先头部队的安全人员后，事先已经计划好占领哪个局所的共产党干部也迅速行动了起来。④ 5 天内，在秩序井然的情况下，共产党干部开始拆屋重建，即彻底摧毁旧的警察力量，对旧警察进行调查和再教育后重新加以录用。⑤

1949 年 6 月 7 日，陈毅市长指示员警代表大会代表到从前为青帮头子、苏

---

① 近来中国国内出版的众多研究成果都进行了论证。徐锋、张雨生编：《民国黑网、内幕和秘闻》（尤其是第 146 页）。

② 刘峰：《在伪警察局里的斗争》，第 178 页。

③ 上海市公安局公安史资料征集研究领导小组办公室编：《摧毁旧警察机构　保卫人民政权》，第 109 页。包括救火队和平民百姓在内，上海警察总数超过 2 万。陆大公：《上海警政大权回到人民手里》，第 67—68 页。

④ 陆大公：《上海警政大权回到人民手里》，第 69—70 页。

⑤ 上海市公安局公安史资料征集研究领导小组办公室编：《摧毁旧警察机构　保卫人民政权》，第 109 页。人民解放军强调"维持社会秩序"与 1927 年国民党当时的用语相同。如 1949 年 5 月 29 日在上海市档案馆所藏对保安队的指令，《上海解放》，第 128 页。

北人顾竹轩所有的天蟾舞台参加会议。新市长告诉员警代表，他们在革命政权下的任务是保护人民政府，自觉工作。人民政府会给任何真诚要求"为人民服务"的人分配工作，并对他们进行再教育。至于新政权的性质，那么应该由他们自己判断。

光我们讲共产党如何好，国民党如何不好是不够的，还靠你们从事实上来观察。你们看到过日本人侵占上海，国民党接收上海，再看看今天共产党接管上海的情形，就会感到大不相同。国民党的接收大员一下飞机，都忙于"五子登科"①，我们的负责同志和大家同甘共苦，我的口袋里连一张票子也没有。②

陈毅告诫留用员警，不改变过去剥削态度的人，想利用人民政府谋个人私利，或者暗藏下来反共，一定会受到惩处。立功的人会受奖励。他号召大家努力学习，反省自己，为人民服务，争取立功。③

我们不知道有多少原国民党警察试图适应共产党的统治。④ 许多人仍然"吃白饭，看白戏"，"欺压群众，刑讯逼供"。听了陈毅的演说后大多数人开始"徘徊"并采取了"观望"态度。⑤ 但是仅就公安局大大增强了深入社会的能力而言（里弄和居委会、户籍警、民政局、卫生局、民主妇女联合会等都给

---

① "五子登科"的五子：金子、车子、女子、厨子和房子。

② 上海市公安局公安史资料征集研究领导小组办公室编写：《摧毁旧警察机构　保卫人民政权》，第110页。

③ 上海市公安局公安史资料征集研究领导小组办公室编写：《摧毁旧警察机构　保卫人民政权》，第110页。

④ 陈毅宣布在共产党接管上海后留用原国民党人员达90%以上。盖纳：《上海的"五反"运动：巩固城市控制的研究》，第493页。根据一份中共官方资料，90%的旧警察接受了共产党公安局的"约法八章"。除"少数首恶分子及阴谋潜伏者缉获法办外"，大约有1,500名警察"学习转业或回乡生产"。《上海解放一年（1949—1950）》，第15页。

⑤ 上海市公安局公安史资料征集研究领导小组办公室编：《摧毁旧警察机构　保卫人民政权》，第110页。

予了支持),许多上海警察局成员感到为共产党工作还是具有吸引力的。①

尽管那些同意留下的人必须服从由"学习委员会"监督的业已高度成熟的思想控制,但通过自我批评而幸存的人可能对公安局一些工作成绩感到满意,如清理马路摊贩、恢复交通秩序、取缔金融投机、严打抢劫盗匪、安置散兵游勇、禁止吸食鸦片、消灭卖淫现象。② 国民党曾许诺达到这些目标,但最后由共产党做到了,共产党的政治合法性相应上升了。

---

① 贺萧:《上海娼妓业的管理:1920 和 1951 年娼妓业改革》,第 39—40 页;巴伯:《上海的陷落》,第 220 页;陈建华:《无形之网》,第 26—29 页。新政权不断加强的国家控制反映在 1949 年后,上海的政治领导人可以得到更为"普遍"的顺从、参与和合法性三个方面。有关这三种迹象,见米格戴尔:《强社会与弱政府:第三世界的社会——政府关系和政府能力》,第 32—33 页。

② 上海市公安局公安史资料征集研究领导小组办公室编:《摧毁旧警察机构 保卫人民政权》,第 111—117 页。

表　格

表1　1932年1月上海华界职业分布

职　业	数　量	百分比
家庭服务	384,872	20.56
工　人	366,814	19.60
无　业	319,587	17.07
商　业	186,560	9.97
农　民	172,141	9.20
劳　工	113,482	6.06
教育工作者	84,930	4.54
各种职业者	69,822	3.73
佣　工	61,562	3.29
交通工作	23,902	1.28
学　徒	70,599	3.77
军官和士兵	5,132	0.27
警　察	5,036	0.27
政府工作人员	4,887	0.26
医　生	1,696	0.09
工程师	248	0.01
党务工作者	242	0.01
律　师	187	0.01
记　者	76	0.01
会　计	47	
总　计	1,871,822	100.00

摘自《上海市公安局业务报告》,第五卷,第220页以下表。

表2 1927—1937年上海市公安局开支

年　　度	开支（元）
1927—1928	940,059
1928—1929	994,104
1929—1930	1,629,062
1930—1931	1,974,918
1931—1932	2,181,421
1932—1933	3,096,606
1933—1934	3,435,076
1934—1935	3,656,252
1935—1936	3,234,600
1936—1937	3,463,670

摘自安克强：《上海市政府》，第198页；《上海市公安局业务报告》，第四卷，第72—73页。

表3 1929—1930年和1931—1932年上海市公安局假预审刑事犯统计表

犯罪类型	1929—1930	1931—1932	变　率
内乱罪	104	147	41
外患罪	—	59	—
渎职罪	10	18	80
妨害公务罪	34	35	3
妨害秩序罪	39	174	346
逃脱罪	3	4	33
藏匿犯人及湮灭证据罪	5	4	−20
伪证及诬告罪	13	23	77
公共危险罪	110	98	−11
伪造货币罪	56	66	18
伪造文书印文罪	17	16	−6
妨害风化罪	34	138	306
妨害婚姻及家庭罪	357	560	57

续表

犯罪类型	1929—1930	1931—1932	变率
鸦片罪	1,678	2,630	57
赌博罪	363	773	113
杀人罪	50	75	50
伤害罪	325	786	142
遗弃罪	-	3	-
妨害自由罪	-	203	-
妨害名誉罪	33	7	-79
窃盗罪	680	1,598	135
抢劫强盗罪	402	548	36
绑匪	-	62	-
侵占罪	25	72	188
诈骗及背信罪	168	298	77
恐吓罪	11	27	146
赃物罪	38	68	79
毁弃损坏罪	8	15	88
军事犯	-	18	-
其他	81	-	-
总计	4,644	8,525	

注：警务年度从7月1日到次年6月30日。

1929—1930年资料摘自《上海市公安局业务报告》，第三卷，第108页以下表；

1931—1932年资料摘自第五卷，第220页以下表。

表4　1931—1932年上海市公安局假预审刑事犯统计表

犯罪类型	女性	男性
鸦片罪	363	2,267
窃盗罪	76	1,522
伤害罪	87	699
赌博罪	66	707
妨害婚姻及家庭罪	192	368

续表

犯罪类型	女　性	男　性
抢夺强盗罪	27	521
诈欺及背信罪	25	273
内乱罪	3	144
外患罪	0	59
渎职罪	0	18
妨害自由罪	56	147
妨害秩序罪	4	170
妨害风化罪	26	112
公共危险罪	7	91
杀人罪	7	68
侵占罪	1	71
赃物罪	5	63
伪造货币罪	4	62
绑匪	5	57
妨害公务罪	3	32
恐吓罪	1	26
伪证及诬告罪	2	21
军事犯	0	18
伪造文书印文罪	0	16
毁弃损坏罪	2	13
妨害名誉罪	0	7
逃脱罪	0	4
藏匿犯人及湮灭证据罪	1	3
遗弃罪	0	3
总　　计	963	7,562

摘自《上海市公安局业务报告》，第五卷，表220。

表5　1930年1月上海市公安局所存案卷中指纹记录

犯罪类型	女 性	男 性
吗啡、红丸及烟犯	164	821
窃　犯	31	839
反动及共产	23	338
花会及赌博	42	314
盗　犯	38	310
略诱奸拐	123	158
伤　害	29	218
诈　骗	7	149
绑　匪	20	107
抢　劫	6	79
伪造钞票	6	63
收　赃	2	49
违警案	3	45
私运军火	7	37
吓　诈	2	21
纵火案	1	5
私运火酒	0	5
私造文书	0	3
总　计	504	3,561

摘自《上海市公安局业务报告》，第三卷，第108页以下表。

表6　1932年5月16日日军撤退后上海市公安局闸北分局派出所分布

办事处	地　址	负责人	办事员人数
总局警察训练所	共和路	黄　明	1,200
第四区	长安路319号	吴绍璘	100
第四区第1所	蒙古路中	盛泽球	50

续表

办事处	地　　址	负责人	办事员人数
第四区第2所	恒丰路	韩铁仙	50
侦缉队警察训练所	共和路	卢　英	20
后备队办公室	四明路1036号	黄　明	370
公共事务局	民立路66号	江士成	150

临时办公室在蒙古路昆新戏院。

摘自法租界情报报告，上海公共租界警务处档案，D-3648，1932年5月19日。

表7　1932年"一·二八"事变爆发后上海特别市在籍人口的变化

居所类型		1931年7—12月	1932年1—6月	减少的百分比
住　户	户	323,520	172,766	47
	口	1,420,274	777,441	45
铺　户	户	38,159	25,227	34
	口	234,618	165,089	30
棚　户	户	30,563	14,504	53
	口	129,682	62,546	52
公共处所	户	3,114	1,756	44
	口	81,258	54,759	33
总　计	户	395,356	214,944	46
	口	1,865,832	1,056,835	43

摘自《上海市公安局业务报告》，第五卷，第220页以下表。

表8　1932年"一·二八"事变前后上海特别市政府在册商务机构

商务机构	1931年7月	1932年7月
金饰店	288	186
银　行	12	10
钱　庄	30	24
典　当	52	34
押　铺	52	27
旅　馆	136	69

续表

商务机构	1931年7月	1932年7月
交易所	1	1
保险	2	1
交通	360	300
饮食店	3,468	2,358
报馆	2	1
洋货店	891	575
古玩店	91	76
戏院	16	5
影戏院	12	5
游戏场	21	4
花园	36	25
弹子房	9	1
说书场	38	29
俱乐部	14	6
总计	5,531	3,737

摘自《上海市公安局业务报告》，第五卷，第220页以下表。

附　录

附录一
1927—1928年上海公安局禁止"花会"赌博的法令

谨拟查禁花会及其他各种赌博奖惩办法十二则
计开

一、严令各区所队遴派干练长警随时随地严密侦访。遇有花会听筒机关或航船子，并打花会及其他一切聚赌行为者，立即逮捕。惟长官须严加密察，使长警不得藉端搜索，累及无辜。

二、布告民众，如知有听筒机关或航船子及其他一切聚赌场所者，准其具名负责报告。本局查明饬由该管区所率警往捕。其当场获有证据及赌资者，以赌资十成之五给报告人，余给办事官警作奖金。挟嫌诬告者，治以反坐；匿名报告者，例不受理。

三、各区所队辖境如查得确系花会大筒机关及其他巨大赌场，应立即密报本局核办。但遇有紧急时，得相机径往逮捕，惟仍须一面报告本局。

四、各区所队查获听筒或航船子并打花会及其他聚赌案犯者，连同证据赌资解局，讯明属实，赌资充赏，人犯则移送上海地方法院，按律严办。

五、各区所队如能探得花会大筒机关及其他巨大赌场确实所在地，不论华租两界，凡能捕获证据、赌资及重要人犯者，除将当场所有赌资分别充赏外，并据情呈请市政府破格给奖，以昭激励。

六、各区所队破获航船子或打花会及其他聚赌情节较重者，记功一次；破获听筒者，记大功一次。记功三次准作大功一次，记大功三次者，准其记名擢升。

七、各区所队如有得贿包庇花会及其他各种聚赌机关者，或贿纵赌犯者，一经本局查明属实，或经他人举发，讯有证据者，不论官警，一律撤革法办。

八、各区所管辖境内如有花会听筒或其他赌博机关，漫无察觉，经局破获，证据确凿者，该区所长及巡官均按情节轻重，分别惩处。

九、各区所队希图邀功或避免记过，有意栽诬者，经被害人或其他人告发，讯明属实，不论被害人已未受有损失，立即撤革，移送法院诉办。

十、各辖境内查有大筒机关或其他各种巨大赌场并不报局，径自率属往捕，以致证据湮灭，人犯脱逃者，立予查办。

十一、查获各种赌博机关及人犯，办案官警如私将赌资吞没，除如数追缴外，并将该匪依法惩处。

十二、本规则自奉令核准之日施行。

摘自《上海市公安局业务报告》，纪事，第53—54页

附录二
1932年12月上海市保安团

一团：陈作民指挥下的闸北警察训练所。

一营：500名配备来复枪和机枪的步兵，驻扎在闸北。该团配备摩托车队。

6个连：每连124人，驻扎在闸北。其中3个连配备自动武器。另3个连有的配备来复枪，有的没有武器。有的连有摩托车队。1个连驻在1个慈善机构，1个驻在庙中，3个在警察所，另1个在别处。

二团：总部设在南市的绍兴会馆。有42人，配备自动武器。

13个连：每连124人。其中5个连配备机关枪。8个连驻在慈善会所，4个在庙里，2个在别处。

摘自上海公共租界警务处档案，D-3648，1932年12月30日

附录三
上海的"白银风潮"与大萧条对上海警察的影响

由于世界市场银价持续下跌，中国首先受到了1929年世界经济大萧条的冲击。中国使用白银作为货币，银价下跌意味着对外汇率的贬值，这刺激了出口，也导致资本流入。随着世界市场银价的缓慢跌落，中国产品价格也逐渐上升，国家也出现了适度的繁荣。①

当时上海是世界上白银储量最多的地方：大约达4亿盎司。1931年后，由于英国、日本和美国货币贬值，伦敦和美国金融市场上的银价开始上扬。为了增加现有通货储备，美国政府在1934年6月通过了"购银法案"，在世界市场上公开购买白银，直到本国的白银储备达到与黄金储备规定的比重。按照这一比重，美国政府将购买1.3亿盎司的白银。中国银圆市值随之出现大幅上扬。

在此期间，财政部长宋子文实行"废两改元"，发行了一种新的全国通用银圆，其价值与市面上正在流通的中国银圆价值大致相当。② 新币在上海造币厂铸造，由车顶架着机枪的红色装甲车运送到中国中央银行。③

新银圆与英镑或美元的汇率根据其所含白银价值来计算。也就是说，在伦敦，1块上海银圆根据其内含白银的价格值1.1中国元，因此，如果将上海银圆卖到海外，可从中获得10%的利润。因此，上海的银行家不顾南京反对，开始将上海银圆用船运往伦敦。④

银价的上涨造成白银外流和进口产品的降价。每年有上亿的银圆从内地涌

---

① 王业键：《上海钱庄的兴衰》，第131—132页；霍塞：《出卖上海滩》，第225—227页。
② 斯特劳斯：《中国后帝国时代的官僚政治的重建和机构重组：官员政治的动因（1912—1945）》，第230页。
③ 霍塞：《出卖上海滩》，第222—224、230页。
④ 霍塞：《出卖上海滩》，第227页；伊洛：《日本在华北的"特种贸易"》，第143页。

入上海，再从上海用船运出中国，为此，1934年6月到1935年11月有2.3亿中国银圆运出中国。霍塞生动而又准确地描绘了这场"白银风潮"：

> 这真是一个很奇怪的局面。在以上的二十年中，上海差不多就等于是一个中国的总银库，存着大部分的中国银子。因为大家都认为上海租界是一个安全之区，所以大地主、内地钱庄、富翁、印子钱老板、军阀们，都把他们的银子尽量地运到租界里边来存放。而上海的大班们则以保护人的资格，保管着它。他们也就等于是一个保管人。但是现在这批银子已经渐渐地失踪了。上海的存银一天少于一天，不过上海的银行家则已经从这里边获得了很大的利润。世界市场上，银价依旧向上高涨。美国依旧在那里放价收买，黄浦滩的银行则在那里卖出去。他们终天顾着买卖银子，连一向所经营的棉织品、机器、丝、茶、煤、皮革，都一概丢于脑后了。银价依旧一天一天地上涨，上海的先生们尽量收罗了卖到外国去。①

随着银价的上涨，中国产品的价格下跌了，这种跌价的影响很快波及整个经济领域。② 1932年到1935年的4年中，批发物价跌落了25%，整个外贸货值下降了一半以上，实际价格下跌了40%。1934年，大约1/3的工厂和40%的商店倒闭，120万工人失业。③ 中国陷入了严重的经济危机。④

当中国大约有1/4的白银储备被运到国外时，南京国民政府财政部从1934年10月15日起，开始对白银出口加收10%的海关税。这是一项附加费用，目的是在理论上平衡伦敦银价和中国中央银行官方兑换率之间的差距，这项新税

---

① 霍塞：《出卖上海滩》，第228—229页。
② 劳伦·布兰特、托马斯·沙奇题为《论萧条时期的中国和白银》的论文对这种"萧条"的存在提出了质疑。
③ 1930年在上海有107家华商缫丝厂，1935年只有30家。韩起澜：《1919—1949年间上海的棉纺厂女工》，第25页。
④ 韩起澜：《姐妹与陌生人：1919—1949年间上海的棉纺厂女工》，第56—57页；霍塞：《出卖上海滩》，第231页；王业键：《上海钱庄的兴衰》，第132页。1935年末，中国内债总额为1,799,536,000元。内债占每年税收的近70%，而年税收的52%来自海关税。伊洛：《日本在华北的"特种贸易"》，第140页。

收意味着官方禁止白银的出口。尽管白银一度还被继续走私出境，但不久就开始减少，最后停止了。不过，在此过程中，中国银圆贬值了20%，导致了通货膨胀。①

为了应付金融危机，宋子文出任华商所有的中国银行的总裁，从张嘉璈手中夺走了控制权。英国保守党财政大臣尼威尔·张伯伦派英国首席经济顾问弗雷德里克·李滋罗斯爵士到上海，与宋子文和包括汇丰银行董事在内的大银行家们一起商议此事。1935年11月李滋罗斯到上海后不久，中国政府就放弃了银本位，废止了白银的流通。所有白银储备被命令上交政府，限定由中国中央银行、农业银行、交通银行和中国银行发行法币。由宋子文和孔祥熙发动的金融政变，使巨大的金融控制权集中到了国民政府的中国中央银行手中，结束了宁波银行家对上海的两个中国私有金融的庞然大物——中国银行和交通银行的控制。②

在1936年和1937年间困难的冬天，当世界陷入经济危机时，公共租界巡捕房和公安局的财力物力都受到了限制。公共租界巡捕房多年来的经费靠1929年卖掉电厂所得的8,100万元来维持。为了避免再次出现年度赤字，工部局曾在1936年试图将土地税从14%提高到16%，但日本纳税人坚决反对。③

由于公共租界净负债——由公共租界工部局价值6,700万元的土地和房产作为担保——在1936年6月已经达到39,692,284元，工部局别无选择，只有取出电厂基金中的200万元来平衡预算。1937年也是如此，为了平衡预算，又从迅速减少的储备金中提用了325万元。④ 因此，1936年11月下旬，工部

---

① 霍塞：《出卖上海滩》，第231—233页。
② 霍塞：《出卖上海滩》，第232—234页；戴维森·豪思顿：《黄浦江：上海的故事》，第144页。
③ 《工部局公报》，第85页；《密勒氏评论报》，1936年11月28日，第437页。
④ 《密勒氏评论报》，1936年11月28日，第437页。

局采取了专门经济措施,包括削减一项 8% 的警务开支,并缩减各种警察津贴。①

即使 1936—1937 年预算被削减 5%,只有 3,463,670 元时,公安局的窘迫仍相对较小些。② 不过这一时期,由于公安局辖区和管理人口数量大于公共租界,公安局在财力物力方面的需求要远远高于公共租界巡捕房(见图 7)。除了威海卫之外,上海特别市政府人均警务费用是全国最高的(见图 8)。

---

① 2 周后,也就是 1936 年 12 月 7 日,警务处长贾尔德在福州路与来自工部局巡捕房的 2 位代表召开会议,解释削减经费的原因以平息他们的怒气。《密勒氏评论报》,1936 年 12 月 12 日,第 68 页。

② 安克强:《上海市政府》,第 198 页。完成位于江湾的壮观的新市中心的耗费相当巨大。《密勒氏评论报》,1936 年 9 月 19 日,第 75 页。

参考文献

中文部分

1. 艾经武：《复兴社河南分社的片断回忆》，见河南省政协文史资料研究委员会编《河南文史资料》，第5辑，河南：河南人民出版社1981年版，第107—114。

2. 巴金：《春天里的秋天和其他故事》，北京：中国文学出版社，1981年。

3. 巴人：《喜事》，见《上海"孤岛"文学作品选》（上），上海：上海社会科学院出版社，1986年，第280—305页。

4. 北京市公安局：《大事记》，北京：公安部1986年。

5. 蔡少卿：《中国秘密社会》，杭州：浙江人民出版社1989年版。

6. 钱锺书：《围城》。

7. 常兆儒：《国民党统治时期的警察制度》，见中国社会科学院法学研究所编《中国警察制度简论》，北京：群众出版社1985年版。

8. 陈彬：《沉寂三十五年的"中国福尔摩斯"》，见《警报》1985年第5期。

9. 陈定山：《春申旧闻》，台北：晨光月刊社，1964年。

10. 陈恭澍：《抗战后期反间活动》，台北：传记文学出版社1986年版。

11. 《蓝衣社内幕》，上海：国民新闻图书印刷公司1942年版。

12. 《英雄无名：北国锄奸》，台北：传记文学出版社1981年版。

13. 陈果夫：《十五年至十七年间从事党务工作的回忆》，见蒋永敬编《北伐时期的政治史料：一九二七年的中国》，台北：正中书局1981年版。

14. 陈建华：《无形之网》，见《广场》1990年第3期。

15. 陈俊德：《上海西人居留区域界外马路扩张略史》，见《东方杂志》第28卷，第8期（1931年4月25日）。

16. 陈森文［音］：《中共早期特务工作之研究》（硕士论文），台北政治大学1978

年版。

17. 陈卫民：《中共成立初期上海工人运动述评》，1988 年上海现代史国际学术讨论会论文。

18. 陈蔚如：《我的特务生涯》，见张文等著《特工总部——中统》，香港：中原出版社 1988 年版。

19. 陈修和：《抗战胜利后国民党军入越受降纪略》，见《全国政协文史资料选辑》第 7 辑，北京：中华书局 1960 年版。

20. 陈修良：《党人魂——记潘汉年》（下），见《上海滩》1989 年第 1 期。

21. 陈尧甫：《清末上海设置巡警的经过》，见《上海市政协文史资料选辑》第 13 辑，上海：中华书局 1962 年版。

22. 陈允文：《中国的警察》，商务印书馆 1935 年版。

23. 程一鸣：《程一鸣回忆录》，北京：群众出版社 1979 年版。

24. 戴笠：《政治侦探》，无出版单位和出版日期。

25. 《戴雨农先生年谱》，台北："国防部情报局"，1976 年。

26. 邓葆光：《我所知道的戴笠和军统》，见《上海文史资料选辑》第 55 辑，第 150—163 页。

27. 邓文仪：《从军报国记》（台湾）。

28. 邓又平：《简析"中美合作所集中营"》，见《美国研究》1988 年第 3 期，第 26—39 页。

29. 邓元忠：《三民主义力行社史》，台湾。

30. 翟为民：《上海租界两监管遇刺内幕》，见《世界日报》第 1 部分，1985 年 1 月 11 日；第 2 部分，1985 年 1 月 12 日；第 3 部分，1985 年 1 月 13 日。

31. 《东方杂志》。

32. 费云文：《戴笠的一生》，台北：中外图书出版社 1980 年版。

33. 傅湘源：《青帮大亨》，香港：中原出版社 1987 年版。

34. 干国勋：《关于所谓"复兴社"的真情实况》，见《传记文学》（上）第三十五卷，第 3 期（1979 年 9 月），第 32—38 页；（中）第三十五卷，第 4 期（1970 年 10 月），第 68—73 页；（下）第三十五卷，第 5 期（1979 年 11 月），第 81—86 页。

35. 古僧：《戴笠将军与抗日战争》，台北：华新出版有限公司1975年版。

36. "国防部情报局"编：《戴雨农先生全集》（二卷），台北：1979年。

37. 《中美合作所志》，台北：1970年。

38. 《国民党中央调查局档案》。

39. 海上名人传编辑部编《海上名人传》，无出版社和出版年月。

40. 何理：《抗日战争史》，上海：上海人民出版社1985年版。

41. 何启登：《当前之警政机构问题》，见《力行月刊》第二卷，第5期（1940年8月30日），第18—23页。

42. 何文龙［音］：《中国特务内幕》，香港：风雨书屋1947年版。

43. 洪佐尧：《杜月笙与张啸林》，见上海市政协文史资料工作委员会编《文史资料选辑》第14辑，上海：中华书局1962年版，第40—43页。

44. 胡梦华：《CC外围组织"诚社"始末》，见中国人民政治协商会议全国委员会文史资料研究委员会编《文史资料选辑》第14辑，北京：中华书局1961年版，第147—165页。

45. 胡珠生：《青帮史初探》，《历史学季刊》1979年第3期。

46. 黄楫清等编：《中国法西斯特务真相》，新华书店1949年版。

47. 黄康永：《我所知道的戴笠》，见浙江省政协文史资料研究委员会编《浙江文史资料选辑》第23期，内部出版，浙江人民出版社1982年版，第152—170页。

48. 黄启汉：《桂系及其反动的政治组织》，见中国人民政治协商会议全国委员会文史资料研究委员会编《文史资料选辑》第7辑，北京：中华书局1960年版，第119—129页。

49. 黄雍：《黄埔学生的政治组织及其演变》，见中国人民政治协商会议全国委员会文史资料研究委员会编《文史资料选辑》第11辑，北京：中华书局1960年版，第1—20页。

50. 惠洪：《刑事警察学》，上海：商业出版社1936年版。

51. 贾逸君：《中华民国名人传》（2卷），北平文化学社1932—1933年版。

52. 蒋方震等：《孙子浅说》，上海：大众书局1930年版。

53. 江绍贞：《杜月笙》，见李新、孙思白编《民国人物传》第1册，北京：中华书局 1978 年版。

54. "蒋总统勋业画集编纂委员会编：《蒋总统勋业画集》",台北："行政院新闻局" 1969 年版。

55. 经盛鸿：《民国暗杀要案》,江苏：江苏古籍出版社 1989 年版。

56. 《警政法令》,上海：上海市参议会秘书处 1947 年。

57. 《警察法令》,汪精卫"内务部" 1944 年编。

58. 《抗战画册》,无出版单位和出版日期。

59. 老舍：《我这一辈子》,见《中国文学》1985 年春,第 94—156 页。

60. 《李立三同志对二月罢工和五卅运动的会议（访问记录）》,见《五卅运动史料》第 1 卷,上海社会科学院 1981 年版,第 142—148 页。

61. 李天民：《周恩来评传》,香港：友联研究所 1975 年版。

62. 李希贤：《魏邦平任广东省警察厅长兼广东全省警务处长时的警察》,见广州市政协编《广州文史资料》第 11 辑（1964 年）,第 105—110 页。

63. 李昭书：《身份复杂的潘汉年》,见《共党问题研究》第九卷,第 3 期,第 114—118 页。

64. 刘峰：《在伪警察局里的斗争》,见上海市政协文史资料工作委员会编《文史资料选辑——上海解放三十周年专辑》（上）,上海人民出版社 1979 年版,第 175—194 页。

65. 刘恭：《我所知道的中统》,见《文史资料选辑》第 36 辑,北京：文史资料出版社 1962 年版,第 59—117 页。

66. 刘培初：《浮生掠影集》,台北：正中书局 1968 年版。

67. 刘石吉：《明清时代江南市镇之数量分析》,见《思与言》第十六卷,第 2 期（1978 年 7 月）,第 128—149 页。

68. 刘兆荣：《黄楚九办大世界》,见《上海掌故》,上海文化出版社 1982 年版,第 77—80 页。

69. 梁定明［音］：《抗战画册》。

70. 《良友》,见《上海每周画刊》。

71. 良雄：《戴笠传》,台北：敦煌书局 1979 年版。

72. 林獬：《国民意见书》，见张枬等编《辛亥革命前十年间时论选集》第一卷，北京：新华书店1960年版，第892—921页。

73. 陆冲鹏：《杨虎逸事两则》，《传记文学》第十一卷，第4期（1967年10月），70—73。

74. 陆大公：《上海警政大权回到人民手里》，见《文史资料选辑》第37辑，上海人民出版社1981年版，第61—73页。

75. 罗广斌：《红岩》，北京：中国青年出版社1977年版。

76. 马西沙、程啸：《从罗教到青帮》，见《南开史学》第1辑（1984），第1—28页。

77. 茅盾：《腐蚀》，成都：四川人民出版社1981年版。

78. 《我走过的路》，见《中国文学》1981年7月，第9—39页。

79. 《喜剧》，见伊罗生编：《草鞋：1918—1933年间中国短篇小说》，麻省：麻省理工学院出版社1974年版。

80. 《子夜》，北京外文出版社1979年版。

81. 毛啸岑：《旧上海的大赌窟——回力球场》，见中国人民政治协商会议上海委员会文史资料工作委员会编《上海文史资料》第15辑，中华书局1963年版，第128—148页。

82. 马啸天、汪曼云：《汪伪特工总部——"七十六号"的建立》，见黄美真等编《汪精卫国民政府成立》，上海人民出版社1984年版。

83. 孟真：《中统点滴》，见《九十年代月刊》1986年6月，第89—91页。

84. 《中统点滴》，见《九十年代月刊》1986年7月，第87—89页。

85. 宓熙：《我在蒋介石身边的时候》，见文史资料研究委员会编《浙江文史资料选辑》第23辑，第1—41页，内部出版，浙江人民出版社1982年版。

86. 穆欣：《陈赓同志在上海》，北京：文史资料出版社1980年版。

87. 钮先铭：《抗战时期中国情报战溯忆》，见《传记文学》第二十七卷，第6期（1975年12月），第7—10页。

88. 戚再玉编：《上海时人志》，上海：展望出版社1947年版。

89. 钱军：《红队》，见《共党问题研究》第八卷，第7期，第94—104页。

90. 钱生可编：《上海黑幕汇编》卷四，上海：海上侦探研究会 1929 年版。

91. 钱生可编：《青红帮之黑幕》，石家庄：河北人民出版社 1990 年版。

92. 乔家才：《戴笠将军和他的同志：抗日情报战第一、二集》，台北：中外图书出版社 1981 年版。

93. 《戴笠先生的人情味》第 1、2、3 部分，见《中外杂志》第十三卷，第 1、3、4 期。

94. 《浩然集》四卷，台北：中外图书出版社 1981 年版。

95. 裘雨萍：《我所知道的忠义救国军》，见上海市政协文史资料工作委员会编《文史资料选辑》第 39 辑，上海人民出版社 1982 年版，第 124—132 页。

96. 曲云章：《国民党军委会西北青年劳动营的真相》，见《文史资料选辑》第 36 期，北京：文史资料出版社 1962 年版，第 118—138 页。

97. 群众出版社编：《蒋帮特务罪行录》，北京：群众出版社 1979 年版。

98. 《上海解放一年（1949—1950）》，上海：解放日报社 1950 年版。

99. 上海社会科学院编：《"九·一八"—"一·二八"上海军民抗日运动史料》，上海：上海社会科学院 1986 年版。

100. 上海社会科学院政治法律研究所社会问题组编：《大流氓杜月笙》，北京：群众出版社 1965 年版。

101. 上海社会科学院经济研究所编：《荣家企业史料》第 1 册（1896—1937 年），上海人民出版社 1980 年版。

102. 《上海神秘指南》，无出版单位和日期。

103. 上海市档案馆档案。

104. 上海市档案馆编：《上海解放》，北京：档案出版社 1989 年版。

105. 上海市公安局公安史资料征集研究领导小组办公室编：《摧毁旧警察机构　保卫人民政权》，见《上海文史资料选辑》第 46 辑（1984 年），第 104—118 页。

106. 《上海市公安局业务报告》，第三卷（1929 年 7 月—1930 年 6 月）。

107. 《上海市公安局业务报告》，第四卷（1930 年 7 月—1931 年 6 月）。

108. 《上海市公安局业务报告》，第五卷（1931 年 7 月—1932 年 6 月）。

109. 上海市年鉴委员会编：《上海市年鉴》第一卷（1935 年），第二卷（1936 年）。

110. 上海市通志馆年鉴委员会编：《上海市年鉴》，上海：中华书局1937年版。

111. 《上海特别公安局业务纪要》（民国十六年八月至十七年七月），上海市公安局，1928年。

112. 上海通社编：《上海研究资料》，上海：中华书局1936年版。

113. 《上海研究资料》续集，上海。

114. 上海图书馆编：《上海地方资料：西文著者目录》，上海图书馆1963年版。

115. 《上海新貌》，上海人民出版社1965年版。

116. 《上海战时画刊》第1期，1932年2月25日。

117. 《上海租界问题》，台北：正中书局1981年版。

118. 邵华等：《国民党"中统"在成都的反动新闻活动》，见四川省政协文史资料研究委员会编《四川文史资料》第24辑，成都：四川人民出版社1981年版，第64—72页。

119. 少石：《杜月笙传奇》，北京：团结出版社1988年版。

120. 《申报》。

121. 邵雍：《二十世纪初期青帮在上海郊县的活动》，见《上海研究论丛》第5册，上海社会科学院出版社1990年版。

122. 沈怡：《上海市工务局之十年》，见《传记文学》第1部分，第十七卷，第2期（1970年8月），第11—18页；第2部分，第十七卷，第3期（1970年9月），第25—30页；第3部分，第十七卷，第4期（1970年10月），第81—85页。

123. 沈重宇：《"四·一二"事变在黄埔学校》，广州市政协编：《广州文史资料》第6辑，广州：1962年，第77—79页。

124. 沈醉：《大陆生活三十年》（二卷），香港：经宝文化企业有限公司1983年版。

125. 《蒋介石准备暗杀李宗仁的阴谋》，见《文史资料选辑》第32期，北京：文史资料出版社1962年版，第118—121页。

126. 《军统内幕》，北京：文史资料出版社1984年版。

127. 《一个国民党战犯在中国》，北京：文史资料出版社1984年版。

128. 《我所知道的戴笠》，北京：文史资料出版社1980年版，第1—176页。

129. 《中美特种技术合作所内幕》，见《文史资料选辑》第32期，北京：文史资料出版社 1962 年版，第 213—261 页。

130.《市政概况》，上海特别市秘书处 1928 年印。

131. 舒季衡：《国民党军统局在天津的特务活动概况》，见《天津文史资料》第 26 辑，第 169—176 页。

132.《淞沪与日血战大画报》，上海：文化美术图书公司。

133. 苏寿祖：《总裁警训体系》，见朱怡声：《上海警察》，上海市警察秘书室 1946 年，第 27—35 页。

134. 苏智良：《上海帮会史概述》，"上海国际学术讨论会论文"，上海社会科学院近代，1988 年 9 月 7—14 日。

135. 孙国群：《论旧上海娼妓制度的发展和特点》，上海社会科学院近代中国国际会议论文，1988 年 9 月 7—14 日。

136. 孙煜峰：《杜月笙的流氓手段》，见上海市政协文史资料工作委员会编《上海文史资料选辑》第 14 辑，上海：中华书局 1962 年版，第 43—46 页。

137. 汤涛：《中美合作所第六技术训练班内幕》，见福建省政协文史资料编辑室编《福建文史资料》第 4 辑，福州：福建人民出版社 1980 年版，第 148—163 页。

138. 唐振常：《在天津筹备会议上的发言》，见《中国地方史志通讯》第 1 卷，第 1 期（1981 年 1 月 10 日），第 14—17 页。

139. 天声辑：《美帝直接指挥的"中美合作所"》，见四川省政协文史资料研究委员会编《四川文史资料选辑》第 17 辑，成都：1965 年，第 82—88 页。

140. 屠诗聘编：《上海市大观》，上海：中国图书杂志公司 1948 年版。

141. 万墨林：《沪上往事》（四卷），台北：中外图书出版社 1973 年版。

142. 万人：《国民党上海警察局的地下工作》，见上海市政协文史资料工作委员会编《上海文史资料选辑》第 44 辑，上海：上海人民出版社 1983 年版，第 19—25 页。

143. 王安之：《军统局"策反"汉奸周佛海的经过》，见《文史资料选辑》第 64 辑，北京：中华书局 1979 年版，第 193—201 页。

144. 王彬等编：《江山县志》（三卷），台北：诚文出版社 1970 年版。

145. 王方南：《我在军统十四年的亲历和见闻》，见中国人民政治协商会议编辑委员会编，第 107 辑，北京：中国文史出版社 1987 年版，第 140—166 页。

146. 王恒：《广西之民团及其意义》，见《国闻周报》第1部分，第十一卷，第16期（1934年4月23日）；第2部分，第十一卷，第17期（1934年4月30日）。

147. 王家俭：《清末民初我国警察制度现代化的历程》，台北：台湾商务印书馆1984年版。

148. 王健民：《中国共产党史》第二卷（江西时期），台北：汉京文化事业有限公司1988年版。

149. 王敏等编：《上海学生运动大事记》，上海：学林出版社1981年版。

150. 王仰清、许映湖：《上海清洪帮概述》，见《上海社会科学》1982年第5期，第63—65页。

151. 魏大铭：《评述戴雨农先生的事功》，见《传记文学》（上）第三十八卷，第2期（1981年2月），第40—45页；（中）第三十八卷，第3期（1981年3月），第47—54页；（下）第三十八卷，第4期（1981年4月），第94—100页。

152. 文强：《戴笠其人》，见沈醉等：《戴笠其人》，北京：文史资料出版社1980年版，第177—258页。

153. 《孙殿英投敌经过》，见《文史资料选辑》第64辑，北京：中华书局1979年版，第114—166页。

154. 《"中原王"汤恩伯》，见《文史资料选辑》第32辑，北京：文史资料出版社1962年版，第179—212页。

155. 文新新闻部编：《上海的烽火》，上海：文艺新闻社1932年版。

156. 吴基民：《长期被看作汉奸的女革命家》（下），见《上海滩》1989年第7期，第40—44页。

157. 吴雨等编：《民国黑社会》，江苏：江苏古籍出版社1988年版。

158. 《五卅运动史料》第1卷，上海：上海社会科学院1981年版。

159. 夏林根等：《建国以来上海史研究述评》，见《学术月刊》1982年第5期，第77—80页。

160. 萧作霖：《复兴社述略》，见中国人民政治协商会议文史资料研究委员会编《文史资料选辑》第11辑，北京：中华书局1960年版，第21—71页。

161. 《消灭"共匪红队暗赤"经验简述》，档案调查局，新店，文件276/7435/

59400 号。

162. 谢凤年：《桂系特务组织"广西省政府办公室"概况》，见中国人民政治协商会议广西壮族自治区文史资料委员会编《广西文史资料》1982 年第 2 期，第 208—240 页。

163. 新中华杂志社编：《上海的将来》，上海：中华书局 1934 年版。

164. 熊倬云：《反动统治时期的成都警察》，见中国人民政治协商会议四川委员会文史资料研究委员会编《四川文史资料选辑》第 17 辑，成都：1965 年版，第 108—129 页。

165. 徐迟等编：《上海众生相》，上海：新中国报社 1941 年版。

166. 徐恩曾等：《我和共产党战争的回忆》，见调查局档案，新店，文件第60002 号。

167. 徐峰等编：《民国黑网、内幕和秘闻》，湖北：湖北人民出版社 1989 年版。

168. 徐公肃等：《上海公共租界制度》，见《上海史资料丛刊：上海公共租界史稿》，上海人民出版社 1980 年版，第 1—297 页。

169. 徐蕙芳、刘清於：《上海女性犯的社会分析》，见《大陆杂志》第 1 卷，第 4 期（1932 年 10 月），第 71—92 页。

170. 徐珂：《清稗类钞》（七卷），上海：商务印书馆 1917 年版。

171. 徐肇明：《汉奸周佛海勾结军统及其下场》，见《文史资料选辑》第 64 期，北京：中华书局 1979 年版，第 202—216 页。

172. 徐铸成：《杜月笙正传》，杭州：浙江人民出版社 1982 年版。

173. 徐宗尧：《组织军统北平站和平起义的前前后后》，见《文史资料选辑》第 68 期，北京：中华书局 1980 年版，第 126—151 页。

174. 宣铁吾：《发刊词》，见朱怡声编：《上海警察》，上海：上海市警察局秘书室 1946 年，第 1—2 页。

175. 《认识警察》，见朱怡声编：《上海警察》，上海：上海市警察局秘书室 1946 年，第 15—16 页。

176. 《近代上海的流氓》，见《文史资料选辑》1980 年第 3 期，上海：上海人民出版社 1980 年版，第 160—178 页。

177. 薛耕莘：《我与旧上海法租界》，见上海市政协文史资料工作委员会编《文史资料选辑》第 28 辑，上海：上海人民出版社 1979 年版，第 149—169 页。

178. 扬帆：《扬帆在惊涛骇浪中》（下），见《上海滩》1989 年第 5 期，第 30—35 页。

179. 杨家骆：《民国名人图鉴》2 卷，南京：中国辞典馆 1937 年。

180. 贺宛男、杨洁曾：《上海娼妓改造史话》，上海：上海三联书店 1988 年版。

181. 杨寿清：《中国出版界简史》，上海：永祥印书馆 1946 年版。

182. 杨威：《杜月笙外传》，台中：金洋出版社 1967 年版。

183. 叶圣陶：《五月卅一日急雨中》，见《小说月报》第十六卷，第 7 期（1925 年 7 月）。

184. 《以努力发展生产来庆祝上海解放周年》，上海：华东工业部领导各电器工业工厂 1950 年。

185. 郁达夫：《春风沉醉的晚上》，见鲁迅等编《现代中国小说作品》，北京：外文出版社 1983 年版，第 140—153 页。

186. 俞叔平：《警察建置问题》，见朱怡声编《上海警察》，上海：上海市警察局秘书室 1946 年，第 17—20 页。

187. 余祥琴：《上海沦陷期间四年地下工作追记》，见《传记文学》第三十三卷，第 2 期，第 43—47 页；第三十三卷，第 3 期，第 84—88 页；第三十三卷，第 4 期，第 100—104 页。

188. 余秀豪：《警察手册》，上海：上海警声［音］书局 1948 年版。

189. 《美国伯克利市警察普遍指纹登记运动成功》，见《警声周刊》第 27 期（1927 年 5 月），第 145—147 页。

190. 恽逸群：《三十年见闻杂记》，镇江：金陵出版社 1983 年版。

191. 曾扩情：《何梅协定前复兴社在华北的活动》，见中国人民政治协商会议全国委员会文史资料研究委员会编《文史资料选辑》第 14 辑，北京：中华书局 1961 年版，第 131—146 页。

192. 章君谷：《戴笠的故事》，见《传记文学》第十四卷，第 1 期，第 8—19 页。

193. 《杜月笙传》第 1 卷，《传记文学丛刊》第 9 种，台北：1967 年版。

194. 章士钊：《书齐江狱》，见《文史资料选辑》第 7 辑，北京：中华书局 1960 年版，第 64—65 页。

195. 章微寒：《戴笠与"军统局"》，见《浙江文史资料选辑》第 23 辑，内部出版，浙江人民出版社 1982 年版，第 79—151 页。

196. 张文：《中统二十年》，见《中统内幕》，江苏：江苏古籍出版社 1987 年版，第 1—115 页。

197. 张新：《胡宗南其人》，见《浙江文史资料选辑》第 23 辑，内部出版，浙江人民出版社 1982 年版，第 171—183 页。

198. 张严佛：《抗战前后军统特务在西北的活动》，见《文史资料选辑》第 64 辑，北京：中华书局 1979 年版，第 78—113 页。

199. 张泽滔：《上海市档案馆》，见《历史档案》1981 年第 4 期。

200. 《战时画报》第 2 期，上海：良友图书杂志 1937 年版。

201. 郑庭笈：《黄埔五期"清党"的回忆》，见《文史资料选辑》第 9 辑，北京：中华书局 1960 年版，第 123—124 页。

202. 郑祖安：《国民党上海特别市市政研究》，上海社会科学院近代上海国际会议论文，1988 年 9 月 7—14 日。

203. 《国民党政府"大上海计划"始末》，见《上海史研究》第 1 辑，上海：学林出版社 1984 年版。

204. 钟鹤鸣编：《日本侵华之间谍史》，汉口：华中图书公司 1938 年版。

205. 仲向白：《我所知道的中关特种技术训练第三班——临汝训练班》，见《河南文史资料》第 5 辑，河南人民出版社 1981 年版，第 125—133 页。

206. 中共上海市委党史资料征集委员会编：《上海人民革命史画册》，上海：上海人民出版社 1989 年版。

207. 中国第二历史档案馆档案。

208. 中国国民党中央委员会党史委员会编：《中华民国重要史料初编》四卷，《中共活动真相》第 5 部分，台北："《先总统蒋公思想言论总集》"，台北：1984 年版。

209. 中国国民党中央组织部调查科编：《中国共产党之透视》，台北：文星书店 1962 年版。

210. 中国科学院历史研究所、北京大学历史系编：《中国史学论文索引》，北京：科学出版社 1957 年版第 1 卷。

211. 中华民国史话编纂小组编：《中华民国史话》，近代中国出版社 1978 年版。

212. "中华民国外交问题研究会"编：《日军侵犯上海与进攻华北》，台北："中华民国外交问题研究会" 1965 年版。

213. 《中华图画杂志》，上海：东方图画出版社。

214. 国民党中央调查统计局编：《中共在江苏之组织与活动》，调查局档案，270，21/815/7302－C，1。

215. 国民党中央调查统计局编：《有关顾顺章等破案经过》，调查局档案，276/7435/59400。

216. 《中共特务部部长顾顺章之自首及其予中共之打击》，调查局档案，276/7435a/19930。

217. 周震东：《戴笠特务"渝三课""蓉组"及"西康组"方面的活动（1935—1936 年）》，见《四川文史资料选辑》第 22 辑，成都：1980 年版，第 280—288 页。

218. 祝世康：《关于国民党官僚资本的见闻》，见《文史资料选辑》第 11 辑，北京：中华书局 1960 年版，第 72—88 页。

219. 朱怡声：《上海警察沿革史》，见朱怡声编：《上海警察》，上海市警察局秘书室 1946 年，第 3—13 页。

220. 朱子家（金雄白）：《黄浦江的浊浪》，香港：吴兴记画报社 1964 年版。

221. 庄天吊：《探警之黑幕一》，钱生可编《上海黑幕汇编》卷一，上海：海上侦探研究会 1929 年版。

222. 卓建安：《谷正伦与国民党宪兵》，《贵阳文史资料选辑》1982 年第 3 辑，第 225—254 页。

223. 邹韬奋：《小言论》，上海：生活书店 1937 年版。

外文部分

1. Abadinsky, Howard. *The Criminal Elite：Professional and Organized Crime*. Westport,

Comn.: Greenwood Press, 1983. ——霍华德·阿巴蒂斯基:《犯罪精英: 专业和有组织的犯罪》。

2. Adams, Leonard P., Ⅱ. "China: The Historical Setting of Asia's Profitable Plague." In *The Politics of Heroin in Southeast Asia*, By Alfred W. McCoy, Cathleen B. Read, and Leonard P. Adams Ⅱ, 363—383. ——里奥纳德 P. 亚当斯:《中国: 亚洲有利可图的灾难的历史背景》。

3. Alford, William P. "Of Arsenic and Old Laws: Looking Anew at Criminal Justice in Late Imperial China." *California Law Review* 72: 1180—1256. ——威廉 P. 阿尔福德:《有害的旧秩序: 再看晚清中华帝国的司法》。

4. *All About Shanghai: A Standard Guidebook*. Hong Kong: Oxford University Press, 1983. ——《上海概貌: 导游手册》。

5. Ames, Walter L. *Police and Community in Japan*. Berkeley, Los Angeles, London: University of California Press, 1981. ——华尔特 L. 艾姆斯:《日本的警察和社区》。

6. Amnesty International. *Report on Torture*. New York: Farrar, Straus, and Giroux, 1975. ——《大赦国际: 关于刑讯的报告》。

7. Anderson, Benedict R. O'G. "Old State, New Society: Indonesia's New Order in Comparative Historical Perspective." *Journal of Asian Studies* 42. 3 (May 1983): 477—496. ——本尼迪克特 R. O'G. 安德森:《老国家, 新社会: 印度尼西亚新秩序的历史比较研究》。

8. Andrew, Kenneth W. *Diary of an Ex-Hong Kong Cop*. Saint Ives, Cornwall, 1977. ——肯尼斯 W. 安德鲁:《一个前香港警察的日记》。

9. Argus. "Motives Behind the Reorganized of the Puppet Government." *China Weekly Review*, 6 Sept. 1941, 11, 28. ——阿格斯:《傀儡政府重组的动因》。

10. Auxion, de Fuffe, R. d'. *La bataille de Shanghai*. Paris: Editions Berger-Levrault, 1938——阿克森·德·茹佛:《上海战事》。

11. Bailey, Victor. "Introduction." In *Policing and Punishment in Nineteenth Century Britain*, Edited by Victor Bailey, 11—24. New Brunswick, N. J.: Rutgers University Press, 1981. ——维克多·巴乐:《〈十九世纪英国警察和刑事处罚〉导言》。

12. Baker, Mark. *Cops: Their Lives in Their Own Words.* New York: Simon and Schuster, 1985. ——马克·贝克：《警察：他们自己所说的生活》。

13. Ballard, J. G. *Empire of the Sun.* London: Victor Gollancz, 1984. ——J. G. 巴兰德：《太阳帝国》。

14. Bamford, James. *The Puzzle Palace: A Report on America's Most Secret Agency.* New York: Penguin Books, 1983. ——杰姆斯·班福德：《迷宫：美国最高保密机构的报告》。

15. Banister, Judith. "Mortality, Fertility and Contraceptive Use in Shanghai." *China Quarterly* 70: 255—295. ——班久蒂：《上海人口的死亡、多育和节育》。

16. Barber, Noel. *The Fall of Shanghai.* New York: Coward, McCann, and Geoghegan, 1971. ——尼尔·巴伯：《上海的陷落》。

17. Barnett, A. Doak. *Communist China: The Early Years, 1949—1955.* New York: Frederick A. Praeger, 1964. ——鲍大可：《早期的共产党中国：1949—1955 年》。

18. Basu, Dilip K., and James M. Freeman. "Mallabir: Live History of a Calcutta Gangster." Unpublished ms. ——狄力克 K. 巴苏和杰姆斯 M. 福里曼：《马拉波：一个加尔各答匪徒的生平》，未刊。

19. Bates, M. S. "The Narcotics Situation in Nanking and Other Occupied Areas." *Amerasia* 3. 11 (January 1940): 525—527. ——M. S. 贝茨：《南京及其他沦陷区的毒品问题》。

20. Bayley, David H. *Forces of Order: Police Behavior in Japan and the United States.* Berkeley: University of California Press, 1976. ——戴维斯 H. 贝利：《秩序的力量：日本和美国的警务活动》。

21. ——. *Patterns of Policing: A comparative International Analysis.* New Brunswick, N. J.: Rutgers University Press, 1985. ——《警察模式：一个比较分析》。

22. ——. "The Police and Political Development in Europe." In *The Formation of National States in Western Europe*, edited by Charles Tilly, 328—379, Princeton: Princeton University Press, 1975. ——《欧洲警察制度和政治发展》。

23. Bays, Daniel H. *China Enters the Twentieth Century: Chang Chih-tung and the Issues*

of the New Age, 1895—1909. Ann Arbor: University of Michigan Press, 1978. ——裴士丹:《进入二十世纪的中国: 张之洞和新时代的主题(1895—1909)》。

24. Becker, Gary S. "Crime and Punishment: An Economic Approach." *Journal of Political Economy* 76 (1968): 169—217. ——盖里 S. 贝克:《犯罪和惩处: 一种经济学方法》。

25. Bell, Lynda S. "Cocoon Merchants in Wuxi County: Local Autonomy vs. State Control." Paper prepared for the Center for Chinese Studies Regional Conference, University of California, Berkeley, 1982. ——夏明德:《无锡的蚕茧商人: 地方自治与国家控制的对峙》,提交中国区域研究学术讨论会的论文。

26. Bergère, Marie-Claire. *L'age d'or de la bourgeoisie Chinoise*, 1911—1935. Paris: Flammarion, 1986. ——白吉尔:《中国资产阶级的黄金时代(1911—1935年)》。

27. Bergère, Marie-Claire, Noel Castelino, Christian Henriot, Pui-yin Ho. "Essai de prosopographie desélites Shanghaiennes a l'époque républicaine, 1911—1949." Annals ESC, No. 4 (July-August 1985): 901—929. ——白吉尔等:《民国时期上海精英问题讨论文集(1911—1949)》。

28. Block, Alan A., and William J. Chambliss. *Organizing Crime*. New York: Elsevier, 1981. ——艾伦 A. 布劳克等:《有组织犯罪》。

29. Boissevain, Jeremy. "Preface", In *Network Analysis: Studies in Human Interaction*, edited by Jeremy Boissevain and J. Clyde Mitchell, vii – xiii. The Hague, Paris: mouton, 1973. ——杰瑞·包思范:《〈网络分析: 人类交往的研究〉序言》。

30. Booker, Edna Lee. *News Is My Job: A Correspondent in War-Torn China*. New York: Macmillan, 1940. ——艾德那·李·布克:《新闻就是我的工作: 一个记者在战火纷飞的中国》。

31. Boorman, Howard L. Et al., eds. *Biographical Dictionary of Republican China*. 5vols. New York: Columbia University Press, 1967—1971, 1979. ——包华德编:《中华民国传记辞典(五卷)》。

32. Borg, Dorothy. *The United States and the Far East Crisis of 1933—1938: From the Manchurian Incident through the Initial Stage of the Undeclared Sino-Japanese War*. Cambridge,

Mass.： Harvard University Press, 1964. ——多罗斯·鲍格：《美国和 1933—1938 年远东危机：从满洲事变到中日不宣而战的初期》。

33. Botjer, George F. *A Short History of Nationalist China, 1919—1949*. New York： G. P. Putnam Sons, 1979. ——乔治 F. 伯格：《中华民国简史（1919—1949）》。

34. Bourne, K. M. "The Shanghai Municipal Police： Chinese Uniform Branch." *Police Journal* 2. 1（January 1929）：26—36. ——伯涅：《上海公共租界警务处》。

35. Boyer, Paul S. *Urban Masses and Moral Order in America, 1820—1920*. Cambridge, Mass.： Harvard University Press, 1978. ——保罗 S. 伯耶：《1820—1920 年间美国城市民众和伦理道德》。

36. Boyle, John Hunter. *China and Japan at War, 1937—1945： The Politics of Collaboration*. Stanford： Stanford University Press, 1972. ——约翰·亨特·博伊尔：《1937—1945 年间战争中的中国与日本》。

37. Branch, Taylor, and Eugene M. Propper. *Labyrinth*. Harmondsworth, England： Penguin Books, 1982. ——布兰奇等：《迷宫》。

38. Brandt, Hans. "Shedding a Tear at Memories of Shanghai." *San Francisco Chronicle*, 12 Jan. 1983. ——汉斯·布兰迪：《潸然泪下忆上海》。

39. Braun, Otto. *A Comintern Agent in China, 1932—1939*. Stanford： Stanford University Press, 1982. ——奥托·布朗：《一个第三国际代表在中国：1932—1939》。

40. British Foreign Office Records. London： Her Majesty' Public Record Office. ——英国外交部文件。

41. Bronner, Milton. "Sassoon's Greatest Boosters of Shanghai Seriously Affected by Japanese War." *China Weekly Review*, 29, Jan. 1938, 237—238. ——米尔顿·布罗那：《抗日战争对沙逊最有力支持者的严重影响》。

42. Brooks, Barbara. "Spies and Adventurers： Kawashima Yoshiko." Paper presented at the Center for Chinese Studies Regional Seminar, Berkeley, 21 Mar. 1987. ——巴巴拉·布鲁克斯：《间谍和冒险家：川岛芳子》。

43. Browning, Michael. "Chiang Kai-shek： China's Turnabout." *Miami Herald*, 11 May 1986, 60. ——麦克尔·布朗宁：《蒋介石：中国的转变者》。

44. ——. "Mirrors Reflect Racy Past of Chinese Den of Iniquity." *Miami Herald*, 22 Mar. 1987, 25a. ——《哈哈镜中的旧中国罪恶往事》。

45. Bruce, C. D. "The Foreign Settlement at Shanghai and Its Future Security: From the Report of the Hon. Mr. Justice Feetham, C. M. G." *Police Journal* 5. 1 (January 1932): 130—144. ——C. D. 布鲁斯:《上海租界及其治安:对费唐报告的分析》。

46. ——. "The Restoration of Law and Order in China." *Police Journal* 3. 1 (January 1930): 127—138. ——《中国法律秩序的重建》。

47. ——. "Shanghai: The International Settlement and Its Municipal Police Force." *Police Journal* 1. 1 (1928): 128—138. ——《上海公共租界及警务处》。

48. Buchler, Walter. "The Police in China." *Justice of the Peace and Local Government Review*, 14 Apr. 1928: 254—255. ——华尔特·布希勒:《中国的警察》。

49. Buckley, Frank. "China's Failure to Suppress Opium Traffic." *Current History and forum* 35 (October 1931): 77—80. ——弗兰克·布克雷:《中国禁止鸦片贸易的失败》。

50. Bunge, Frederica M., and Rinn-Sup Shinn, eds. *China: A Country Study*. Washington, D. C.: U. S. Government, Department of Army, 1981. ——弗雷德里克 M. 邦吉等编:《中国:一个国家的研究》。

51. Bunker, Gerald E. *The Peace Conspiracy: Wang Ching-wei and the China War, 1937—1941*. Cambridge, Mass.: Harvard University Press, 1972. ——吉拉德 E. 邦克:《求和阴谋:汪精卫和中国战争（1937—1941）》。

52. Burchell, Graham, Colin Gordon, and Peter Miller, eds., *The Foucault Effect: Studies in Governmentality, with Two Lectures by, and an Interview with, Michel Foucault*. Chicago: University of Chicago Press, 1991. ——布谢尔等编:《福柯的影响:政府至上主义的研究——福柯的两次演说和一次面谈》。

53. Burton, Wilbur. "Chiang's Secret Blood Brothers." *Asia* (May 1936): 308—310. ——韦贝·布顿:《蒋介石的结拜弟兄》。

54. Bush, Richard C. *The Politics of Cotton Textiles in Kuomintang China, 1927—1937*. New York and London: Garland Publishing, 1982. ——卜睿哲:《国民党中国的棉纺业政治:1927—1937 年》。

55. Butcher, John G. *The British in Malaya, 1880—1941: The Social History of a European Community in Colonial South-East Asia.* Kuala Lumpur: Oxford University Press, 1979. ——约翰 G. 布舍:《英国人在马来亚: 东南亚一个欧洲殖民社会的历史（1880—1941）》。

56. Cadart, Claude, and Cheng Yingxiang. *Memoires de Peng Shuzhi: L'Envol du communisme en Chine.* Paris: Gallimard, 1983. ——高达乐等:《彭述之回忆录: 共产主义在中国的兴起》。

57. Caldwell, Oliver J. *A Secret War: Americans in China, 1944—1945.* Carbondale and Edwardsville: Southern Illinois University Press, 1984. ——奥立佛 J. 凯德威:《一场秘密战争: 1944—1945 间在华美国人》。

58. Candlin, Enid Saunders. *The Breach in the Wall: A Memoir of the Old Shanghai.* New York: Paragon House Publishers, 1987. ——艾尼德·山德斯·凯德林:《决堤: 回忆旧上海》。

59. Carney, Sanders. *Foreign Devils Had Light Eyes: A memoir of Shanghai, 1933—1939.* Ontario: Dorset Publishing, 1980. ——山德斯·卡尼:《眼睛发亮的洋鬼子: 忆上海（1933—1939）》。

60. Carr, E. H. *The Bolshevik Revolution, 1917—1923,* 3vols. London: Penguin Books, 1966. ——E. H. 卡尔:《1917—1923 年的布尔什维克革命》。

61. Carte, Gene E., and Elaine H. Carte. *Police Reform in the United States: The Era of August Vollmer, 1905—1932.* Berkeley: University of California Press, 1975. ——吉尼 E. 凯特:《美国的警察改革: 沃尔默时代（1905—1932）》。

62. Cavendish, Patrick. "The 'New China' of the Kuomintang." In *Modern China's Search for a Political Form*, edited by Jack Gray, 138—186. London: Oxford University Press, 1969. ——帕特里克·凯文迪:《国民党的"新中国"》。

63. Center for Research on Criminal Justice, eds. *The Iron Fist and the Velvet Glove: An Analysis of the U. S. Police.* Berkeley: The Center for Research on Criminal Justice, 1977. ——刑事审判研究中心:《铁拳和丝袖: 美国警察制度的分析》。

64. Ch'en Li-fu. "The Board of Organization, 1932—1935." In materials relating to the

oral history of Mr. Ch'en Li-fu, done with Miss Julie lien-ying Hao as part of the Chinese Oral History Project of the East Asian Institute of Columbia University between December 1958 and July 2, 1968. ——陈立夫:《1932—1935 年的组织部》(口述史料)。

65. Ch'eng I-fan. "Kung as an Ethos in Late Nineteenth Century China: The Case of Wang Hsien-Ch'ien (1842—1918)." In *Reform in Nineteenth Century China*, edited by Paul A. Cohen and John E. Schrecker. Cambridge, Mass., East Asian Research Center, Harvard University, 1976. ——程一凡:《"公"作为晚清中国的精神因素:个案王先谦》(1842—1918 年)。

66. Ch'i, His-hseng. *The Chinese Warlord System: 1916—1928*. Washington: American University Center for Research in Social System, 1969. ——齐锡生:《中国的军阀制度:1916—1928 年》。

67. ——. *Nationalist China at War: Military Defeats and Political Collapse, 1937—1945*. Ann Arbor: University of Michigan Press, 1982. ——《战争中的国民党中国:1937—1945 年间的军事失败和政治崩溃》。

68. ——. *Warlord Politics in China, 1916—1928*. Stanford: Stanford University Press. ——《1916—1928 年间中国的军阀政治》。

69. Chambliss, William J. *Functional and Conflict Theories of Crime*. New York: MSS Modular Publications, 1974. ——威廉 J. 钱布利斯:《犯罪功能和冲突的理论》。

70. Champly, Henry. *The Road to Shanghai: White Slave Traffic in Asia*. Translated by Warre B. Wells. London: John Long, 1933. ——亨利·坎布雷:《通往上海之路:亚洲的白奴交易》。

71. Chan, Anthony B. *Arming the Chinese: The Western Armaments Trade in Warlord China, 1920—1928*. Vacourver: University of British Columbia Press, 1982. ——安东尼 B. 陈:《武装中国:1920—1928 年间西方与中国军阀的军火交易》。

72. Chan, Ming K. "Organized Labor in China under the Nanking Regime, 1927—1937: Some Preliminary Observations of the Shanghai Labor Scene." 1983, N. p. ——陈明銶:《南京政府统治时期的中国劳工组织(1927—1937)》,(未刊稿)。

73. Chan, Wellington K. K. "The Organizational Structure of the Traditional Chinese

Firm and its Modern Reform." *Business History Review* 56. 2 （Summer 1982）：218—235. ——陈锦江：《传统中国公司的组织结构及其近代改革》。

74. Chang, C. W. "Wang Fang." *Inside China Mainland*, June 1987, 30. ——C. W. 张：《王芳》。

75. ——. "Yen Ming-fu." *Inside China Mainland*, May 1987, 31. ——《阎明复》。

76. Chang, Fu-yun. "The Reformation of the Chinese Customs：A Memoir." Unpublished typescript, ca. 1970. ——张福运：《中国海关改革的回忆》，（未刊稿）。

77. Chang, Kuo-t'ao. *The Rise of the Chinese Communist Party, 1921—1927.* 2 vols. Lawrence：University Press of Kansas, 1971. ——张国焘：《张国焘回忆录（1921—1927）》。

78. Chang, Maria Hsia. *The Chinese Blue Shirts Society：'Fascism' and Developmental Nationalism.* Berkeley：Institute of East Asian Studies, University of California, 1985. ——张霞：《中国蓝衣社："法西斯"和发展的民族主义》。

79. ——. "'Fascism' and Modern China." *China Quarterly* 79：553—567. ——《"法西斯主义"和近代中国》。

80. Chang, Parris H. "The Rise of Wang Tung-hsing, Head of China's Security Apparatus." *Chinese Quarterly* 73（March 1978）：122—137. ——张旭成：《中国安全机构首脑——汪东兴的崛起》。

81. Chang, Ray. "On Chinese Municipal Government." *Chinese Administrator* 24. 3（1935）：265—275. ——张瑞［音］：《中国市政府》。

82. Chang, Sidney, and Leonard H. D. Gordon. *All Under Heaven … Sun Yat-sen and His Revolutionary Thought.* Stanford：Hoover Institution Press, 1991. ——张树兴等：《天下为公：孙中山和他的革命思想》。

83. Chang, T'ien Fu. "The Campaign against Illiteracy in Shanghai." *China Weekly Review*, 8 June 1935. ——张天福［音］：《上海的扫盲运动》。

84. Chen, Pin-ho. "The Militia of Kwangsi." *China Critic* 18. 3（15 July 1937）：58—60. ——陈品洪［音］：《广西军阀》，论文。

85. Chen, Yung-fa. *Making Revolution：The Communist Movement in Eastern and*

Central China, 1937—1945. Berkeley, Los Angeles, London: University of California Press, 1986. ——陈永发:《干革命: 1937—1945 年间华东、华中的共产主义运动》。

86. Cheng, Nien. *Life and Death in Shanghai*. New York: Grove Press, 1987. ——郑念:《生死在上海》。

87. Chesneaux, Jean. *The Chinese Labor Movement, 1919—1927*. Translated by H. M. Wright. Stanford: Stanford University Press, 1968. ——谢诺:《1919—1927 年间中国的劳工运动》(英译本)。

88. Chiang, Tso-pin. "Achievements of the Ministry of the Interior." *Ten Years of Nantionalist China*: The China Press Weekly Supplement 3.16 (18 April 1937): 60. ——蒋作宾:《内务部的成绩》。

89. Chiang Kai-shek, Madame. "Madame Chiang Kai-shek Traces Ideals and Growth during Past Two Years of New life Movement; Success Achieved." *China Press Double Tenth Supplement*. Shanghai, 1935: 17—19. ——宋美龄:《蒋介石夫人回顾两年来新生活运动中的理想、发展和成就》。

90. Chin, Ko-lin. *Chinese Subculture and Criminality: Nontraditional Crime groups in America*. Westport, Conn.: Greenwood Press, 1990. ——陈国霖:《华人的亚文化和犯罪: 在美国的非传统犯罪组织》。

91. *China Critic*. ——《警卫报》。

92. *China Weekly Review*. ——《密勒氏评论报》。

93. *The China Press Weekly Supplement*: Ten Years of Nationalist China. Shanghai, 1937. ——《中国新闻周刊副刊: 中华民国十年》。

94. *Chinese Affairs*: A Weekly Survey of Important Events Relating to China. Shanghai: International Relations Committee, 1930. ——《中国事务: 中国每周要闻》。

95. *Chinese Student* (Chicago, 1936) ——《中国学生》。

96. Chong, Key Ray. "Cheng Kuan-ying (1841—1920): A Source of Sun Yat-sen's Nationalist Ideology?" *Journal of Asian Studies* 28.2 (February 1969): 247—267. ——钟奇瑞 [音]:《郑观应是孙逸仙民族主义思想来源之一质疑》。

97. Clark, Paul. "Changsha in the 1930 Red Army Occupation." *Modern China* 7.4

(October 1981): 413—444. ——康浩:《1930年红军占领长沙》。

98. ——. *Chiese Cinema: Culture and Politics Since* 1949. Cambridge, England: Cambridge University Press, 1987. ——《中国电影: 1949年以来的文化和政治》。

99. Clifford, Nicholas R. *Shanghai 1925: Urban Nationalism and the Defense of Foreign Privilege*. Michigan Papers on Chinese Studies. No. 37. Ann Arbor: Center for Chinese Studies, University of Michigan, 1979. ——孔如轲:《1925年的上海: 城市民族主义与保卫治外法权》。

100. ——. "The Western Powers and the 'Shanghai Question' in the National Revolution of the 1920s." Paper presented at the International Symposium on Modern Shanghai, Shanghai Academy of Social Science, 7—14 Sept. 1988. ——《二十世纪二十年代国民革命中的西方列强和"上海问题"》。

101. Coates, Austin. *China Races*. Hong Kong and New York: Oxford University Press, 1983. ——柯慈:《中国赛马》。

102. Coble, Parks M., Jr. *The Shanghai Capitalists and the Nationalist Government, 1927—1937*. Cambridge, Mass.: Council on East Asian Studies, Harvard University, 1980. ——帕克斯 M. 小科布尔:《上海资本家与国民政府 (1927—1937)》。

103. ——. "Superpatriots and Secret Agents: The Blue Shirts and Japanese Secret Services in North China." Paper presented at the Center for Chinese Studies Regional Seminar, Berkeley, 21 Mar. 1987.《极端爱国者与秘密特务: 华北的蓝衣社和日本特务》。

104. Cochran, Sherman, and Andrew C. K. Hsieh, with Janis Cochran. *One Day in China: May 21, 1936*. New Haven and London: Yale University Press, 1983. ——高家龙:《中国的一天: 1936年5月21日》。

105. Coleman, Maryruth. "Municipal Authority and Popular Participation in Republican Nanjing." Paper presented at the annual meeting of the Association of Asian Studies, San Francisco, 27 Mar. 1983. ——马丽露丝·科曼:《国民政府的城市权力与民众参与》。

106. Communist International, comp. *Hell over Shanghai*. London: Modern Books, 1932. ——共产国际编:《地狱上海》。

107. Concession Francaise de Shanghai, Direction des Services De Police, Service Poli-

tique. Document No. 237/S. *Etude-Le mouvement communist en Chine*, *1920—1933*. Shanghai, 15 Dec. 1933. ——上海法租界警务处政治股编：《1920—1933 年间的中国共产主义运动》。

108. Council for the Foreign Settlement of Shanghai. The Municipal Gazette, Being the Official Organ of the Executive Council for the Foreign Settlement of Shanghai, vol. 20, 1927. ——上海工部局：《工部局公报》第二十卷，1927 年版。

109. Crichton, Tom. "Unsung Heroes of China's Ordeal of Japanese Invasion." *Free China Review*, December 1986: 56—60. ——汤姆·克林奇顿：《抵抗日本侵略的不屈的中国英雄》。

110. Crotty, William J., ed. *Assassinations and the Political Order*. New York: Harper and Row, 1971. ——威廉 J. 克劳迪：《暗杀和政治秩序》。

111. Cumming, John. "The Police Services of the Empire." *United Empire* 21 (October 1930): 538—545. ——约翰·克明：《帝国的警察机构》。

112. ——. "A Select Booklist for Students of Police Administration." *Police Journal* 4. 3 (July 1931): 386—397. ——《警务学员书目选》。

113. Cyr, Paul. "We Blew the Yellow River Bridge." *Saturday Evening Post*, 23 Mar. 1943. ——保罗·库尔：《我们炸毁了黄河桥》。

114. Davidson-Houston, J. V. *Yellow Creek: The Story of Shanghai*. Philadephia: Defour Editions, 1964. ——J. V. 戴维森·豪思顿：《黄浦江：上海的故事》。

115. Deakin, Frederick W., and G. R. Storry. *The Case of Richard Sorge*. London: Chattow and Windus, 1966. ——弗雷德里克 W. 戴津等：《理查德·佐尔格案》。

116. Detwiler, Donald S., and Charles Burdick, eds. *War and the Pacific*, *1937—1949*. 15 vols. New York: Garland, 1980. ——唐纳德 S. 德威勒：《1937—1949 年间亚洲和太平洋战争》，共十五卷。

117. Didrlik, Arif, and Edward S. Krebs. "Socialism and Anarchism in Early Republican China." *Modern China* 7. 2 (April 1981): 117—152. ——阿里夫·德里克：《中华民国初期的社会主义和无政府主义》。

118. Dobbins, Charles G. "China's Mystery Man." *Collier's* 16: 19 (February 1946),

65—67，69. ——查理斯 G. 多宾斯：《中国的神秘人物》。

119. Douthit, Nathan. "Police Professionalism and the War Against Crime in the United States, 1920s—1930s." In *Police Forces in History*, edited by George L. Mosse, 317—333. Beverly Hills：Sage Publications，1975. ——南斯·多斯特：《二十世纪二三十年代美国的职业警察和打击犯罪的战争》。

120. Downton, Eric. *Wars Without End*. Toronto：Stoddart Publishing，1987. ——艾力克·唐顿：《没有结尾的战争》。

121. Dray-Novey, Alison Jean. "Policing Imperial Peking：The Ch'ing Gendarmerie，1650—1850." Ph. D. diss.，Harvard University，1981. ——戴诺维：《北京的帝国警察：清朝绿营（1650—1850）》。

122. Durdin, Tillman. "U. S. 'Cloak and Dagger' Exploits and Secret Blows in China Bared." *New York Times*，14 Sept. 1945，1，5. ——梯曼·德丁：《美国间谍行动的功绩及其在中国秘密活动的暴露》。

123. Eastman, Lloyd E. "Facets of an Ambivalent Relationship：Smuggling, Puppets, and Atrocities during the War, 1937—1945." In *The Chinese and the Japanese*：*Essays in Political and Cultural Interactions*，edited by Akira Iriye，275—303. Princeton：Princeton University Press，1980. ——易劳逸：《矛盾关系面面观：1937—1945 年战争中的走私、傀儡政权和暴行》。

124. ——. "'Fascism' and Modern China：A Rejoinder." *China Quarterly* 80（December 1979）：838—842. ——《"法西斯"和近代中国：一种回答》。

125. ——. "New Insights into the Nature of the Nationalist Regime." *Republican China* 9. 2（February 1984）：8—18. ——《再探国民党政权的本质》。

126. ——. *Seeds of Destruction*：*Nationalist China in War and Revolution*，*1937—1949*. Stanford：Stanford University Press，1984. ——《毁灭的种子：战争和革命中的国民党中国（1937—1949）》。

127. ——. "Who Lost China? Chiang Kai-shek Testifies." *China Quarterly* 88（December 1981）：658—668. ——《谁丢失了中国？蒋介石之证言》。

128. Edwardes, S. M. *The Bombay City Police*：*A Historical Sketch*，*1672—1916*.

London, Bombay, Calcutta, Madras: Oxford University Press, 1923. ——S. M. 爱德华:《孟买城市警察: 1672—1916 的历史概况》。

129. Eisenstadt, S. N. *Tradition, Change, and Modernity*. New York: John Wiley and Sons, 1973. ——S. N. 爱森斯坦:《传统、变革和近代化》。

130. Elkins, W. F. "'Fascism' in China: The Blue Shirts Society, 1932—1937." *Science and Society* 33. 4 (1969): 426—433. ——W. F. 艾金斯:《中国的"法西斯主义": 1932—1937 年间的蓝衣社》。

131. Elvin, Mark. "The Administration of Shanghai." In *The Chinese City Between Two Worlds*, edited by Mark Elvin and G. William Skinner, 239—262. Stanford: Stanford University Press, 1974. ——伊懋可:《上海的行政》。

132. ——. "The Gentry Democracy in Shanghai, 1905—1914." Ph. D. diss., Cambridge University, 1967. ——《1905—1914 年间上海绅士民主》, 博士论文。

133. ——. "Market Towns and Waterways: The county of Shanghai from 1480—1910." In *The City in Late Imperial China*, edited by G. William Skinner, 441—473. Stanford: Stanford University Press, 1977. ——《市镇与河道: 1480—1910 年间的上海乡镇》。

134. ——. "The Revolution of 1911 in Shanghai." *Papers on Far Eastern History* 29 (March 1984): 119—161. ——《辛亥革命在上海》。

135. Emsley, Clive. *Crime and Society in England, 1750—1900*. London: Longman, 1987. ——克林福·艾斯勒:《1750—1900 年间英国的犯罪与社会》。

136. Epstein, Israel. *The unfinished Revolution in China*. Boston: Little, Brown & Co., 1947. ——爱泼斯坦:《未完成的中国革命》。

137. Espinal, Rosario. "Labor, Politics, and Industrialization in the Dominican Republic." Kellogg Institute for International Studies, University of Notre Dame, 1987. ——罗萨里奥·艾斯宾:《多米尼克国的劳工、政治和工业化》。

138. Fairbank, John K. "His Man in Canton." *New York Review of Books*, 28 May 1981. ——费正清:《广州人》。

139. ——. "Review: A Different Kind of War." *Pacific Affairs* 41. 2 (summer 1968): 275—276. ——《回顾: 另一种战争》。

140. Faligot, Roger, and Remi Kauffer. *Kang Sheng et les Services secrets Chinois* (1927—1987). Paris: Robert laffont, 1987. ——范里高等:《康生与中国秘密特务(1927—1987)》。

141. Fang, Fu-an. "Almost Everybody Has His Secret Society in China." *China Weekly Review* 53 (14 June 1930): 60. ——方福安:《在中国几乎所有人都有他的秘密社会》。

142. Farmer, Rhodes. *Shanghai Harvest: A Diary of Three Years in the China War.* London: Museum Press, 1945. ——罗德斯·法姆:《上海的收获:在华三年战争日记》。

143. Feetham, Richard. *Report of the Hon. Richard Feetham, C. M. G., to the Shanghai Municipal Council.* 2 vols. Shanghai: The North-China Daily News & Herald, 1931. ——费唐:《费唐法官研究上海公共租界情形报告书》二卷。

144. Fei, Hsiao-tung. *Peasant Life in China: A Field Study of Country Life in the Yangtze Valley.* London: Routledge and Kegan Paul, 1939. ——费孝通:《中国农民的生活——长江流域农村生活的实地调查》。

145. Fetter, Frank Whitson. "China and the Flow of Silver." *The Geographical Review* 26. 1 (Jan. 1936): 32—47. ——法兰克·怀特森·范特:《中国和白银流动》。

146. Fewsmith, Joseph. "From Guild to Interest Group: The Transformation from Private to Public". Unpublished paper, 1980. ——傅士卓:《从公所到同业公会:私人到公众的转变》,未刊论文。

147. ——. *Party, State, and Local Elites in Republican China: Merchant Organizations and Politics in Shanghai, 1890—1930.* Honolulu: University of Hawaii Press, 1985. ——《中华民国的党派、国家和地方精英:1890—1930 年间上海的商业组织和政治》。

148. ——. "Response to Eastman." *Republican China* 9. 2 (February 1984): 19—37. ——《回应易劳逸》。

149. Finch, Percival. "Gun-Running: an Organized Business in Shanghai." *China Weekly Review* 37 (3 July 1926): 112. ——冯齐:《军火走私:上海的一种有组织贸易》。

150. ——. *Shanghai and Beyond.* New York: Charles Scribner's Sons, 1953. ——《上海与外界》。

151. Fitzgerald, John. "Kuomintang Political Work in the Armed Forces during the

Guangdong Provincial Campaigns, 1925—1926." Papers on Far Eastern History 32 (September 1985): 71—98. ——费约翰:《1925—1926 年广东省运动中国民党的军队政治工作》。

152. Fix, Douglas L. "Alternative Activism: Elite Maneuvering in Taiwan in the 1930s." Papers presented at the annual meeting of the Association of Asian Studies, Washington, D. C., 17—19 Mar. 1989. ——费克斯:《脱离活动:二十世纪三十年代台湾的精英活动》。

153. Fogel, Joshua A. "Liberals, Marxists, and Collaborators: The Research Department of the South Manchurian Railway Company." Paper Presented at the Center for Chinese Studies Regional Seminar, Berkeley, 21 Mar. 1987. ——傅佛果:《自由主义者、马克思主义者和汉奸:南满铁路公司研究部》。

154. Follett, Ken. "The Oldest Boy of British Intelligence." *New York Times Book Review*, 27 Dec. 1987, 5—6. ——肯·福莱特:《英国最老牌的情报人员》。

155. Fontenoy, Jean. *The Secret Shanghai*. New York: Grey-Hill Press, 1939. ——简·冯特诺:《秘密的上海》。

156. Ford, Franklin L. *Political Murder: From Tyrannicide to Terrorism*. Cambridge, Mass.: Harvard University Press, 1985. ——富兰克林 L. 伏特:《政治谋杀:从暴虐到恐怖主义》。

157. Foucault, Michel. *Discipline and Punish: The Birth of the Prison*. Translated by Allen Sheridan. New York: Pantheon Books, 1977. ——米歇尔·福柯:《规训与惩罚:监狱的诞生》。

158. Fu, Poshek. "Intellectual Resistance in Shanghai: Wang Tongzhao and a Concept of Resistance Enlightenment, 1937—1939." Paper presented at the annual meeting of the Association for Asian Studies, San Francisco, 24 Mar. 1988. ——傅葆石:《知识分子在上海的抵抗:王统照 1937—1939 年间的抗日启蒙理念》。

159. ——. "Passivity, Resistance, and Collaboration: Intellectual Choices in Occupied Shanghai, 1937—1945." Ph. D. diss., Stanford University, 1989. ——《忍受、抵抗和合作:1937—1945 年间上海沦陷时期知识分子的选择》,博士论文。

160. Fung, Edmund S. K. "The Kung-chin-hui: A Late Ch'ing Revolutionary Society." *Journal of Oriental Studies* 11. 2 (July 1983): 193—206. ——冯兆基:《共进会: 晚清的一个革命社团》。

161. Gamewell, Mary Ninde. *The Gateway to Shanghai: Pictures of Shanghai*. New York: Fleming H. Revell Co., 1916. ——马利·尼德·盖姆威尔:《中国的门户: 上海概貌》。

162. Gao, Hwei-Shung. "Police Administration in Canton." Part one, two, and three. *The Chinese Social and Political Science Review* 10. 2 (April 1926): 68—73; 10. 3 (July 1926): 669—698; 10. 4 (October 1926): 872—890. ——高为生:《广州警政》。

163. Gardner, John. "The Wu-fan Campaign in Shanghai: A Study in the Consolidation of Urban Control." In *Chinese Communist Politics in Action*, Edited by A. Doak Barnett, 477—533. Seattle: University of Washington Press, 1969. ——约翰·盖纳:《上海的"五反"运动: 巩固城市控制的研究》。

164. Gaustad, Blaine. "Colonial Police in Africa and India." Seminar Paper, University of California, Berkeley, 1983. ——高士达:《非洲和印度的殖民地警察》。

165. Gee, Kennson. "Effect of Freezing on Interior Remittances." *China Weekly Review*, 23 Aug. 1941, 369. ——肯森·吉:《冻结汇款的影响》。

166. Geisert, Bradley. "Probing KMT Rule: Reflections on Eastman's 'New Insights.'" *Republican China* 9. 2 (February 1984): 28—39. ——盖斯白:《探索国民党统治: 再谈易劳逸的"新观点"》。

167. ——. "Toward a Pluralist Model of KMT Rule." *Chinese Republican Studies Newsletter* 7. 2 (February 1982): 1—10. ——《国民党统治多元模式的研究》。

168. Gillin, donald G. *Warlord: Yen His-shan in Shansi Province, 1911—1949*. Priceton: Princeton University Press, 1967. ——唐纳德 G. 吉林:《山西军阀阎锡山 (1911—1949)》。

169. Gillin, Donald G., with Charles Etter. "Staying On: Japanese Soldiers and Civilians in China, 1945—1949." *Journal of Asian Studies* 42. 3 (May 1983): 497—518. ——唐纳德 G. 吉林等:《继续停留: 日本在华士兵和平民 (1945—1949)》。

170. Gittings, John. *The Role of the Chinese Army*. London: Oxford University Press, 1967. ——约翰·吉丁斯:《中国军队的作用》。

171. Goldfield, David R. "The Urban South: A Regional Framework." *American Historical Review* 86.5 (December 1981): 1009—1034. ——戴维 R. 高菲德:《城南:一个地区性的框架》。

172. Goldman, Merle. *Literary Dissent in Communist China*. New York: Atheneum, 1971. ——谷梅:《共产党中国的文学异见》。

173. Goleman, Daniel. "The Torturer's Mind: A Complex View Emerges." *International Herald Tribune*, 18—19 May 1985, 16. ——丹尼尔·高尔曼:《刑讯者的思想:一种复杂观点的出现》。

174. Goodfellow, Millard Preston. Papers. Hoover Archives, Stanford, California. 4 Boxes. ——密勒士·普瑞斯顿·顾德范:文件,见胡佛档案馆,加州斯坦福,4 箱。

175. Gould, Randall. "The Unapproachable Police." *China Critic*, 23 May 1935. ——兰戴·高德:《不可接近的警察》。

176. Gourlay, Walter E. "Yellow Unionism in Shanghai: A Study of Kuomintang Technique in Labor Control, 1927—1937." *Papers on China*, vol. 7: 103—135. Cambridge, Mass.: Harvard University Committee on International and Regional Studies, 1953. ——怀特 E. 高勒:《上海的"黄色"工会:国民党劳工控制研究(1927—1937)》。

177. Graham, Gerald S. *The China Station: War and Diplomacy, 1830—1860*. Oxford: Clarendon Press, 1978. ——杰拉德 S. 格兰翰:《中国:战争和外交(1830—1860)》。

178. Green, O. M., ed. *Shanghai of Today: A Souvenir Album of Thirty-Eight Vandyke Prints of the "Model Settlement."* Shanghai: Kelly and walsh, 1927. ——O. M. 格林编:《今日上海:"模范租界"的38幅铁棕画纪念册》。

179. Gregor, A. James, and Maria Hsia Chang. "Nazionalfacismo and the Revolutionary Nationalism of Sun Yat-sen." *Journal of Asian Studies* 39.1 (November 1979): 21—37. ——詹姆斯 A. 格瑞戈等:《纳粹法西斯主义和孙逸仙革命的民族主义》。

180. Greiff. Thomas E. "The Princeple of Human Rights in Nationalist China: John C. H. Wu and the Ideological Origins of the 1946 Constitution." *China Quarterly* 103 (September

1985）：441—461. ——托马斯 E. 格瑞夫：《国民党中国的人权原则：吴经雄和 1946 年立宪的思想渊源》。

181. Groth, Paul Erling. "Forbidden Housing: the Evolution and Exclusion of Hotels, Boarding Houses, Rooming Houses, and Lodging Houses in American Cities, 1880—1930." Ph. D. diss., University of California, Berkeley, 1983. ——保罗·阿林·格劳斯：《被禁止的居所：美国城市中旅馆、寄居所、公寓和小租屋的演化和消亡（1880—1930）》, 博士论文。

182. Gurr, Ted Robert. *Rogues, Rebels, and Reformers: A Political History of Urban Crime and Conflict.* Beverly Hills: Sage Publications, 1976. ——泰德·罗伯特·居尔：《流氓、造反者和革新者：城市犯罪和冲突的政治史》。

183. Gurr, Ted Robert, Peter N. Grabosky, and Richard C. Hula. *The Politics of Crime and Conflict: A Comparative History of Four Cities.* Beverly Hills: Sage Publications, 1977. ——泰德·罗伯特·居尔等：《犯罪和冲突的政治：四个城市的比较历史》。

184. Gwynn, Charles W. *Imperial Policing.* London: Macmillan and Co., 1934. ——查理斯 W. 古易：《帝国警察》。

185. Han, Meng-Kuang. "French Colonial Policy in China as Reflected in the Shanghai French Concession." *China Weekly Review*, 23 Jan. 1932, 239—240. ——韩蒙广：《从上海法租界看法国在华殖民政策》。

186. ——. "Gambling Dens a Menace to Chinese At Shanghai." *China Weekly Review*, 25 July 1931, 302—303. ——《赌窟威胁着上海华人》。

187. ——. "Kidnapping in Shanghai." *China Weekly Review*, 17 Jan. 1931, 248. ——《上海的绑架》。

188. Hao, Yen-p'ing. "Commercial Revolution in Modern China: The Rise of Sino-Western Commercial Capitalism." Unpublished ms. ——郝延平：《近代中国的商业革命：中西商业资本家的兴起》, 未刊稿。

189. Haritos-Fotouros, Mika. "The Official Torturer: A Learning Model for Obedience to the Authority of Violence." Paper to be published in Journal of Applied Psychology. ——米卡·哈瑞勒-法特勒：《官方刑讯者：对服从暴力权威的一种研究模式》。

190. Harootunian, Harry D. "The Function of China in tokugawa thought." In *The Chinese and the Japanese*: *Essays in Political and cultural Interactions*, Edited by Akira Iriye, 9—36. Princeton: Princeton University Press, 1980. ——哈里 D. 哈鲁托尼安:《中国对德川思想的作用》。

191. Hauser, Ernest O. *Shanghai*: *City for Sale*. New York: Harcourt, Brace and Co., 1940. ——霍塞:《出卖上海滩》。

192. Hayes, James. The Hong Kong Region, 1850—1911: Institutions and Leadership in Town and countryside. Hamden: Archon Books, 1977. ——杰姆斯·海斯:《1850—1911 年间的香港地区: 城乡机构和决策层》。

193. Henriot, Christian. "Le gouvernement Municipal de Shanghai, 1927—1937." Thèse pour le doctorat de 3ème cycle Présentè àl' Université de la Sorbonne Nouvelle (Paris Ⅲ), June 1983. ——安克强:《1927—1937 年间上海市政府》。

194. ——. "Municipal Power and Local Elites." *Republican China* 11. 2 (April 1986): 1—21. ——《市政权力和地方精英》。

195. ——. *Shanghai 1927—1937*: *Élites locales et modernisation dans la Chine nationaliste*. Paris: edition l'école des hautes études en sciences sociales, 1991. ——《1927—1937 年间的上海: 华界的地方精英与现代化》。

196. Henriques, U. R. Q. "The Rise and Decline of the Separate System of Prison Discipline." Past and Present 54 (February 1972): 61—93. ——U. R. Q. 亨利克斯:《隔离监禁制度的兴衰》。

197. Hergé. *The Blue Lotus*. Tournai: Casterman, 1985. ——埃尔热:《蓝莲花》。

198. Hershatter, Gail. "The Class Structure of Shanghai Prostitution, 1920—1949." Paper presented at the Annual meeting of the American Historical Association, San Francisco, 28 Dec. 1989. ——贺萧:《1920—1949 年间上海娼妓的等级结构》,美国历史学会年会论文,旧金山,1989 年 12 月 28 日。

199. ——. "The Hierarchy of Shanghai Prostitution, 1870—1949." *Modern China* 15. 4 (October 1989): 463—498. ——《1870—1949 年间上海娼妓业的等级制度》。

200. —— "Prostitution in Shanghai, 1919—1949." Paper presented at the International

symposium on Modern Shanghai, Shanghai academy of Social Sciences, 7—14 Sept. 1988. ——《上海娼妓（1919—1949）》。

201. ——. "Regulating Sex in Shanghai: The Reform of Prostitution in 1920 and 1951." In *Shanghai Sojourners*, edited by Frederic Wakeman, Jr. And Wenhsin Yeh. Berkeley: Institute of East Asian Studies, 1992, 145—185. ——《上海娼妓业的管理：1920和1951年娼妓业改革》。

202. ——. "The Subaltern Talks Back: Prostitution, Reform, and Gendered Power in Republican China." Paper prepared for a conference entitled "After 'Orientalism': East Asia in Global Cultural Criticism." University of California, Berkeley, 24—25 Apr. 1992. ——《副官的顶撞：中华民国的娼妓业、改革和性权力》。

203. Hickey, John J. *Our Police Guardians: History of the Police Department of the City of New York*. New York: N. p., 1925. ——约翰 J. 希凯：《我们的警卫者：纽约市政治部的历史》。

204. Hoh, Chieh-hsiang. "The Shanghai Provisional Court. Its Past, Present and Future." *China Weekly Review*, 10 Oct. 1928, 162—165, 193. ——侯杰乡［音］：《上海临时法院的过去、现在和将来》。

205. ——. "Existing conditions in Chekiang First Prison." *China Weekly Review*, 26 July 1930, 289. ——《浙江第一监狱的现状》。

206. Honig, Emily. *Creating Chinese Ethnicity: Subei People in Shanghai, 1850—1980*. New Haven: Yale University Press, 1992. ——韩起澜：《苏北人在上海：1850~1980》。

207. ——. "Creating Chinese Ethnicity: Subei People in Shanghai." Unpublished Paper. ——《族群形成：上海苏北人》，未刊论文。

208. ——. "Migrant Culture in Shanghai: In Search of a Subei Identity." N. p., n. d. ——《上海的移民文化：对一个苏北人的研究》。

209. ——. "The Politics of Prejudice: Subei People in Republican-Era Shanghai." *Modern China* 15. 3 (July 1989): 243—274. ——《政治偏见：民国时期的苏北人》。

210. ——. *Sisters and Strangers: Women in Shanghai Cotton Mills, 1919—1949*. Stanford University Press, 1986. ——《姐妹与陌生人：1919—1949年间上海棉纺厂

女工》。

211. ——. "Women Cotton Mills Workers in Shanghai, 1919—1949" ——《1919—1949 年间上海棉纺厂女工》，博士论文。

212. Houghton, West. "The Shanghai Mind." *China Critic*, 4 June 1931. ——怀斯特·豪顿：《上海意识》。

213. Houn, Franklin W. *To Change a Nation*: *Propaganda and Indoctrination in Communist China*. East Lansing: Michigan State University, 1961. ——侯服五：《改变一个民族：中国共产党的宣传和灌输》。

214. "How Riots are Dealt with in The Settlement." *Oriental Affairs* 5. 2 (February 1936): 67—71. ——《如何在租界解决骚乱》。

215. Hsiao, Kung-chuan. *Rural China*: *Imperial Control in the Nineteenth Century*. Seattle: University of Washington Press, 1960. ——萧公权：《中国农村：十九世纪的帝国控制》。

216. Hsiao, Tso-liang. *Power Relations within the Chinese Communist Movement*, *1930—1934*: *A Study of Documents*. Seattle: University of Washington Press, 1961. ——萧作梁：《1930—1934 年中国共产主义运动中的权力关系：一项文献研究》。

217. Hsieh, Tu-pi. "The Work of the Ministry of the Interior during the Political Tutelage Period." *China Weekly Review* 46 (10 Oct. 1928): 14. ——薛笃弼：《训政期间的内务部工作》。

218. Hu, Dennis T. "A Linguistic-Literary Approach to Ch'ien Chung-shu's Novel WeiCh'eng." *Journal of Asian Studies* 37. 3 (May 1978): 427—443. ——胡定邦：《对钱锺书〈围城〉的一种语言学及文学分析》。

219. Huang, Shu-min. *The Spiral Road*: *Change in a Chinese Village through the Eyes of a communist Party Leader*. Boulder, Cole: Westview Press, 1989. ——黄树民：《曲折道路：一个中共领导人眼中的一个中国乡村的变迁》。

220. Huey, Herbert. "Law and Social Attitudes in 1920s Shanghai." *Hong Kong Law Journal* 14. 3 (1984): 306—322. ——贺波特·许：《二十世纪二十年代上海的法律与社会态度》。

221. Hummel, Arthur W. *Eminent Chinese of the Ch'ing Period（1644—1912）*. 2 vols. Washington, D. C.：Government Printing Office, 1943. ——恒慕义：《清代名人传略：1644—1912 年》，二卷。

222. Hunter, Neale. "The Chinese League of Left-Wing Writers, Shanghai, 1930—1936." Ph. D. diss., Australian National University, August 1973. ——尼尔·亨特：《1930—1936 年间上海中国左翼作家联盟》，博士论文。

223. Ianni, Francis A. J., With Elizabeth Reuss-Ianni. *A Family Business：Kinship and Social Control in Organized Crime.* New York：Russell Sage Foundation, 1972. ——弗朗西斯 A. J. 伊安尼等：《家族生意：有组织犯罪中的亲属关系和社会控制》。

224. Ingraham, Barton L. *Political Crime in Europe：A Comparative Study of France, Germany, and England.* Berkeley：University of California Press, 1979. ——巴顿 L. 英格拉汉：《欧洲的政治犯罪：对法国、英国和德国的比较研究》。

225. Institute of Pacific Relations, comp. *Agrarian China：Selected Source Materials from Chinese Authors.* Chicago：University of Chicago Press, 1938. ——太平洋关系研究所编：《农业中国：中国作家选集》。

226. Isaacs, Harold R. "I break with the Chinese Stalinists." *The New International* 1. 3（September-October 1934）：76—78. ——伊罗生：《我与中国斯大林分子的决裂》。

227. ——. *The Tragedy of the Chinese Revolution.* Second revised edition. New York：Atheneum, 1966. ——《中国革命的悲剧》。

228. ——. ed. *Five Years of Kuomintang Reaction.* Reprinted from the special May 1932 edition of China Forum. Shanghai：China Forum Publishing Company, May 1932. ——伊罗生编：《国民党反动统治的五年》。

229. Israel, John. *Student Nationalism in China, 1927—1937.* Stanford：Stanford University Press, 1966. ——易社强：《1927—1937 年间的中国学生民族主义者》。

230. Jansen, Marius B. *Japan and China：From War to Peace, 1894—1972.* Chicago：Rand McNally, 1975. ——马瑞斯 B. 詹森：《日本和中国：从战争到和平》，1894—1972 年。

231. Jeans, Roger B. *The Trials of a Third-Force Intellectual：Zhang Junmai（Carson*

Chang) during the Early Nanjing Decade, 1927—1931. In Roads Not Taken: The Struggle of Opposition Parties in Twentieth Century China, edited by Roger B. Jeans, 37—60. Boulder, San Francisco, and Oxford: Westview Press, 1992. ——金如歌:《对一个作为第三种力量的知识分子的审判:南京政府早期1927—1931年间的张君劢》。

232. Johnson, Chalmers. *An Instance of Treason: Ozak Hotsumi and the Sorge Spy Ring.* Stanford: Stanford University Press, 1964. ——查尔马斯·约翰森:《一件叛国案:尾崎秀实和佐尔格间谍网》。

233. Johnson, Nelson Trusler. "Blue shirts Organization." Report from Nanking Legation to Secretary of State, 8 May 1937. In Records of the Department of State Relating to the Internal Affairs of China, 1930—1939, No. 00/14121 (10 June 1937). ——尼尔森·图斯勒·约翰森:《蓝衣社的组织》,1937年5月8日南京立法院致美国国务卿报告。

234. Johnstone, Michael. "The Political Consequences of Corruption: A Reassessment." *Comparative Politics* 18. 4 (July 1986): 459—477. ——迈克尔·约翰斯通:《腐败的政治后果:一种再确定》。

235. Johnstone, William Crane, Jr. *The Shanghai Problem.* Westport, Conn.: Hyperion Press, 1973. Reprint of 1937 edition. ——小威廉·克南·约翰斯通:《上海问题》。

236. Jonas, George. *Vengeance.* New York: Bantam Books, 1984. ——乔治·琼纳斯:《报复》。

237. Jordan, Donald A. *The Northern Expedition: China's National Revolution of 1926—1928.* Honolulu: University of Hawaii Press, 1976. ——唐纳德 A. 乔丹:《北伐:1926—1928年中国的国民革命》。

238. Kaufman, Peter. "The Film 'Street Angel': A Study in Camouflaged Dissent." History seminar paper, University of California at Berkeley, 1982. ——比德·考夫曼:《电影"马路天使":对隐藏的不同政见者的研究》。

239. Ke Zhaojin. "'Great World' a Must for Amusement Seekers." *China Daily*, 27 Apr. 1985, 5. ——柯肇晋:《游客必到的"大世界"》。

240. Keller, Suzanne. *The Urban Neighborhood: A Sociological Perspective.* New York: Random House, 1968. ——苏沙内·凯勒:《城市邻居:一种社会学的透视》。

241. Kelley, David E. *Sect and Society: The Evolution of the Luo Sect among Qing Dynasty Grain tribute Boatmen, 1700—1850*. Ph. D. diss., Harvard University, 1986. ——戴维 E. 凯利:《教派和社会: 清朝漕运水手中罗教的演变（1700—1850）》, 博士论文。

242. Kirby, William C. *Germany and Republican China*. Stanford: Stanford University Press, 1984. ——柯伟林:《德国与中华民国》。

243. Krebs, Edward S. "Assaination in the Republican Revolutionary Movement." *Ch'ing-shi wen-t'i* 4. 6（December 1981）: 45—80. ——爱德华 S. 克莱布斯:《民国革命运动中的暗杀》。

244. Krivitsky, Walter G. *In Stalin's Secret Service*. Frederick, Md.: University Publications of America, 1986. ——怀特 G. 克利乌斯基:《斯大林时代的秘密组织》。

245. Kuo, Thomas C. *Ch'en Tu-hsiu（1879—1942）and the Chinese Communist Revolution*. South Orange, N. J.: Seton Hall University Press, 1975. ——托马斯 C. 郭:《陈独秀（1879—1942）和中国共产党的革命》。

246. Lamson, H. D. "The Effect of Industrialization upon Village Livelihood: A Study of Fifty Families in Four Villages near the University of Shanghai." *Chinese Economic Journal* 9. 4: 1025—1082. ——H. D. 兰森:《工业化对于村庄生活方式的影响: 对上海大学附近 4 个村庄 50 户的研究》。

247. ——. "The Geographical Distribution of Leaders in China: An Analysis of the Fourth Edition of 'Who's Who in China'." *China Critic*, 16 Feb. 1933. ——《中国领导人的地理分布: 对〈中国人名辞典〉第 4 版的分析》。

248. ——. "Influences Which Have Produced Leadership in China—An Analysis of Who's Who in China." *China Weekly Review* 56（7 Mar. 1931）: 490—494. ——《构成中国领导层的有力人物——对〈中国人名辞典〉的分析》。

249. Landis, Richard B. "Training and Indoctrination at the Whampoa Academy." In *China in the 1920s: Nationalism and Revolution*. Edited by F. Gilbert Chan and Thomas H. Etzhold, 73—93. New York: Franklin Watts, 1976. ——理查德 B. 兰德斯:《黄埔军校的训练和灌输》。

250. Lary, Diana. *Region and Nation: The Kwangsi Clique in Chinese Politics, 1925—*

1937. Cambridge, England：Cambridge University Press, 1974. ——李友华：《地方与国家：中国政治中的桂系（1925—1937）》。

251. ——. "Violence, Fear, and Insecurity：The Mood of Republican China." *Republican China* 10. 2（April 1985）：55—63. ——《暴力、恐慌和不安全：民国时代的情绪》。

252. LeCarré, John. *The Little Drummer Girl*. New York：Bantam Books, 1984. ——约翰·拉卡里：《小鼓女》。

253. Lee, James S. *The Underworld of the East，Being Eighteen Years' Actual Experiences of the Underworlds，Drug Haunts and Jungles of India，China，and the Malay Archipelago*. London：Sampson Low, Marston & Co., Ltd., preface dated 1935. ——杰姆斯 S. 李：《东方黑社会：十八年黑社会、贩毒者和印度丛林、中国、马来群岛生活的真实经历》。

254. Lee, Yip Tin. "Opium suppression in China." M. A. thesis, Stanford University, 1942. ——李义庭：《中国的禁烟》，硕士论文。

255. Legge, James. *The Chinese Classics with a Translation，Critical and Exgetical Notes，Prologomena，and Copious Indexes*. 7 vols. Taipei：Wen Xing Bookstore, 1966. ——理雅各：《中国经典》，七卷。

256. Lestz, Michael Elliot. "The Meaning of Revival：The Kuomintang 'New Right' and Party Building in Republican China, 1925—1936." Ph. D. diss., Yale University, 1982. ——迈克尔·艾里奥特·莱茨：《复活的意义：国民党的"新权"和中华民国的党建（1925—1936）》，博士论文。

257. Lethbridge, Henry. *Hong Kong：Stability and Change—a Collection of Essays*. Oxford：Oxford University Press, 1978. ——亨利·莱斯布雷奇：《香港：稳定与变迁》，论文集。

258. Leung, Yuen-sang. "Regional Rivalry in Mid-Nineteenth-Century Shanghai：Cantonese vs. Ningpo Men." *Ch'ing-shi wen-t'i* 4. 8（December 1982）：29—50. ——梁元生：《十九世纪中叶上海的地方竞争：广东人对宁波人》。

259. ——. "The Shanghai Taotai：The Linkage Man in a Changing Society, 1843—1890." Ph. D. diss., University of California, Santa Barbara, 1980. ——《上海道台：变动社会中的人事联系》，1843—1890 年，博士论文。

260. ——. "The Shanghai-Tientsin Corridor: A Case-Study of Intraprovincial Relations in Late Nineteenth-Century China." In Proceedings of the First International Symposium on Asian Studies, vol. 1: 209—218. Hong Kong, 1979. ——《津沪走廊：十九世纪末中国省际关系的个案研究》。

261. Levenson, Joseph R. *Revolution and Cosmopolitanism: The Western Stage and the Chinese Stages*. Berkeley: University of California Press, 1971. ——列文森：《革命与大同：西方舞台和中国舞台》。

262. Layton, Edwin T. *"And I Was There": Pearl Harbor and Midway-Breaking the Secrets*. New York: William Morrow, 1985. ——埃德温 T. 莱顿：《我在那里：珍珠港和中途岛揭秘》。

263. Li, Lincoln. *The Japanese Army in North China, 1937—1941: Problems of Political and Economic Control*. London: Oxford University Press, 1975. ——林肯·李：《1937—1941 年间的华北日军：政治和经济控制的问题》。

264. Li, Victor H. "The Development of the Chinese Police during the Late Ch'ing and Early Republican Years." Paper prepared for Professor Jerome Cohen's Seminar on Contemporary Chinese Law, Harvard Law School, May 1965. ——维克多 H. 李：《清末民初中国警察的发展》。

265. Liang, Yeung-li. "The New Criminal Code." *China Weekly Review*, 8 Sept. 1928: 61. ——梁云里：《新刑法》。

266. Lin, Yutang. *With Love and Irony*. New York: John Day, 1940. ——林语堂：《爱与讽刺》。

267. Linz, Juan J. "An Authoritarian Regime: Spain." In Mass Politics in Political Sociology. Edited by Erik allardt and Stein Rokkan, 251—283. New York: Free Press, 1970. ——朱安 J. 林兹：《一个权威主义的国家：西班牙》。

268. Liu, Hsing Hwa. "Min Tuan of Kwangsi." *China Critic* 17. 8（20 May 1937）: 178—180. ——刘新华［音］:《广西民团》。

269. Liu, Kwang-ching. "Credit Facilities in China's Early Industrialization: The Background and Implications of Hsu Jun's Bankruptcy in 1883." In Conference on *Modern Chinese*

Economic History，543—553. Taipei：Institute of Economics，Academia Sinica，1977. ——刘广京：《中国工业化早期的信贷机构：1883 年徐润破产的背景及含义》。

270. Lo, Kuang-pin and Yi-en Yang. *Red Crag*. Beijing：Foreign Languages Press，1978. ——罗广斌、杨益言：《红岩》。

271. Lockwood, William W., Jr. "The International Settlement at Shanghai, 1924—1934." *American Political Science Review* 28. 6（December 1934）：1030—1046. ——小威廉 W. 洛克伍德：《1924—1934 年的上海公共租界》。

272. Loh, Robert, and Humphrey Evans. *Escape from Red China*. New York：Coward-McCann，1962. ——洛、艾文斯：《逃出红色中国》。

273. Lu, Yen-ying. "Can China Become Fascist?" *China Critic*，14 June 1934：560—564. ——陆炎英［音］：《中国会变成法西斯国家吗?》

274. Lu Xun. "Selected Classical Poems." Translated by J. E. Kowallis. Renditions 26（Autumn 1986）：132—150. ——《鲁迅旧体诗选》（英译）。

275. Lubot, Eugene. *Liberalism in an Illiberal Age：New Culture Liberals in Republican China，1919—1937*. Westport，Conn.：Greenwood Press，1982. ——路玻特：《自由主义在不自由的年代：民国的新文化自由主义者（1919—1937）》。

276. Lutz, Jessie G. "Occupied China and Student Activism in the Christian Colleges." Paper presented at the commemoration of the fiftieth anniversary of the "July 7 Incident." City College of New York，July 1987. ——鲁珍晞：《中国沦陷区与基督教学校的学生活动》。

277. Macauley, Melissa. "The Chinese Criminal Code of 1935 in the Transformation of Chinese Criminal Law." M. A. thesis，Georgetown University，1984. ——麦考利：《中国刑法改革中的 1935 年中国刑法》，硕士论文。

278. MacKinnon, Janice R., and Stephen R. MacKinnon. *Agens Smedley：The Life and Times of An American Radical*. Berkeley：University of California Press，1988. ——麦金农夫妇：《史沫特莱：一个美国激进分子的生平和时代》。

279. MacKinnon, Stephen R. "A Late Qing-GMD-PRC Connection：Police as an Arm of the Modern Chinese State." Selected Papers in Asian Studies，new series，paper No. 14（1983）. ——斯蒂芬·麦金农：《晚清、民国和中华人民共和国的联系：作为近代中国

国家一支武装的警察》。

280. ——. "Police Reform in Late Ch'ing Chihli." *Ch'ing-shi wen-t'i* 3. 4（December 1975）：82—99. ——《清末直隶的警政改革》。

281. MacKinnon, Stephen R., and Oris Friesen. *China Reporting: An Oral History of American Journalism in the 1930s—1940s.* Berkeley：University of California Press, 1987. ——斯蒂芬·麦金农、奥利斯·福瑞生：《中国报告：二十世纪三四十年代美国记者的口述史》。

282. MacPherson, Kerrie L. "Designing China's Urban Future：The greater Shanghai Plan, 1927—1937." Planning Perspectives 5（1990）：39—62. ——程恺礼：《规划中国城市的未来：1927—1937年间的大上海计划》。

283. ——. *A Wilderness of Marshes: The Origins of Public Health in Shanghai, 1843—1893.* Hong Kong and New York：Oxford University Press, 1987. ——《沼泽的荒原：上海公共卫生的起源（1843—1893）》。

284. Madancy, Joyce Ann. "Propaganda Versus Practice：Official Involvement in the Opium Trade in China, 1927—1945." M. A. thesis, Cornell University. 1983. ——乔伊·麦丹西：《宣传与实践：1927—1945年间中国官方参与的鸦片贸易》，硕士论文。

285. Mann, Susan. *Local Merchants and the Chinese Bureaucracy, 1750—1950.* Stanford：Stanford University Press, 1987. ——曼素恩：《1750—1950年间的地方商人和中国官僚机构》。

286. Marsh, Susan H. "Chou Fo-hai：The Making of a Collaborator." In *The Chinese and the Japanese: Essays in Political and Cultural Interactions*, edited by Akira Iriye, 304—327. Princeton：Princeton University Press, 1980. ——韩素珊：《周佛海：一个汉奸的形成》。

287. Marshall, Jonathan. "Opium and the Politics of Gangsterism in Nationalist China, 1927—1945." Bulletin of the Committee of Concerned Asian Scholars 8. 3（July-September 1977）：19—48. ——乔纳斯·马歇尔：《民国时期的鸦片与帮会政治（1927—1945）》。

288. Martin, Brian G. "The Green Gang and the Kuomintang Polity in Shanghai 1927—1937." *Paper presented to the biennial conference of the Association of Asian Studies of Australia,*

Griffith university, Queensland, July 1990. ——布莱恩 G. 马丁：《1927—1937 年间上海的青帮与国民党政治》。

289. ——. "The Green Gang and 'Party Purification' in Shanghai: Green Gang-Kuomintang Relations, 1926—1927." *Symposium on the Nanking Decade, 1928—1937: Man, Government and Society*. Taipei, 15—17 Aug. 1983. ——《青帮与上海的"清党"：1926—1927 年青帮与国民党的关系》。

290. ——. "'The Pact with the Devil': The Relationship Between the Green Gang and the French Concession Authorities, 1925—1935." In *Shanghai Sojourners*, edited by Frederic Wakeman, Jr. and Wen-hsin Yeh, 266—304. Berkeley: Institute of East Asian Studies, 1992. ——《"与魔鬼订约"：1925—1935 年青帮和法租界当局的关系》。

291. ——. "Tu Yueh-sheng and Labour Control in Shanghai: The Case of the French Tramways Union, 1928—1932." *Papers on Far Eastern History* 32 (September 1985): 99—137. ——《杜月笙和上海的劳工控制：1928—1932 年法电工会案》。

292. ——. "Warlords and Gangsters: The Opium Traffic in Shanghai and the Creation of the Three Prosperities Company, 1913—1926". Paper presented at the sixth national conference of the *Asian Studies of Association of Australia*, Sydney, 11—16 May 1986. ——《军阀和流氓：上海的鸦片贸易和三鑫公司的建立（1913—1926）》。

293. Matossian, Mary. "Ideologies of delayed Industrialization: Some Tensions and Ambiguities." In *Political Change in Underdeveloped Countries: Nationalism and communism*, edited by John H. Kautsky, 252—264. New York: Wiley and Sons, 1962. ——马利·马托西：《被拖延的工业化的思想：压力和模糊不清处》。

294. Mazé, Frederic W. "Japanese Smuggling in North China." *China Quarterly*, 15 Oct. 1937, 597—607. ——弗雷德里克 W. 梅兹：《日本人在华北的走私》。

295. McAlary, Mike. *Buddy Boys: When Good Corps Turn Bad*. New York: Charter Books, 1989. ——麦克·麦克拉里：《兄弟：当好警察变坏时》。

296. Mcdormack, Gavan, *Chang Tso-lin in Northeast China, 1911—1928: China, Japan and the Manchurian Idea*. Stanford: Stanford University Press, 1977. ——盖文·麦克考麦：《1911—1928 年中国东北的张作霖：中国、日本和满洲里观念》。

297. McCormick, Elsie, *Audacious Angles on China*. New York: D. Appleton and Company, 1923. ——艾尔斯·麦考米克：《另眼看中国》。

298. Meng, C. Y. W. "The 'Hwa Hui' Gambling Evil." *China Weekly Review*, 47 (19 Jan. 1929): 334. ——C. Y. W. 孟：《"花会"赌博的罪恶》。

299. ——. "A Tale of Two Cities." *China Weekly Review*, 27 July 1929, 420. ——《双城记》。

300. Merrill, Frederick T. *Japan and the Opium Menace*. New York: Institute of Pacific Relations and the Foreign Policy Association, 1942. ——弗雷德里克 T. 麦瑞：《日本和鸦片威胁》。

301. Merton, Robert K. *Social Theory and Social Structure*. New York: Free Press, 1968. ——罗伯特 K. 墨顿：《社会理论与社会结构》。

302. Meyer, John C., Jr. "Definitional and Etiological Issues in Police Corruption: Assessment and Synthesis of Competing Perspectives." *Journal of Police Science and Administration* 4. 1 (March 1976): 46—55. ——小约翰 C. 梅耶：《警察腐败的含义和原因：斗争前景的估价和综合》。

303. Migdahl, Joel S. *Strong Societies and Weak State: State-Society Relations and State Capabilities in the Third World*. Princeton: Princeton University Press, 1988. ——乔 S. 米格戴尔：《强社会与弱政府：第三世界的社会——政府关系和政府能力》。

304. Miles, Milton E. A. *Different Kind of War: The Little-Known Story of the Combined Guerrilla Forces Created in China by the U. S. Navy and the Chinese during World War II*. Garden City, N. Y.: Doubleday and Company, 1967. ——米尔顿 E. 迈尔斯：《另一种战争：二战期间美国海军和中国人创建的联合游击队的鲜为人知的故事》。

305. Mitchell, J. Clyde. "Networks, Norms and Institutions." In *Network Analysis: Studies in Human Interaction*, edited by Jeremy Boissevain and J. Clyde Mitchell, 15—35. The Hague, Paris: Mouton, 1973. ——辛迪 J. 米歇尔：《关系网、常规和制度》。

306. Molotsky, Irvin. "OSS Lives Again at Spies Reunion." *New York Times*, 21 Sept. 1986, 37. ——艾文·莫罗斯基：《OSS 在间谍联盟中的再生》。

307. Monas, Sidney. "The Political Police: The Dream of a Beautiful-Autocracy." In

The Transformation of Russian Society: *Aspects of Social Change Since 1861*, edited by Cyril E. Black, 164—190. Cambridge, Mass.: Harvard University Press, 1960. ——辛迪·莫那斯:《政治警察: 美妙独裁之梦》。

308. Morley, James William, ed. *The China Quagmire*: *Japan's Expansion on the Asian Coninent*, 1933—1941. New York: Columbia University Press, 1983. ——杰姆斯·威廉·莫勒编:《中国的困境: 1933—1941 年日本在亚洲大陆的扩张》。

309. Murphy, Charles J. V. "Shanghai: Reopened under New Management." Fortune, February 1946, 141—148. 206—223. ——查理斯 J. V. 墨菲:《上海: 新管理之下的再开放》。

310. Murray, Dian. "Mid-Ch'ing Piracy: An Analysis of Organizational Attributes." Ch'ing-shi wen-t'i 4. 8（December 1982）: 1—28. ——穆黛安:《清中叶的海盗: 对组织特征的分析》。

311. Meyer, Michael et al. "The Gangs of Asia." Newsweek, 1 Apr. 1985, 8—12. ——迈克尔·梅耶编:《亚洲帮会》。

312. Nettler, Gwynn. *Explaining Crime*. New York: McGraw-Hill, 1974. ——圭尼·耐特乐:《解释犯罪》。

313. *North China Daily News*. ——《字林西报》。

314. Nye, Robert A. "Crime in Modern Societies: Some Research Strategies for Historians." *Journal of Social History* 11. 4（1978）: 491—507. ——罗伯特·A. 内:《近代社会的犯罪: 历史学研究法》。

315. Nym Wales and Kim San. *Song of Ariran*: *A Korean Communist in the Chinese Revolution*. San Francisco: Ramparts Press, 1972. ——尼姆·威勒斯等:《中国革命中的一个朝鲜共产党员》。

316. Oakes, Vanya. *White Man's Folly*. Boston: Houghton Mifflin, 1943. ——凡亚·奥克斯:《白人的愚蠢》。

317. O'Brien, Particia. *The Promise of Punishment*: *Prisons in Nineteenth Century France*. Princeton: Princeton University Press, 1982. ——帕特里克·欧布兰:《惩罚的诺言: 十九世纪法国的监狱》。

318. *Office of Strategic Services Archives*, War Department. U. S. National Archives, Military Reference Division. ——《战略情报处档案》，陆军部，美国国家档案馆，军事资料处。

319. *Office of Strategic Services Archives*, U. S. Army. U. S. National Archives, Military Reference Division. ——《战略情报处档案》，陆军部，美国国家档案馆，军事资料处。

320. Orchard, John E. "Shanghai." *Geographical Review* 26. 1 （January 1936）：1—31. ——约翰 E. 奥察德：《上海》。

321.《大阪每日新闻》和《东京日日新闻》号外：《中国事变》，1937 年 10 月 20 日。

322. Oura Kanetake. "The Police of Japan." In *Fifty Years of New Japan*, compiled by Okuma Shigenobu, Vol. 1：281—295. New York：E. P. Dutton, 1909. ——大浦兼武：《日本警察》。

323. Pal, John. *Shanghai Saga*. London：Jarrolds, 1963. ——约翰·派尔：《上海传奇》。

324. Palmer, Stanley H. *Police and Protest in England and Ireland, 1780—1850*. Cambridge, England：Cambridge University Press, 1988. ——斯坦利 H. 帕尔马：《1780—1850 年英格兰与爱尔兰的警察和抗议》。

325. Pan Ling. *In Search of Old Shanghai*. Hong Kong：Joint Publishing Company, 1982. ——潘翎：《寻找旧上海》。

326. ——. *Old Shanghai：Gangsters in Paradise*. Hong Kong：Heinemann Asia, 1984. ——《旧上海：黑帮的天堂》。

327. Papp, E. "General Chiang Kai-shek." CID office notes in Shanghai Municipal Police （International Settlement）Files, D‐529, 25 Sept. 1929. Microfilms From the U. S. National Archives. ——E. 帕普：《蒋介石将军》，上海市公共租界警务处档案中的罪案侦查部办公室记录，D‐529, 25 Sept. 1929 年，见美国国家档案馆缩微胶卷。

328. Parker, Alfred E. *The Berkeley Police Story*. Springfield, Ⅲ.：Charles C. Thomas, 1972. ——阿尔弗雷德 E. 帕克：《伯克利警察故事》。

329. ——. *Crime Fighter：August Vollmer*. New York：Macmillan Co., 1961. ——《犯

罪战士：奥古斯特·沃尔默》。

330. Parssinen, Terry M., and Kathryn B. Meyer. "International Narcotics Trafficking in the Early Twentieth Century: Development of an Illicit Industry." Unpublished Paper. ——泰瑞 M. 帕西能和凯瑟琳 B. 梅耶：《二十世纪早期国际毒品交易：非法工业的发展》，未刊论文。

331. Perdue, Peter. "Liumin and Famine Relief in Eighteenth Century China. Unpublished ms. ——彼得·帕度：《中国十八世纪的流民和赈灾》，未刊论文。

332. Perkins, Dwight, "Government as an Obstacle to Industrialization: The Case of Nineteenth-Century China." *Journal of Economic History* 27. 4 (December 1967): 478—492. ——德怀特·珀金斯：《作为工业化阻碍的政府：以十九世纪的中国为例》。

333. Perry, Elizabeth J. "Collective Violence in China", 1880—1980. *Theory and Society* 13 (1984): 427—454. ——裴宜理：《1880—1980 中国的群体暴力》。

334. ——. "Shanghai on Strike: Work and Politics in the Making of a Chinese Proletariat."——《上海的罢工：中国无产阶级形成过程中的活动及政治》。

335. ——. "Tax revolt in Late Qing China: The Small Swords of Shanghai and Liu Depei of Shandong." *Late Imperial China* 6. 1 (June 1985): 83—112. ——《晚清中国的抗税斗争：上海小刀会与山东刘德培》。

336. Peters, Edward. *Torture*. New York: Basil Blackwell, 1985. ——爱德华·彼得斯：《刑讯》。

337. Pickowicz, Paul G. *Marxist Literary Thought in China: The Influence of Ch'u Ch'iu-pai*. Berkeley, Los Angeles, London: University of California Press, 1981. ——毕克伟：《中国的马克思列宁主义思潮：瞿秋白的影响》。

338. Pileggi, Nicholas. *Wise Guy: Life in a Mafia Family*. New York: Pocketbooks, 1985. ——尼古拉斯·佩奇：《聪明的家伙：一个黑手党家庭的生活》。

339. Pincher, Chapman. *Too Secret Too Long: The Great Betrayal of Britain's Crucial Secrets and the Coverup*. London: Sidgwick and Jackson, 1984. ——切曼·平奇：《极长的机密：英国重大隐秘大揭露》。

340. Plate, Thomas, and Andrea Darvi. *Secret Police: The Inside Story of a Network of*

Terror. Garden City, N. Y.: Doubleday, 1981. ——托马斯·普雷和安德·大维:《秘密警察: 恐怖网的内幕故事》。

341. Poretsky, Elisabeth K. *Our Own People*: *A Memoir of Ignace Reiss and His Friends*. London: Oxford University Press, 1969. ——伊丽莎白 K. 普罗斯基:《我们的人民: 回忆英格纳斯·瑞斯和他的朋友》。

342. Powell, John B. *My Twenty-five Years in China*. New York: Macmillan Co., 1945. ——约翰 B. 鲍威尔:《鲍威尔对华回忆录》。

343. Price, Don C. "Sung Chiao-jen's Political Strategy in 1912." Paper delivered at the Conference on the Chinese Republic and its History, Institute of Modern history, Academia Sinica, Taipei, August, 1983. ——贾士杰:《1912 年宋教仁的政治策略》。

344. Raab, Selwyn. "John Gotti: Running the Mole." *New York Times Magazine*, 2 Apr. 1989, 30—33, 42, 70—71, 80—82, 92. ——塞威·瑞波:《约翰·高蒂: 鼹鼠的活动》。

345. Rankin, Mary Backus. *Elite Activism and Political Transformation in China*: *Zhejiang Province*, *1865—1911*. Stanford: Stanford University Press, 1986. ——马丽·兰钦:《中国的精英活动与政治变迁: 1865—1911 年的浙江省》。

346. Rawski, Evelyn S. "Education and Mobility in Republican China." Paper presented at the Regional Seminar in Chinese Studies, Center for Chinese Studies, 11—12 Apr. 1986. ——艾文利 S. 罗斯基:《中华民国的教育和流动性》。

347. Rissov, Constantin. *La dragon enchâné*: *De Chiang Kai-shek à Mao Tse-tung Trentecinq ans d'intimité avec la Chine*. Paris: Robert Laffont, 1985. ——康斯坦丁·瑞斯福:《龙的传人: 蒋介石与毛泽东》。

348. Robinson, Cyril D. "The Mayor and the Police——the Political Role of the Police in Society." In *Police Forces in History*, edited by George L. Mosse, 217—315. Beverly Hills: Sage Publications, 1975. ——西瑞·罗宾森:《市长与警察——警察在社会中的政治角色》。

349. Romanus, Charles F., and Riley Sunderland. *United States Army in World War* II: *China-Burma-India Theater*. Vol. 3, *Time Runs Out In CBI*. Washington, D. C.: Office of the

Chief of Military History, Department of the Army, 1959. ——查理斯 F. 罗马那斯等:《二战期间的美国军队: 中缅印战场》第三卷。

350. Rosen, Christine Meisner. "Great Fires and the Problems and Processes of City Growth." Ph. D. diss., Harvard University, 1980. ——克利斯蒂安·梅斯那·罗森:《大火、问题和城市发展的进程》, 博士论文。

351. Rosinger, Laurence K. *China's Wartime Politics, 1937—1944*. Princeton: Princeton University Press, 1944. ——劳伦斯 K. 罗辛格:《中国的战时政治: 1937—1944》。

352. Rowe, William. Hankow: *Commerce and Society in a Chinese City, 1796—1889*. Stanford: Stanford University Press, 1984. ——罗威廉:《汉口: 1796—1889 年一个中国城市的商业和社会》。

353. ——. Hankow: *Conflict and Community in a Chinese City, 1796—1895*. Stanford: Stanford University Press, 1989. ——《汉口: 1796—1895 年一个中国城市的冲突和社区》。

354. ——. "The Public Sphere in Modern China." *Modern China* 16. 3 (July 1990): 309—329. ——《近代中国的公共领域》。

355. ——. "The Qingbang and Collaboration under the Japanese, 1939—1945: Material in the Wuhan Municipal Archives." *Modern China* 8. 4 (October 1982): 491—499. ——《1939—1945 年日本占领下的青帮与汉奸: 武汉市档案馆中的文件》。

356. ——. "Urban Control in Late Imperial China: The Pao-chia System in Hankow." In Perspectives on a Changing China: Essays in Honor of C. Martin Wilbur on the Occasion of His Retirement, edited by Joshua A. Fogel and William T. Rowe, 89—112. Boulder, Colo.: Westview Press, 1979. ——《晚清中国的城市控制: 汉口的保甲制度》。

357. Rud, George. *Criminal and Victim: Crime and Society in Early Nineteenth Century England*. Oxford: Clarendon Press, 1985. ——乔治·路德:《罪犯与受害者: 十九世纪早期英格兰的犯罪和社会》。

358. Schaller, Michael. "Changing American Strategic and Political Views of China, Japan and Southeast Asia, 1945—1953" International Conference on the United States and the Asia-Pacific Region in the Twentieth Century. *Chinese Academy of Social Sciences*, Beijing, 23

May 1991. ——沙勒：《变化中的美国对中国、日本和东南亚的战略和政治观点（1945—1953）》。

359. ——. *The U. S. Crusade in China*, *1938—1945*. New York： Columbia University Press, 1979. ——《1938—1945 年美国在华战争》。

360. Schoppa, R. Keith. *Chinese Elites and Political Change*： *Zhejiang Province in the Early Twentieth Century*. Cambridge, Mass.： Harvard University Press, 1982. ——萧邦齐：《中国精英和政治变迁：二十世纪初的浙江省》。

361. Schwarcz, Vera. "The Chinese Enlightenment： The May Fourth Movement and the Intellectuals' Legacy." Unpublished ms. ——舒衡哲：《中国的启蒙："五四"运动和知识分子的遗产》，未刊论文。

362. Schwartz, Benjamin I. "The Primacy of the Political Order in East Asian Societies： Some Preliminary Generalizations." In *Foundations and Limits of State Power in China*, edited by S. R. Schram, 187—202. Hong Kong： Chinese University Press, 1987. ——史华兹：《东亚社会政治秩序的关键：初步的概括》。

363. Scott, A. C. *Actors are Madmen*： *Notebook of a Theatregoer in China*. Madison： University of Wisconsin Press, 1982. ——A. C. 司考特：《演员都是疯子：一个演员在中国的笔记》。

364. Seabrook, Jeremy. "The Heroin Trade： Paradigm of Mrs. Thatcher's Capitalism." The Guardian, 21 May 1983, 8. ——杰瑞米·西布克：《海洛因贸易：撒切尔夫人的资本主义范例》。

365. Seagrave, Sterling. *The Soong Dynasty*. New York： Harper and Row, 1985. ——司特令·西格雷夫：《宋氏王朝》。

366. Seybolt, Peter J. "Terror and Conformity： Counterespionage, Campaigns, Rectification, and Mass Movements, 1942—1943." *Modern China* 21. 1（January 1986）： 39—73. ——比德 J. 塞波特：《恐怖和顺从：1942—1943 年的肃反、整风和群众运动》。

367. *The Shanghai Incident*. Shanghai： The Press Union, 1932. ——《上海事变》。

368. Shanghai Municipal Council. *Report for the Year* 1937 *and Budget for the Year* 1938. Shanghai： *North China Daily News & Herald*, 1938. ——上海工部局：《1937 年年度报告

和 1938 年预算》。

369. ——. *Annual Report*, 1939. Shanghai：*North China Herald*, 1940. ——《年度报告》。

370. Shanghai Municipal Police (International Settlement) Files. Microfilms from the U. S. National Archives. ——上海公共租界警务处档案，美国国家档案馆缩微胶卷。

371. Sherman, Lawrence W. *Scandal and Reform：Controlling Police Corruption*. Berkeley：University of California Press, 1978. ——劳伦斯 W. 谢尔曼：《丑闻与改革：控制警察腐败》。

372. Shi Zhikang. "Palace's Colourful Activities." *China Daily*, 10 Feb. 1984. ——石志康：《宫殿中多姿多彩的活动》，见《中国日报》1984 年 2 月 10 日。

373. Shimada Toshihiko. "The Extension of Hostilities, 1931—1932." Translated by Akira Iriye. In *Japan Erupts：The London Naval Conference and the Manchurian Incident, 1928—1932*, edited by James William Morley, 241—335. New York：Columbia University Press, 1984. ——岛田俊彦：《敌对的扩大：1931—1932》。

374. Shi, Pual T. K., ed. *The Strenuous Decade：China's Nation-Building Efforts, 1927—1937*. New York：St. John's University Press, 1970. ——保罗 T. K. 史［音］：《艰难的时代：1927—1937 年中国建国的努力》。

375. Silliman, Adam Borut. "Sino-Foreign Conflict and the Extra-Settlement Roads of Shanghai." Senior essay in History, Yale University, 1989. ——亚当·保瑞·西利蒙：《中外冲突和上海租界的越界筑路》。

376. Simon, Herbert A. "Notes on the Observation and Measurement of Political Power." *Journal of Politics*, 15（November 1953）：500—516. ——贺波特 A. 西蒙：《对政治权力的考量笔记》。

377. Smart, Alan. "The Informal Regulation of Illegal Economic Activities：Comparisons Between the Squatter Property Market and Organized Crime." Paper to be published in *International Journal of the Sociology of Law*. ——艾伦·司马特：《非法经济活动的非正式规则：市场不动产和有组织犯罪的比较研究》。

378. ——. "Invisible Real Estate：Investigations into the Squatter Property Market."

International Journal of Urban and Regional Research 10. 1（1986）：29—45. ——《看得见的不动产：市场不动产调查》。

379. Smith, Phillip Thurmond. *Policing Victorian London: Political Policing, Public Order, and the London Metropolitan Police.* Westport, Conn.: Greenwood Press, 1985. ——费利普·瑟芒·史密斯：《维多利亚时代的伦敦警察：政治警察、公共秩序和伦敦城市警察》。

380. Snow, Edgar. *The Battle for Asia.* Cleveland: The World Publishing Company, 1942. ——埃德加·斯诺：《为亚洲而战》。

381. ——. "How 5,200 Policemen Keep Order in Canton." *China Weekly Review*, 29 Nov. 1930. ——《5,200名警察如何维持广州的秩序?》。

382. Snyder, David. "Theoretical and Methodological Problems in the Analysis of Governmental Coercion and Collective Violence." *Journal of Political and Military Sociology*, 1976, No. 4（fall）：277—293. ——戴维·辛德：《政府高压和集体暴力分析中的理论和方法论问题》。

383. Sokolsky, George E. "China in Search of a Government." *North China Daily News*, 30 Nov. 1928. ——乔治 E. 索考斯基：《寻求政府的中国》。

384. ——. "Third Party Congress and Its Work." *North China Daily News*, 10 Apr. 1929. ——《第三党代表大会及其工作》。

385. ——. "What Stops Progress in Nanking?" *North China Daily News*, 16 Nov. 1928. ——《什么阻碍了南京的步伐?》，见《字林西报》1928年11月16日。

386. Spence, Jonathan D. *The Gate of Heavenly Peace: The Chinese and Their Revolution, 1895—1980.* New York: Viking, 1981. ——史景迁：《天安门：知识分子与中国革命（1895—1980）》。

387. ——. "Opium Smoking in Ch'ing China." In Frederic Wakeman, Jr. and Carolyn Grant, eds., *Conflict and Control in Late Imperial China*, 143—173. Berkeley: University of California Press, 1975. ——《清朝的吸食鸦片》。

388. Spunt, Georges. *A Place in Time.* New York: G. P. Putnam's Sons, 1968. ——乔治·斯邦特：《适时之地》。

389. Staub, Ervin. "Social Evil: Perpetrators and Bystanders of Cruelty." Paper presented at the meetings of the International Society of *Political Psychology*, Washington, D. C., 1982. ——艾文·斯陶：《社会罪恶：犯罪者和残酷的旁观者》。

390. Steele, A. T. *Shanghai and Manchuria, 1932: Recollections of a War Correspondent*. Tempe: Center for Asian Studies, Arizona State University, 1977. ——A. T. 斯蒂尔：《1932年的上海与满洲：一个战地记者的记录》。

391. Sterling, Abigail. "The Whangpoo Conservancy Board, 1912—1927." Seminar paper, University of California, Berkeley, 1978. ——艾比格·司特令：《1912—1927年的黄浦管理委员会》。

392. Strand, David G. "Feuds, Fights, and Factions: Group Politics in 1920s Beijing." *Modern China* 11. 4 (October 1985): 411—435. ——全大伟：《世仇、战斗和派系：二十世纪二十年代北京的党派政治》。

393. ——. *Rickshaw Beijing: City People and Politics in the 1920s*. Berkeley: University of California Press, 1989. ——《北京黄包车：二十世纪二十年代的市民和政治》。

394. Stratton, Roy. "Navy Guerrilla." United States Naval Institute Proceedings, 83—87. July 1963. ——罗·斯屈顿：《海上游击队》。

395. Strauss, Julia Candace. "Bureaucratic Reconstruction and Institution-Building in the Post-Imperial Chinese State: The Dynamics of Personnel Policy, 1912—1945." Ph. D. diss., University of California, Berkeley, 1991. ——朱利·坎德斯·斯特劳斯：《中国后帝国时代的官僚政治的重建和机构重组：官员政治的动因（1912—1945）》，博士论文。

396. Stross, Randy. "Marketing and Modernixation in Republican China's Countryside: The Puzzling Case of Western Jiangsu." *Republican China* 9. 2 (February 1984): 1—7. ——兰德·斯托斯：《中华民国乡村的市场和近代化：江苏西部的疑案》。

397. Sues, Ilona Ralf. *Shark Fins and Millet*. Garden City, N. Y.: Garden City Publishing Co., 1944. ——伊洛那·朗福·苏伊斯：《鱼翅和小米》。

398. Sun, Lung-kee. "The Shanghai Intellectual Community, 1927—1937: A Research Note." *Chinese Republican Studies Newsletter* 8. 1 (October 1982): 17—19. ——孙隆基：《1927—1937年的上海知识分子团体：一个研究笔记》。

399. Sun Yat-sen. *The International Development of China*. New York: G. P. Putnam's Sons, 1922. ——孙中山:《中国的国际发展》。

400. Takahashi, Yusai. *The Patrol System*. Berkeley, 1938. ——《巡警制度》。

401. *The China Press Weekly Supplement*: *Ten Years of Nationalist China*, 3.16 (18 Apr. 1937). ——《中国新闻周刊副刊:中华民国十年》第三卷,第16期(1937年4月18日)。

402. Teng Ssu-yü. *Protest and Crime in China*: *A Bibliography of Secret Associations*, *Popular Uprisings*, *Peasant Rebellions*. New York: Garland Publications, 1981. ——邓嗣禹:《中国的抗议和犯罪:秘密会社、民众起义和农民暴动书目》。

403. Thaxton, Ralph. "State Making and State Terror: The Formation of the Treasury Police and the Origins of Collective Protest in Rural North China before the Revolution of October 1, 1949." Paper prepared for the Conference on State-Organized Terror, Michigan State University, East Lansing, 2—5 Nov. 1988. ——戴瑞福:《国家建设和国家恐怖:1949年10月1日革命以前财政警察的组建和华北农村集体抗议的起源》。

404. Thoden Van Velze, H. U. E. "Coalitions and Network Ana-lysis." In *Net Work Analysis*: *Studies in Human Interaction*, edited by Jeremy Boissevain and J. Clyde Mitchell, 219—250. The Hague, Paris: Mouton, 1973. ——索顿·凡·凡兹:《联盟和网络分析》。

405. Thomas, S. Bernard. *Labor and the Chinese Revolution*: *Class Strategies and Contradictions of Chinese Communism*, *1928—1948*. Ann Arbor: Center for Chinese Studies, University of Michigan, 1983. ——S. 伯那德·托马斯:《劳工与中国革命:中国共产主义的阶级策略和矛盾(1928—1948)》。

406. Thomasson, Robert de. "Prise de vues Shanghai." *Les oeuvres Libres*, No. 210 (December 1938): 277—347. ——罗伯特·德·托马森:《上海印象记》。

407. Thornton, Richard C. *China*: *the Struggle for Power*, *1917—1972*. Bloomington: Indiana University Press, 1973. ——理查德C. 索顿:《中国:权力角逐(1917—1972)》。

408. Tiedemann, R. G. "The Persistence of Banditry: Incidents in Border Districts of the North China Plain." *Modern China* 8.4 (October 1982): 395—433. ——R. G. 狄德满:《防匪:华北平原边界的事件》。

409. Tien, Hung-mao. *Government and Politics in Kuomintang China*, *1927—1937*.

Stanford: Stanford University Press, 1972. ——田弘茂:《国民党中国的政府和政治（1927—1937）》。

410. Tien, Wei-wu. *The Sian Incident: A Pivotal Point in Modern Chinese History*. Ann Arbor: University of Michigan Press, 1976. ——田维伍［音］:《西安事变：中国近代史上的枢纽》。

411. Tilly, Charles. "Warmaking and Statemaking as Organized Crime." In *Bringing the State Back In*, edited by Peter B. Evans, Dietrich Rueschemeyer, Theda Skocpol, 169—191. ——查理斯·梯利:《作为有组织犯罪的战争发动与国家创建》。

412. Tobias, J. J. *Urban Crime in Victorian England*. New York: Schocken Books, 1972. ——J. J. 托比亚斯:《维多利亚时代英国的城市犯罪》。

413. Tong, Te-hong, and Li Tsung-jen. *The Memoirs of Li Tsung-jen*. Boulder, Colo.: Westview Press, 1979. ——李宗仁述、唐德刚撰:《李宗仁回忆录》。

414. *Torture in Greece: The First Torturer's Trial*, 1975. New York: Amnesty International Publications, 1977. ——希腊的刑讯, 1975年首次审判刑讯者。

415. *Touring Metropolitan Shanghai*. Shanghai: Shanghai Cultural Publishing House, 1984. ——《游览大上海》。

416. Tretiak, Daniel. "Political Assassinations in China, 1600—1968." In *Assassination and Political Violence: A Report to the National Commission on the Causes and Prevention of Violence*, edited by James F. Kirham, Sheldon G. Levy, and William J. Crotty, 635—671. New York: Praeger Publishers, 1970. ——杜达拿:《1600—1968年中国的政治谋杀》。

417. Trocki, Carl A. *Opium and Empire: Chinese Society in Colonial Singapore, 1800—1910*. Ithaca, N. Y. : Cornell University Press, 1990. ——卡尔 A. 托奇:《鸦片和帝国：1800—1910年新加坡殖民地的华人社会》。

418. Tsai, Jung-fang. "The Predicament of the Comprador Ideologists: He Qi (Ho Kai, 1859—1914) and Hu Liuyuan (1847—1916)." *Modern China* 7. 2 (April 1981): 191—225. ——蔡荣芳:《买办思想家的困境：何启（1859—1914）和胡礼垣（1847—1916)》。

419. Tsao, Jr-lien. "The 1928—1930 Famine and the Urban Conscience." Seminar

paper, University of California, Berkeley, 1984. ——曹志涟:《1928—1930 年的灾荒和城市觉醒》。

420. ——. "On the Nature of the Chinese Capitalists during the Republican Period." Seminar paper, University of California, Berkeley, 1984. ——《民国时期中国资本家的本质》。

421. Tsou, Tang. "Twentieth-Century Chinese Politics and Western Political Science." *Political Science* 20. 2 (Spring 1987): 327—333. ——邹谠:《二十世纪的中国政治和西方政治科学》。

422. Tuchman, Barbara W. *Stilwell and the American Experience in China, 1911—1945.* New York: Macmillan co., 1970. ——巴巴拉 W. 杜奇曼:《史迪威和美国在华经验(1911—1945)》。

423. Tung, David Foo-hsu. "Improved Police Administration in the Capital." *China Weekly Review*, 14 Dec. 1929. ——戴维 F. 童:《首都警政的改进》。

424. U. S. Department of State. Confidential Central Files. China, Internal Affairs, 1940—1944. Microfilm. ——美国国务院中央秘密文件,中国内部事务,1940—1944 年,缩微胶卷。

425. ——. Foreign Relations of the United States. Diplomatic Papers, 1939. Vol. 4, The Far East, the Near East, and Africa. Washington, D. C.: Government Printing Office, 1955. ——美国对外关系文件,1939 年,第四卷,远东、近东和非洲。

426. ——. Foreign Relations of the United States. Diplomatic Papers, 1940. Vol. 4, The Far East. Washington, D. C.: Government Printing Office, 1955. ——美国对外关系文件,1940 年,第四卷,远东。

427. ——. Foreign Relations of the United States. Diplomatic Papers, 1942. China. Washington, D. C.: Government Printing Office, 1956. ——美国对外关系文件,1942 年,中国。

428. ——Foreign Relations of the United States. Diplomatic Papers, 1943. China. Washington, D. C.: Government Printing Office, 1957. ——美国对外关系文件,1943 年,中国。

429. ——. Records of the Department of State Relating to Internal Affairs of China, 1910—1929. 893. 00. Political Affairs, Vol. 69—70. Washington, D. C.: National Archives, 1960. ——美国国务院有关中国内部事务文件，1910—1929 年，第 893.00 号，政治事务，卷六十九、七十。

430. ——. Records of the Department of State Relating to Internal Affairs of China, 1910—1929. 893. 10, Political Order, Safety, Health, and Works: Charities and Philanthropic Organizations. Washington, D. C.: National Archives, 1960. ——美国国务院有关中国内部事务文件，1910—1929 年，第 893.10 号，有关政治秩序、安全、卫生和基建：赈济和慈善组织。

431. ——. Records of the Department of State Relating to Internal Affairs of China, 1930—1939. Government Documents Library, microfilm 31217. ——美国国务院有关中国内部事务文件，1930—1939 年，政府文件图书馆，缩微胶卷第 31217 号。

432. ——. Records of the Department of State Relating to Political Relations between China and Other States, 1910—1929. 34reels. Washington, D. C.: National Archives, 1960. ——美国国务院有关中国与别国事务文件，1910—1929 年，三十四卷。

433. U. S. Department of War. Military Intelligence Reports, China, 1911—1941. ——美国国防部有关中国军事情报的报告，1911—1941 年。

434. ——. Military Intelligence reports, China, 1900—1949. Microfilm. ——有关中国的军事情报，缩微胶卷。

435. U. S. Senate Committee on the Judiciary. Subcommittee to Investigate the Administration of the Internal Security Act and Other Internal Security Laws. The America Papers: *A Clue to the Catastrophe of China*. 2vols. Washington, D. C. : Committee Print, 1970. ——美国国会司法委员会及其行政内部安全法和其他内部安全法调查委员会：《中国灾难的线索》二卷。

436. Ungar, Sanford J. F. B. I. Boston: Little, Brown & Co., 1976. ——斯坦福·昂加：美国联邦调查局。

437. Van Slyke, Lyman P. *Enemies and Friends: The United Front in Chinese Communist History*. Stanford: Stanford University Press, 1967. ——范力沛：《敌人和友人：中国共产

党统一战线史》。

438. Vollmer, August. Correspondence and Papers. University of California, Berkeley, Bancroft Library. ——奥古斯特·沃尔默的通信和论文，藏加州大学伯克利分校班克罗夫特图书馆。

439. Vollmer, August, and Alfred E. Parker. *Crime, Crooks, and Cops*. New York：Funk and Wagnalls, 1937. ——沃尔默等：《犯罪、小偷和警察》。

440. ——. *Crime and the State Police*. Berkeley：University of California Press, 1935. ——《犯罪和国家警察》。

441. Von Sternberg, Joseph. *Fun in a Chinese Laundry*. New York：Collier, 1965. ——约瑟夫·冯·斯登伯格：《一个中国洗衣店的趣闻》。

442. Wakeman, Carolyn, and Yue Daiyun. "Women in Recent Chinese Fiction—A Review Article." *Journal of Asian Studies*, 42（August 1983）：879—888. ——魏斐德等：《近期中国小说中的妇女形象评论》。

443. Wakeman, Frederic, Jr. "The Evolution of Local Control in Late Imperial China." In *Conflict and Control in Late Imperial China*, edited by Frederic Wakeman, Jr. and Carolyn Grant, 1—25. Berkeley：University of California Press, 1975. ——魏斐德：《晚清中国地区控制的演变》。

444. ——. *The Great Enterprise：The Manchu Reconstruction of Imperial Order in Seventeenth Century China*. Berkeley and Los Angeles：University of California Press, 1985. ——《洪业：十七世纪满族对中华帝国秩序的重建》。

445. ——. *History and Will：Philosophical Perspectives of the Thought of Mao Tse-tung*. Berkeley：University of California Press, 1973. ——《历史与意志：毛泽东思想的哲学探索》。

446. Waldron, Arthur. "War and Nationalism in China：The Zhili-Fengtian War of 1924 and its Aftermath." Unpublished ms. ——林蔚：《中国的战争与民族主义：1924年直奉战争及其后果》，未刊论文。

447. Walker, C. Lester. "China's Master Spy". Harper's（August 1946）：162—169. ——C. 莱斯特·沃特：《中国的大间谍》。

448. Walker, Richard A. "A Theory of Suburbanization: Capitalism and the Construction of Urban Spaces in the U. S." In *Urbanization and Urban Planning in Capitalist Society*, edited by Michael Dear and Allen Scott, 383—429. London: Methuen, 1981. ——理查德 A. 沃克:《亚城市化理论: 资本主义和美国城市空间的构架》。

449. ——. "The Transformation of Urban Structure in the Nineteenth Century and the Beginnings of Suburbanization." In *Urbanization and Conflict in Market Societies*, edited by Kevin Cox, 165—213. Chicago: Maaroufa Press, 1978. ——《十九世纪城市结构的转变和亚城市化的开端》。

450. Waltner, Ann Beth. "The Adoption of Children in Ming and Early Ch'ing China." Ph. D. diss., University of California, Berkeley, 1981. ——安·贝思·怀特那:《明和清初儿童的领养》。

451. Wang, Betty. "The War of Resistance: 1937—1945." *Free China Review* 37. 7 (July 1987): 2—8. ——贝蒂·王:《1937—1945 年的抗日战争》。

452. Wang, S. Y. "The Revised Criminal Code." *China Critic*, 11 Apr. 1935, 37—39. ——S. Y. 王:《刑法修订本》。

453. Wang, Yeh-chien. "Evolution of the Chinese Monetary System, 1644—1850." In *Conference on Modern Chinese Economic History*, 469—496. Taipei: Institute of Economics, Academia Sinica, 1977. ——王业键:《1644—1850 年中国金融体制的演化》。

454. ——. "The Growth and Decline of Native Banks in Shanghai." *Academia Economic Papers* 6. 1 (March 1978): 111—142. ——《上海钱庄的兴衰》。

455. Wang Ching-wei. *A la mémoire de M. Tsen-Tson-Ming*. Hanoi, 6 Apr. 1939. Pamphlet in U. S. Department of State, *Records of the Department of State Relating to the Internal Affairs of China, 1930—1939*, 893. 00/ 14394. ——汪精卫:《曾仲鸣的回忆》。

456. Wasserstein, Bernard. "Secrets of Old Shanghai." *Times Literary Supplement*, 1—7 Apr. 1988. ——伯那德·瓦萨斯坦:《旧上海的秘密》。

457. Wasserstrom, Jeffrey. "The First Chinese Red Scare? 'Fanchi' Propaganda and 'Pro-Red' Responses during the Northern Expedition", *Republican China*, 11, No. 1 (1985): 32—51. ——华志坚:《第一次红色恐怖? 北伐时期的"反赤"宣传和"亲

共"反应》。

458. ——. "Student Protest in Shanghai." Ph. D. diss., University of California, Berkeley, May 1989. ——《上海的学生抗议》, 博士论文。

459. ——. *Student Protest in Twentieth Century China: View from Shanghai*. Stanford: Stanford University Press, 1991. ——《二十世纪中国的学生抗议: 上海的看法》。

460. Wasserstrom, Jeffrey, and Liu Xingyong. "Student Life and Student Protest: Shanghai, 1919—1949." Unpublished paper. ——华志坚、刘心勇:《学生生活与学生抗议: 1919—1949 年的上海》, 未刊论文。

461. Watson, James L. "Chinese Kinship Reconsidered: Anthropological Perspectives on Historical Research." *China Quarterly*, 92 (December 1982). ——华琛:《中国宗族再研究: 历史研究中的人类学观点》。

462. Wei, Betty Peh-t'i. *Shanghai: Crucible of Modern China*. Hong Kong: Oxford University Press, 1987. ——魏白蒂:《上海: 近代中国的熔炉》。

463. Wei, William. *Counterrevolution in China: The Nationalists in Jiangxi during the Soviet Period*. Ann Arbor: University of Michigan Press, 1985. ——威廉·魏:《中国的反革命: 江西苏维埃时期的国民党》。

464. Weisser, Michael R. *Crime and Punishment in Early Modern Europe*. Hassocks, Sussex: The Harvester Press, 1979. ——米歇尔 R. 魏瑟:《欧洲近代早期的犯罪和惩罚》。

465. Wetley, William A. *Violence and the Police: A Sociological Study of Law, Custom and Morality*. Cambridge, Mass., and London: The MIT Press, 1970. ——威廉 A. 威斯特利:《暴力与警察: 法律、习俗和道德的社会学研究》。

466. White, Lynn T., Ⅲ. "Bourgeois Radicalism in Shanghai." In *Class and Social Stratification in Post-Revolution China*, edited by James L. Watson, 142—174. Cambridge, England: Cambridge University Press, 1984. ——黎尼 T. 怀特:《上海资产阶级激进主义》。

467. ——. "Deviance, Modernization, Rations, and Household Registers in Urban China." In *Deviance and Social Control in Chinese Society*, edited by Amy Auerbacher Wilson,

Sidney Leonard Greenblatt, Richard Whittingham Wilson, 151—172. New York: Praeger Publishers, 1977. ——《中国城市的越轨、现代化、配给和户籍》。

468. ——. "Low Power: Small enterprises in Shanghai, 1949—1967." *China Quarterly*, 73 (March 1978): 45—76. ——《不足的权力: 1949—1967 年上海的小企业》。

469. ——. "Non-governmentalism in the Historical Development of Modern Shanghai." In *Urban Development in Modern China*, edited by Laurence J. C. Ma and Edward W. Hanten, 19—57. Boulder, Colo.: Westview Press, 1981. ——《近代上海历史发展过程中的非政府至上主义》。

470. ——. *Politics of Chaos: The Organizational Causes of Violence in China's Cultural Revolution*. Princeton: Princeton University Press, 1989. ——《动乱的政策: 中国文化革命中武斗的组织动因》。

471. White, Theodore H., and Annalee Jacoby. *Thunder Out of China*. New York: William Sloane Associates, 1946. ——斯奥多 H. 怀特等:《中国上空的雷电》。

472. *Who's Who in China*. 5th. ed. Shanghai: *China Weekly Review*, 1936. ——《中国名人录》第 5 版。

473. *Who's Who in China*. Supplement to the 5th. ed. Shanghai: *China Weekly Review*, 1940. ——《中国名人录》第 5 版补遗。

474. *Who's Who in China*. 6th. ed. Shanghai: *China Weekly Review*, 1950. ——《中国名人录》第 6 版。

475. *Who's Who in China: Biographies of Chinese Leaders*. 4 th, 5 th. ed. Shanghai: *China Weekly Review*, 1931, 1936. ——《中国名人录: 中国领导人传记》第 4、5 版。

476. Whyte, William Foote. *Street Corner Society: The Social Structure of an Italian Slum*. Chicago: Chicago University Press, 1943. ——威廉·伏特·怀特:《街角社会: 一个意大利贫民窟的社会结构》。

477. Wieger, Léon. *Chinese Moderne*. Vol. 5. 2d ed. Sienhsien, 1934. ——里奥·威格:《近代中国》。

478. Wilbur, C. Martin. "The Nationalist Revolution: From Canton to Nanking, 1923—1928." In *The Cambridge History of China*. Vol. 12. Republican China, 1912—1949, part 1,

edited by John K. Fairbank, 527—720. Cambridge, England: Cambridge University Press, 1989. ——韦慕庭：《国民革命：从广州到南京（1923—1928）》。

479. Wilbur, C. Martin, and Julie Lien-ying Hao, eds. *Missionaries of Revolution: Soviet Advisors and Nationalist China, 1920—1927.* ——韦慕庭等编：《革命使者：1920—1927年的苏联顾问和国民党中国》。

480. Willoughby, Charles A. *Shanghai Conspiracy: The Sorge Spy Ring.* New York: E. P. Dutton, 1952. ——查理斯 A. 威罗贝：《上海阴谋：佐尔格间谍网》。

481. Wilson, Dick. *Zhou Enlai: A Biography.* New York: Viking, 1984. ——迪克·威尔森：《周恩来传》。

482. Wilson, James O. *Varieties of Police Behavior: The Management of Law and Order in Eight Communities.* ——杰姆斯 O. 威尔森：《警察行为的种类：八个社区中法律和秩序的管理》。

483. Wong, Charles C. S. "Extrality and the Narcotic Peril in China." *China Critic*, 18.3 (15 July 1937): 56—57. ——查理斯 C. S. 王：《治外法权与中国的毒品威胁》。

484. Wong, Homer S. "'Fascism' and China." *China Critic*, 7 Feb. 1935, 135—139. ——何莫 S. 王：《"法西斯主义"与中国》。

485. Woodhead, H. G. W. "The Truth About Opium in China, Being a Report of a Complete Series of Articles Appearing Daily in the Shanghai Evening Post and Mercury in March, 1931." Shanghai: *Shanghai Evening Post and Mercury*, 1931. ——伍德海：《中国鸦片真相：1931年3月〈大美晚报〉报道》。

486. ——. ed. *The China Yearbook.* Tientsin and Shanghai: *North China Daily News and & Herald*, 1912—1939. ——伍德海编：《中国年鉴》。

487. Woods, Arthur. "Some Aspects of Training for Police Service." *Police Journal* 2 (1929): 355—366. ——阿瑟·伍兹：《警务人员训练的一些问题》。

488. Wou, Odoric Y. K. "Student Activism in Henan: The December Nine Movement and Communist Power." Paper presented to the Chinese History Society Conference on the 50th anniversary of the Marco Polo Bridge Incident, New York, July 1987. ——吴应铣：《河南的学生运动：一二·九运动与中共力量》。

489. Wren, Christopher S. "Once-Wicked Shanghai Is a Puritan Port of Call." *New York Times*, 5 Nov. 1982. ——克里斯托弗 S. 渥伦：《邪恶的旧上海现在像清教的港口》。

490. Wright, Arnold, ed. *Twentieth Century Impressions of Hong Kong, Shanghai, and Other Treaty Ports of China: Their History, People, Commerce, Industries and Resources.* London: Lloyd's Grater Britain Publishing Company, 1908. ——阿诺德·怀特编：《二十世纪香港、上海和中国其他条约港口的印象：它们的历史、人民、商业、工业和资源》。

491. Wright, Peter, with Pual Greengrass. *Spycatcher.* New York: Dell, 1987. ——比德·怀特等：《间谍捕捉者》。

492. Wright, Tim. "Sino-Japanese Business in China: The Luda Company, 1921—1937." *Journal of Asian Studies*, 39. 4 (August 1980): 711—721. ——迪姆·怀特：《中日贸易在中国：1921—1937 年的陆达公司》。

493. Wu, Harry. "Lao Gai—The Chinese 'Gulag': The Labor Camp System in the P. R. C." *China Forum*, 1. 2 (February 1991): 1—6. ——吴宏达：《劳改——中国的"古拉格"：中华人民共和国的劳改体制》。

494. Wu Lien-the. "Opium Problem Reaches Acute State: A Case for International Cooperation and Control." Reprinted from the Chinese Nation, 1. 33 (28 Jan. 1931). ——伍连德：《鸦片成为严峻的政治问题：国际合作和控制的个案》。

495. Wu Te-chen [Wu Tiecheng]. "Greater Shanghai Places Emphasis on Social Reconstruction, welfare: Good Start Now Well on Way to Success." *China Press Double Tenth Supplement*, 1935: 49, 59. ——吴铁城：《大上海重视社会重建、福利：通向成功的良好开端》。

496. Wu Tien-wei. "Chiang Kai-shek's March Twentieth Coup d'État of 1926." *Journal of Asian Studies*, 27. 3 (May 1968): 585—602. ——吴天威：《蒋介石的 1926 年三二〇事件》。

497. Yamada, Tatsuo. "The Foundations and Limits of State Power in Kuomintang Ideology—Government, Party, and People." In *Foundations and Limits of State Power in China*, edited by S. R. Schram, 187—202. Hong Kong: Chinese Unversity Press, 1987. ——山田辰雄：《国民党政权理论的基础和局限——政府、党派和人民》。

498. Yamamoto Sanehiko. *Shina*［China］. Tokyo：Kaizosha, 1936. ——山本实彦：《中国》。

499. Yardley, Herbert O. *The Chinese Black Chamber：An Adventure in Espionage.* Boston：Houghton Mifflin Company, 1983. ——贺波特 O. 亚德里：《中国的黑箱：谍海遇险》。

500. Ye Xiaoqing. "Popular Culture in Shanghai in the Late Nineteenth Century." Paper presented at the Berkeley Seminar on Chinese Popular Culture. Berkeley, 4 Sept. 1990. ——叶晓青：《十九世纪下半叶的上海大众文化》。

501. Yee, Frank Ki Chun. "Police in Modern China." Ph. D. diss., University of California, Berkeley, 1942. ——余秀豪：《现代中国的警察》，博士论文。

502. Yeh, Wen-hsin. *The Alienated Academy：Culture and Politics in Republican China, 1919—1935.* Cambridge, Mass.：Council on East Asian Studies, Harvard University Press, 1990. ——叶文心：《被疏远的学术：中华民国的文化和政治（1919—1935）》。

503. ——. "Culture and Education in Republican China：The Intellectual Profile of the University Man." Paper presented at the Pacific Coast Branch, American Historical Association, San Francisco, 1982. ——《中华民国的文化和教育：大学知识分子的群像》。

504. ——. "Dai Li and the Liu Geqing Affair：Heroism in the Chinese Secret Service during the War of Resistance." *Journal of Asian Studies*, 48. 3（August 1989）：542—562. ——《戴笠与刘戈青事迹：抗日战争时期中国情报系统中的英雄主义》。

505. ——. "Progressive Journalism and Shanghai's Petty Urbanites：Zou Taofen and the Shanghai Weekly, 1926—1945." In *Shanghai Sojourners*. Berkeley：Institute of East Asian Studies, 1992, pp. 186—238. ——《进步的新闻界和上海的小市民：邹韬奋和上海〈上海周刊〉（1926—1945）》。

506. Yen, Ching-yueh. "Crime in Relation to Social Change in China." *American Journal of Sociology*, 40. 3（1934—1935）：298—308. ——严景耀：《犯罪与中国社会变迁的关系》。

507. Ynlow, Burke. "Japan's 'Special Trade' in North China, 1933—1937." *Far Eastern Quarterly*, 6. 2（February 1947）：139—167. ——布克·伊洛：《日本在华北的

"特种贸易"》。

508. Yomano, Shelly. "Reintegration in China under the Warlords, 1916—1927." *Republican China* 12. 2（April 1987）：22—27. ——山野·谢利：《1916—1927 年军阀统治下中国的重新整合》。

509. Yuan, Lizhuang and Li Nianpei. "When Shanghai Was Liberated." *China Daily*, 12 February 1927. ——袁礼庄［音］等：《如果上海解放了》。

后　记

魏斐德教授的《上海警察》①终于校译完了。

在这部书于1996年出版以后不久，张济顺教授就答允魏斐德教授组织翻译出版此书的中译本。之后，由复旦大学的教师和博士生章红、陈雁、金燕和张晓红分别完成了初译稿，搁置了两年。前年冬间，我接受了校译的任务，原计划于去年底完成，但又不得不延期了近半年。

本书英文原名为"Policing Shanghai"，Policing可以说是"police"（警察）的动名词，如果用中国的文言文办法，径译为"警察上海"并无问题，但现代汉语中似乎抛弃了这个老办法，只能从俗译为"上海警察"，但意思仍有差异，这看来已无可奈何了。我们在推行白话文时丢掉了些什么合理的东西，这需要语言学家们来研究。

翻译国外学者研究中国史的论著，除了一般翻译所遇到的常见困难之外，大约还有二难。一是回译之难。所谓"回译"，即国外学者将中文资料、中文人名译成外文之后，译者又须根据外文回译成中文，最好的办法自然是将中文原文、姓名找到。此书中所涉及的人名相当部分处于社会下层，名不见经传，寻取其本来姓名，自然十分困难。仅此一事，即需耗去相当精力。二是专业知识之难。虽然译者与校者均从事中国近现代史专业，但在涉及专门研究题课时，已有的专门知识是无论如何都不够的，因此需要在翻译过程中不断学习，才能保证译文的准确。最好的办法就是对原著所涉及而译者不熟悉的内容寻找相关著作重新核对。这种核对，既有助于保证译文的准确，也可以消除原著中的失误。这些工作均需花去大量的时间，延期交稿近半年，主要原因在此。不过，书中仍有一些译名、译文无法找到，译文中或许仍存在若干知识性错误，

---

① 此次出版更名为《魏斐德上海三部曲：1927—1937》。

恳请读者能予原谅和教正。

本书译者的分工如下：

  章　红　序言、第三篇、结束语、表、附录、参考资料

  陈　雁　第一篇、第五篇

  金　燕　第二篇

  张晓阳　第四篇

全书的校译、通稿和定稿由我负责。

周育民

2001年4月于上海秀枫园

借本书重版之际，对译文中存在的若干失误做了修正和补充。研究中国的美国学者大多有中文名字，而原著所引用的华裔外籍学者的论著则多用英文名字，根据新发现的资料，对部分学者配上了相应的中文名字。译文中有不当之处，仍祈教正。

——2010年11月补记

借本书重版之际，又对译文进行了若干订正，其中有些是读者发现的，谨致谢意。

——2018年3月

图书在版编目(CIP)数据

魏斐德上海三部曲:1927—1937/(美)魏斐德著;章红等译. —长沙:岳麓书社,2021.10

ISBN 978-7-5538-1510-7

Ⅰ.①魏… Ⅱ.①魏…②章… Ⅲ.①警察—工作概况—上海—1927—1937 Ⅳ.①D693.65

中国版本图书馆CIP数据核字(2021)第168889号

WEI FEIDE SHANGHAI SANBUQU:1927—1937

魏斐德上海三部曲:1927—1937

[美]魏斐德 著 章 红 陈 雁 金 燕 张晓阳 译 周育民 校

责任编辑:蒋 浩

责任校对:舒 舍

封面设计:利 锐

岳麓书社出版

地址:湖南省长沙市爱民路47号

邮编:410006

版次:2021年10月第1版

印次:2021年10月第1次印刷

开本:700mm×995mm 1/16

印张:28.5

字数:434千字

书号:ISBN 978-7-5538-1510-7

定价:88.00元

承印:河北鹏润印刷有限公司

如有质量问题,请致电质量监督电话:010-59096394

团购电话:010-59320018